Horst H. Lange · Jazz in Deutschland

Horst H. Lange

Jazz in Deutschland
Die Deutsche Jazz-Chronik bis 1960

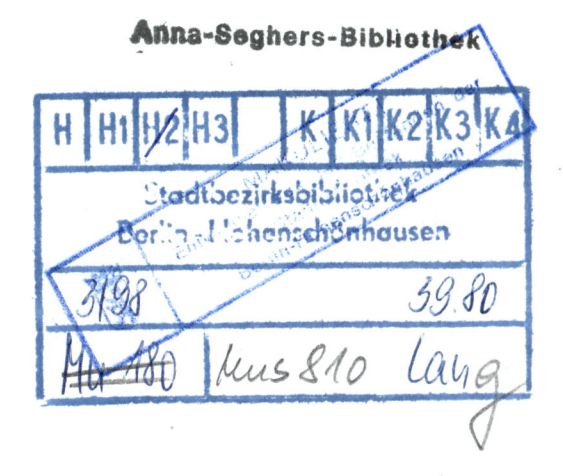

1996
Olms Presse
Hildesheim · Zürich · New York

Die Deutsche Bibliothek - CIP-Einheitsaufnahme

Lange, Horst H.:
Jazz in Deutschland: die Deutsche Jazz-Chronik bis 1960 /
Horst H. Lange.-2. verb. und erg. Aufl. - Hildesheim;
Zürich; New York: Olms- Presse 1996
ISBN 3-487-08375-2

© Georg Olms Verlag, Hildesheim 1996
2. verbesserte und ergänzte Auflage 1996
Printed in Hungary
Gedruckt auf säurefreiem und alterungsbeständigem Papier
Umschlagentwurf: Prof. Paul König, Hildesheim
ISBN 3-487-08375-2

Inhalt

Bemerkungen zur Neuauflage 7

Vorwort...9

Ragtime (1900-1920) 13

Das „Goldene Jazz-Zeitalter" in Deutschland (1920-1931) 22

Jazz im „Dritten Reich" (1933-1939) 80

Jazz im zweiten Weltkrieg (1939-1945) 120

Jazz im Nachkriegs-Deutschland (1945-1960) 145

Deutsche Jazz-Literatur 215

Discographie 224

Instrumenten-Abkürzungen 247

Namen- und Ensemble-Register der Musiker 249

Abbildungen.. 265

Bemerkungen zur Neuauflage

Rund drei Jahrzehnte nach Erscheinen der Erstausgabe von „Jazz in Deutschland" kann ich folgendes Resumée ziehen: Was in den Fünfziger- und frühen Sechziger Jahren für die Masse der deutschen Jazzfans und auch Experten so gut wie unbekannt war und einst sogar von gewissen „Experten" bekrittelt oder „angegiftet" wurde, ist heute Bestandteil des allgemeinen Wissens über die Entwicklung der „Hot"-Musik in unseren Landen bis in die späten 50er Jahre hinein. „Jazz in Deutschland" schilderte zum erstenmal das reale Curriculum des Jazz in Deutschland und mit der Fülle des Materials kamen viele selbsternannte Jazzfachleute nicht zurecht - vor allem etliche „Modernisten", die nur ihren „Jazz" nach 1945 gelten ließen und frühe Zusammenhänge aus den realen Jazzjahrzehnten nicht verstehen wollten. Dabei hatte ich nur an der Oberfläche gekratzt, um das Buch in einem normalen Umfang zu halten. Zahlreiche Namen, die einst sogar die meisten „Altfans" nicht kannten, wurden erwähnt und bildeten für etliche spätere Jazzfans eine Basis zur weiteren Forschung. So entstand ab den 70er Jahren bis in die Gegenwart eine respektable Sekundärliteratur, wenn auch oft sehr konzentriert auf die für viele offenbar so interessante „Nazi-Zeit", wobei sich sogar einige ausländische bzw. amerikanische Autoren mehr oder weniger richtig bemühten, abgesehen von gewisser Polemik, die auch junge deutsche Autoren beeinflußte. Jeder, der die 30er und 40er Jahre als Jazz- bzw. Swingfan bewußt miterlebt hat, machte seine Erfahrungen mit dem damaligen Zeitgeist und seinen Protagonisten. Erfahrungen, die junge Autoren kaum nachvollziehen können und daher oftmals mehr oder weniger übertriebene Vorstellungen jener Jahre haben - was man ihnen aber nicht verdenken kann, insofern sie nicht übertreiben und zur geschichtlichen Verzerrung beitragen. Aber historische Verzerrungen, Überromantisierung und Überschätzung sind in der allgemein bekannten Geschichte der Jazzmusik seit jeher Usus gewesen und können nur durch distanzierte und sachliche Beurteilung und Forschung beseitigt werden und nicht durch subjektive Emotionen. In meinen rein geschichtlichen Büchern wie „Als der Jazz begann" und auch „Jazz in Deutschland - die Zeit bis 1960" habe ich mich um reine Fakten bemüht und hoffe, daß sie als Standardarbeiten ihren Zweck erfüllen. Das vorliegende Buch enthält im Vergleich zur Originalausgabe von 1966 einige geringfügige Berichtigungen und Zusätze.

Berlin, März 1996   Horst H. Lange

Vorwort
(1966)

Die vorliegende Chronik der Jazzmusik in Deutschland ist ein Bericht, der die diversen Begebenheiten zu einer Gesamtgeschichte zusammenfaßt und so eine grundlegende Historie des Jazz *IN* Deutschland darstellt, die bisher in der internationalen Jazzforschung so gut wie unbekannt war. Dieser Bericht ist leidenschaftslos und nach bestem Wissen objektiv und schildert alle wichtigen Ereignisse der Jazzmusik in Deutschland im Zusammenhang mit dem jeweiligen Zeitgeist der wechselvollen deutschen Geschichte. Mancher „Jazzfan" mag hier oder da Einwände erheben, da ihm irgendwelche romantischen Vorstellungen oder vorgefaßten Meinungen über den Jazz diesen in übertriebenem Glanz und schon gar nicht als „Tanzmusik" erscheinen lassen. Dabei wird heute immer wieder vergessen oder übersehen, daß der Jazz, zumindest der echte (!) Jazz, von Anfang an Tanzmusik war und auch immer bleiben wird oder bleiben sollte. Der echte Jazz wuchs innerhalb der Tanzmusik organisch und nie anorganisch nach dem Willen der diversen Kritiker und Experten, die den Jazz nach 1940 (in aller Welt) „machten" oder fantasiereich interpretierten. So hat der Jazz heute viele Gesichter. Echtes ist gemischt mit Talmi, und die Unterscheidung erscheint oft recht diffizil. Aber manches „Tanzorchester" spielte einst begeisterter und überzeugender Jazz, als es heute manche „Berufsjazzer" vermögen. Der Geist war maßgebend und nicht die Schablone. Der Abstand zum eigentlichen „Jazz-age" (dem Jazz- und Swingzeitalter zwischen 1920 und 1943 in Deutschland) wird immer größer, während sich gleichzeitig das ungezwungene Spiel eines organisch und logisch entwickelten Jazz in unrhythmische Tonspielereien und sogenannte Experimente verliert. Dies muß hier betont werden, um die Notwendigkeit der Nennung von Tanzorchestern (vor allem der zwanziger und dreißiger Jahre) zu erklären, für die mancher Fan oder auch „Experte" im Jazz kein Ohr mehr hat.
Wenngleich dieser Bericht in erster Linie den wichtigsten und interessantesten Abschnitt der deutschen Jazzgeschichte, die Jahre zwischen 1920 und 1945, schildert, so ist auch die Nachkriegszeit und die gegenwärtige Entwicklung nicht vergessen worden und hinreichend dokumentiert. Wenn damit die heutigen Formen des „Modern Jazz", des „Traditional Jazz" usw. als Jazz anerkannt werden, so verlangt dies auch ein Verständnis für die jazzmäßige Tanzmusik der zwanziger Jahre, den Swing der dreißiger Jahre und natürlich für den alten Hotjazz, der nie die „Vorstufe" zum heutigen „Modern Jazz" war, sondern die

Vollendung des Jazz. Das geringschätzige Abtun früher deutscher Orchester, im Vergleich etwa zu amerikanischen Gruppen, ist im besten Falle Snobismus. Man findet diese Ignoranz häufig bei Menschen, die wenig oder gar keinen Geschichtssinn haben. Ein Vergleich mit amerikanischen Originalen ist absurd. Dies gilt auch für den ganzen nicht-amerikanischen Jazz. Das, was sich in Deutschland einst im Jazz tat, ist immerhin erstaunlich und machte diesen Bericht lohnend. Das Hauptproblem war, die große Fülle des Materials sinngemäß und chronologisch zu ordnen und auf das Notwendige zu beschränken. Dieses Buch ist möglich geworden dank einer fünfundzwanzigjährigen Jazzerfahrung und früherer Arbeiten des Verfassers auf discographischen und jazzgeschichtlichen Gebieten. Obwohl er sich in erster Linie für die Jazzentwicklung in den USA zwischen 1916 und 1925 interessiert, sollte das angesammelte, vorliegende Material nicht verlorengehen und in korrekter Darstellungsweise veröffentlicht werden, nicht zuletzt deswegen, weil es als Basis für weitere Forschungen oder den speziellen Ausbau gewisser hier behandelter Fragen dienen kann.

Von all den an dieser Arbeit Interessierten, die mir Archive, Unterlagen und Schallplatten zur Verfügung stellten oder mir wichtige Hinweise gaben, müssen vor allem drei Persönlichkeiten genannt werden, die zum Gelingen dieser deutschen Jazzchronik beitrugen: Mr. Harold Flakser (New York), der für mich amerikanische Musiker befragte, die in Deutschland einmal eine Rolle gespielt haben, und mir außerdem Details aus seinem Europaarchiv übersandte. Dann Herr Georg Haentzschel, der die Pionierzeit des Jazz in Deutschland aktiv miterlebte und selbst eine wichtige Rolle spielte, sowie Herr Hans Blüthner, der mir Material verschiedenster Art zur Verfügung stellte und der zu den ersten Jazzfans und „Hot-Club"-Mitgliedern in Deutschland gehörte. Dank schulde ich auch zahlreichen Musikern, die mir mit wichtigen Auskünften bereitwillig halfen, so u.a. Hans Berry, Fred Bird, Benny de Weille, Walter Dobschinski, Kurt Engel, Lubo D'Orio, Herbert Müller, Heinz Schmidt, Erich Schulz, Teddy Stauffer, Otto Stenzel, Stefan Weintraub und Helmuth Wernicke, um nur einige von vielen zu nennen.

Dank schulde ich auch meiner Frau, die meine zeitraubende Tätigkeit mit Geduld ertrug und beim Index mithalf.

Wenn dies auch schon einige Jahre zurückliegt — das erste Rohmanuskript dieser Arbeit entstand bereits 1957, wurde jedoch von einem angeblichen Interessenten in den USA nicht zurückgegeben -, so konnte ich das Werk im Jahre 1963 völlig neu überarbeiten, auf den letzten Stand bringen und in ein druckreifes Manuskript umschreiben. Im Verein mit den von mir verfaßten Discographien und einer in Arbeit befindlichen Spezial-Discographie bildet dieses Buch den Abschluß meiner Forschungsarbeiten auf dem Gebiet der deutschen Jazzgeschichte, nebst Schallplattenproduktion. Ich hoffe, daß andere das Werk (Jazz in Deutschland nach 1960) später einmal fortsetzen und daß alle interessierten Jazzfreunde Nutzen aus der deutschen Jazzchronik ziehen.

Berlin, Januar 1966　　　　　　　　　　　　　　　　　　　　Horst H. Lange

Ragtime 1900-1920

"Der Prophet gilt nichts in seinem Vaterlande", dieses Wort trifft auch auf die Jazzmusik zu. War es doch meist Europäern vorbehalten, den amerikanischen Jazz, die Musik Amerikas, zu entdecken, zu analysieren und zu erforschen. Die meisten dieser Experten übersahen dabei in ihrem Eifer jedoch die Jazzentwicklung im eigenen Lande. So fehlte über eine lange Zeit eine wirklich historische Übersicht der jazzgeschichtlichen Entwicklung in Ländern wie England und Frankreich, die außerhalb der USA als führende „Jazzländer" der Erde gelten. Ebenso ist es heute so gut wie vergessen, daß neben den genannten Ländern auch Deutschland einstmals ein führendes „Jazzland" war. Dies allerdings nur in den zwanziger Jahren, als Deutschland im Jazz sogar mehr zu bieten hatte als Frankreich, das erst in den dreißiger Jahren auf diesem Gebiet Bedeutung erlangte und heute als führendes europäisches „Jazzland" gilt, obgleich diese Rolle mit Abstand England zukommt.

In Deutschland hatte sich niemand — bis in die 70er Jahre hinein — je ernsthaft mit der Geschichte des Jazz IN Deutschland befaßt, ja viele Jazzfreunde mochten glauben, daß es so etwas nie gegeben hätte. Es waren auch in diesem Falle wieder Ausländer, aus deren Federn die ersten vernünftigen Betrachtungen deutscher „Jazz"-Orchester stammten. Für unsere eigenen frühen Jazzfreunde aus der ersten Hälfte der dreißiger Jahre war die deutsche Jazzszene zu uninteressant und unwichtig, und man richtete den Blick nur auf das Neueste aus den USA und England. Dies war ganz selbstverständlich und logisch, um so mehr, als es damals weder feste Begriffe noch Stilerkenntnisse und schlüssige Beurteilungen des Jazz und verwandter Musik gab. Man hatte genug zu tun und zu lernen, um das zu verdauen, was aus dem Ausland kam. So war es nun, nach fast fünf Jahrzehnten Jazzgeschichte, an der Zeit, das Versäumte nachzuholen und eine Dokumentation des *JAZZ IN DEUTSCHLAND* zu veröffentlichen.

Die „Geschichte des Jazz in Deutschland" oder die „Geschichte des deutschen Jazz" kann man in sechs Zeitabschnitte unterteilen. Der erste Abschnitt umfaßt die Zeit zwischen 1900 und 1920, in der es den *Ragtime* gab, die Musikform, die als unmittelbare Vorstufe des Jazz anzusehen ist; der zweite Abschnitt die Jahre von 1920 bis 1931, die als das deutsche *Goldene Jazz-Zeitalter* — in Parallele zum amerikanischen *Golden Age Of Jazz* der zwanziger Jahre — bezeichnet werden können. Der dritte Abschnitt betrifft die Jahre zwischen 1932 und 1940, die den *Niedergang und die Illegalität des Jazz in Deutschland* brachten; der vierte die Jahre von 1940 bis 1943 mit dem erstaunlichen *Jazz-*

und Swing-Revival im kriegführenden Nazi-Deutschland. Der fünfte Abschnitt, mit den Jahren zwischen 1945 und 1950, war die *stillose Zeit*, die Zeit eines neuen Anfangs im deutschen Jazz, und der sechste Abschnitt, von 1950 bis zur Gegenwart, ist die *Zeit des Modernismus* im deutschen Jazz. Die geschichtliche Entwicklung des Jazz in Deutschland verläuft parallel zur politischen Geschichte und ist in den einzelnen Phasen dem jeweiligen „Zeitgeist" unterworfen. Epochen der Freiheit und Unfreiheit wechselten miteinander ab und drückten dem Jazz in Deutschland ihren Stempel auf. Vor allem jedoch stieß die Jazzmusik gerade in Deutschland auf ein Unverständnis der breiten Masse wie kaum in einem anderen Lande. Es bedurfte dreier Jahrzehnte, um dem Jazz überhaupt Anerkennung als gleichberechtigte Musik zu verschaffen. Trotzdem gibt es auch heute noch „Musikfreunde", die ihn verurteilen, ohne ihn jedoch jemals richtig angehört oder etwa studiert zu haben. Für sie bleibt die Musikform des Jazz „Negermusik", „Klamauk" oder eine „dekadente Zeiterscheinung". Es spricht jedoch für die Ursprünglichkeit, Vitalität und Qualität des Jazz, daß er sich bei uns allen Widerständen zum Trotz durchgesetzt hat. Heute beeinflußt er sogar recht wesentlich unsere ganze zeitgenössische Musik, die er aus einer gewissen Stagnation und Sterilität gerettet hat. Wenngleich die Zeiten des originalen und echten Jazz längst vorbei sind, so ist die Jazzmusik in all ihrer Variabilität allgemein anerkannt und ein fester Bestandteil der gegenwärtigen Musik.

Ein Spaßvogel hat einmal gesagt, daß Thomas Edison eigentlich der größte Jazzman aller Zeiten gewesen sei. Tatsächlich wäre die Jazzmusik ohne die Schallplatte eine lokale Angelegenheit in den USA geblieben. Ohne die Schallplatte gäbe es keine Dokumente und auch keine konkret nachweisbare Entwicklungsgeschichte dieser Musik. Der Jazz hätte sich nie innerhalb weniger Jahre über die Welt verbreitet, wenn es zur Zeit der *Original Dixieland Jass Band* noch keine Schallplattenaufnahmen gegeben hätte. So beginnt auch die Früh- oder Vorgeschichte der Jazzmusik in Deutschland mit Hilfe der Schallplatte. Die Geschichte begann (wie in den USA) mit der Vorstufe des eigentlichen Jazz, mit dem *Ragtime,* zwischen 1900 und 1915. Der Ragtime war eine starre, in Noten gefaßte Tanzmusik, die sich durch stärkeren, oft staccatoartigen Rhythmus von der bis um die Jahrhundertwende üblichen Musik unterschied. Der erste Ragtime kam durch Noten und Schallplatten aus Amerika und bereits in den Jahren zwischen 1899 und 1905 brachte die erste große deutsche Schallplattengesellschaft, die alte *Grammophon* (Grammophone & Typewriter), die ersten, halbfingerdicken, einseitigen Schallplatten für Deutschland und für den Europa-Export heraus, darunter Aufnahmen mit Ragtime-Kompositionen und sogar auch Ragtimemusikern! Dies waren die ersten Ragtimeschallplatten nicht nur in Deutschland, sondern auch in Europa, da es außer in Hannover damals noch nirgendwo in Europa eine Schallplattenindustrie gab. Nach der Erfindung der eigentlichen Schallplatte durch Emil Berliner in den USA hatte Amerika bereits seit 1896 Schallplatten hergestellt. Ragtimesolisten auf in Deutschland hergestellten Platten der frühen Zeit waren Leute wie Vess L. Ossman, Olly Oakley, John Pidoux und weitere ungenannte (auf den Etiketten) angelsächsische Banjosolisten. Es waren großartige Solisten, und die jeweiligen Interpretationen waren meisterhaft. Infolge der Eigenart und Klanghärte des Banjos gelangen selbst die frühen akustischen Schallplatten technisch gut. Hier spielten die Vorgänger der späteren großen Banjo- und Guitarrensolisten des Jazz, wie Eddie Lang, Dick McDonough, Johnny St. Cyr, Harry Reser, Charlie Christian u.a. Die frühen Ragtime-Banjoaufnahmen wurden zumeist in England bei Tourneen dieser Musiker aufgenommen und die Schallplatten - vorwiegend als englische Exportaufträge - in Hannover, dann in Berlin und Leipzig, hergestellt. Die britische Plattenindustrie wurde erst um 1909 selbständig. So trugen alle frühen Aufnahmen dieser Art Vermerke *Recorded in England, pressed in Hannover, Prussia* oder auch *Germany*. Diese Ragtime-Banjosolo-Platten waren somit die ersten echten amerikanischen Musikerzeugnisse in Deutschland, von den importierten Ragtimenoten abgesehen. In jener Zeit hatte man keinen rechten Begriff von der „amerikanischen Musik", denn die gab es ja offiziell kaum. Unter „amerikanischer Musik" verstand man lediglich flotte Musik, zumeist auf dem Banjo, dem damals „typisch amerikanischen" Standardinstrument, ausgeführt. Lieder wie *Oh, Susanna, Dixie* und ähnliche angelsächsische Marschlieder und Balladen: das war eben „amerikanisch", so wie die „sehr flotte und verrückte" Ragtimemusik, die unerhört modern war und manchem der damaligen Kapellmeister gut gefiel. Waren doch die Kompositionen zumeist recht hübsch und melodiös und vor allem „flott", wie etwa unsere damaligen Hits, zum Beispiel *In Rixdorf ist Musike* und ähnliche, schnelle, gut tanzbare Stücke, die man damals in allen sogenannten Ballhäusern und Tanzpalästen spielte. So wurden Kompositionen des Ragtime, wie *Hiawatha, Gay Gossoon, Cotton Time, Mysterious Rag, Grizzly Bear Rag, Temptation Rag, Camp-meeting March* und zahllose andere, bei uns bald recht populär und von vielen deutschen Orchestern nicht nur gespielt, sondern auch auf Schallplatten aufgenommen. Nach 1905 erschienen weitere Schallplattenfirmen auf dem deutschen Markt, so vor allem die Lindström AG mit all den kleinen Marken, die ihr angeschlossen waren. Von hier kamen damals die schon doppelseitigen Ragtimeplatten von John Pidoux, einem speziellen Ragtime-Banjosolisten, der diese Aufnahmen in London für Beka (Lindström) aufnahm. Auch hier stand auf den Etiketten meist *In London aufgenommen, gepreßt in Berlin.* In der Zeit vor dem ersten Weltkriege gab es bereits weit über hundert verschiedene Schallplattenmarken in Deutschland und sogar Kaufhausplatten ohne jede Firmenbezeichnung. Es ist heute nicht mehr nachprüfbar, ob diese vielen „Flohfirmen" größere Mengen an Ragtimeaufnahmen herstellten. Immerhin erschienen Ragtimeaufnahmen aller Art auf Platten der Marken *Dacapo, Alpha, Jumbo, Rexaphone, Scala, Bella, Tip Top*; ferner auf den Kaufhausplatten, die in der Regel Nebenprodukte der großen Firmen waren, zu denen damals die *Grammophon,* die *Lindström* (mit *Odeon, Beka, Parlophon*), die *Homophon (Homocord)* und *Kalliope* gehörten. Es ist leider auch nicht mehr festzustellen, ob auf den zahlreichen Walzenfabrikaten aus den Jahren zwischen 1890 und 1914 Aufnahmen von Interesse, d. h. Ragtimeaufnahmen, vorhanden waren. Es ist anzunehmen, da die meisten und besten dieser Walzen in Deutschland Edison-Fabrikate waren, auf denen möglicherweise amerikanische Ragtimekünstler zu finden sind. Ich selbst hatte Gelegenheit, Hunderte solcher Walzen zu sichten und zu prüfen, ohne eine Spur von Ragtime zu entdecken. Das äußerste waren blechern klingende Märsche mit leichtem Ragtime-Einschlag, zumeist von französischen Kapellen gespielt. Leider sind die Archive der alten Platten- und Walzenfirmen längst verlorengegangen, so daß eine komplette Erfassung der damaligen Ragtimeaufnahmen nicht möglich ist. Auf diese Weise kann das Repertoire nur mühsam stückweise rekonstruiert werden.

Im Jahre 1914 waren schon zahlreiche eigene deutsche Aufnahmen mit Ragtimekompositionen im Handel. Deutsche Orchester spielten bereits seit etwa 1909 Ragtimemusik. Es waren obskure Kapellen, wie das *Odeon-Tanzorchester,* das *Ballhaus-Orchester,* das *Residenz-Orchester,* die *Kapelle vom Palais de Danse,* das *Tanzpalast-Orchester,* das *Majestic-Orchester* usw., ja sogar MilitärOrchester. Der *Campmeeting March,* auch *Campmeeting-Cakewalk,* noch bekannter als *At A Georgia Cempmeeting,* von dem Ragtimekomponisten Kerry Mills, wurde vom *Berliner Elite-Orchester* so hervorragend interpretiert, daß sich die Aufnahme in nichts von den amerikanischen Originalen (Sousa, Arthur Pryor usw.) unterscheidet. England und Deutschland hatten außerhalb der USA die besten Ragtimeorchester aufzuweisen, meist Tanz- oder Marschkapellen, die auch zum Tanz aufspielten. Orchester, die unter verschiedenen damals bekannten Dirigenten standen und noch bis in die frühen zwanziger Jahre existierten. Die gespielte Musik war vom Standpunkt des heutigen Jazzfreundes oft unfreiwillig komisch. Man stelle sich vor, daß ein Mittelding von Walzer-, Marsch- und Polka-Kapelle (also eine damals typische „Tanz"-Kapelle), mit rührender Sorgfalt und Schwerfälligkeit vitale Ragtimestücke, wie *Temptation Rag, Hiawatha Rag, Maple Leaf, Rag* usw. intonierte. Maßgebend war natürlich nicht die Interpretation als solche, sondern allein schon die Tatsache, daß überhaupt diese Musik, Ragtimemusik, von den verschiedensten deutschen Orchestern der Kaiserzeit gespielt wurde. Ganz gleich, ob es sich um vornehme Ballhaus- und Salon- oder billige Caféhauskapellen handelte. Es ist nicht bekannt geworden, daß diese Musik beim Publikum unbeliebt gewesen wäre. Eher war das Gegenteil der Fall, denn anders als der eigentliche Jazz war ja der Ragtime völlig „normal" im volkstümlichen Sinne, wenngleich er rhythmischer als die andere aktuelle Tanzmusik wie Walzer, Polka, Tango und *Galopp* war.

Unter all den Orchesterleitern der damaligen Zeit ragen einige Namen als die spezieller Ragtime-„Experten" hervor: Gottlieb, Michailow, Max Tauber, Cziko Grünberg und Giorgi Vintilescu. Gottlieb ging 1913 nach England und machte dort mit dem *Orchester unter Leitung von Herrn Gottlieb* gute Ragtimeaufnahmen für *His Master's Voice*. Er zählt, neben anderen deutschen Ragtimern, immer noch zu den Pionieren des Ragtime im Vorweltkriegs-England. Der *Kapellmeister Giorgi Vintilescu*, dem Namen nach allerdings kein Deutscher, war zwischen 1913 und 1922 mit Abstand der „König des Ragtime" in Deutschland. Er leitete in dieser Zeit das *Palais de Danse*-Orchester, das in dem einst so berühmten Berliner Lokal in der Behrenstraße spielte. Vintilescus Kapelle spielte alle zeitgenössischen Tanzarten, wie den Cake-Walk, Boston, Tango, One-Step, Pasodoble, Turkeytrot, Castlewalk usw. Vor allem aber auch Ragtimekompositionen, so die populären Stücke *Black and White Rag, Temptation Rag, Grizzly Bear Rag, Alexander's Ragtime (Band), Silver Fox, Red Pepper Rag, Maple Leaf Rag, The White Wash Man, Prairie-Lilly, Mysterious Rag, Toboggan, Bachanale Rag, Hiawatha Rag*, um nur die besten Kompositionen zu nennen. Ein großer Teil dieser Musik wurde auch auf Schallplatten aufgenommen, die heute frühe Dokumente aus der Vorgeschichte der Jazzmusik in Deutschland darstellen. Die Qualität und Bedeutung des Orchesters Vintilescu ersieht man schon aus der Tatsache, daß die Kapelle für die größten deutschen Schallplattenkonzerne, wie die *Deutsche Grammophon* und die *Lindström AG* Aufnahmen machte.

1912 bis 1914 war Vintilescus Orchester hochmodern und „up-to-date", aber nach dem Weltkriege begann das Orchester zu veralten, denn inzwischen war in Amerika eine neue Musik entstanden: der Jazz. Obwohl es, wie schon erwähnt, Dutzende guter deutscher Ragtimeorchester gab, wäre Vintilescu bestimmt unter den ersten Förderern des Jazz in Deutschland gewesen, hätte nicht der Ausbruch des ersten Weltkrieges im August 1914 die gesamte Entwicklung der Tanzmusik in Deutschland unterbrochen.

Der Krieg verhinderte zunächst, daß die ersten Schallplatten mit Jazzmusik aus den Jahren 1917 und 1918 nach Deutschland kamen. Die nachfolgende Blokkade versperrte Deutschland etwa bis 1920 den Zugang zu ausländischen Erzeugnissen, darunter auch Schallplatten mit Jazzmusik. Hindernd kam noch hinzu, daß sich in „konservativen" und sogenannten „treudeutschen" Kreisen eine Art superpatriotischer Fremdenhaß-Komplex entwickelt hatte, der grundsätzlich alles verdammte, was aus dem Ausland kam, vor allem aus den ehemaligen Feindstaaten, selbst wenn es sich um Kunst handelte. Die moderne Kunst galt damals schon als „artfremd" und „undeutsch", obwohl viele ihrer Pioniere in Deutschland arbeiteten. So kam der Jazz mit einiger Verspätung nach Deutschland. Aber nicht zu spät, wenn man bedenkt, daß selbst in den USA erst ab 1923 die meisten Ragtimeorchester zum Jazz überwechselten.

Fast sieben Jahre waren vergangen seit der Botschaft der *Original Dixieland Jazz Band,* die 1916 den eigentlichen Jazz in seiner klassischen Form zum erstenmal in Chicago intonierte. Die Musik der ODJB unterschied sich gewaltig vom starren Ragtime, den bis dahin alle Orchester, ganz gleich ob weiß oder farbig, in den USA gespielt hatten und zum Teil noch bis in die zwanziger Jahre produzierten. Erst durch die Schallplatte verbreitete sich der Jazz über die USA und später über die ganze Welt. Die ersten Schallplatten mit der Jass- (Jazz-) Musik der ODJB aus dem Jahre 1917 leiteten die größte Musikrevolution der neueren Geschichte ein, deren Tatsache sich durch keinerlei Theorien verneinen läßt. Am Anfang stand die ODJB, dann kamen Earl Fuller und die ersten Farbigen: Wilbur Sweatman und Handy; es folgten die *Louisiana Five,* die *New Orleans Five,* die *Original Memphis Five.* die *Original Indiana Five,* die *Georgia Five,* dann Kid Ory und King Oliver sowie Orchester aus dem Süden, wie Johnny DeDroit, die *Brunies Brothers,* Charlie Creath, Armand Piron, Freddy Keppard. Wenn man zwischen 1916 und 1920 alle Jazzorchester, das heißt Orchester, die *JAZZ* und nicht Ragtime spielten, mit Leichtigkeit zählen konnte, so war dies um 1923 schon nicht mehr möglich. Da gab es schon Legionen von mehr oder weniger guten Jazzorchestern aller Art, ferner die ersten typischen Neger-Ensembles und Solisten im Blues-Stil, einer primitiven negroiden Gesangsform, die man in den Jazz übernommen hatte.

Der erste Weltkrieg hatte es verhindert, daß wir in Deutschland die zwischen 1914 und 1918 in Europa (Frankreich und England) gastierende Negerkapelle *Mitchell's Seven Spades* zu hören bekamen. Es ist dabei interessant, zu wissen, daß die Band ab 1918 den Anspruch erhob, *Jazz* zu spielen, und sich seitdem *Mitchell's Jazz Kings* nannte. Erfreulicherweise machte sie 1922/1923 in Frankreich Schallplattenaufnahmen, die beweisen, daß sich die *Jazz Kings* in nichts von den üblichen Ragtimeorchestern der Vorkriegszeit unterschieden - selbst von den deutschen Gruppen nicht. Da die *Mitchell's Jazz Kings* jedoch farbig waren, zudem als erste farbige Tanzkapelle in Europa gastierten und sich dazu noch „Jazz-Band" nannten (nachdem 1917 die großen Schallplattenerfolge der ODJB erschienen waren und 1919 die *Original Dixieland Jazz Band* zum erstenmal wirklichen Jazz nach Europa gebracht hatte), entstand bei uns wie in anderen europäischen Kontinentalländern frühzeitig die Legende vom „Neger-Jazz".

Der Begriff „Neger-Jazz" spielte bei uns, vor allem in der Nazizeit, eine oftmals verhängnisvolle Rolle und geistert in verschiedenen Versionen unter Freunden und Gegnern des Jazz bis in die Gegenwart fort. Von den Neger-Orchestern ging schon rein optisch eine gewisse Faszination aus, und automatisch entstand die Idee, daß die wilde neue Musik, Jazz genannt, nur von den Negern stammen könne, da ja niemand in Kontinental-Europa je den echten Jazz der *Original Dixieland Jazz-Band*, die 1919 bis 1920 nur in England gewesen war, zu hören bekommen hatte. So galt jahrelang die ODJB in England wahrheitsgemäß als der Beginn des Jazz, als „The Pioniers and Creators of Jazz", während auf dem Kontinent dunkle Vorstellungen und Theorien darüber herrschten, woher der Jazz wohl stamme. Mit der ODJB hatte eine Musikrevolution begonnen, und man kann sich gut vorstellen, wie die Jass-Musik der ODJB erst in den USA (1916-1918) und dann in England (1919-1920) - nach den Worten eines Jazzkritikers - „wie der Leibhaftige selbst in die leicht angestaubte Plüschmusik der damaligen Zeit fuhr". Der Ragtime wurde aus seinen starren Fesseln befreit und teilweise kompositorisch in den Jazz übernommen. Zwischen 1916 und 1920 begann der Jazz seinen Siegeszug.

Der erste Weltkrieg war am 11. November 1918 zu Ende gegangen, und die ersten Deutschen, die mit echtem Jazz in Berührung kamen, waren deutsche Kriegsgefangene in britischem und amerikanischem Gewahrsam, die gelegentlich Jazz-Schallplatten der ODJB hörten. „Die Musik wirkte auf uns noch völlig chaotisch", berichtete ein ehemaliger Kriegsgefangener und späterer Jazzfreund einmal.

Nach Kriegsende bemühten sich kunstinteressierte Kreise in Deutschland um Kontakte mit dem Neuen, das in den von uns jahrelang abgeschnittenen Ländern inzwischen auf allen Gebieten entstanden war. Ebenso natürlich umgekehrt, denn gerade Deutschland hatte künstlerisch vieles aufzuweisen. Es war die Zeit, als in Deutschland beachtliche Kunstwerke geschaffen wurden, als in Deutschland Pioniere der modernen „expressionistischen" Malerei zu Erfolg kamen, als „Modernisten" den „Dadaismus" als „Protest gegen spießige Bürgerlichkeit" propagierten, als das deutsche Theater einem Höhepunkt zustrebte und in Deutschland der größte (international anerkannte) Film-Klassiker, *Das*

Kabinett des Doktor Caligari (1919), geschaffen wurde. Zum erstenmal erfuhren unsere Musiker - staunend - auch etwas über den „Jass", „Jezz", „Jatz" oder „Jazz" („Wie heißt das Zeug doch?") und versuchten sich daran, ohne ihn je wirklich gehört zu haben. Denn noch war durch die Blockade der Alliierten das Ausland für Deutsche nicht erreichbar. Ausländische Schallplatten gab es vor 1922 in Deutschland noch nicht, und nur vereinzelt sind frühe Jazzplatten aus Frankreich und England nach Deutschland gelangt. Aber der Ruf der ODJB und des Jazz war nicht ungehört verhallt, und bereits Ende 1919 nahm der amerikanische Bandmaster Mr. F.Groundzell mit der obskuren *Original Excentric Band*, einer Marschkapelle, Nick La Roccas unsterblichen ODJB-Jazzclassic *Tiger Rag-Jazz* auf, und zwar in Berlin für die Marke *Homokord* (die spätere *Homocord*). Dies ist, wenngleich rein als Ragtime in Marschkapellenmanier gespielt, die älteste Version des *Tiger Rag* - nach den ersten Einspielungen der ODJB - auf Schallplatten; außerdem die erste deutsche Schallplatte mit dem Wort „Jazz" auf dem Etikett, obgleich es sich um nach Noten gespielten Ragtime handelt, da man es ja noch nicht besser konnte und wußte. Diese (heute unschätzbar wertvolle) Schallplatte wurde am 14. Januar 1920 in Deutschland veröffentlicht.

Es ist heute nicht mehr feststellbar und bekannt, ob es zur gleichen Zeit (1918 bis 1919) schon weitere deutsche Kapellen gab, die sich als „Jazzband" bezeichneten. Nur eines steht fest: bis 1923 wurde kaum echter Jazz in Deutschland von deutschen Kapellen gespielt. Die deutschen Tanz- und Unterhaltungsorchester besserer Art knüpften einfach dort wieder an, wo sie während des ersten Weltkrieges hatten aufhören müssen: am Ragtime und den Modetänzen, wie Cakewalk, One-Step, Boston, Tango und Pasodoble. Hinzu kamen nun noch der Shimmie und der Foxtrott, deren neueste Kompositionen wenigstens in Noten aus dem Ausland kamen. Mit echtem Jazz war man noch nicht in Berührung gekommen, und nur einige wenige Musiker hatten eine entfernte Vorstellung davon.

Von 1920 bis 1922 war die *Piccadilly Four Jazzband* oder auch *Original Piccadilly Four* die erste deutsche Kapelle, die sich offiziell als „Jazzband" bezeichnete und sich redlich bemühte, „Jazz" ihrer Vorstellung entsprechend zu bieten. Diese Band spielte im Berliner *Scala-Casino* und war mit folgenden Instrumenten besetzt: Violine, Piano, Banjo und Schlagzeug, manchmal auch mit zwei Violinen anstatt Piano. Es ist ungewiß, aber ziemlich sicher, daß in der *Piccadilly Four Jazzband* spätere Solisten der *Eric-Borchard-Jazzband*, wie Sascha Dickstein (v), Hans Sagawe (bj), Erich Giese (d) und vielleicht auch Fred Ross (p), mitwirkten. 25-cm- und 30-cm-Schallplatten-Aufnahmen aus dem Jahre 1921 erschienen von der *Piccadilly Four Jazzband* auf den Marken *Homo-*

kord, Anker, Parlophon und *Resonanz.* was auf eine gewisse Popularität schließen läßt. Die Aufnahmen zeigen uns heute eine Band oder Combo, die noch nicht so recht weiß, was „Jazzmusik" überhaupt ist. So findet man gut gelungene, rhythmische Ragtimemusik mit großem „Beat" und langweilige, durchschnittliche, zeitgenössische Tanzmusik, inklusive Walzer, jedoch nur die damals neuesten angelsächsischen Kompositionen. Die wenigen wirklich „heißen" oder interessanten Aufnahmen der *Piccadilly Four* sind relativ beachtlich durch ihren scharfen Rhythmus, der infolge der akustischen (und auch nicht allzu guten) Aufnahmetechnik überbetont wird und unfreiwillig fast ausschließlich Rhythmusaufnahmen hervorbringt, wobei eine Art vorsintflutlicher Hotgeiger irgendwo mitfiedelt. Es wäre interessant, zu erleben, mit welchen Grimassen und Clownerien diese „wilde" Musik 1921 im *Scala-Casino* präsentiert wurde.

Interessant ist, daß es Theoretiker gab, die glaubten, die *Original Piccadilly Jazzband Four* sei eine Gruppe der *Mitchell's Jazz Kings*, die 1917 am Londoner *Piccadilly-Circus* gespielt hatten. Das war jedoch eine Wunschtraum-Theorie einiger Sammler in den vierziger und fünfziger Jahren, die - wie so vieles im Jazz - den Tatsachen nicht entspricht. Ähnliches nahm man auch von den (immerhin amerikanischen) *Jazz Kings* Tony Morellos an, einer Bernard-Etté-Gruppe, die 1927 in Berlin einige Schallplatten aufnahm. Was aus den *Piccadilly*-Leuten wurde, ist wenig bekannt; 1922 löste Eric Borchards Jazzband die *Piccadilly Four* im *Scala-Casino* ab, bzw. übernahm sie in die eigene Band, während Fred Ross eine eigene „Jazzband" gründete, mit der er später im Berliner *Mercedes-Palast* gastierte.

Der Ragtime ging in Deutschland seinem Ende entgegen, obwohl er von etlichen populären Orchestern, so vor allem von Marek Weber und Dajos Béla, noch etwa bis 1924 gelegentlich gespielt wurde. Es begann der zweite Teil der deutschen Jazzgeschichte, das *Goldene Zeitalter des Jazz*, in den turbulenten zwanziger Jahren.

Das „Goldene Jazz-Zeitalter" in Deutschland 1920-1931

Der bereits erwähnte Eric Borchard war der erste echte deutsche Jazzpionier–
ein Musiker, der sich wirklich ernsthaft um die Jazzmusik bemühte und sich in
Deutschland und im Ausland bereits um gute Musiker kümmerte, die er für
seine „Jazz"-Band anwarb. Theoretisch wußte man noch wenig über die Jazzmusik. Im Oktober 1919 waren zwar bereits in der deutschen Presse einige
skurrile Bemerkungen zum Ragtime und Jazz — nach einem Interview mit
dem berühmten Marschkomponisten Sousa — erschienen, der eine westindi-
sche Herkunft des Ragtime vermutete und den „Jazzbo"-Jazz als Nachfahren
der Minstrels-Musiken ansah, in denen alles erlaubt war, vom sinnlosen Krach
bis zum gegenseitigen Wasserbespritzen. Grundlage der belustigenden Sousa-
Theorie war sicher der berüchtigte Propaganda-Artikel für die *Dolly-Sisters* im
Jahre 1917, der nichts weiter als das Fantasieprodukt eines geschickten Repor-
ters war.* Im Jahre 1921 erschien in Deutschland ein Buch, welches das Phänomen der neuen Musik aus Amerika zum Thema hatte: *Jazz und Shimmy* von
Franz Wolfgang Koebner, mit den üblichen bis dahin bekannten Erkenntnis-
sen. Das war eines der ersten „Jazzbücher", wenn nicht das erste überhaupt,
das in der ganzen Welt veröffentlicht wurde.
Ferner war 1922 ein Büchlein von Heinz Pollack, *Die Revolution des Gesellschaftstanzes*, erschienen, in dem es eine kurze Abhandlung über den „Yass"
gab, die wiederum auf der Sousa-Theorie fußte. Dies zumindest in großen
Zügen, wobei die theoretische Beschreibung der Jazz-Eigenart, also Improvisation und Spontaneität, als immerhin korrekt zu bezeichnen war. Interessant
und amüsant zugleich liest sich ein Abschnitt des Buches, wo Pollack den Jazz
(„Jazz") im Deutschland der Jahre von 1919 bis 1921 aus der Sicht des Jahres
1922 schildert:
„Tanzmeister und Orchester verbrannten schämig ihre alten Noten...kauften
sich Kindertrompeten, Kuhglocken, Gitarren und Zündplätzchenpistolen und
ließen sich frohgemut und heiter als Original-Jazz- oder Shimmy-Band zu
Hunderten engagieren. Treulichst wurde die Devise befolgt: Keine Destille

---

* Am 4.11.1917 erschien in *The Sun* ein Artikel „Jazz, Ragtime By-Product, Revives A Lost Art Of
Rhythm", in dem es u. a. hieß, daß die *Dolly Sisters,* Janszi und Roszika (zwei Ziegfeld-Follies-
Revuegirls weißer Hautfarbe), den „Jazz" aus Kuba mitgebracht hätten, den sie nun tanzten. — Dieser
Artikel wurde Grundlage für etliche Theorien und 1939 von Marshall Stearns und anderen Kritikern
ernsthaft als Beweis für die negroide Abstammung des Jazz herangezogen, da die *Dolly Sisters* den
„Jazz" von kubanischen Farbigen gehört hätten. Als „Beweis" für den Jazz der *Dolly Sisters* war bei dem
The Sun-Artikel von 1917 bezeichnenderweise die Original Dixieland Jazz Band abgebildet.

ohne Jazz-Band! Und das Publikum kam zu Tausenden und staunte und freute sich... Die Melodie ist nebensächlich, Taktschlagen die Losung. Die Wahl der Mittel zum Taktschlagen ist grotesk: Trommeln, Klingeln, Trompeten, Schreckschußpistolen, Posaunen, Blechbüchsen, Pauken, Holzklötze, Gitarren, Kinderquarren, kurz jeder Gegenstand, der beim Daraufschlagen oder sonstiger Bearbeitung ein recht durchdringendes Geräusch erklingen läßt, ist ein willkommenes Instrument der Jazz-Band. Diese Instrumente werden nun mit Hand, Fuß und Mund zum Hervorbringen verschiedenster Geräusche gebraucht, die aber nicht wahllos, sondern im straff geführten Rahmen phänomenalster Rhythmik erklingen... Der Witz ist, daß weder Deutschland noch, mit wenigen Ausnahmen, der übrige Kontinent jemals bis jetzt eine richtige amerikanische Jazz-Band gesehen, viel weniger nach ihr getanzt hat...In Berlin jedenfalls bildeten und bilden Jazz-Bandkapellen gute, brave Leute, die, um mehr Geld zu verdienen oder weil es ihre Arbeitgeber so verlangen, mit ein paar kümmerlichen Gerätschaften mehr oder minder rhythmische Geräusche vollführen, die nur Abglanz ursprünglicher Jazz-Musik sind."

Nun, die ganze Sache klingt ein wenig übertrieben, traf aber im Prinzip durchaus zu, was viele alte Musiker der damaligen Zeit bestätigen.

Die wirkliche Improvisation im Jazz wurde zu dieser Zeit in Deutschland (ab 1920) von etlichen Musikern ernsthaft versucht. Man begann sich langsam von den Ragtimenoten zu lösen.

Der uns heute bekannte bedeutendste dieser frühen Musiker war Eric Borchard, der sich gerne als „Deutsch-Amerikaner" bezeichnete. Sicherlich waren es die amerikanischen Beziehungen Borchards, die diesen schon frühzeitig (um 1919/20) zum Jazz hinführten und durch die er Noten und Schallplatten erhielt. Denn eine der frühesten Schallplattenaufnahmen der Jazzband von Eric Borchard war eine Ton-für-Ton Kopie von *Slow And Easy* in einer Version der *Louisiana Five*. Borchard spielte hier mit Fleiß den Klarinettenpart von Alcide „Yellow" Nunez, dem Klarinettisten der *Louisiana Five*, einer klassischen Nachfolge-Band der ODJB. Weitere frühe Borchard-Aufnahmen waren Versuche, die *Louisiana Five* und die ODJB-Stilistik zu kopieren. Leider litten alle frühen Borchard-Aufnahmen unter der miserablen, übersteuerten und verschwommenen Aufnahmetechnik, die man für die billige Marke Polyphon verwendete, einem Unter-Etikett der Deutschen Grammophon. Borchard hatte seine *Yankee Jazz Band* bereits 1919/20 zusammengestellt, mit Musikern wie Fritz Pallmann (tp), Bernhard Mützelburg (tb), Walter Lindemann (p) Hans Sagawe (bj) und Erich Giese (d), ferner, je nach Bedarf, auch mit Sascha Dickstein (v). 1923 reiste Borchard in die USA, um dort einige echte amerikanische Jazzmusiker zu engagieren, was ihm in New York auch gelang. Aber in

Deutschland angekommen, wurden ihm fast alle US-Solisten von besser zahlenden Tanzkapellen wegengagiert. Ihm blieben zeitweilig nur Wilbur Kurz, der damals beste Gast-Jazztrompeter und der Pianist und Vokalist Rex Allen. Mit dieser Band begann der Jazz in Deutschland, selbst wenn das Orchester nicht immer Jazz spielte, was in Deutschland kaum verwunderlich war. Immerhin befand man die Borchard-Band für gut genug, um sie 1920 für die Schallplatte zu verpflichten.

Die ersten Aufnahmen des Orchesters um die Jahreswende 1920/1921 für die Marke *Polyphon* waren technisch jedoch so schlecht, daß Borchard seinen Namen wegließ und das Orchester als *Eric Concerto's Yankee Jazz Band* auf den Etiketten erschien. Man hörte meistens einen Klarinettisten oder auch Saxophonisten (Borchard) vom ersten bis zum letzten Ton durchspielen, während im Hintergrund eine verschwommene Band tobte, in der alles durcheinander zu improvisieren schien. Damaligen Zeitgenossen müssen diese Aufnahmen gewiß als ein „musikalisches Chaos" erschienen sein. Dies änderte sich schlagartig, als Borchard für die Hauptmarke *Deutsche Grammophon* verpflichtet wurde, deren hervorragende Aufnahmequalität im krassen Gegensatz zur billigen Untermarke *Polyphon* stand. Nunmehr erschien auch Borchards Name auf den Etiketten, und sein Orchester hieß abwechselnd *Eric Borchard's Concerto Yankee Jazz Band*, *Eric Borchard's Atlantic Jazz Band*, *Eric Borchard's Jazz-Band* und ab und zu ganz einfach *Eric Borchard's Jazz*.

Borchard-Schallplatten wurden in großen Mengen von der *Deutschen Grammophon-Gesellschaft*, mit dem Export-Etikett *Polydor* versehen, in alle europäischen Länder (außer England) exportiert. Stilistisch blieb Eric Borchards Orchester im Vergleich zu reinen amerikanischen Jazzbands ein Tanzorchester mit Jazzambitionen. Wenn die Borchard-Band jedoch Jazz spielte, so war dieser gekonnt und zu jener Zeit in Europa wohl kaum besser zu finden, von den Engländern abgesehen, die ja direkt von der ODJB gelernt hatten. Besonders gut wurde die Band, als der ehemalige ODJB-Posaunist Emile Christian dem Orchester beitrat und bei Jazztiteln eine kompetente Anleitung gab. So befinden sich unter der Masse kommerzieller Titel bei Borchards Schallplattenaufnahmen eine Reihe großartiger reiner Jazzaufnahmen, die uns die wahre Qualität des Orchesters veranschaulichen. Die Aufnahme *Aggravatin' Papa* (vom Oktober 1924) ist eine absolute Spitzenaufnahme und ein Klassiker unter den deutschen Jazzplatten. Stilistisch und musikalisch näherte sich hier die Borchard-Band den *Original Memphis Five* und den *Georgians* von Frank Guarente, zwei berühmten Nachfolgebands der ODJB. Dies war sicherlich eindeutig dem Einfluß Emile Christians zuzuschreiben. Das Kollektivspiel von Pallmann, Christian und Borchard ist Jazz im besten Sinne des Wortes, was noch

auf vielen Jazztiteln der Band (auf den alten Schallplatten) gut zu hören ist. Schon damals benutzte Borchard auch in seiner Band „Instrumente" wie das Kazoo (Kammblasen) und die Slidewhistle, wie etliche der frühen amerikanischen Jazzorchester zur gleichen Zeit.
Borchards Orchester, das in den bekannten Berliner Lokalen, vor allem im *Scala-Casino* und im *Mercedes-Palast*, spielte, machte in diesen Jahren zwischen 1920 und 1925 erstaunlich viele Schallplattenaufnahmen (ausschließlich für die *Deutsche Grammophon*), die mit dem Zerfall der alten „Jazzband", Anfang 1925, ein jähes Ende fanden. Zunächst verlor Borchard den ODJB-Posaunisten Emile Christian, der wenig später zum Lud-Gluskin-Orchester stieß. Christian wurde durch den Belgier Henri van den Bossche, einen relativ guten Jazzposaunisten, ersetzt. Dann aber ging Wilbur Kurz zu dem 1924 gegründeten Julian-Fuhs-Orchester über, Rex Allen zu Béla und van den Bossche zu den *Excellos Five* und wahrscheinlich auch zum Wenskat-Orchester. Die alte Eric-Borchard-Jazzband löste sich auf, und Borchards Name als Jazzmusiker wurde von neuen Namen überschattet. Das erste Gastspiel einer wirklich amerikanischen, echten Jazzband, der *Ohio Lido Venice Band*, in Berlin im November und Dezember 1924 hatte auf die lokalen Tanzmusiker einen großen Eindruck gemacht und viele zum Jazz bekehrt bzw. zum erstenmal mit echtem Jazz vertraut gemacht.
Borchards Orchester, das echte Jazzqualitäten aufwies und sogar etlichen amerikanischen Kapellen das Wasser reichen konnte, war im entscheidenden Moment zerfallen. Eric Borchard, der wahrhaftig als deutscher Jazzpionier angesehen werden kann, wurde schnell vergessen und von der turbulenten Musikgeschichte der zwanziger Jahre überrollt. Borchard, der als Saxophonist und Klarinettist zu seiner Zeit bedeutend war, war ein ausgesprochener Pechvogel. Er hatte zudem unheilvolle Leidenschaften und war vor allem dem Rauschgift verfallen, einem typischen Modelaster der zwanziger Jahre. In dieser Beziehung stand er vielen heutigen Jazzmusikern nicht nach. Anfang der dreißiger Jahre war er in einen Skandal um ein Mädchen verwickelt, das, durch Rauschgift und Alkohol zerstört, in seinem Hotelzimmer gestorben war. Es war damals eine schlechte Propaganda für den Jazz, wenn die Zeitungen schrieben: „Borchard war einer der ersten, die den Jazz nach Deutschland brachten." (Deutscher Pressebericht aus Saarbrücken, im April 1931.)
Nach 1925 hatte Eric Borchard wieder eine neue Band, ein reines Tanzorchester, mit dem er auf Tournee ging und in vielen europäischen Ländern spielte. Auch machte er noch 1932 mit einer swingenden Bigband Aufnahmen für die kleine Plattenfirma *Triton-Gesellschaft* mit ihren flexiblen *Triva-Platten*, darunter zwei wahre Jazz/Swing-Klassiker wie „Bugle Call Rag" (im Harry-Roy-Stil)

und eine heiße Version von „Some Of These Days"- Aufnahmen, die ihrer Zeit beinahe voraus waren.
Mitte 1930 findet man Borchards Band im *Imperial* in Karlsbad, 1932 im Berliner *Cafe König* und Mitte 1933 in Den Haag.
1936 starb der noch nicht 50-jährige Eric Borchard. Borchards „Jazzleben" war jedoch schon drei Jahre vorher zuende gewesen und hatte seine Mission erfüllt. Neben der alten Borchard-Jazzband der Jahre von 1923 bis 1925 erlangte nur noch die *Fred-Ross-Jazz-Band* gleichzeitig einige Bedeutung. Der Pianist Fred Ross war nach heutigen Begriffen ein „echter Jazzer" denn er konnte keine Noten lesen und auf dem Klavier nur in Fis-Dur und Cis-Dur mit zwei Fingern spielen. Genau wie Borchard hatte Fred Ross schon frühzeitig eine Vorliebe für den Jazz. Er kann, neben Borchard, als zweiter Jazzpionier Deutschlands angesehen werden. Seine „Jazzband" wurde bereits 1921 gegründet, wobei es jedoch möglich war, daß er sich Musiker anderer Orchester ausborgte, auch von Borchards Kapelle. Zeitweilig waren es Fritz Pallmann und Wilbur Kurz (tp), Charlie Herstoff (d) und der hervorragende Banjoist Michael „Mike" Ortuso, die in der Band von Ross mitwirkten. Öffentlich bekannt wurde die *Fred-Ross-Jazz-Band* durch ihr Auftreten im Berliner *Mercedes-Palast* und im *Palais Heinroth*, ferner durch einige Schallplattenaufnahmen für die Marke *Beka* im Januar 1922, als die *Lindström AG* sie für eine Plattensitzung verpflichtet hatte. Das wohl allzu Amateurhafte an Fred Ross und die im Vergleich zu Borchard kleine Anzahl seiner Schallplattenaufnahmen ließen ihn bald wieder in Vergessenheit geraten. Zu den bemerkenswerten Jazzaufnahmen, die Fred Ross uns hinterließ, gehören seine Versionen von *Ja-Da* und *Tackin'Em Down*, die den besten Borchard-Aufnahmen sehr nahe kommen. Später trat Fred Ross kaum noch hervor und ist nur wenigen Musikerkollegen in Erinnerung geblieben.
Neben Ross ist eine weitere Band zu erwähnen, die ebenfalls im Berliner *Mercedes-Palast*, und zwar fast gleichzeitig mit der Ross-Jazzband auftrat:
The Diamond King's Jazz Band aus Dänemark unter der Leitung von Henrik Clausen, die im Stil und in der Zusammensetzung stark der *Original Piccadilly Four Jazzband* ähnelte. Die Besetzung war ebenfalls: Violine, Piano, Banjo und Schlagzeug. Hinzu kam jedoch noch eine Posaune. Im Vergleich zu Borchard und Ross konnte diese *Diamond King's Jazz Band* nur Pseudojazz bieten — einen Mischmasch aus Ragtime, aktueller Tanzmusik und gutgemeinten, aber plumpen Hotimprovisationen.
Abgesehen von Borchard und Ross, die in Deutschland jazzmäßig ihrer Zeit voraus waren, begann das kurze „Goldene Jazz-Zeitalter" in Deutschland erst richtig im Jahre 1924, und zwar mit den Tourneen der ersten echten ameri-

kanischen Jazzbands. Nicht zuletzt hatte die Inflationszeit der Jahre 1921 bis 1923 das Interesse des Publikums an derartig „verrückter" Musik gelähmt. Außerdem bot das wertlose Geld ausländischen Musikern wenig Anreiz, die sich, wenn sie überhaupt nach Deutschland kamen, recht teuer stellten, da ihnen harte Dollars lieber waren. Dies änderte sich erst, als im November 1923 endlich die stabile Rentenmark eingeführt wurde und das deutsche Wirtschaftsleben sich ziemlich schnell normalisierte. Die Jahre von 1923 bis 1929, die das erste deutsche „Wirtschaftswunder" brachten, waren in Deutschland Jahre eines ungeheuren technischen Fortschrittes und eines Höhepunkts des künstlerischen Lebens auf allen Gebieten. Kein Wunder, daß ab Mitte 1924 in größerem Maße ausländische Musiker in der damals turbulentesten Stadt Europas eine Beschäftigung suchten, in der Reichshauptstadt Berlin. Natürlich hatten schon während der Inflationszeit und sogar davor einige ausländische Musiker und kleinere Kapellen in Deutschland gespielt, darunter auch sogenannte „Jazz-bands", so eine *Five Berkeley's* Band, die um 1922 im Rheinland auftrat. Sie setzte sich aus französischen (?) Negern zusammen, die schon wegen ihrer Hautfarbe einen gewissen Eindruck machten — wie überhaupt alle bekannteren Negerensembles und Solisten besonders auf die deutschen Zuhörer interessant und exotisch wirkten. Immerhin sollen die *Five Berkeley's* nicht nach Noten gespielt, also improvisiert haben. 1924 spielte eine *Nigger-Jazz-Band* (laut Bezeichnung auf dem Schlagzeug!) in Berlin, die als *Neger-Jazz-Orchester* im Oktober 1924 auch Schallplattenaufnahmen für die *VOX*-Schallplattenfirma machte. Über diese Kapelle ist ebenso wenig bekannt wie über die sogenannte *The Riverians Jazz Band,* die unter Leitung des Briten Harry Phillips stand und ebenfalls für *VOX* einige Schallplatten machte (November 1924). Die Besetzung dieser (weißen) Band bestand aus Kornett, Posaune, 2 Saxophonen (Klarinette), Piano, Banjo und Schlagzeug. Wirkliches Format hatte die erste wirkliche Jazzband aus den USA, die im Winter 1924 in Berlin gastierte, die *Ohio Lido Venice Band* unter Leitung von Harl Smith. Sie stammte ursprünglich aus Ohio und wurde Anfang 1924 auf Grund ihrer guten Qualität nach New York, dem Jazz-Eldorado, verpflichtet. Hier spielte das Orchester zunächst im *Lido Venice Club,* der dann der Band ihren Namen gab. Die Ohio-Leute hatten das Glück, als Vertretung des nach Europa reisenden Paul-Specht-Orchesters engagiert zu werden, um auf dem Dachgarten des New Yorker Alamac-Hotels zu spielen. Damit übernahm die Band gleichzeitig Spechts reguläre Rundfunksendungen der Station WHN und wurde so schnell überall bekannt. Bald kam ein Angebot für eine Europa-Tournee, die dann im Sommer 1924 begann, nachdem man in aller Eile noch ein paar Schallplattenaufnahmen für *Pathe-Perfect* gemacht hatte. Diese Platten und einige weitere Aufnahmen, die 1925 in London gemacht wurden, sind heute die einzigen Zeugen dieser hervorragenden Jazzband, da legendäre Pariser und Berliner Schallplattenaufnahmen sich bis jetzt weder angefunden haben noch nachzuweisen sind.

In der Besetzung Harl Smith (d & ld), Joe Rose (c), Barney Russell (tb), Henry Nathan (cl & v), Freddy Morrow (as), William „Bill" Haid (p) und Evert Davidson (bj) (der Posaunist Chas. Butterfield und der Tuba-Bassist Joe Tarto blieben in den USA) spielte die *Ohio Lido Venice Band* zunächst in Belgien, dann in Frankreich (Paris) und danach von November bis Dezember 1924 in Berlin. Hier trat die Band in Lokalen in der Umgebung des Kurfürstendamms, im vornehmen Vergnügungsviertel des Berliner Westens, auf. Für die deutschen Musiker war diese echte Jazzband, die erste, die sie je gehört hatten, eine wahre Sensation, und etliche wurden von den *Ohios* (wie man sie kurz nannte) zum Jazz inspiriert. Musiker wie Joe Rose und andere *Ohio*-Leute waren für die damaligen Verhältnisse wahre „Giganten" des Jazz, was die wenigen noch vorhandenen Schallplattenaufnahmen beweisen. Sie waren frühe Spitzensolisten des Jazz — kein Wunder also, daß der Eindruck auf unsere wenigen Musiker mit Jazzambitionen groß war.

Sicherlich gehörte der Deutsch-Amerikaner Julian Fuhs zu den eifrigsten „Studenten" der *Ohio*-Jazzband, denn gerade in dieser Zeit (Ende 1924 bis Anfang 1925) verwandelte sich seine durchschnittliche, wenn auch sehr gute Tanzkapelle in eine erstklassige, heiße Jazzband, die sogar die berühmte Eric Borchard-Jazzband überflügelte. Julian Fuhs hatte sein Orchester im Jahre 1924 zusammengestellt und sich nach und nach gute Solisten gesichert, so daß sich das Orchester, die *Julian Fuhs Follies Band*, bald über den Durchschnitt erhob und in der Presse gelobt wurde. Dank seiner Mitwirkung an der Revue „Madame Revue" im *Großen Schauspielhaus* wurde das Orchester schnell überall bekannt und für Schallplattenaufnahmen von der *Homophon (Homocord)*-Gesellschaft verpflichtet, deren erste im September 1924 eingespielt wurden. Danach spielte die *Julian Fuhs Follies Band* im *Neuen Theater am Zoo* und im populären *Mercedes-Palast*. Laut zeitgenössischer Pressenachrichten haben diese Engagements „...dieses vorzügliche Ensemble in Berlin schnell beliebt gemacht und an die erste Stelle der hier konzertierenden Jazzband-Kapellen gerückt." An anderer Stelle heißt es:
„....Alle Tanz- und Fuhs-Freunde erwarten mit Spannung die ersten Platten dieser Kapelle, die durch ihren unerschütterlichen Rhythmus und musikalisch interessanten Aufbau allen Tanzlustigen eine besondere Freude sein werden."
In der Tat leitete Julian Fuhs von Anfang 1925 bis Ende 1926 das beste jazzmäßige Tanzorchester in Deutschland. Anfang 1925 hatte sich die Fuhs-Band

dank des hervorragenden ehemaligen Borchard-Trompeters Wilbur Kurz erheblich verbessert, mit einem deutlichen Trend zum Stil der *Ohio Lido Venice Band*. Im Laufe des Jahres 1925 wies die *Julian Fuhs Follies Jazzband* lokale Spitzensolisten auf, wie Wilbur Kurz (tp), Mike Polzer (tb), Charlie Vidal (oder Mickey Diamond) (s, cl), Arno Lewitsch (v), Mike Ortuso (bj), Charlie Herstoff (d & kazoo & squawker) und einen unbekannt gebliebenen, großartigen Baß-Saxophonisten; der Maestro selbst saß am Piano. Zu den auf Schallplatten festgehaltenen Meilensteinen der deutschen Jazzhistorie gehören *Somebody's Wrong, Copenhagen, Look, Who's Here, San* (auf *Homocord*), ferner *Ace In The Hole, Stockholm Stomp, Deep Henderson* und *Black Bottom Stomp* (auf *Electrola*), um nur die besten zu erwähnen. Sie zeigen den hohen Standard des Jazzorchesters Julian Fuhs, mit Solisten, die einen Vergleich mit vielen damaligen amerikanischen Orchestern nicht zu scheuen brauchen. Die Fuhs-Band benutzte schon 1925 höchst moderne Instrumentaleffekte, wie den Quaker (Squawker) und das Kazoo (Kammblasen). Die Trompete spielte auch im Growl-Stil, und der Klarinettist bzw. Saxophonist beherrschte glänzend den sogenannten „Slaptongue"-Stil.

Der Violinist Arno Lewitsch war für seine Zeit ein erstaunlich guter Hotgeiger, was damals noch ungewöhnlich war. Alte Plattenaufnahmen von Julian Fuhs, zum Beispiel der Titel *Zur Liebe gehört doch auch ein bißchen Musik* (auf *Homocord*), beweisen dies eindeutig. Lewitsch hatte bereits im Sommer 1924 eine eigene Band für Schallplattenaufnahmen gehabt, die sich mit Sicherheit aus Borchard- und Fuhs-Personal zusammensetzte, da sie Besonderes leistete und beinahe ebenso gut war wie die Borchard- und die Fuhs-Jazzband. Das *Lewitsch-Tanzorchester* hinterließ ein Dutzend Schallplattenaufnahmen auf *Parlophon*, darunter sechs Hottitel, von denen *I've Got A Cross-Eyed Papa* besonders gut gelungen ist und an amerikanische Vorbilder erinnert — Vorbilder wie etwa die *California Ramblers* mit einer unerhört jazzigen Tanzmusik. Kein Wunder also, daß *Julian Fuhs Follies Band* eine überdurchschnittliche Kapelle, besetzt mit Klassesolisten, war. Leider dauerte die jazzmäßige Glanzzeit der Fuhs-Band nur bis 1926 (Herbst), also achtzehn Monate, dann machte sich der semi-symphonische Whiteman-Einfluß im Orchester negativ bemerkbar. Doch davon später.

Neben dem schon erwähnten Einfluß auf unsere Musiker durch die Tourneen ausländischer Bands mit Jazzeinschlag im Jahre 1924 ist ein anderer großer Einfluß nicht zu übersehen: das Erscheinen echter amerikanischer Jazz- und Semijazz-Aufnahmen auf deutschen Plattenmarken in Deutschland. Diese Entwicklung begann 1922 bei der *Lindström AG* mit Hilfe der amerikanischen *OKeh Phonograph Corporation*, die in den USA 1919 von dem ehemaligen

Lindström-Vorstandsmitglied (vor 1914) Otto Heinemann gegründet worden war und sich innerhalb kurzer Zeit zu einem der bedeutendsten Plattenkonzerne emporarbeitete. Dies war möglich dank der erstklassigen Künstler und der hervorragenden Aufnahmetechnik der OKeh. Es war natürlich, daß Heinemann einen europäischen Absatzmarkt suchte und sich seine alte *Lindström AG* dafür auswählte. Ab 1922 erschienen dann in steigendem Maße *OKeh*-Matrizen auf den Lindström-Marken *Odeon* und *Beka*. Das amerikanische Repertoire wuchs derart schnell, daß man sich 1924 entschloß, die Beka-Serie in einer *Lindström American Record-Serie* fortzuführen, für die man nunmehr die USA-Aufnahmen verwendete, während deutsche Eigenaufnahmen weiter auf *Beka* erschienen.

Da nach Ansicht der Lindström-Leute amerikanische Orchesternamen in Deutschland (und Europa) nicht von Belang waren, erschienen zunächst alle Aufnahmen aus den USA auf der Marke *Odeon* als *American Jazz-Orchestra*, bis man 1924 diese Kollektivbezeichnung fallenließ und die korrekten Orchesternamen nannte, die alte Plattensammler noch heute begierig aufhorchen lassen. Auf *Odeon*- und *Lindström-American Record*-Platten erschienen damals (nur wenige Wochen später als in den USA selbst) Aufnahmen von der *Original Dixieland Jazz Band*. von King Oliver, Armand Piron, W. C. Handy, den *Original Six*, Johnny Bayersdorffer, den *Arcadian Serenaders*, Merritt Brunies, Harry Reser, Sam Lanin, der *Tampa Blue Jazz Band*, Joseph Samuels, Mamie Smith, den *Seminole Syncopators*, Goofus Five, Mike Markel, Vincent Lopez und hundert anderen berühmten amerikanischen Ensembles von Format. Eine bessere Auswahl und bessere Vorbilder konnten unsere damaligen Tanzmusiker mit Jazzambitionen nicht haben! Wenn es damals schon Jazzschallplatten-Sammler gegeben hätte, wäre Deutschland für sie ein Paradies gewesen.

Nach Einführung der Rentenmark kamen weitere amerikanische Interessenten der Plattenindustrie nach Deutschland, um einen Absatz für USA-Aufnahmen zu suchen. Aber schon während der Inflationszeit waren kleinere Plattenfirmen entstanden, die amerikanische Matrizen verwendeten, so die belanglose *American Record* und die *Acme*-Gesellschaft. *Acme Record* war speziell für amerikanische Matrizen gedacht und konnte sich in Deutschland vom Frühjahr 1923 bis Anfang 1925 halten, dann wurde die Produktion wegen zu geringen Absatzes eingestellt. Die Platten wurden in Berlin hergestellt und hatten US-Aufnahmen von Emerson- und Plaza-Co.-(Banner-Regal-)Matrizen aufzuweisen. Ferner machte die *Acme* einige wenige interessante Eigenaufnahmen in Berlin, so mit „Fred Steamer", alias Fritz Stahmer, einem begabten Berliner Jazzpianisten (November 1924). Unter den interessanten Jazzaufnahmen auf *Acme-Record* befanden sich Titel der *Original Memphis Five*, Joseph Samuels, der *Sam La-*

nin's *Southern Serenaders*, der *Pennsylvania Syncopators*, der *Six Black Diamonds* und ähnlicher Gruppen. Bemerkenswert war auch eine in Berlin gemachte Aufnahme von Austin Egen, der *Monday Morning Blues*, die einzige wirkliche Jazz-Piano-Solo-Aufnahme, die der aus den USA stammende Austin Egen hinterließ, nachdem er in Berlin zum populären Schnulzensänger avanciert war. Die Produktion der *Acme* war für damalige Zeiten zu „amerikanisch", um eine solche Firma zu erhalten — daher die relativ kurze Lebenszeit, die *Acme*-Platten heute zu großen Raritäten macht. Noch kurzlebiger war 1924 eine weitere Berliner Marke, die *USA*, bei der immerhin einige gute Aufnahmen der *California Ramblers* (*Golden Gate Orchestra*) erschienen sind, sämtlich von Bell-Matrizen der New Yorker Bell Co. Beide Firmen waren machtlos gegen eine Konkurrenz wie die *Lindström AG* und dem *Eisner-Konzern* (*Artiphon*), der 1925 in größerem Maße begann, US-Matrizen auf mehreren Eisner-Marken, wie *Artiphon, Rensie, Hertie, Hermaphon, Goldora* u. a. zu veröffentlichen. Die Eisner-Werke (Berlin-Mitte) verwendeten bereits seit 1924 Matrizen der amerikanischen Plaza Co. (Banner-Regal) und setzten praktisch die *Acme*-Serie fort, da *Acme* ja in Eisner-Preßwerken hergestellt worden war. Wir kommen später darauf zurück.
So weit gediehen waren um die Jahreswende 1924/1925 die Verkaufsverhältnisse amerikanischer Schallplatten und auch Jazzaufnahmen in Deutschland. Es fehlte also weder an lebenden noch an auf Schallplatten „konservierten" Vorbildern für deutsche Jazzmusiker. <u>Natürlich erfaßte man den Jazz unterschiedlich, manche nahmen die kommerziellen USA-Orchester als „Jazz"-Vorbild, andere konnten jedoch schon recht gut echten Jazz von jazzähnlicher Tanzmusik unterscheiden.</u> Jazzähnliche Tanzmusik hatte im Herbst 1924 und Anfang 1925 die *London Sonora Band* unter Leitung des Bandleaders Bobbie Hind zu bieten und ebenfalls im Herbst 1924 das erste *New York*-Orchester von Alex Hyde, das vorwiegend mit Engländern besetzt war. Beide Orchester hinterließen Schallplattenaufnahmen (auf *Favorite*, einer weiteren Lindström-Marke, und auf *VOX*). Wenn das Auftreten dieser Bands in Berlin schon sensationell war, so waren sie doch belanglos gegen eine Jazzband wie die *Ohio Lido Venice Band.* die wirklichen Jazz brachte und Alexander „Alex" Hyde, einen jungen Violinisten aus New York, bewog, im Frühjahr 1925 mit einer wirklichen Jazzband in Berlin Platten aufzunehmen.
Nachdem Hyde das englische Orchester aufgelöst hatte, stellte er sich eine gute Studioband zusammen, in der er neben eigenen Leuten Musiker aus Julian Fuhs' Band, wie den unvermeidlichen Wilbur Kurz und den Drummer Charlie Herstoff, beschäftigte. Andere gute Solisten des *New Yorker Original Jazz Orchestra* von Alex Hyde waren Mickey Diamond (tp), Mike Polzer (tb) (der dann

zu Fuhs überging), Billy Barton (cl, as), Sam Dunkel (ts), Walter Kallander (as), Steve Kretzmer (p), Michael „Mike" Danzi (bj & g), Max Rosen (tuba & b) und einige Zeit später die farbigen Musiker „Herb" Flemming (tb) und Eugene „Gene" Sedric (ts) vom gerade in Berlin gastierenden SamWooding-Orchester. Zwischen April und Juni 1925 konnte diese Alex-Hyde-Jazzband rund fünfzig Titel für die *Deutsche Grammophon*-Gesellschaft aufnehmen, aus denen die Aufnahmen von *Copenhagen, Shine, Sioux City Sue* und *San* als besonders gute Jazzaufnahmen hervorstechen. Alex Hyde kehrte jedoch bald wieder in die USA zurück, und das Orchester löste sich auf. Erst im Jahre 1930 hörte man in Deutschland wieder von ihm, als er mit den *Red Heads*, einer amerikanischen Damenkapelle (den Vorläufern von Ina Ray Huttons Damen-Swingband der dreißiger Jahre) in der Berliner *Scala* gastierte. In den fünfziger Jahren verstarb Hyde als Music-Supervisor (Direktor) der amerikanischen Film-Plattenfirma MGM in Hollywood. Seine *New Yorker Original Jazz-Band* gehörte zu den besten deutsch-amerikanischen Bands der zwanziger Jahre und war beinahe so gut (wenn sie „hot" spielte) wie die berühmt gewordene Neger-Band von Sam Wooding, deren Gastspiel im Mai/Juli 1925 eines der größten Ereignisse in der deutschen Jazzgeschichte war und ist. Die Sam-Wooding-Band war das erste wirkliche Neger-*Jazz*-Orchester, das in Deutschland nach dem ersten Weltkrieg spielte. Schon die äußere Erscheinung der Farbigen war ungewöhnlich und sensationell, um so mehr, als dieses Orchester nicht halb versteckt in Nachtclubs oder Cafes, sondern in großer Aufmachung im Berliner *Admirals-Palast* auftrat. Am 25. Mai 1925 war die glanzvolle Premiere der elf Mann starken Negerband aus den USA, die damals zu den besten amerikanischen Jazz-(Big-)Bands gehörte. In der Tat stand die Sam-Wooding-Band weit über gleichartigen Neger-Ensembles der USA, auch über Fletcher Henderson, der zu jener Zeit (1925!) nur eine relativ mittelmäßige Dance-Jazzband leitete, die auch durch Louis Armstrong nicht an Format gewann. Mit Tommy Ladnier (c), Herb Flemming (tb), Gene Sedric (cl, ts), Willie Lewis (as) u.a. besaß der Pianist Sam Wooding allerdings eine Elite der farbigen Musiker New Yorks wie kaum eine zweite gleichartige Kapelle der USA. Das Orchester spielte mit Verve und neuen Ideen und begeisterte durch seinen hinreißenden Rhythmus das Publikum. Die Wooding-Band wurde fast überall in Deutschland bekannt. Im August 1925 spielte das Sam-Wooding-Orchester im Hamburger *Thalia-Theater* innerhalb der *Chocolate Kiddies Revue*. Nach einem Abstecher nach Stockholm und Kopenhagen kehrte die Band nach Deutschland zurück, um hier kurz in Hannover, Magdeburg und Düsseldorf aufzutreten. Im November 1925 ging es nach Prag, Wien und Budapest und danach wieder für zehn Tage nach Berlin (Dezember 1925).

Die Berliner Schallplattenfirma *VOX* sicherte sich das *Sam Wooding Orchestra* für einige Aufnahmen, die im Juli 1925 im einstmals bekannten VOX-Haus in der Potsdamer Straße aufgenommen wurden. Da das Studio im VOX-Haus für eine derart laute Band nicht eingerichtet war (die Aufnahmen wurden noch akustisch gemacht), stellte man die Hälfte des Orchesters, die lautesten Instrumente, in den angrenzenden Treppenflur und ließ die Studiotür weit geöffnet. So stand ein Teil der Band im Studio und der andere auf der Treppe und blies und spielte, daß „die Wände wackelten" Die Aufnahmen gelangen jedoch gut und zeigen uns, besonders an Titeln wie *Shanghai Shuffle* und *Alabamy Bound*, wie hervorragend dieses Orchester gewesen ist. Dies waren übrigens auch die ersten wirklichen Jazzaufnahmen der Firma VOX, die bis dahin nur jazzmäßige Tanzorchester oder Pseudo-Jazzgruppen aufgenommen hatte und keinerlei amerikanische Matrizen bezog, von einem kurzen Versuch abgesehen. Außer den schon genannten Wooding-Musikern verdienen noch die übrigen Mitglieder des Orchesters erwähnt zu werden, so Maceo Edwards, Bobby Martin (c), Garvin Bushell (cl, as), John Warren (tuba), George Howe (d) und der feine Banjoist John Mitchell.

Besonders beliebt war es beim deutschen Publikum, wenn sich die Wooding-Band um bekannte deutsche Melodien bemühte, so vor allem mit einem humorvollen Arrangement des deutschen Altschlagers *O Katharina!*, in das man alle möglichen Melodien, von der *Wacht am Rhein* bis zum *Lieben Augustin*, eingebaut hatte. Dies brachte damals das Publikum aus dem Häuschen, ein Publikum, das dankbar und freudig der Jazzmusik lauschte und darüber zu diskutieren begann. 1925 war man noch aufgeschlossen und am Neuen und Interessanten, besonders auf dem Gebiet der Kunst, interessiert. Es war die Zeit einer Prosperität, die eine gewisse Aufgeschlossenheit ermöglichte und den politischen Kampf der Parteien ein wenig in den Hintergrund drängte. Berlin war obendrein kosmopolitisch wie nie zuvor, und noch war nichts vom nationalchauvinistischen und rassischen Fanatismus mit seinem Verdammungswahn zu merken, der schon wenige Jahre später spürbar hervortrat.

In der Tat war die „Reichshauptstadt" Berlin zwischen 1924 und 1929 die turbulenteste und interessanteste Stadt Kontinentaleuropas und übertraf mit dem, was sie auf allen Gebieten der Kunst und auch des Vergnügens zu bieten hatte, nach Ansicht hervorragender Zeitgenossen sogar Paris. Um nur einige Zahlen zu nennen: mit über 4,2 Millionen Einwohnern war Berlin damals die bevölkerungsstärkste Stadt des Kontinents und mit einem Stadtgebiet von 880 qkm die flächengrößte Stadt der Welt. Berlin war außerdem die größte Industrie- bzw. Handelsstadt des Kontinents und besaß den zweitgrößten Binnenhafen Deutschlands. Die Stadt war die Zentrale des Verkehrs zwischen Ost

und West und Ausgangspunkt für 17 Fluglinien (!). Auf dem kulturellen Sektor konnte Berlin zahlreiche Museen, großes Ausstellungsgelände, drei Opernhäuser, über 40 Theater, schier zahllose Kinos, Tanzcafés und Vergnügungspaläste bieten. Großartig waren die Berliner Varietés, vor allem die *Scala* und der *Wintergarten.*
In allen großen Hotels und Cafes und natürlich auch in den Bars spielten Tanzorchester aller Art, auch Jazzbands. Ihre Zahl war Legion, und ohne Zweifel war Berlin Mitte der zwanziger Jahre ein Anziehungspunkt für alle Musiker, die gut verdienen wollten. Die größten Sorgen der ersten Nachkriegszeit schienen überwunden, und die Menschen suchten nun ihr Vergnügen; nie wieder gab es mehr Tanz(und Jazz)-Orchester in Berlin und mehr Tanzfreudigkeit als in jenen Jahren von 1923 bis 1929.
Die Gastspiele von Sam Wooding und der „Neger-Revue" hatte nunmehr etwas Interesse für den Jazz hervorgebracht. So erschien im nächsten Jahr (1926) im Leipziger Julius-Heinrich-Zimmermann-Verlag *Das Jazzbuch* von Alfred Baresel. Auf vierunddreißig Seiten setzte sich der Autor mit dem Jazz aus damaliger Sicht auseinander und versuchte, eine musiktechnische und historische Definition dieser neuartigen Musik zu vermitteln. Dies war natürlich kein Jazzbuch im heutigen Sinne, aber immerhin eines der ersten *Jazz-Bücher* der Welt. Auf diese Weise inspiriert, versuchten nun auch viele lokale Tanzorchester, Jazz zu spielen, darunter etliche Bands mit recht gemischter internationaler Besetzung — mit Amerikanern, Engländern, Franzosen, Rumänen, Skandinaviern, Italienern und Ungarn im Orchesterpersonal; darunter farbige und weiße Musiker, also auch gemischte Orchester, die (im Gegensatz zu den USA) damals in Berlin keinen Anstoß erregten. Es waren gute Musiker und auch Dilettanten, Könner und Bluffer, bunt gemischt, wie es so typisch für die zwanziger Jahre war. Es wäre müßig, die vielen hundert Kapellen dieser Art zu nennen. Nur ein Bruchteil all dieser Bands erschien auf Schallplatten, und die, die erschienen, waren jazzmäßig nicht immer die besten. Auch war es so, daß etliche dieser Orchester in Wirklichkeit „heißer" spielten als auf den Schallplatten. Einige dieser Orchester mit Jazzambitionen, die um 1925 gelegentlich Schallplattenaufnahmen machten, waren die Bands von Jenö Fesca, Gabriel Formiggini, Arpad Varosz *Künstlerkapelle,* Jack Humphreys *London Band* und Bernard Ettés Tanzorchester. Gerade für Etté gilt, daß sein Orchester in Natura weit jazziger war als auf den Schallplatten, von denen die Band zwischen 1923 und 1940 mehrere Hundert aufnahm. Das Etté-Orchester hatte insbesondere zwischen 1924 und 1931 einige der interessantesten Besetzungen, die deutsche Tanzorchester dieser Zeit aufweisen konnten. Kurz nach dem Ende des ersten Weltkrieges, 1919, gründete Bernard Etté seine erste

Band , die sich innerhalb von vier Jahren einen guten Namen machte, so daß sie 1923 als Exclusivorchester für die *VOX*-Schallplattengesellschaft verpflichtet wurde. Mit seiner ersten, fast rein deutschen Band versuchte Etté, modernste Jazzmusik zu spielen. 1923/24 wirkten folgende Musiker im Orchester mit: Bernard Etté (v, ld); Karl Nierenz, Hans Bode (tp); Paul Hartmann (tb); Hans Liske (as, cl); „Billy" (unbekannter Engländer) (as); Bill Williams (as, voc); Max Schmid, Peter Brand (v); Heinz Schmidt (p); Aloys Mayer (bj); Heinz Schröder (b, tuba) und Lucky Stampfl, (d). Ende 1924/Anfang 1925 übernahm Etté einige Musiker der Alex-Hyde-Jazzband, vor allem die beiden Trompeter Howard O. MacFarlane und Mickey Diamond. Später kamer ferner Bill Hall (tb) und Tony Morello (bj) sowie zeitweilig Harry Pohl (cl, s); René Dumont (v). Heinz Forke (tuba) ersetzte Schröder. 1925 machte Etté mit seinen Musikern einige spezielle „Jazz"-Aufnahmen unter dem Pseudonym *Edward King And His American „Royal Orchestra"* für *VOX*. 1926/1927 kamen weitere gute Solisten zur Etté-Band, u. a. die amerikanischen Trompeter Johnny Dixon und Nick Casti (als H. O. MacFarlane zu Dajos Béla ging); ferner Eddie Norman (tb)(; für kurze Zeit Billy Barton (s, cl) und Xaver Lipczinski (as, bars). Durch Vermittlung von Max Schmid nahm die Etté-Band unter Leitung von Tony Morello Ende 1927 einige Titel für die neue *Tri-Ergon* (Photo-Electron)-Marke auf, die aus Vertragsgründen (mit der VOX) unter dem Pseudonym *The Jazz Kings* erschienen. 1925 hatte das Etté-Orchester einen ersten Höhepunkt erreicht, daher sei hier ein kurzer Überblick über das weiteren Schicksal der Band gegeben.

Aus den USA brachte sich Etté einige weitere Solisten mit, aber um 1927/1929 zählten folgende Jazzmusiker (!) zu den hervorragenden Solisten der Band: Eddy Meenk (tp), Peter Rasmussen (tb), Kai Ewans (as, cl), Anker Skjoldborg (ts, s, cl), Matty Rajula (as, cl), Charlese Remue (as) und Jatowe (2nd p & arr). 1930 kam Fud Candrix für Skjoldborg hinzu und außerdem Earl MacLane (xyl, vib und d); 1927/1928 hatte auch für einige Zeit der französische Jazzklarinettist und Saxophonist Christian Wagner mitgespielt. Eine wahrhaft stattliche Jazz-Namensliste.

Nach 1930 verlor das Etté-Orchester immer mehr an Jazzbedeutung und wurde das berühmte „Bühnen- und Schauorchester", wie es allen in Erinnerung ist, mit einer (bis auf Earl MacLane) rein deutschen Tanzbesetzung. Aus der Glanzzeit der Etté-Band zwischen 1925 und 1930 stammen folgende Schallplattenaufnahmen, die einigermaßen repräsentativ sind: *Copenhagen, Oh Baby, Jig Walk, Look Who's Here, The Veritable Black Bottom American, Heebie Jeebies, Do The Black Bottom With Me, Go South (VOX);* als *Edward King* mit *Somebody's Wrong* (VOX), als *The Jazz Kings* mit *Weary Blues, Maple Leaf Rag*

(Tri-Ergon) und wieder unter richtigem Namen mit *There's A Rainbow Round My Shoulder*, *Pork And Beans* und *Original Dixieland-Onestep* (auf Kristall). Spätere Aufnahmen der Etté-Band für *Gloria* (1932-1937), *Odeon* (1937-1939), *Telefunken* und *Tempo* (1940/41) sind kaum noch von jazzmäßigem Interesse. 1925 zählte die Etté-Band jedoch zu den besten Tanzorchestern in Deutschland. Da Etté trotz aller damals modischen Jazzbemühungen selbst kein „Jazzman" war, ist es allein seinen guten Musikern zu verdanken, daß die Band einen geringfügigen Platz in der deutschen Jazzhistorie einnimmt.

Ähnlich wie die von Etté waren die Bemühungen von Gabriel Formiggini zur gleichen Zeit. Formiggini war übrigens ebenfalls ein *VOX*-Exklusiv-Künstler. Nach jahrelanger Pseudo-„Jazz"-Produktion gelang es ihm erst gegen Ende der zwanziger Jahre, mit einer Studioband guten Jazz zu machen, wovon einige Plattenaufnahmen Zeugnis ablegen, so vor allem *Static Strut* (VOX). Die Bands von Etté und Formiggini waren typisch für all die anderen Tanzkapellen in Deutschland, die sich recht und schlecht am Jazz versuchten. Immerhin war der Wille da, und in den meisten Fällen kann man nicht sagen, daß diese Orchester es mit „billigen Mätzchen" versucht hätten. Es fehlten nur die richtige Anleitung und das gewisse „Jazzfeeling" (Jazzgefühl). Da nutzten manchmal auch die guten ausländischen Solisten nichts, die sich den Arrangements unterwerfen mußten. Man spielte eben oft nur simple Tanzmusik unter dem Banner des Jazz. Jazz ist ja zwar auch nur Tanzmusik, aber keine simple. Damals war aber das „Modernste" in der reinen Tanzmusik nach Auffassung vieler „Kapellmeister" eben „Jazz", und eine klare Definition fehlte sehr oft.

Aber immerhin war die simple Tanz-„Jazz"-Musik immer noch besser als die gewisser bedeutungsloser „Jazz"kapellen, die sich in kleineren Lokalen produzierten und unter „Jazz" ganz einfach Lärm um jeden Preis verstanden. Sie standen im Gegensatz zu einem Orchester wie etwa dem von Bernard Etté, der zeitweilig mit Stolz behaupten konnte, die modernste Danceband Mitteleuropas zu führen, und seinen Kollegen eine Zeitlang um Jahre voraus war, dank bester Musiker und guter Arrangements. Die kleinen Jazz-(Lärm-)Orchester verstanden es anders. Da wurde auf dem Klavier herumgehämmert, daß amerikanische Musiker später ironisch berichteten, bei den deutschen Pianisten würden mit Vorliebe die Klaviere zusammengedroschen, wenn man „Jazz" spielen wolle. Während die Trompete und die Posaune im überdrehten Tempo die Melodie herunterhechelten, fiepte das Saxophon hilflos in der Gegend herum. Das Tempo des schnellen Spiels galt als besonders jazzgerecht. Da wurde sogar mit Pistolen in die Luft geschossen, und der Schlagzeuger klingelte wie besessen mit den Cowbells (Kuhglocken) des meist überdimensionalen Schlagzeugs. Die Solisten hüpften auf die Stühle, zogen Grimassen und gebär-

deten sich wie halbe Clowns. Die „Musik" war dementsprechend. Zeitgenössische Berichte und Abbildungen vermitteln uns einen Eindruck von „Jazz"-Auswüchsen dieser Art. Glücklicherweise wurde keine dieser „Jazzbands" je berühmt.
Sie sind verdientermaßen vergessen und in die Anonymität zurückgesunken. Daher ist auch die Aufzählung von Namen einiger bombastischer „Jazz"-Kapellen hier überflüssig.
1925 war das Jahr, in dem der *Charleston* in Deutschland (vorwiegend als Tanz) bekannt wurde. Fast alle Tanzkapellen versuchten sich an der Charleston-Musik, da alle Tänzer „charleston-crazy" waren. Selbst die Presse brachte lange Artikel über den Charleston-Tanz. Dies alles hatte insofern einen Vorteil, als nun einmal alle Kompositionen in Charleston-Stil oder -Manier nette und passable Melodien hatten, die sich für den Jazz glänzend eigneten und bereits schon rein kompositorisch einen Jazzkern in sich hatten. Der amerikanische Negerpianist James P. Johnson hatte den *Original Charleston* geschrieben, der nach wie vor der beste aller Charlestons war. Bei uns in Deutschland war es die deutsch-holländische *Excellos Five Jazzband,* die den echten *Charleston* am jazzigsten interpretierte, wobei man sogar das „Kazoo" (Kammblasen) verwendete. Die Gruppe hatte gute Jazzmusiker, wie den ehemaligen Borchard-Posaunisten Henri van den Bossche, Harry Pohl (cl & s) und die hervorragenden Vries-Brüder, Louis de Vries (tp) und Jack de Vries (b, tuba & kazoo), aufzuweisen. Diese Band konnte, wenn sie wollte, mit Verve und Perfektion guten Jazz spielen. Glücklicherweise wurden auch die *Excellos Five* der Nachwelt durch Schallplattenaufnahmen erhalten, wenngleich sie heute vergessen sind. Die *Deutsche Grammophon*-Gesellschaft hatte von Dezember 1925 bis Februar 1926 die *Excellos Five* mit weit über zwei Dutzend Titeln aufgenommen, zumeist leider mit Tanzmusik. Auf den Jazzplatten zeigt die Gruppe jedoch in der Art der Jazzsoli und der Kollektivimprovisationen ihre wahre Qualität.
Erstaunlich war, daß deutsche Orchester bereits Neuerungen der Jazzmusik übernommen hatten, die selbst im Jahre 1925 noch in den USA hochmodern waren. Julian Fuhs, die *Excellos Five,* Eric Borchard, Alex Hyde u. a. verwendeten bereits Wah-Wah-Dämpfer für die Trompeten; man spielte die Posaune mit den „Doo Wacka Doo"-Effekten und ließ die Trompete „growlen". Ferner verwendete man den „Squawker", den Quaker (ein heute ausgestorbenes Pseudoinstrument, das die Drummer meist nebenbei bliesen), und man sang „Scat", schon bevor Louis Armstrong ihn populär machte. <u>Der amerikanische Einfluß und das Vorbild der amerikanischen Tanzmusik waren Mitte der zwanziger Jahre in Deutschland so bedeutend, daß man überall versuchte, alle</u>

Neuerungen aus den USA zu übernehmen oder zu kopieren. Immerhin waren ja auch genügend amerikanische und auch englische Musiker in Berlin hängengeblieben, da sie hier gut verdienten und durch ihre Anwesenheit einen gewissen jazzmäßigen Einfluß ausübten. Wir haben schon einige Namen kennengelernt, daher erübrigt sich eine nochmalige Aufzählung. Jedoch muß Michael „Mike" Danzi besonders erwähnt werden, der Anfang 1925 mit der *Alex Hyde-Band* nach Berlin gekommen war und hier zum führenden Banjo- und Gitarrenkünstler, nach dem Vorbild Harry Resers, wurde. Danzi spielte im Laufe der Jahre bei vielen Kapellen aller Art; als unentbehrlicher Solist wirkte er in zahllosen Studio- und Radiobands mit und war an über 2000 Schallplattenaufnahmen in Deutschland (!) für rund 17 Schallplattenmarken beteiligt. Mike Danzi blieb bis 1939 in Berlin und ging erst wegen des Kriegsausbruchs in die USA zurück.

Studio-Schallplattenbands waren damals, 1925, bereits üblich und wurden häufig eingesetzt; auch tauschten die verschiedenen Kapellen untereinander gute Solisten für Schallplattenaufnahmen aus. Eine dieser Bands, die sich sehr wahrscheinlich gute Solisten auslieh, war die Kapelle von Ernö Geiger, die uns jazzinteressante Schallplattenaufnahmen, wie zum Beispiel *Come On Red* (auf Homocord), hinterließ. Obwohl keine reine Jazzband, soll dieses Orchester hier wegen seiner gelegentlich guten Hotsolistik nicht unerwähnt bleiben. Dennoch: Orchester dieser Art gab es viele in Berlin und vielleicht auch noch in anderen Großstädten Deutschlands.

Das sogenannte Lindström-Studiopersonal — zumeist Solisten des Dajos-Béla-Orchesters — spielte auf aber Hunderten von Schallplattenaufnahmen mit, vor allem in den diversen Otto-Dobrindt-Gruppen (*Saxophon Orchester Dobbri* und *Odeon-Tanzorchester*). Andere Pseudonyme (für Béla-Studiobands) waren *Sandor Joszi* und *Kapelle Merton*.

Auf dem Sektor der Schallplatte begann 1925 die Eisner-Plattengesellschaft in größerem Maße amerikanische Matrizen zu verwenden. So erschien ein immer steigendes Angebot amerikanischer Schallplatten der Eisner-Marken *Artiphon* und *Rensie*. Die letztere war für den Export in die europäischen Länder gedacht. „Rensie" war die Umkehrung von „Eisner". Wie schon geschildert, begannen die Eisner-Firmen schon 1924, amerikanische Matrizen zu pressen und setzten die begonnene „internationale Serie" der *Acme Records* fort. Man verwendete Matrizen der amerikanischen *Plaza Company* (später *ARC: American Record Co.*) mit ihren Marken: *Banner*, *Regal* und *Emerson*. Eine dem Eisner-Konzern verwandte Firma war zur gleichen Zeit die *Stradivari*, die die gleichen Aufnahmen wie *Artiphon* und *Rensie* herausbrachte. Im Vergleich zur *Artiphon* war die *Stradivari*-Produktion jedoch nur gering. Unter all diesen

Marken, inklusive diverser angeschlossener sogenannter „Kaufhausmarken", wie *Hertie, Hermaphon, Wotana, Kadewelt, Goldora* u. a., erschienen in größerer Menge Aufnahmen folgender amerikanischer Orchester auf dem Markt: *Majestic Dance Orchestra, Roy Collins Orch., Nathan Glantz Orch., Sam Lanin's Dance Orch., Hollywood Dance Orchestra, Lou Gold's Orchestra, Imperial Dance Orch., Mike Markel's Ochestra. Golden Gate Orchestra, California Ramblers, Irwin Abrams Orch., Ernie Golden's Orchestra, Fred Rich's Orchestra, Missouri Jazz Band, Moulin Rouge Orchestra, American Dance Orchestra, Continental Dance Orchestra* und vieler anderer. Obwohl dies fast immer keine hundertprozentigen Jazzaufnahmen waren, brachten viele von ihnen gute Jazzsolistik und (später bekannt gewordene) gute Solisten des weißen Jazz. Im allgemeinen waren diese Schallplatten für die deutschen Musiker vorbildlich und vermittelten erstklassige, original amerikanische Tanzmusik, oft mit Jazzeinschlag. Es muß noch erwähnt werden, daß die „Kaufhausmarken" (siehe oben), die nur in den Kettenläden, wie „Hertie" (Hermann Tietz), „KaDeWe" (Kaufhaus des Westens), „Wertheim", „Woolworth" und auch in Einzelkaufhäusern erhältlich waren, die Aufnahmen amerikanischer Herkunft mit der Kollektivbezeichnung *American Dance Orchestra* oder *Original Amerikanisches Tanzorchester* versahen, und zwar ohne Rücksicht darauf, daß die gleichen Aufnahmen zur gleichen Zeit mit den Original-Bandbezeichnungen unter den Eisner-Hauptmarken *Artiphon* und *Rensie*, jedoch erheblich teurer, erschienen. Diese Methoden erinnern lebhaft an die Handhabung des amerikanischen Schallplattenmarktes jener Zeit, wo man es zu einer wahren Meisterschaft in der Erfindung von Bandpseudonymen brachte, um die gleiche Aufnahme mit rund zehn verschiedenen Platten-Etiketten zu verkaufen. Die amerikanische Produktion der Eisner-Werke läßt sich bis in das Jahr 1928 hinein verfolgen, dann setzte ab 1929 die *Chrystalate Co. (Kristall)* diese amerikanische Serie fort, indem sie anfänglich gleichfalls Matrizen der *Plaza Co.* und der *ARC* verwendete.

Ebenfalls im Jahre 1925 wurde eine der (bis heute) wichtigsten deutschen Schallplattenfirmen gegründet, die *Electrola*. Die Electrola-Gesellschaft entstand mit englischem Kapital der *Gramophone Company Ltd.*, Hayes (*His Master's Voice*). Das englische Firmenzeichen, der weltberühmte Schallplattenhund „Nipper" vor dem Trichtergrammophon, konnte jedoch von der *Electrola* nicht übernommen werden, da in Deutschland die *Deutsche Grammophon-Gesellschaft* dieses Zeichen besaß, die in keinerlei Beziehung zur neuen Electrola-Gesellschaft stand. So, wie auch in jener Zeit die englische *Gramophone Co.* keine Verbindung mit der Deutschen Grammophon-Gesellschaft mehr hatte. Alte Kontakte hatten nur weit vor dem ersten Weltkrieg bestanden, als es noch Beziehungen zwischen der Deutschen Grammophon-

Gesellschaft, der englischen Gramophone Co. und der amerikanischen *Victor Talking Machine Co.* gab.
Die *Electrola*, die ihr Hauptwerk in Berlin-Nowawes errichtete, begann Anfang 1926 in großen Mengen Schallplatten auf den Markt zu bringen, darunter zahlreiche Aufnahmen der englischen *His Master's Voice-* und der amerikanischen *Victor*-Produktion, der beiden größten Schallplattenkonzerne der Welt, deren deutscher Ableger die *Electrola* war. Dem Trend folgend, erschienen natürlich zunächst in größeren Mengen Aufnahmen von Paul Whiteman und ähnlichen Gruppen mit halbsymphonischem „Jazz". Denn Whiteman besaß schon vor seinem persönlichen Auftreten in Deutschland einen großen Ruf, und als er 1926 mit seinem Orchester nach Deutschland kam, ging der Wunsch vieler Musikfreunde in Erfüllung.
Das Debut der Paul-Whiteman-Band am 25. Juni 1926 im Berliner *Großen Schauspielhaus* war die Sensation der Saison. Man feierte Whiteman als Propheten einer neuen Musik, als den Mann, der „den wilden Jazz kultiviert und gezähmt hat". Whitemans Orchester galt als die Inkarnation des „guten" modernen Jazz und Whiteman selbst als der „King of Jazz". In der Tat verstand es der korpulente Mann, eine großartige Show aufzuziehen. Als er sein Orchester vorstellte, ließ er alle deutschstämmigen Musiker der Band aufstehen: es waren rund fünfzig Prozent; unter ihnen auch Henry „Hot Lips" Busse, der aus Leipzig stammte und ein Startrompeter Whitemans war. Sein „Hot Lips" war eines der jazzigsten Zugeständnisse an das deutsche Publikum, das vor allem den gängigen Tagesschlagern à la Whiteman lauschte. Whiteman, mit seinem meterlangen Taktstock, zog alle Register, um das Berliner Publikum zu begeistern. Als er jedoch den *Liebestraum* von Liszt und den *Pilgerchor* aus Richard Wagners *Tannhäuser* in „verjazzten" Versionen darbot, verstimmte er einen Teil seiner Zuhörer, die noch nicht so weit akklimatisiert waren, um selbst der relativ gefälligen „Jazz"-Musik Paul Whitemans folgen zu können. Die Verjazzung von „Klassikern" war eben etwas Ungeheuerliches in Deutschland und erstes Wasser auf die Mühlen nationalistischer Kulturapostel. Dabei hatte es Whiteman so gut gemeint, aber nicht mit dem tierischen Ernst von Intoleranten gerechnet, die die semisymphonischen Surrogate der Whitemanband übelnahmen. Aber 1926 waren die begeisterten Stimmen noch in der Mehrzahl.
Dieses Paul-Whiteman-Gastspiel war jedoch im jazzpuristischen Sinne verhängnisvoll, da die deutschen (und europäischen) Musiker Whiteman anbeteten und in ihm DAS Jazzvorbild zu sehen begannen. Man eiferte seiner Musik nach und verkommerzialisierte die bescheidenen, aber vielversprechenden echten Jazzansätze nach und nach. Dies kann man gut an Orchestern wie dem von Julian Fuhs verfolgen, das von einer hochgradigen, guten Jazzband (1924

bis 1926) zur Bigband wurde (1926/1927) und danach zu einer völlig kommerziellen, instrumentüberladenen Tanzkapelle (1928-1930) absackte. Dies allerdings bei persönlichem Erfolg.
Wie Julian Fuhs eiferten alle anderen deutschen und internationalen Kapellen dem Whiteman-Vorbild nach. Echten Hotjazz, wie ihn die *Ohio Lido Venice Band* und das *Sam Wooding Orchestra* präsentiert hatten, empfand man als „rüde", ungeschliffen und zügellos. Man glaubte (was auch in etwas anderer Form wieder der Fall ist), daß eine Fusion herkömmlicher europäischer (Tanz-) Musik mit Jazzelementen den „perfekten" und „salonreifen" Jazz hervorbringe. Einen Jazz der Konzertsäle, eben eine Musik, wie sie Paul Whiteman in idealer Weise vorexerziert hatte. Die weißen, echten Jazzer waren nun einmal „verrückt", und die farbigen Musiker blieben eben „Nigger", beide Gruppen waren für gewisse „Jazz"-Musiker nicht „kultiviert" genug. Paul Whiteman hatte den Begriff „symphonischer Jazz" eingeführt, der nun für die deutschen Tanz- und Jazz-Orchester richtungweisend wurde und vor allem ab 1927 in Orchestern wie Dajos Béla, Marek Weber, Mischa Spoliansky, Julian Fuhs, Ben Berlin u.a. ihren Niederschlag fand. Typisch dafür sind einige Zitate aus jener Zeit, die hier im Originaltext wiedergegeben werden:
„Seit Jahren ist das *sinfonische Jazzorchester* Schlagwort. Aber dieses Schlagwort war immer nur Ausdruck eines scheinbar unerfüllbaren Wunsches. Als Whiteman seine Europa-Tournee begann, hoffte man auf die Erfüllung, ahnte wohl auch die Erfüllung, um im Grunde doch die Enttäuschung des Varietés vom Podium herab zu empfangen. Es mußte über ein Jahr vergehen, bis der sinfonische Stil in Wirklichkeit in den Jazz und damit auch in die Tanzmusik getragen werden konnte."
Dem Verfasser dieser Beurteilung war Whiteman also noch zu „heiß" gewesen; er sah die „Erfüllung" in den noch kommerzielleren deutschen „Jazz-Symphonikern". Hier noch eine weitere Äußerung, die uns den Geist deutscher Orchester seit dem Paul-Whiteman-Gastspiel zeigt; es handelt sich um eine Beurteilung des vom Hotjazz zum „Symphonischen Jazz" übergehenden Julian-Fuhs-Orchesters vom Oktober 1927:
„Julian Fuhs hat vom Flügel her den sinfonischen Jazz erobert. In seinem Orchester haben sich alle — solistisch besetzten — Instrumente, vom Saxophon zur gestopften Trompete, von der Violine bis zum Banjo, in Eins verschmolzen — in ein einziges Instrument, auf dem dieser vom Rhythmus Besessene in äußerster Virtuosität spielt. Denn wirklich, dieser Pianist-Dirigent steht so mitten in seiner Jazz-Band, daß es scheint, als entspränge jeder einzelne Ton dieser unerhörten Kontrapunktik der differenziertesten Synkope, jeder Nuancierungseffekt nur seinem eigenen Gedanken, nur dem blitzschnellen Griff

seiner eigenen Hand: suggestive Beherrschung des Orchester-Apparates. Julian Fuhs hat eben in Hamburg unerhörte Triumphe gefeiert und bereitet jetzt für Berlin ein sinfonisches Jazz-Konzert vor."
In der Tat kopierte Julian Fuhs im September 1927 Gershwins berühmte *Rhapsody in Blue,* mit Mischa Spoliansky als Piano-Solisten. Nichts beweist, besser den Whiteman-Einfluß. Trotzdem ahmten Fuhs und all die anderen Orchester gleicher Art eigentlich mehr die Whiteman-Tanzmusik nebst Jazzeinlagen nach. Als wirklich erfolgreichen und im musikalischen Sinne perfekten deutschen „Jazz-Symphoniker" kann man jedoch nur Mitja Nikisch anerkennen, da dieser wirklich eigene Wege ging.
Mitja Nikisch war der Sohn des berühmten Dirigenten Arthur Nikisch. Er begann seine Karriere bereits 1918 als Konzertpianist des Leipziger *Gewandhaus-Orchesters.* In den zwanziger Jahren ging Mitja Nikisch für einige Zeit nach Südamerika und danach für acht Monate in die USA, wo er den Ragtime und den Jazz kennenlernte und sich schnell dafür begeisterte. Mit an Ort und Stelle erworbenen unschätzbaren Erfahrungen und Kenntnissen gründete er, nach Deutschland zurückgekehrt, sein *Jazz-Symphonisches Orchester.* Denn auch ihm als klassisch gebildetem Musiker schwebte eine Synthese von Jazz und Symphonik vor. Er gab Konzerte, die in Berlin einiges Aufsehen erregten, und bekam 1927 sogar einen Vertrag für Schallplattenaufnahmen. Ein eigentliches eigenes Orchester besaß er zwar nicht, aber er borgte sich die besten Leute aus diversen Orchestern zusammen, von Béla, von Fuhs und von den *Weintraubs*. Im Orchester hatte er ferner Mischa Spoliansky und Karol Szreter an zwei Flügeln. Lasowsky und Bagarotti waren seine Konzertmeister und teilweise auch Arrangeure. Die Arrangements entstanden unter Mitja Nikischs Oberleitung und hatten in ihrer Art für die damalige Zeit einen überragenden Standard. Das beweisen etliche Schallplattenaufnahmen von 1927 und 1928. Besonders gelungene Aufnahmen waren *Hallelujah* und *Ain't She Sweet* auf Parlophon-30-cm-Platten. Aber auch diese konzertant gespielte Jazzmusik, das heißt diese konzertant gehaltenen Arrangements mit Hotsolistik, waren zu „hoch" für das breite Publikum, genau wie auch der eigentliche Hotjazz. So war selbst Mitja Nikisch nach einer Weile gezwungen, Tanzmusik im herkömmlichen Sinne zu spielen, was auch spätere Schallplattenaufnahmen für *Electrola* zeigen.
Die geschilderte „Whiteman-Entwicklung" blieb auch durch weitere Gastspiele der vielen echten Jazzbands unbeeinflußt, die sich zwischen 1926 und 1930 in Deutschland aufhielten. Kurz nach Whitemans großem Berliner Erfolg, bereits im Sommer 1926, kam das Sam-Wooding-Orchester wieder nach Deutschland. Sam Woodings *Chocolate Kiddies* starteten bereits am 10. Juli 1926 eine

große Neger-Revue im Berliner *Metropol-Theater*. Das Wooding-Orchester war schon im Juni 1926 von Leningrad nach Ostpreußen gekommen und hatte zunächst in Danzig im *Wilhelm-*Theater und in Königsberg etwa drei Wochen lang gastiert. In Berlin spielte das Orchester dann später in der *Barberina*, im *Faun* (*Faun* des Westens) und im *Ufa-Palast* am Zoo mit ziemlichem Erfolg. Das Publikum war von den schwarzen Solisten und der oftmals wilden Musik beeindruckt. Die 1926er Besetzung der Wooding-Band entsprach ungefähr der ihres 1925er Gastspieles, jedoch hatte Tommy Ladnier, der Starhornist des Ensembles, die Band nach der Rußland-Tournee verlassen. Im Oktober konnte das Sam-Wooding-Orchester ein Dutzend Titel für die *Deutsche Grammophon-Gesellschaft* aufnehmen; dann schiffte es sich in Hamburg ein und fuhr nach England.

Die *VOX*-Aufnahmen von 1925 und die *Grammophon*-Aufnahmen von 1926 der Sam-Wooding-Band zählen zu den seltensten Jazzaufnahmen der Welt und stellen heute kostbarste „Collector-Items" dar. Sie sind so gut wie verschollen und nur in einzelnen Sammlerexemplaren vorhanden. Daß diese Aufnahmen und all die Aufnahmen anderer echter Jazzbands in Deutschland überhaupt gemacht wurden, spricht für den fortschrittlichen Geist einiger unserer frühen Produktionsleiter. Auf dem Gebiet der Schallplatte tat sich 1926 und 1927 allerhand in Deutschland. Es erschienen neue Plattenmarken, die für den Jazz in Deutschland von Bedeutung waren: *Kalliope, Tri-Ergon* und *Brunswick*.

Die *Kalliope*-Gesellschaft bestand bereits vor dem ersten Weltkrieg; sie hatte ihren ersten Sitz in Leipzig und war mit der *Anker*-Plattengesellschaft verbunden. Schon zu dieser Zeit (etwa 1911-1914) wurden von ihr etliche Banjo-Soloaufnahmen des Ragtime-Banjoisten Olly Oakley gepreßt. Zwischen 1914 und 1926 ereignete sich bei *Kalliope* nichts Jazzinteressantes mehr, dann kam jedoch ein günstiger Wechsel. Die Kalliope-(Menzenhauer-)Werke begannen, ein neues Etikett, die *Kalliope American Record*, herauszubringen. Diese amerikanische Serie mit ihrem prachtvollen, hochmodernen Etikettenentwurf brachte Aufnahmen von NYRL-Matrizen — also Aufnahmen der *New York Record Laboratories* mit ihren berühmten (Jazz-)Marken *Paramount, Puritan, Broadway* u.a. So erschienen auf *Kalliope American-Record* Schallplattenaufnahmen von Fletcher Henderson, Boyd Senter, der *Missouri Jazz Band*, Al Siegel, Harry Reser (als „Jimmy Johnston"), dem *Bar Harbor Society Orchestra*, den *California Ramblers, Radio Imps, The Buffalodians* und vielen anderen — darunter natürlich etliche gute Jazzaufnahmen. Die schöne Serie bestand etwa bis Ende 1928; dann wurde sie, bis auf einige kommerzielle Aufnahmen, die in die normale *Kalliope*-Serie übernommen wurden, eingestellt. Die volle Kapazität der amerikanischen *Kalliope*-Serie ist bis heute noch nicht ganz erforscht, da alle Unterlagen längst vernichtet sind oder im zweiten Weltkrieg verlorengingen. Bekannt ist jedoch, daß die Serie für den Export bestimmt war. Rund 50 000 dieser Platten von USA-Matrizen wurden von Frankreich bestellt. Aus nicht mehr bekannten wirtschaftlichen Gründen zerschlug sich die Bestellung jedoch, und die Posten wurden, so gut es ging, in Deutschland verkauft — vorwiegend natürlich in Berlin, da sie hier, in der Sonnenallee, gepreßt wurden und die *Kalliope*-Firma, Menzenhauer & Schmidt, hier, in der Leipziger Straße, ihren Sitz hatte. Die amerikanischen Matrizen kamen sicherlich durch die französische Firma Max Salvag nach Deutschland, die ja in Paris die Marke *Maxsa* mit den gleichen Aufnahmen (wie auf Kalliope) und mehr unterhielt und außerdem Polen mit der Marke *Usiba,* ebenfalls mit NYRL-Matrizen, belieferte. 1928/1929 wurden einige *Paramount*-Matrizen von der kleinen Firma *Diamant* übernommen (Goldklang-Werke Schulz & Gundlach, Berlin C 25). Firmen wie Kalliope, Diamant u. ä. konnten im Hinblick auf Qualität und Quantität mit der Produktion amerikanischer Aufnahmen, zum Beispiel der Großkonzerne *Lindström, Electrola* und wenig später auch der *Deutschen Grammophon* mit ihrer *Brunswick*-Marke, nicht konkurrieren. Daher schien es sich für diese kleinen Firmen nicht mehr zu lohnen, teure amerikanische Matrizen zu erwerben.

Eine weitere neue Plattenfirma von Interesse für den Jazzfreund (historisch gesehen) war die um die Jahreswende 1926/1927 gegründete *Tri-Ergon*-Schallplattenfirma, die nur Eigenaufnahmen machte und keine fremden Matrizen übernahm. Alle Aufnahmen wurden im sogenannten *Tri-Ergon-Lichtton-Verfahren,* also wie beim Tonfilm, fotoelektrisch aufgenommen und dann auf Matrizen kopiert. Die *Tri-Ergon*-Platten waren daher technisch sehr gut. Dennoch setzte sich das etwas umständlichere Verfahren nicht durch; alle anderen Firmen blieben bei dem üblichen elektrischen Aufnahmeverfahren, das 1926 die alte akustische Aufnahmetechnik abgelöst hatte. Die *Tri-Ergon-Musik AG.* bestand nur wenige Jahre, hinterließ jedoch aus den Jahren 1927 und 1928 etliche Aufnahmen von Jazzinteresse — Aufnahmen mit den *Jazz Kings,* Herbert Glad, Mario Elki, Lud Gluskin und den *New Yorkers,* von denen wir noch hören werden.

Das wichtigste Jazzschallplatten-Ereignis des Jahres 1927 war jedoch die Gründung der deutschen *Brunswick*-Marke durch die *Deutsche Grammophon*-Gesellschaft in Hannover um die Jahreswende 1926/1927. Die deutsche *Brunswick* brachte sofort laufend große Mengen von Aufnahmen aller Art aus den Beständen der amerikanischen *Brunswick-Balke-Collander Corporation* — im Verein mit der *USA-Vocalion* — heraus. Schon 1927 erschien unter dem alten, grünen Brunswick-Etikett ein wahrer Schatz an reinen Jazzaufnahmen

und guten Semi-Hotaufnahmen aller Art — so fast komplette Sätze aller Aufnahmen von King Oliver, Red Nichols, Ben Bernie, Abe Lyman, Sonny Clay, Fletcher Henderson, Charley Straight, Ray Miller, Bennie Krueger, Harry Reser's Six Jumping Jacks, Ben Selvin, Mike Markel, Clarence Williams, Edmonia Henderson, Al Goering und Virginia Liston, um nur einige der grundverschiedenen Künstler zu nennen. Diese Aufnahmen waren ausnahmslos 1926/1927 hergestellt worden und entsprechend dem Brunswick-Slogan tatsächlich „Das Neueste aus Amerika". Die Brunswick-Produktion lief gewaltig an; alle ihre Veröffentlichungen wurden — abgesehen von England — in sämtliche europäische Länder exportiert. Daher waren die alten Brunswick-Etiketten dreisprachig beschriftet (englisch, deutsch und spanisch).
In der Qualität übertrafen die deutschen Pressungen die amerikanischen Originale und ihre englischen Schwestern bei weitem. Obwohl es den gewaltigen Lindström-Konzern mit seiner fantastischen Produktion von amerikanischen OKeh-Matrizen gab, wurde der Name *Brunswick* im Laufe der Jahre zum Symbol einer „amerikanischen Schallplatte in Deutschland", und in der Tat blieb die deutsche Brunswick-Produktion bis 1939 von gleichbleibender Qualität, vor allem in ihrem reichhaltigen Angebot an Interpreten aller Art. Wir werden der Brunswick-Platte noch oft begegnen.
Genauso aktuell wie die neue Brunswick-Marke war in den Jahren 1927 bis 1929 noch die gute alte Lindström, die auf ihren Marken *Odeon, Lindström American Record* und *Parlophon* (ab 1927) die neuesten Aufnahmen von Bix Beiderbecke, Louis Armstrong, Miff Mole, Frankie Trumbauer, Duke Ellington, Joe Venuti, Goofus Five, Red McKenzie, Harry Reser, Boyd Senter und all den anderen OKeh-Künstlern herausbrachte. Unter diesen Platten waren zahlreiche sogenannte Meilensteine der Jazzgeschichte, die in diesen Jahren (man glaubt es kaum) noch kaum beachtet und gekauft wurden. Bis auf geringe Ausnahmen war die Masse der Schallplattenkäufer noch ohne jedes Verständnis für diese Schätze. Daher sind heute alle Lindström-Platten aus jener Zeit so selten zu finden. Der größte Teil dieser Platten wurde aber auch in das Ausland exportiert. Von den rund hunderttausend Platten, die täglich bei Lindström gepreßt wurden, ging die Hälfte ins Ausland.
Das verhältnismäßig geringe Interesse an amerikanischen Jazzaufnahmen hielt von 1922 bis 1927 an; dann aber blieb die Masse der ständig neu herauskommenden amerikanischen Schallplatten nicht ohne größere Resonanz. Das war von gewisser Wichtigkeit für die spätere Jazzentwicklung in Deutschland. Es begann sich ein zwar noch kleiner, aber langsam wachsender Käuferkreis für gute Jazzplatten zu finden. Er bestand einmal aus Musikern, die „lernen" wollten, und zum zweiten aus einer Anzahl von Leuten, die sich zu dieser „heißen"

Musik irgendwie hingezogen fühlten. Dies waren, noch unbewußt, die ersten „Fans", die späteren „Jazzfans". Zwar war die Definition des Wortes „Jazz" noch sehr vage, denn „Jazz" war damals noch alles von Armstrong und Trumbauer bis zu Paul Whiteman, Jack Hylton und den *Savoy Orpheans*, sogar bis zu Guy Lombardo oder Rudy Vallee; dennoch lagen hier die ersten Ansätze des Jazzkultes.
Diese ersten „Hotfans", Freunde der sogenannten „heißen" Musik, waren mit ihren „Hotclubs" und anderen Interessengemeinschaften, die jedoch erst sieben Jahre später, meist nach dem Vorbild des französischen *Hot Club de France*, entstanden, die Avantgarde der späteren „Jazzfans". Ende der zwanziger Jahre, zwischen 1927 und 1930, gab es jedoch nur eine Anzahl von Einzelgängern, die wie alle jungen Jazzfans zu jeder Epoche des Jazz für das gerade Modernste schwärmten. Schon sie versäumten es, die Vergangenheit dieser Musik zu betrachten und sich ernsthaft mit ihr zu befassen, obwohl der Jazz gerade ein Jahrzehnt alt war. Allerdings wäre dies kaum ohne eine Anleitung möglich gewesen, und gerade diese fehlte, nicht nur in Deutschland und Europa, sondern sogar in den USA. Noch war der Jazz keine „Wissenschaft", sondern nur eine bessere Art von Tanzmusik. So war es 1928/1929 schon selbstverständlich, daß eine Schallplatte, die etwa zwei Jahre alt war, als „veraltet" galt. Kein „Altfan" (wenn wir den Begriff hier einmal anwenden wollen), der etwas auf sich hielt, hätte sich etwa die „ollen" akustischen „Schinken" gekauft, von denen es unter den Lindström-Marken so viele gab. Man kaufte das, was „modern" war: Red Nichols, Ben Bernie, Duke Ellington, Louis Armstrong, Frankie Trumbauer, Joe Venuti usw., und ließ die Schätze der Jahre 1920 bis 1926 unbesehen liegen, obwohl sie damals noch vorrätig waren. Darunter befanden sich die wahren „Klassiker" des Jazz: die *Original Dixieland Jazz Band,* King Oliver, Johnny DeDroit, die *Brunies Brothers,* Armand Piron, Erskine Tate, die *Memphis Five,* die *Goofus Five* und hundert andere. Der Hang zum „Modernen" ist der Grund dafür, daß diese Platten, obwohl sie einst in Deutschland erschienen, heute so gut wie verschollen sind, im Gegensatz zu den Erzeugnissen der Jahre zwischen 1927 und 1939, die wenigstens hier und da immer wieder einmal auftauchen, sich also in Sammlungen befinden oder bei Altwarenhändlern aufgestöbert wurden. Selbst Bix Beiderbecke und King Oliver waren bis etwa Anfang der dreißiger Jahre noch keine Begriffe.
Psychologisch erscheint es jedoch selbstverständlich, daß die Jazzfans jeder Epoche gerade für das Gegenwärtige schwärmen. Der „Swingfan" von 1938/1939 sammelte Benny Goodman, Artie Shaw, Count Basie, Fats Waller, Tommy Dorsey, Nat Gonella usw. und fand den alten Jazz „veraltet" und

„zickig" was ein mitleidiges Lächeln bei den viel „weiseren" Altfans hervorrief, die ihre *Five Pennies,* Trumbauer, Bix, Louis, Duke, Henderson, Rollini, Don Redman, Luis Russell u. a. als Inkarnation der Jazzmusik betrachteten und sich den jüngeren Fans gegenüber meist als Snobs gebärdeten, anstatt sie fair zu belehren. Der Fan von 1945 bis 1950 schwärmte natürlich für Stan Kenton, Woody Herman, Dizzy Gillespie, Charlie Parker u. a. — für ihn war der Swing der dreißiger Jahre ein „alter Hut". Nicht anders ist der Fan der Gegenwart, der das „Modernste" im „Modern Jazz" als das „Größte" sieht und darüber drei Jahrzehnte großer Jazzgeschichte vergißt oder nur pro forma zur Kenntnis nimmt. Im Jahre 1927 war es nicht viel anders als heute; man kaufte, was propagiert und angeboten wurde. Das Plattengeschäft lebte vom Umsatz und der Umsatz von der laufenden Produktion, die recht umfangreich war. Auch der noch junge Rundfunk tat das Seinige: guter amerikanischer Jazz war oft auf deutschen Wellen zu hören, und sogar Sam Wooding schepperte in direkter Übertragung aus unförmigen Trichter-Lautsprechern blechern in den Raum.

Das wachsende Interesse an anglo-amerikanischer Musik bewog diverse große Schallplattengeschäfte, erhebliche Mengen an Platten aus den USA und England zu importieren. Eine der wichtigsten Firmen dieser Art war das „Alberti-Musik-Haus" in der Rankestraße in Berlin-Charlottenburg. Alten Sammlern ist es heute noch in legendärer Erinnerung, denn hier konnte man finden und bestellen, was man nur wünschte, soweit der Geldbeutel es erlaubte: Direktimporte aus den USA, Marken wie *OKeh, Vocalion, Harmony, Columbia, Brunswick, Banner, Perfect, HMV, Victor* und vieles andere. Natürlich gab es noch weitere große Importgeschäfte, so in Berlin das damalige „Columbia-Musikhaus" am Kurfürstendamm (später bekannt als „Electrola-Columbia-Odeon-Musik-Haus"), die großen VOX-Läden in der Tauentzienstraße und am Alexanderplatz und in einigen anderen deutschen Großstädten weitere große Geschäfte der Plattenbranche. Führend war jedoch das Alberti-Musikhaus, dessen typischen Aufklebestempel man heute noch auf unzähligen Schallplatten finden kann, die in Sammlungen über ganz Deutschland verstreut sind. In der deutschen Jazzgeschichte werden wir dem Namen „Alberti" noch mehrmals begegnen.

Der starke Import und Matrizenübernahmen guter amerikanischer Schallplatten bewogen natürlich die deutsche Plattenindustrie, eigene „amerikanische" Aufnahmen mit deutschen Jazzbands einzuschränken, da ja der Import billiger und besser war.

Diese Beschränkungen „amerikanischer Tanzstil"-Aufnahmen eigener Produktion machten sich nach 1927 spürbar bemerkbar. Dennoch versäumte man es nicht, wenigstens die wichtigsten ausländischen Tournee-Musiker auf Schellak zu bannen, was man ja bereits zwischen 1924 und 1927 getan hatte, und zwar mit den Orchestern von Alex Hyde, Sam Wooding, Arthur Briggs (USA); Dave Caplan (Canada); Roger Fisbach (Frankreich); ferner mit etlichen Studio-Bands mit ausländischen Gastsolisten, so zum Beispiel *Mac's Jazz-Band* (oder *Odeon Five*) mit dem englischen Trompeter Howard Ossman Mac Farlane von Dajos Bélas Kapelle u. a. Von 1927 bis 1930 waren nur die *New Yorkers, unter Leitung von George Carhart,* die *Lud-Gluskin-Band,* die *Jazz-Kings* von Tony Morello (alle USA) und die *Original Orpheans Band* (England) in Deutschland auf Schallplatten festgehalten worden; dafür stellten sich aber nach 1927 viele deutsche Kapellen auf rein deutsches Repertoire um. Damit kommen wir wieder zu den Geschehnissen der Jahre 1926 und 1927.

Die Orchester von Alex Hyde, Sam Wooding usw. sind hier schon ausführlich erwähnt worden. Neben ihnen hatten im Jahre 1926 noch die Orchester des Leipziger Kapellmeisters Reinhard Wenskat und des kanadischen Banjoisten Dave Caplan einige Bedeutung. Beide Orchester sind heute so gut wie vergessen. Die Wenskat-Jazzband, ein eigentliches Tanzorchester, hatte zeitweilig ausgezeichnete Jazzsolisten, wie Louis de Vries (tp), Jack de Vries (tuba, b), Harry Pohl (cl, s) und Henri van den Bossche (tb), aufzuweisen, die oftmals gute Jazzsolistik präsentierten. Dies kann man gut auf einigen Schallplatten hören, von denen die Wenskat-Band zwischen 1925 und 1927 rund vierzig herausbrachte (auf *Homocord* und *Grammophon/Polydor*). Als heutiges Sammlerstück gilt der *Jig Walk,* eine frühe Duke-Ellington-Komposition. Im Vergleich zu der manchmal etwas schwerfälligen Wenskat-Band war *Dave Caplan's Toronto-(Jazz-)Band from Canada* eine heiße Hot-Dance-Band im Stil der amerikanischen *California Ramblers.* Das Orchester war 1925 , ursprünglich als *Toronto-Jazzband* unter Leitung von Hal Swain ,nach London gekommen.

Hier spielte die Band im New Princes-Restaurant am Piccadilly Circus und nannte sich dann *The New Princes Toronto Band.* Unter dieser Bezeichnung machte sie auch einige Aufnahmen für die englische Columbia Co.

Hal Swain ging jedoch bald nach Kanada zurück und überließ die Gruppe Alfie Noakes, der sie wiederum an den Banjoisten Dave Caplan abgab. Im Herbst 1926 brachte Dave Caplan das Orchester nach Berlin, wo es erfolgreich genug war, um für 57 Schallplattenaufnahmen (für die *Deutsche Grammophon-Gesellschaft*) verpflichtet zu werden. Die Toronto-Jazzband war in allen Sätteln gerecht, vor allem konnte sie erstklassige Hotsolistik bieten und hatte das gewisse amerikanische Etwas in der Musik, das rein europäische Orchester nie zuwege brachten. Die maßgebenden Solisten der Toronto-Jazzband waren neben Dave Caplan: Art Lousley (tp), Jack Collins (tb), Arthur Christmas und

Leslie Allen (s & cl), Laurie Day (p), John Whittaker (tuba, b) und Kenneth Kenny (d) und Mike Danzi (bj) als Gastmusiker für Plattenaufnahmen.

Als die Toronto-Jazzband Deutschland verließ, kam ein Mann aus Frankreich nach Berlin, der zu den besten Jazzmusikern zählte, die vor dem zweiten Weltkrieg in Deutschland gastierten: der farbige Trompeter Arthur Briggs, der erste Negerhornist, der anstelle des damals üblichen Kornetts die Trompete spielte. Briggs, ein gebürtiger Kanadier, war mit dem Noble-Sissle-Orchester aus Amerika nach Frankreich (Paris) gekommen und dort geblieben, weil es ihm so gut gefiel. In Paris stellte er dann auch ein bunt zusammengewürfeltes schwarzweißes Orchester zusammen, die *Savoy Syncops,* die nun als „Jazz-Sensation" nach Berlin kamen. In Berlin ergänzte Briggs das Orchester durch einige einheimische Musiker und spielte fast ausschließlich in der *Barberina* und auf dem Dachgarten des *Eden-Hotels* in der Budapester Straße am Zoo. Die Band machte großen Eindruck auf die tanzfreudigen Berliner, die zuvor kaum einen so prägnant „heißen" Trompeter gehört hatten, von Tommy Ladnier und vielleicht Wilbur Kurz abgesehen. In der Tat war Briggs ein großer Könner und ein König unter den damaligen Jazztrompetern. Sein Stil erinnerte ein wenig an den überragenden Red Nichols, dessen rhythmische Akzentuierung Briggs übernommen hatte. Leider entsprach das Personal des *Arthur Briggs' Savoy Syncops Orchestra* nicht ganz den Qualitäten des Bandleaders, obwohl man sich redliche Mühe gab. Glücklicherweise wurde das Orchester auf vielen Schallplattenaufnahmen der deutschen Marken *VOX, Clausophon und Deutsche Grammophon/Polydor* festgehalten. Die ersten Briggs-Aufnahmen wurden von der Clausophon-Gesellschaft aufgenommen, die dadurch in die deutsche Jazzgeschichte einging.

Mitte 1927, als der Name Arthur Briggs bereits einen guten Klang hatte und auf mehreren Platten der *Clausophon* und *VOX* erschienen war, kam wie üblich die *Deutsche Grammophon,* die sich ein Geschäft versprach, und machte innerhalb weniger Wochen gleich 44 Schallplattenaufnahmen der Briggs-Band. Es ist leider nicht mehr feststellbar, ob Arthur Briggs noch weitere Aufnahmen für andere, vergessene, kleine Plattenmarken aufgenommen hat. Bekannt ist immerhin eine Hellaphon-Werbe-Schallplatte mit *Arthur Briggs' Savoy Syncops Orchestra* in einer umgeänderten Version des alten Schlagers *Heut' ist die Käte etepetete.* Da hieß es nämlich: „Eggü putzt blank die Schuhe allemal — Eggü ist das Schuhputz-Ideal — Ob abends, mittags, früh — Pfleg' Deine Schuhe mit Eggü!" Es ist gut möglich, daß es weitere Platten dieser Art gegeben hat. Die Gesamtzahl der von Briggs in Berlin gemachten Schallplattenaufnahmen beläuft sich auf fast siebzig. Unter den besten Titeln, die uns Arthur Briggs heute noch in Erinnerung bringen, waren: *Black Bottom, Bugle Call Rag, Miss*

Annabelle Lee, Do The Black Bottom With Me, Mean Dog Blues und *Sometimes I'm Happy*. Die deutschen Arthur-Briggs-Platten waren die ersten, die unter seinem Namen erschienen, und sicherten ihm daher, dank der Exporte, einen Namen in Europa. Durch seine große Technik war Briggs ein guter Lehrer für etliche deutsche und andere europäische Musiker. Er lehrte sie das richtige „Hotplaying" auf der Trompete im fließenden Red-Nichols-Stil, der durch seinen Swing schon damals seiner Zeit fast voraus war. Im Berliner Briggs-Personal spielten folgende Musiker: Jean Naudin (tb), Mario Scanavino (ts), René Dumont (ts, as), Georges Jacquemont (as), Gide van Gils (p), Harold M. Kirchstein (bj), Al Bowlly (g & voc), Hans Holdt (tuba), Chappy Eugene Obendorfer (d) und Bob Astor (voc).

René Dumont, alias Alfred Zirn, spielte seit Ende 1927 mit einer eigenen *Jazzkapelle* in der *Villa d'Este*, Berlin. Da sich Dumonts *Jazzkapelle* einer gewissen Beliebtheit erfreute, machte die *Deutsche Grammophon* auch von ihr rund vierzig Schallplattenaufnahmen. Die Band war eigentlich eine rein kommerzielle Tanzkapelle, aber für die Schallplattenaufnahmen zog Dumont gute Musiker hinzu, so auch Arthur Briggs, was etliche qualifizierte Trompetensoli auf einigen Platten bestätigen. Briggs wirkte auch kurze Zeit in den erstklassigen Tanzkapellen von Billy Bartholomew und Marek Weber mit. 1928 verließ Arthur Briggs Deutschland wieder. Er ging zunächst nach Holland und Belgien, spielte dann 1929/1930 in Noble Sissles Negerband wieder kurz in England und zog dann Anfang der dreißiger Jahre endgültig nach Paris, wo er bis zu seinem Tode lebte und musizierte.

Anfang 1926 kam über Paris die amerikanische *Revue Negre* (Negerrevue) nach Berlin und feierte im Berliner *Nelson-Theater* Triumphe. Die Revue stand unter der Leitung von Louis Douglas, einem begabten farbigen Tänzer, Sänger und Schauspieler. Der Clou der Revue war die blutjunge Groteskänzerin Josephine Baker, begleitet von der *Charleston-Jazz-Band* unter der Leitung des Pianisten Claude Hopkins, eines begabten Arrangeurs, der sich später als Swingbandleiter einen Namen machte. In seiner *Charleston-Jazz-Band*, einer 7-Mann-Gruppe, spielten u. a. Solisten wie Sidney Bechet (ss), Spencer Williams (p) und Percy Johnson (d) mit. Josephine Baker veranschaulichte mit ihrem Bananenschurz-Tanz so recht die allgemeine Auffassung des europäischen Publikums vom „wilden Neger-Jazz".

Während tolerante und intellektuelle Kreise die Baker-Neger-Revue als sensationell und künstlerisch interessant empfanden und daher lobend kommentierten, meldeten sich schon in größerem Maße die Stimmen derjenigen, die glaubten, gewisse undefinierbare „nationale Rechte" verteidigen zu müssen, indem sie die Darbietungen von Josephine Baker und anderer farbiger Musiker (selbst wenn diese gar keinen Jazz spielten) entweder einfach als „verrückt" bezeichneten oder sie — und das war gefährlicher — als „verjudete Niggerschau und Urwaldklamauk" beschimpften. Eine fanatische „Opposition" wurde geboren, die eifrig gegen den „Verfall" der deutschen Kunst und Kultur zu protestieren begann und mit subalternem Kleingeist gegen alles das zu Felde zog, was sie selbst nicht verstand oder verstehen wollte. Die NSDAP (Nazi-Partei), die sich damals schon spürbar zu regen begann, machte aus diesen „kulturpolitischen" Bestrebungen dann ein „nationales Anliegen" und kam damit der Mentalität vieler Deutscher entgegen, denen ein zackiger Marsch oder ein Schunkelwalzer das Höchste in der Musik war. 1926/27 aber spielten die Kulturstürmer noch keine maßgebende Rolle, und der Kreis derer, die dem Neuen auf allen Gebieten der Kunst aufgeschlossen und interessiert gegenüberstanden, war relativ groß.

Eine ebenfalls umstrittene Angelegenheit war 1927 die Aufführung einer sogenannten Jazz-Oper von Ernst Krenek in Leipzig. *Jonny spielt auf* war ein typisches Produkt der Vertreter des „Modernen" unter den Komponisten seriöser Musik, die nun schon seit über zwei Jahrzehnten krampfhaft versuchten, die steril gewordenen Formen der herkömmlichen ernsten Musik durch neue Ideen zu beleben. Dazu erschienen ihnen Elemente des vitalen Jazz als sehr geeignet, die denn auch mit Vorliebe verwendet wurden. Als Experiment war die Oper *Jonny spielt auf* durchaus interessant und fand auch geteilte Anerkennung, als Musikwerk hing sie jedoch wie all ihre Vorgänger und Nachfahren zwischen zwei Stühlen und war weder Jazz noch streng seriöse Musik. Die Synthese zwischen Jazz und ernster Musik hat sich immer als recht unglücklich erwiesen. Trotz allen Experimentierens ist eine echte Lösung noch nicht gefunden worden, obwohl George Gershwin und Rolf Liebermann der Sache noch am nächsten kamen, von der Pseudo-Jazz-Konzertmusik Stan Kentons und Duke Ellingtons abgesehen. So blieb *Jonny spielt auf* eine musikgeschichtliche Kuriosität der zwanziger Jahre. Im Oktober 1927 hatte der Altsaxophonist Paul Romby, der in diversen Jazz- und Tanzkapellen mitwirkte, mit einer Studioband die wichtigsten Melodien von Kreneks „Jazz-Oper" für die Deutsche Grammophon aufgenommen. Dies waren wohl die „jazzigsten" Aufnahmen, die von *Jonny spielt auf* gemacht wurden.

Neben dem Josephine-Baker-Gastspiel verblaßten manch andere Attraktionen und auch wirkliche Jazzkünstler, die damals in Deutschland gastierten. So blieb auch das Gastspiel des weißen amerikanischen Orchesters von Fred Rich im Berliner *Titania-Palast* fast unbeachtet. Das Fred-Rich-Orchester verfügte stets über gute Solisten und hatte in etwa den Stil und die Qualität der großen Paul-Whiteman-Band. In der damaligen Besetzung spielte auch der spätere bekannte Bob-Crosby-Drummer Ray Bauduc mit. Teddy Kline, ein Saxophonist der Band, blieb in Deutschland und machte später mit einer interessanten internationalen Besetzung Aufnahmen für *Homocord*. Das Fred-Rich-Orchester ist in Deutschland jedoch kaum zu einem Begriff geworden. Einer der Hauptgründe war, daß es nur wenige Schallplatten unter dem Namen Fred Rich in Deutschland zu kaufen gab: zwischen 1927 und 1931 kaum zehn. In Wirklichkeit erschienen etliche weitere Fred-Rich-Aufnahmen, jedoch unter verschiedenen Pseudonymen. Selbstverständlich war das Orchester von Fred Rich ein reines Tanzorchester, das dank einiger guter Jazzmusiker manchmal gute Hotsolistik bot. Wie schon im Zusammenhang mit Bernard Etté (s. S. 26 f.) erwähnt worden ist, machte eine Etté-Gruppe für die neue Marke *Tri-Ergon* unter dem Pseudonym *The Jazz Kings* etliche interessante Schallplattenaufnahmen, von denen sich einige über das übliche Niveau damaliger deutscher Aufnahmen erhoben. Da die *Jazz Kings* als typische Etté-Band kein hundertprozentiges Jazzorchester im eigentlichen Sinne waren (trotz des großspurigen Namens), waren die Aufnahmen recht unterschiedlich, zeichneten sich jedoch durch straffen Rhythmus und recht gute Jazzsolistik aus. Aufnahmen wie *Weary Blues, Maple Leaf Rag* und *Crazy Words-Crazy Tune* (Tri-Ergon) veranschaulichen dies recht deutlich. Es war schon „etwas dahinter", dank solcher Musiker wie Johnny Dixon, Nick Casti (ein ehemaliger *Original Indiana Five-Solist*), Eddie Norman, Billy Barton, Heinz Schmidt und Tony Morello. Die einzige Erinnerung an die *Jazz Kings* von Etté bilden heute vierundzwanzig Titel auf alten *Tri-Ergon*-Schallplatten, die auf drei Sitzungen 1927 und 1928 eingespielt wurden, während ein anderer *Morello* etliche Tangotitel ebenfalls für Tri-Ergon produzierte.

Neben dieser Schallplatten-„Jazzband" kam eine wirkliche Jazzband geradewegs aus New York nach Berlin, die *New Yorkers,* deren Musik (ebenfalls auf *Tri-Ergon*) den Unterschied zwischen reinem USA-Jazz und den europäischen Jazzversuchen klar veranschaulichte. Die Musiker der *New Yorkers* stammten aus Chicago und New York und waren im September 1927 nach Berlin gekommen, um in dieser damals interessantesten Stadt Europas ihr Glück zu versuchen. Sie waren und sind bis heute neben der Sam-Wooding-Band die beste Jazzgruppe, die seit 1919 in Deutschland gespielt hat, obwohl sie — dem Zeitgeist entsprechend —, oft gängige Tagesschlager spielten bzw. spielen mußten. Die *New Yorkers* waren eine Jazzband par excellence, die sich in Berlin den Posaunisten Eddie Norman von Etté (*Jazz Kings*) zum Personal hinzuholte.

Die hohe Jazzqualität der Band lag darin begründet, daß sie dem Dixieland-Jazz-Stil der *Original Dixieland Jazz Band* nacheiferte und somit ursprünglich-

sten Jazz bot, den besten, den man bisher in Deutschland gehört hatte. Erstklassig war sowohl die Solistik als auch das Ensemblespiel der *New Yorkers*, obwohl einige der Musiker heute vergessen sind. Die gesamte Besetzung der Band bestand aus George Carhart (bj, g, ld), Evelyn „Baz" Bazell (tp), Eddie Norman (tb), Danny Polo (cl, as), Andy Foster (ts), Jack O'Brien (p) und Dave Tough (d). Für eine Schallplattenaufnahme zog man auch den britischen Sänger/Guitarristen Al Bowlly hinzu. Danny Polo und Dave Tough waren die einzigen Musiker, die später sogar in Jazzkreisen berühmt wurden. *George Carhart's „New Yorkers" Jazzorchestra* spielte in Berlin in der *Valencia*-Tanzbar mit mäßigem Erfolg, da der Paul-Whiteman-Stil schon zu sehr in Mode war. So „heiße" Bands waren nur noch für Musiker und wenige Fans von Interesse, von denen etliche jeden Abend in der *Valencia* jeden Ton der *New Yorkers* genossen und in sich aufnahmen. Unter ihnen waren mehrere Musiker, die später, in den dreißiger Jahren, als Swingmusiker das Banner des Jazz in Deutschland hochhielten. Ihre ersten echten Jazzeindrücke stammten von den *New Yorkers*. Immerhin war die Band auch für die Schallplattenfirmen interessant, und insgesamt drei Sitzungen, eine für *Homocord* (Sept. 1927) und zwei für die *Tri-Ergon* (Februar 1928) ergaben sechzehn Schallplattenaufnahmen, die heute leider ebenfalls zu den seltensten Sammlerstücken der Welt zählen. Aus den schon genannten Gründen waren sie nicht „gängig" genug, um in größeren Mengen gekauft zu werden. Aufnahmen wie *Ostrich Walk, Clarinet Marmelade* (beide ODJB- Standards) und *Pretty Girl* waren absolute Jazzspitzenklasse. Kaum je sind bessere Aufnahmen in Deutschland gemacht worden. Die meisten anderen Aufnahmen waren der Zeit entsprechend mehr kommerzieller Natur, aber dennoch gut. Die *New Yorkers* spielten in der *Valencia* rund vier Monate. Nach der Beendigung dieses Engagements blieb die Band nur noch kurze Zeit zusammen. Bereits im April 1928 zerfiel das Orchester und zerstreute sich in alle Winde. Danny Polo und Jack O'Brien gingen zu Lud Gluskin, während die anderen wenig später nach den USA zurückkehrten.
Die etwas zu „heiße" *New Yorkers*-Jazzband wurde praktisch von der kommerzielleren Lud-Gluskin-Bigband abgelöst, deren Erfolg so groß war, daß sie fast zwei Jahre in Deutschland, das heißt in Berlin, gastierte. Maßgebend dafür waren der Paul-Whiteman-Stil der Band und ein besseres Management. Lud Gluskin, ein smarter US-Bandleader, hatte in Amerika, im New Yorker *Mirador*, ein Orchester im Paul-Whiteman-Stil geleitet und von den Whiteman-Erfolgen in Europa gehört. Daraufhin war er mit den meisten seiner Musiker nach Europa und nach Deutschland gekommen. Mitte 1928 traf die Band in Berlin ein, wo Gluskin das Orchester mit guten Musikern auffüllte, so vor allem mit den ehemaligen *New Yorkers* Danny Polo und Jack O'Brien sowie —

für nur kurze Zeit — Dave Tough. Trotz seines generellen Whiteman-Stils war das Orchester in der Lage, hervorragenden Jazz zu bieten, dank etlicher außerordentlich guter Solisten, die Gluskin sich (genau wie Whiteman) gesichert hatte, obwohl er selber kein Jazzer war. Auf diese Weise konnte die Band Hot-Titel in höchster Qualität und Kompetenz interpretieren, wofür neben den genannten *New Yorkers*-Solisten vor allem auch der ehemalige ODJB-Posaunist und Borchard-Mann Emile Christian aus New Orleans sorgte. Die anderen Solisten der Band waren: Eddie Ritten und Faustin Jeanjean (tp), Gene Prendergast (cl, as, arr), Emile Charron (ts), Serge Glyckson (as), Howard Kennedy (bj, g), Arthur Parvoni (b, tuba), Bart Curtis (d), Fred Zierer (v) und der erstklassige Bass-Saxist Spencer Clark, den viele Jazzfreunde später mit Adrian Rollini verwechselt haben. Später kamen noch hinzu: Maurice Cizerone (as, cl, fl), Raphael Baggiotti (v) und Georg Haentzschel, der den erkrankten O'Brien ablöste. Im Herbst 1929 wurde Curtis durch James Russell Kelly (d) abgelöst und 1930 Haentzschel durch die Pianisten Pauly Freed und Lucien Moraweck ersetzt. Zu den Vokalisten zählten Susanne Duclos und Eddie Kollis. Alle diese Musiker erregten die Bewunderung ihrer deutschen Kollegen, und Georg Haentzschel war in der beneidenswerten Lage, den Jazz aus erster Hand studieren zu können. Lud Gluskins Tanzorchester, das so guten Jazz bieten konnte, spielte von Mitte 1928 bis Anfang 1931 eine gewichtige Rolle im deutschen Jazzleben und wurde zu einem Meilenstein der deutschen Jazzgeschichte, da etliche gute deutsche Musiker von ihm inspiriert wurden. Es handelte sich um eine kleine, aber einflußreiche Gruppe von Künstlern, deren Fähigkeiten sich in den späteren Jahren voller entfalteten. Georg Haentzschel war einer der maßgeblichen von ihnen, sein Name taucht in den wichtigsten deutschen Tanzorchestern mit Jazzeinschlag immer wieder auf.
Das Lud-Gluskin-Orchester, das in Berlin zunächst im *Ambassadeur* und später auf dem Dachgarten des *Eden-Hotels* spielte, wurde bald auch für die Schallplatte entdeckt. Die damals sehr rührige *Tri-Ergon,* die mangels eigenen Matrizenaustausches mit den USA wieder eine echte USA-Kapelle bieten wollte, führte im Dezember 1928 zwei Aufnahmesitzungen durch. Gleich darauf folgten die *Homocord* und die *Deutsche Grammophon.* Außerdem machten die Eisner-Werke (*Artiphon*) und die neue *Ultraphon*-Gesellschaft einige Aufnahmen. Zwischen Dezember 1928 und Dezember 1930 wurden beinahe 200 Titel (!) aufgenommen — eine selbst für heutige LP-Begriffe recht stattliche Anzahl. Nie wieder hat eine ausländische Kapelle in Deutschland derartig viele Aufnahmen machen können. Obwohl die meisten rein kommerzielle Tanzmusik boten und natürlich aktuelle Tagesschlager brachten, mit Hits wie *Wenn der weiße Flieder wieder blüht* und *Singin' In the Rain,* beweisen diverse wirkli-

che Hotaufnahmen die wahren Jazzqualitäten des Orchesters, abgesehen davon, daß auch die kommerziellen Tanzaufnahmen von überdurchschnittlicher Güte waren. Zu den bemerkenswerten Aufnahmen mit Jazzsolistik und Hotarrangements gehören *High Tension, Crazy Rhythm, Milenberg Joys, Bee-Ology* und natürlich die ODJB-Standards *Tiger Rag* und *Clarinet Marmelade*. Nach so langer Anwesenheit in Berlin war die Lud-Gluskin-Band schon fast ein fester Bestandteil des deutschen Musiklebens geworden. Dennoch scheint das Orchester heute vergessen zu sein. In dieser Hinsicht teilt es jedoch das Schicksal fast aller alten Orchester, die einstmals in Deutschland von Bedeutung waren. Selbst die vielen Schallplatten sind heute so gut wie vergessen und verschollen. Alte Gluskin-Platten zählen zu den ausgesprochenen Sammlerraritäten. Sie sind in den zwanziger Jahren wahrscheinlich nicht in solchen Mengen gekauft worden, daß sie heute noch in größerer Anzahl in Privatsammlungen vorhanden sein könnten oder bei Trödlern zu finden wären. Vielleicht hat damals auch schon die immer stärker werdende Weltwirtschaftskrise den Plattenverkauf beeinträchtigt. Diese Krise, deren erste Auswirkungen in Deutschland bereits 1930 spürbar geworden waren, ließ Gluskin auch bald seine Zelte abbrechen. Anfang 1931 gingen *Lud Gluskin's Ambassadonians* zunächst nach Frankreich (Paris) und später nach England. Ab Mitte der dreißiger Jahre war Gluskins Orchester wieder ein Begriff in den USA, vor allem als Rundfunkband. Gluskin selbst wechselte in den vierziger Jahren völlig zum Rundfunk und zum Fernsehen über, wo er als einer der mächtigsten Leute des USA-Musiklebens eine führende Stellung innehatte.
Inspiriert durch das Debüt der ausländischen Bands und (Jazz-) Musiker, ferner angeregt durch die vielen amerikanischen Schallplatten, versuchten sich 1927/1928 auch wieder etliche deutsche Kapellen an der „Jazzmusik" oder dem, was sie als „Jazz" auffaßten und verstanden. Es waren meist „deutsche" Kapellen mit deutschen und ausländischen Musikern in bunter Mischung. Da war zunächst der Violinist Leo Golzmann alias Dajos Béla (richtig eigentlich Béla Dajos), der eines der populärsten Tanzorchester in Deutschland leitete und zudem großen internationalen Ruf hatte. Seine Tanzplatten erschienen in der ganzen Welt. Dajos hatte als tüchtiger Bandleader schon 1924 und früher mit dem Jazz kokettiert und 1924 eine sogenannte „Jazzband" für Schallplattenaufnahmen zusammengestellt, die *Clive Williams' Jazz Band*, mit Clive Williams alias Dajos Béla. Die Band bot, mit Ausnahme der letzten Aufnahmen, einen schauerlichen Pseudo-Jazz, dem man zwar guten Willen, aber auch Jazzunkenntnis und mangelndes Gefühl der Musiker anhörte. Dies änderte sich erst, als Dajos etliche gute ausländische Musiker in das Orchester aufnahm. Er ließ die *Clive Williams' Jazz Band* mit ihrer Erfolglosigkeit fallen und

konzentrierte sich auf das reguläre Orchester, das dank der guten, hier schon genannten Vorbilder aus den USA, nun auch besseren Jazz als bisher bieten konnte. Zu den bemerkenswerten Solisten des Béla-Orchesters, vor allem in der Zeit von 1926 bis 1928, zählten der britische Trompeter Howard Ossman MacFarlane und Kai Michelsen (tb), Kurt Arlt (cl, s), Rex Allen (p), Arno Lewitsch (v), Mike Danzi (bj & g) und ab Ende 1928 der amerikanische Posaunist Ben Pickering. Mike Danzi, früher Banjoist bei Alex Hyde und Julian Fuhs, blieb lange Jahre regulärer Musiker des Dajos-Béla-Orchesters. MacFarlane machte mit Dajos-Personal als *Mac's Jazz Band* einige beachtliche reine Jazzaufnahmen für Lindström *(Odeon)*. Diese Aufnahmen von Anfang 1927 sind das Beste, was je von Dajos-Musikern produziert worden ist — vor allem die Titel *Crazy Quilt*, *Stampede* und *Ace In The Hole*. Aber auch die reguläre Béla-Band schwang sich zu beachtlichen Leistungen auf. Alte Schallplattenaufnahmen jener Zeit, wie *Black Bottom*, *Deep Henderson*, *Heebie Jeebies*, *Do That Black Bottom With Me* und *Clap Hands, Here Comes Charlie*, beweisen das auch heute sehr gut. Dennoch sind sie Ausnahmen, denn Béla Dajos' *Künstler-Kapelle* spielte alle guten und auch billigen Tagesschlager im Routineverfahren. Wahrscheinlich war die Band gerade deswegen so beliebt und bekannt. Sie entsprach eben dem allgemeinen Publikumsgeschmack, der damals wie auch heute anspruchslos war und ist. In einer solchen Band mußten die Jazztalente bald in den Hintergrund rücken, um so mehr, als Dajos seine Jazzambitionen wieder aufsteckte und zur gewohnten Schmalz- und Salonmusik zurückkehrte. Das wichtigste an der Béla-Band war jedoch vor allem die Tatsache, daß das Personal zu allen möglichen Studio-Schallplatten-Orchestern hinzugezogen wurde und u. a. bald zum Lindström-Studiopersonal gehörte. Etliche Musiker machten auf diese Weise eine ungeheure Anzahl von Schallplattenaufnahmen, vor allem Mike Danzi, der Beste seiner Klasse, und Ben Pickering. Pickering war 1928 mit einer Paul-Specht-Gruppe, den berühmten *Georgians*, nach Deutschland gekommen und wurde im September 1928 „Hausmusiker" bei Lindström, also ein Musiker, der zu allen möglichen Studioaufnahmen der Firma hinzugezogen wurde und zugleich fester Solist der Béla-Band war. Pikkering nahm natürlich auch für andere Marken auf und spielte gute Jazzsoli vor allem bei Marek Weber und Billy Barton. Bis Dezember 1931 blieb er in Deutschland. Später kehrte er noch einmal für kurze Zeit zurück, und in den vierziger Jahren war er bei Jan Savitt und Tommy Dorsey als Solist tätig. Gewisse Parallelen zu Dajos Béla wies die Band des rumänischen Geigers Marek Weber auf. Dieser leitete ein vielseitiges Orchester und gehörte zu den international bekanntesten und anerkanntesten Orchesterleitern in Deutschland.

Weber war der typische Vertreter der sogenannten „Salonmusik" und „gepflegten Unterhaltungs- und Tanzmusik". Schon seit Anfang der zwanziger Jahre hatte das *Marek-Weber-Orchester* eine Unzahl von Schallplattenaufnahmen vor allem für Lindström (*Parlophon*) produziert, die jedoch trotz verschiedener interessant anmutender Titel für den Jazzfreund kaum von Belang sind, von einigen Ragtime-Titeln abgesehen. Erst 1927, als das Orchester von *Parlophon* zu *Electrola* überwechselte und das Personal durch einige Jazzmusiker neues Blut bekam, war die Band in der Lage, eine Musik zu bieten, die amerikanischen Vorbildern, vor allem Paul Whiteman und Ted Weems, recht nahekam. Für gute Hotsolistik sorgten nunmehr Musiker wie George Hirst und Arthur Briggs (tp), Monetti (tb), Billy Barton (cl, as) und der junge Georg Haentzschel. Monetti wurde später durch Ben Pickering abgelöst. Die damalige Jazzqualität des Weber-Orchesters kann man an einigen wenigen Schallplatten dieser Jahre (1927-1929) gut studieren, so vor allem an *Crazy Words, Heebie Jeebies* und *Easy Goin'* (*Electrola*). Leider war die Produktion solcher jazzähnlicher Aufnahmen der Weber-Band recht gering, was sehr bedauerlich ist, da das Orchester im perfekten Zusammenspiel an der Spitze der zeitgenössischen deutschen Orchester lag. Es gab hier nur wenige Klangkörper, die derartig zusammengeschweißt waren und abgerundet spielten, dank eines strengen, aber hervorragenden Kapellmeisters, Marek Weber, auch wenn dieser wohl kaum etwas vom Jazz verstand.

Eine weitere Band, die im Jahre 1927 einige interessante Schallplattenaufnahmen machte, war die Band von Herbert Glad bzw. Herbert Fröhlich. Dieses Orchester, über das man praktisch nichts Definitives mehr weiß, scheint eine Schallplattenband gewesen zu sein, die ausschließlich für die neue *Tri-Ergon*-Marke aufnahm. Die Herbert-Glad-Kapelle wagte sich an recht diffizile Jazzkompositionen heran, so an den *Black Stomp, Pamplona Stomp, Hot Notes, Alabama Stomp* und Jelly-Roll Mortons *Black Bottom Stomp*. Glad war, humoristisch gesehen, eine Art ,deutscher *Boss of the stomps*. Die wenigen überlieferten Jazzaufnahmen der Band zeigen, daß man sich redlich Mühe gab und daß die Band ihr Bestes hergab, um möglichst „jazzig" zu spielen. Wo in Europa, von England abgesehen, fand man in damaliger Zeit Kapellen, die dem Jazz so aufgeschlossen gegenüberstanden wie die bisher genannten Orchester in Deutschland? Da nicht im geringsten gefördert, verkümmerten die Ansätze jedoch stets sehr schnell, und die seichte, gut verkäufliche Schlagermusik gewann die Oberhand. Das Publikum wollte es ja auch nicht anders und zog das leicht verdauliche „Tralala" der „komplizierten" Jazzmusik vor.

Andere bedeutende Studio-Orchester waren die Gruppen von Fred Bird und Gabriel Formiggini, die beide gerade im Jahre 1927 gewisse Höhepunkte erreichten. Gabriel Formiggini hatte bereits um 1922 die *VOX*-Studio-Band übernommen und für *VOX* eine Unzahl von Schallplattenaufnahmen gemacht, die jazzmäßig allerdings indiskutabel sind. Die Formiggini-Band spielte bis 1926 in verschiedenen Berliner Lokalen. Nach Auflösung der Band war Formiggini mit einem Schallplattenorchester für die *VOX* tätig. In diesem Studio-Orchester vereinigte er Béla- und Weber-Musiker erster Qualität, so Wilbur Kurz, MacFarlane, Georg Haentzschel und Mike Danzi, sowie weitere gute Solisten, die in der Lage waren, passablen Jazz zu spielen, was einige Aufnahmen aus jener Zeit deutlich veranschaulichen, so vor allem der Jazzclassic *Static Strut*. Formiggini nahm, wie die meisten *VOX*-Orchester, seine Schallplattenaufnahmen im *VOX*-Haus in der Berliner Potsdamer Straße auf. Hierzu muß erwähnt werden, daß der oft hallenartige Klang der *VOX*-Aufnahmen häufig daher rührte, daß man „zu laute" Tanzkapellen im Treppenflur plazierte, da das Aufnahmestudio zu klein war. So standen manche Bands, je nach Lautstärke der Instrumente geordnet, teils im Studio, teils im Flur und oft sogar noch auf der Treppe. Das eigentliche Stammorchester der *VOX*-Firma war jedoch damals das Bernard-Etté-Orchester, über das hier an anderer Stelle bereits ausführlich berichtet worden ist. Diese Band nahm zwischen 1923 und 1929 exklusiv für *VOX* eine wahre Flut von Schallplatten auf, von denen leider nur wenige von Jazzinteresse sind, trotz hervorragender Musiker. Etté selbst stand dem Jazz relativ fremd gegenüber. Seine persönliche Auffassung vom *Jazz* entsprach einer möglichst tempogerechten Tanzmusik, die ihm bereits 1926 die „Goldene Medaille des Verbandes zur Pflege des Gesellschaftstanzes" einbrachte.

Die eifrigste Studiogruppe der zwanziger Jahre in Berlin war jedoch *The Symphonic Jazz Band* von Fred Bird. Bird, dessen richtiger Name Felix Lehmann lautete, betätigte sich zwischen 1924 und 1932 als Chef-Aufnahmeleiter und Recordingmanager der *Homocord* (Homophon-Werke). Er stellte das Gros aller Homocord-Kapellen zusammen und verstand es meisterhaft, ein nicht vorhandenes Riesenrepertoire der Homocord-Künstler vorzutäuschen, indem er etliche völlig unterschiedliche Orchester unter diversen Pseudonymen leitete. So als „Félix Lemeau" (für Konzert- und Salonmusik), als „*Fred Bird*" (sein bekanntestes Pseudonym), als „Jim Clensh" für Tanzmusikaufnahmen. Die Zahl seiner Aufnahmen ist gewaltig, und es wäre nicht auszudenken, wenn Fred Bird etwas vom Jazz verstanden hätte, was nicht der Fall war, obwohl er sich darum bemühte. 1926 brachte er seine *Symphonic Jazz Band* zusammen (frei nach Paul Whiteman), die sich um 1927 selbst unter den durchschnittlichen Plattenkonsumenten einer ziemlichen Beliebtheit erfreute. Bei der Wahl der Studiomusiker (denn Fred Birds Orchester spielte ja nur für die Schallplatte) kam es vor, daß sich oftmals gute Solisten zusammenfanden, so vor allem Howard O. MacFarlane (tp), Paul Hartmann und Ben Pickering (tb), Wolf Gradis (s), Arno Lewitsch (v), Alfred Hecker und Edgar Adeler (p), Mike Danzi (bj, g), Al Bowlly (g, voc) u. a. Neben Fred Bird (v & p) betätigte sich auch Theo Mackeben als Arrangeur für Birds Studiobands. Al Bowlly war neben Bing Crosby der beste „Crooner" bzw. Refrainsänger der zwanziger und dreißiger Jahre. Die Eigenart und der Charme seiner Stimme hoben ihn aus der Masse der Schlagersänger weit heraus, und er wurde von vielen Orchestern begehrt. Außer bei Bird, hatte er bereits fest bei John Abriani mitgewirkt und für Arthur Briggs gesungen. 1928 ging er nach England zurück und wurde der Starvokalist des Ray-Noble-Orchesters. Während des Krieges fand er in London am 17. April 1941 bei einem deutschen Luftangriff den Tod.

Dank so guter Solisten kam es ab und zu vor, daß *The Symphonic Jazz Band* gute Jazzaufnahmen produzierte, von denen einige genannt seien: *Stampede, Yes Sir, That's My Baby, Charleston, Heebie Jeebies* und *Black Bottom*. Andere gute Titel hielten oft nicht das, was man von ihnen erwartete. Fred Birds beste Schallplattenaufnahmen im Jazzsinne fielen in die Jahre 1927 und 1928. Nach 1929 trat Fred Bird jazzmäßig kaum noch in Erscheinung. Als 1932 die Homocord-Marke aufgelöst wurde, tauchte sein Name noch für einige Jahre auf den Platten der Lindström-Marke *Gloria* auf, aber die Glanzzeit Felix Lehmanns war vorbei.

Das Jahr 1927 sah ferner die Gründung eines deutschen Gesangsensembles von Weltruf, der *Comedian Harmonists,* deren Musik nach dem Vorbild des amerikanischen *Shannon-Quartetts* ausgerichtet war. Unter den Namen *The Revelers* (*Electrola*), *The Singing Sophomores* (*Columbia*) und *The Merrymakers* (*Brunswick*) wurde das *Shannon-Quartett* bei uns bekannter. Wie ihr Vorbild wurden auch die deutschen *Comedian Harmonists* international bekannt und waren sogar in der Lage, guten Jazzgesang zu bieten, was leider zu selten der Fall war. Die Gesangsgruppe war einige Zeit lang führend in Europa und erreichte Mills-Brothers-Qualitäten, wenn sie zum Beispiel den *Creole Love Call* anstimmte und das Duke-Ellington-Arrangement mit dem Mund nachahmte und glänzend alle Instrumente vortäuschte. Stimmlich und klanglich für einige Jahre unerreicht, waren die *Comedian Harmonists* eine große Gruppe, die trotz ihrer musikalischen Harmlosigkeit von den Nationalsozialisten im Jahre 1935 aufgelöst wurde, weil einige „Nicht-Arier" dabei waren. Als *Meister-Sextett* vegetierten die veränderten *Comedian Harmonists* noch einige Jahre dahin. Zwischen 1927 und 1933 hatte diese beste deutsche Gesangsgruppe ihre große Zeit, und sie soll hier nicht unerwähnt bleiben, da sie durchaus guten Jazzgesang bieten konnte.

Um das Jahr 1927 zum Abschluß zu bringen, muß noch gesagt werden, daß man sich schon in Wort und Schrift mit der Jazzmusik auseinandergesetzt hatte. In diversen Zeitschriften erschienen Artikel über den Jazz oder das, was man darunter verstand — so vor allem im *Querschnitt,* im *Uhu-Magazin* und im *Magazin*. Man zeigte etliche Fotos, vor allem von Paul Whiteman und Vincent Lopez sowie von Sam Wooding und Josephine Baker und die damals obligatorischen Karikaturen über den „wilden Jazz". Zwischen 1927 und 1929 brachte das *Uhu-Magazin* sogar passable Schallplattenrezensionen und Orchesterbesprechungen. Im selben Jahr erschien auch ein weiteres „Jazzbuch": *Jazz, eine zeitmusikalische Frage* von Paul Bernhard (im Delphin-Verlag, München). Der Verfasser versuchte, sich auf 111 Seiten mit dem Phänomen Jazz auseinanderzusetzen, mit viel Theorie und vielen Spekulationen, ähnlich, wie man es auch heute noch in Deutschland sehr liebt. Bernhards Buch ist wie alle frühen Jazzbücher von rein historischem Wert, da sich hier einmal jemand mit dem Jazz etwas ernsthafter beschäftigte und für die neue Musik eine Lanze brach. Jazzgeschichtlich und forschungsmäßig ist dieses zweite deutsche Jazzbuch nicht von Belang. Aber immerhin war es der Anfang einer Entwicklung, die nur durch die „Machtübernahme" der Nationalsozialisten ein Ende fand. Bemerkenswert war auch eine Abhandlung des Musikwissenschaftlers E. M. von Hornbostel im Musikmagazin *Melos* über „Ethnologisches zum Jazz", der später viel von den „Neger-Theoretikern" im Jazz zitiert wurde. Dieser Artikel erschien ebenfalls bereits 1927.

In all den Jahren zwischen 1924 und 1927 gab es natürlich weitere Orchester mit Jazzambitionen, Orchester, die entweder nie auf Schallplatten verewigt wurden oder aber auf Schallplatten nie so zur Geltung kamen, wie sie in Wirklichkeit waren — oft deswegen, weil die Aufnahmen meist den Gesetzen des damaligen Plattenmarktes angepaßt waren. Eines dieser Orchester waren die *Weintraubs Syncopators,* eine der besten Tanzkapellen im Hotstil, die in Deutschland zwischen 1927 und 1933 in Erscheinung traten. Das Gros der *Weintraubs*-Schallplatten sprach ihrer wahren Leistung Hohn, von einigen Spitzenaufnahmen und Ausnahmen abgesehen. Aber gerade die *Weintraubs* waren dafür bekannt, daß sie für deutsche Verhältnisse ungewöhnlich „hot" und „jazzig" spielten, vor allem in diversen Cafés, auf Schaubühnen und bei Veranstaltungen aller Art, wo sie in entsprechender Stimmung aus sich herausgingen und dabei oftmals mitreißenden Jazz boten. Die Geschichte dieser Band war lang und abenteuerlich.

Im Jahre 1924 gründeten Stefan Weintraub und Horst Graff in Berlin eine Amateur-Tanzkapelle, die *Tanzkapelle Stefan Weintraub,* die zunächst nur für Bekannte, Verwandte und Freunde spielte. Die Band erreichte bald einen so guten Standard, daß man den Weintraub-Musikern riet, doch einmal öffentlich aufzutreten. In der Tat war der erste öffentliche Auftritt der Kapelle auf dem Podium des Berliner *Brüdervereinshauses* gelegentlich eines Balles so erfolgreich, daß man die Weintraub-Band sofort für mehrere Engagements verpflichtete. Schon ein Jahr später unterzeichnete Stefan Weintraub einen Vertrag mit den berühmten Max-Reinhardt-Bühnen für die Ausführung von moderner Jazzmusik in den entsprechenden Stücken der drei Theater. Stefan Weintraub war in den ersten zwei Jahren in der Band als Pianist tätig, wurde dann aber durch den begabten Friedrich Holländer abgelöst und wirkte anschließend als Schlagzeuger weiter mit; außerdem spielte er noch Gitarre, Vibraphon und Xylophon. Die anderen Musiker waren damals Paul Aronovici (tp, v), John Kaiser (tb, cl, s, bass-cl, acc, arr), Horst Graff (cl, s, oboe, fl, tp), Freddy Wise (s, bass-s, cl), Ansco Bruinier (b, tuba) und Baby Schulvater (g, bj, arr). Sie alle waren als Multi-Solisten außerordentlich begabt, und der Amateurstatus der Band wurde schon nach kurzer Zeit hinfällig: die *Weintraubs Syncopators,* wie man sich nunmehr nannte, wurden professionell. 1929 kam der begabte polnische Jazztrompeter Adi „Jack" Rosner hinzu, der bis 1930 in der Band blieb und dann durch Olewsky ersetzt wurde. Zwischen 1928 und 1930 hatte die Band eine eigene, halbstündige Varieté-Show und trat sogar im Berliner *Wintergarten* auf. Danach folgten weitere Erfolgsengagements in der *Scala,* in der *Plaza* und bei zahlreichen anderen großen Varieté-Bühnen Europas. Ab 1929 wirkte der Arrangeur Franz Wachsmann als Bühnenpianist der *Weintraubs* mit. Überall wo die Band spielte, war sie erfolgreich, und sie konnte auch guten Jazz bieten, so daß man sie als eines der besten deutschen Tanzorchester mit Jazzeinschlag bezeichnen kann. Die *Weintraubs* kamen der Sache näher als die meisten anderen deutschen Orchester der damaligen Zeit. Leider hinterließen die *Weintraubs* nur wenige reine Jazzaufnahmen oder Aufnahmen mit Hotsolistik auf Schallplatten, aber diese wenigen sind gut. Im Februar 1928 hatte die eigentliche Schallplattentätigkeit der Band begonnen, zunächst für Lindström (*Odeon*), dann 1929 für *Electrola,* 1929/30 für *Cordy* und *Kristall* und 1933 für *Columbia.* In späteren Jahren folgten weitere Aufnahmen im Ausland. Bemerkenswert waren Titel wie *Jackass Blues, Up And At'Em, Sweet Sue, Mit einem Herzen darf man nicht spielen* und *Am Sonntag will mein Süßer mit mir segeln geh'n* (zwei Versionen). 1930/1931 wirkten die *Weintraubs* noch in deutschen Filmen mit, u. a. im *Blauen Engel* mit Marlene Dietrich und Emil Jannings. Die Musik hatte Friedrich Holländer geschrieben. 1932 reiste die Band, als „Attraktions-Kapelle" von der Hamburg-Amerika-Linie engagiert, nach Amerika (USA) und trat auch in New York auf, wo sogar ein Kurzfilm über das Gastspiel der erfolgreichen *Weintraubs* aus Deutschland gedreht wurde. Nach der Rückkehr der Band wurde Olewsky durch den guten Trompeter Manny Frischer ersetzt, und für Wachsmann kam Leo Weiss; für kurze Zeit auch der Belgier Marcel de Ridder. Zur Zeit der Nazi-Machtübernahme (Januar 1933) spielten die *Weintraubs* gerade in Rotterdam, und da die Band größtenteils „nichtarisch" war und die kommenden Dinge in Deutschland ahnte, blieb sie im Ausland. 1934 spielte die Band in Italien, danach folgten Gastspiele in Schweden und Norwegen. 1935 und 1936 war sie für zwölf Monate in Rußland (Moskau und Leningrad). Dann ging es wieder für sechs Monate nach Skandinavien, anschließend nach Ungarn und Rumänien und wiederum in die Sowjet-Union, um den 12-Monatsvertrag zu erfüllen. In Rußland blieb man bis Mai 1936, danach ging es nach Japan, wo die *Weintraubs* allein neun Monate blieben. Es folgte ein Gastspiel in China und dann eines in Australien, wo die Band noch bis 1938 existierte. Eine Anzahl alter *Weintraubs*-Solisten blieb in Australien und ließen sich dort nieder, auch Stefan Weintraub selbst. So weit die Geschichte einer der erfolgreichsten deutschen Tanzkapellen der zwanziger Jahre, der *Weintraubs Syncopators*, von denen wir später noch kurz hören werden.

Das Jahr 1928 war nicht nur ein gutes Jahr für die *Weintraubs*, sondern brachte viele andere Orchester in den Scheinwerfer der Öffentlichkeit, so vor allem das *Berliner Orchester* von Ben Berlin, der eigentlich Hermann Bick hieß und ein recht guter Jazzpianist war. Obwohl Ben Berlins Orchester ein reines Tanzorchester war, brachte es gelegentlich gute Jazzsolistik zu Gehör, dank einiger hervorragender Solisten. So hatte Bick (Berlin) zwei holländische Jazzmusiker, die Gebrüder Louis und Jack de Vries (tp und b/tuba), und den jungen Franz Thon in der Band. Das Orchester zählte von 1928 bis 1930 zu den besten Deutschlands. Es verfolgte die kommerziellere Whiteman-Linie und spielte alle gängigen Tagesschlager. Trotz ihrer enormen Plattenproduktion für die *Deutsche Grammophon*-Gesellschaft legen nur wenige Aufnahmen von den Jazzqualitäten der Band Zeugnis ab. Die große Masse der Berlin-Aufnahmen ist ohne jazzhistorischen Wert und in Vergessenheit geraten wie alle wertlosen Produkte der Schlagerindustrie zu allen Zeiten. Weniger erfolgreich, aber bedeutend „jazziger" war da die *Heliopolis Band* unter Leitung des englischen Türken John Muzzi, die im Berliner Hotel *Adlon* gastierte und sogar einige gute Schallplattenaufnahmen hinterließ. Recht interessant war auch die Band von Mario Elki, die für *Tri-Ergon* Schallplattenaufnahmen machte und über die man heute nichts Genaues mehr weiß.

Von besonderer Qualität war die *Delphians-Jazzband* unter Leitung des englischen Saxophonisten Billy Bartholomew, ein hervorragendes deutsches Tanzorchester, das 1928 mit großem Erfolg im Berliner *Delphi-Palast* spielte. Die

Bartholomew-Band war damals voller Hotsolistik und bot viel guten Jazz, dank so hervorragender Solisten wie Wilbur Kurz und Arthur Briggs (tp), Mike Danzi (bj & g) und Charlie Herstoff (d). Auch Bartholomew konnte zahlreiche Schallplattenaufnahmen (für die Deutsche Grammophon-Ges.) machen, unter denen solche wie *The Bay Street Stomp, Speedy Boy, Sorry* und *Henry's Made A Lady Out Of Lizzie* besonders hervorstechen. Dieses Orchester lag am Rande der Jazzmusik und wurde erst nach 1931 für den Jazz relativ bedeutungslos. Für den deutschen Jazz — versteht sich.

Weitere bemerkenswerte Musikereignisse des Jahres 1928 waren zunächst das dritte Gastspiel der Sam-Wooding-Negerband *(Sam Wooding's Chocolate Kiddies)* und das der Londoner *Savoy Orpheans Band*. Sam Woodings Orchester spielte während der Sommermonate in Berlin und in Westdeutschland, nahm aber diesmal keine Schallplatten auf wie in den Jahren 1925 und 1926. Die Band war im Juni 1928 wieder nach Deutschland gekommen und gastierte einen Monat lang im Berliner *Ufa-Palast* und in Darmstadt, machte danach eine ausgedehnte Tournee durch den Balkan und in die Türkei und kehrte dann wieder nach Deutschland zurück, um die Tournee im Hamburger Kabarett *Der Trichter* im Dezember 1928 zu beenden. Die damals so berühmten *Savoy Orpheans,* die unter Leitung von Teddy Sinclair standen, spielten im März 1928 in Berlin und machten hier sogar einige Schallplattenaufnahmen für die Marke *Homocord*. Die Band besaß einige überragende Jazzsolisten, wie den amerikanischen Jazztrompeter Frank Guarente (den ehemaligen Leiter der amerikanischen *Georgians-Jazzband*), Billy Barton (cl) und Charles Remue (as, cl). Aber all diese Orchester standen im Schatten der Lud-Gluskin-Band, die ab Mitte 1928 das maßgebende Tanzorchester (mit Jazzsolistik) in der Reichshauptstadt war.

Die deutschen Schallplattenfirmen verzichteten nunmehr schon weitgehend auf eigene Jazzaufnahmen, da der Strom original amerikanischer (Jazz-) Schallplatten enorm angeschwollen war. Warum auch sollte man die eigenen deutschen Kapellen bemühen, die an die amerikanischen Orchester doch nicht heranreichten. Die Folge war, daß viele Jazztalente in Deutschland nicht mehr so recht zum Zuge kamen, so vor allem Musiker wie Teddy Kline, Billy Barton, Ben Pickering (der im September des Jahres nach Berlin gekommen war) und etliche weitere Solisten. Ebenso erging es den farbigen Posaunisten Herb Flemming (ehemals Sam-Wooding-Band) und einigen anderen Negermusikern, die in Berlin geblieben waren. Jazz gab es zwar in Deutschland, vor allem in Berlin, genug zu hören, aber die Schallplattenindustrie bemühte sich nicht mehr darum wie in den Jahren zwischen 1923 und 1927.

Vom Standpunkt der Schallplattenindustrie gesehen, war dies völlig richtig, denn Jazz bzw. amerikanische Musik war kein großes Geschäft, und wer sich schon dafür interessierte, kaufte lieber original amerikanische Aufnahmen, die nun in großen Mengen auf *Brunswick-, Electrola-, Odeon-* und ab 1928 auf *Columbia*-Schallplatten erschienen, von den Importen einiger Spezialgeschäfte ganz abgesehen. Die geringe deutsche Eigen-Jazzproduktion auf Schallplatten hatte noch keine politischen Gründe — wie später oft behauptet wurde —, sondern war durch rein wirtschaftliche Zusammenhänge bedingt. In Natura gab es genug Jazz zu hören. Mit dem Fortschreiten der Weltwirtschaftskrise begann sich die Lage weiter zu verschärfen, und die Industrie legte Wert auf möglichst leicht absetzbare Schallplatten. Dies galt vor allem für die Zeit zwischen 1929 und 1933, die, was den eigenen Jazz anbelangt, zu der tristesten der deutschen Schallplattenindustrie gehört und sogar durch die Nazizeit nicht übertroffen wurde.

Auf diese Weise fanden viele erstklassige Orchester mit Jazzidiom, die damals in Deutschland gastierten, bei der Schallplattenindustrie keinerlei Beachtung, so zum Beispiel die holländischen *Het Ramblers* unter Leitung von Theo Uden Masman, die in Hamburg gastierten und großen Erfolg verbuchten. Die *Ramblers* sind seit über dreißig Jahren(!) immer an der Spitze der europäischen Tanz-, Jazz- und Swingmusik geblieben. Schon damals war diese Band voller Jazzsolistik und fand in Deutschland etliche Freunde, in erster Linie in Hamburg, wo die *Ramblers* im Café Siegler gastierten. Obwohl sie mehrmals nach Deutschland kamen, wurden sie hier nur lokal bekannt, vor allem, weil sie nicht in Berlin spielten, dem Sitz der deutschen Schallplattenindustrie.

Zwei weitere Gastspiele fanden ebenfalls nur relativ wenig Beachtung, vornehmlich leider bei der Schallplattenindustrie. Da war zunächst das amerikanische Frauenorchester *The Red Heads* (nicht zu verwechseln mit den berühmten *Red Nichols Red Heads)* unter Leitung desselben Alex Hyde, der schon 1924 und 1925 in Berlin gastiert hatte, wie man sich erinnern wird. Bei den *Red Heads* wirkten etliche Damen mit, die wenig später das berühmte Frauenorchester von Ina Ray Hutton bildeten, das als Tanz- und Jazzorchester über die Grenzen der USA hinaus bekannt wurde. Mit weiblichem Charme boten einige der Solistinnen erstklassige Hotsolistik. Diese Red Heads spielten Anfang der Dreißiger Jahre in der Berliner *Scala*.

Zur gleichen Zeit gastierte der amerikanische Neger-Saxophonist Sidney Bechet mit seiner Band *(Sidney Bechet and his New Yorkers)* im Palmengarten des *Haus Vaterland* in Berlin am Potsdamer Platz. Sidney Bechet, der seit 1919 das Sopransaxophon bevorzugte und damit als besonders lautstark auffiel, ist heute ein Abgott für viele Jazzfans und zählte bis zu seinem Tode, 1959, zu den markantesten Persönlichkeiten der Jazzmusik. Bereits vierzig Jahre zuvor (1919) hatte er die Bewunderung des Dirigenten und Strawinski-Interpreten Ernest Ansermet erregt, der das laute Sopransaxophon Bechets inmitten des relativ lahmen *Will Marion Cook's Southern Syncopated Orchestra* als faszinierend empfand und zugleich zum erstenmal durch den Anblick farbiger Musiker beeindruckt wurde. Das *Southern Syncopated Orchestra* war wie alle frühen farbigen Tanzorchester mit Instrumenten überladen. Die Stilistik entsprach den nahe verwandten *Mitchell's Jazz Kings* und war mehr Ragtime als Jazz. Man verwendete in der Besetzung u. a. mehrere Flöten, Violinen, Celli, Mandolinen und Baßgeigen. Das Personal war über zwanzig Mann stark. So ist es erklärlich, daß Ansermet von Bechet stark beeindruckt wurde, da dieser sichtlich abstach. Als Bechet nun zehn Jahre später mit einer zusammengewürfelten deutsch-französisch-amerikanischen Band im *Haus Vaterland* spielte, war das für die Gäste dieses Groß-Restaurants eine Sensation und Kuriosität, denn man fand den „lauten" Saxophonisten eher komisch als überwältigend; außerdem umgab ihn und einige seiner Mitsolisten — die Band war gemischt — ein Air des „Urwaldmäßigen", da hier ja Neger spielten, dazu noch im „Palmengarten". Nur wenige erfaßten vielleicht Bechets Musik, die damals besser war als je (was alte Aufnahmen beweisen). Aber Bechet war 1929/1930 noch kein internationaler Begriff und nur einer unter tausend Jazzmusikern. So fand das Bechet-Gastspiel in der Presse keinen Widerhall, und obwohl er in Berlin sogar zu Privatbällen engagiert wurde, verließ er die Stadt sehr bald und trat mit Arthur Briggs zusammen in die Band von Noble Sissle ein. Bemerkt muß noch werden, daß Sidney Bechet damals in Deutschland seine große Liebe fand, die Frankfurterin Elisabeth Ziegler, die er dann fast genau zwanzig Jahre später wiedertreffen sollte und 1951 heiratete. Leider scheint man es in Berlin auch versäumt zu haben, Schallplattenaufnahmen von *Sidney Bechets New Yorkers* zu machen. Die Band mit Bechet wirkte jedoch in einem Spielfilm der Ufa mit: *Einbrecher,* der im Sommer 1930 in Berlin gedreht wurde. Hier wurde die Band zumindest fragmentarisch musikalisch festgehalten und zwar mit den Titeln *Ich lasse meinen Körper schwarz bepinseln, Laß mich deine Carmen sein, Kind, Dein Mund ist Musik* und einer unbekannten Hotnummer, die kurz zu hören ist. Solisten der Band — neben Bechet — waren Friedrich Holländer (p), Harold M. Kirchstein (bj), Dick Buismann (tuba) und Willi Mac Allen (d). Es sangen u. a. Greta Keller und Joe Sargent — ohne im Bild zu sein, und es steppte Louis Douglas. Leider wurde die Musik häufig durch Dialoge der diversen Filmschauspieler unterbrochen.

Bechet fiel damals einem intelligenten Musikkritiker namens Ottomar Starke auf, der unter anderem im *Querschnitt* folgendes berichtete: ... „Im New York

Skyscraper mit der kühnen Dekoration eines sich ins Unendliche verjüngenden Wolkenkratzers fährt ein Strassenverkäufer in Waterproof und einem Ich-hab-ihn-getragen-Hut seine fliegende Ware auf einem Wägelchen auf die Szene. Das ist der Saxophonist Sidney Bechet, der für die Jazz-Colombine Marion Cook und den Jazz-Arlequin Douglas den schönsten Jazz spielt, den man je gehört hat."... Starke berichtet ferner, daß in der Revue Kompositionen wie *Boodle-Am, I Want To Yodel, Give Me Just A Little Bit, Sadie Snow, Everything My Sweetie Does, Same Train, Papa-de-Dada, Jazz Drill, Strutting Babies, Cocktail Dance* und *Swanee River* gespielt, getanzt und gesungen wurden. Über Josephine Baker berichtete Stark folgendes: ..."Josephine Baker ist Grotesktänzerin, wo sie die Haut berührt. Ihr Popo, mit Respekt zu vermelden, ist ein schokoladener Grieß-Flammerie an Beweglichkeit, und sie ist mit Recht stolz auf diese Gabe der Natur. Sie wackelt immer wieder mit verschiedenen Körperteilen, hat ganz dumme, doppelt so große Augen, und ist unbeschreiblich an- und ausgezogen. Ihre Schlußvenus ist eindeutig kallipygischer Observanz, was jederman Freude machen muß."

In der Tat hinterließ die Baker beim Publikum den stärksten Eindruck. Die Qualität der Begleitmusik war nur wenigen Leuten bewußt und Namen wie Bechet, Williams und Hopkins waren damals ohne jegliche Bedeutung. Sidney Bechet, der kurz nach dem Gastspiel aus der Truppe ausschied und mit einer Band nach Rußland ging, hatte jedoch einen bleibenden Eindruck von Berlin bekommen, in das er fünf Jahre später zurückkehrte.

Fast zur gleichen Zeit, als Bechet in Berlin gastierte, spielte ebenfalls im *Haus Vaterland,* teilweise sogar im Palmengarten, eine Jazzband, die unter Kennern einen recht guten Ruf hatte: die *Sid Kay Fellows,* eine deutsche Kapelle, in der Solisten wie Sigismund „Sid" Petruschka (tp, v), Willi Sasse (s), Friedrich Holländer (p) u. a. mitwirkten. Ebenfalls im Winter 1929/1930 war das Sam-Wooding-Orchester häufig im deutschen Rundfunk (Reichssender Berlin) zu hören, und zwar von Aufnahmen, die bei der letzten Deutschland-Tournee der Band, 1929, gemacht worden waren. Ende 1929 hielt sich die Wooding-Band bereits wieder in Paris auf und nahm dort sogar für die *Deutsche Grammophon*-Gesellschaft (französisch *Polydor*) noch einige reguläre Schallplatten auf, die in Deutschland besser verkauft wurden als die Berliner Aufnahmen von 1925 und 1926, die jazzmäßig weit besser waren. Anfang Januar 1930 kam ferner die englische Band *Syd Roy & His Lyricals* nach Deutschland und gab am 4. Januar 1930 ihr Debut im Berliner *Haus Gourmenia*. Die *Lyricals* standen unter Leitung von Sydney Roy (Lipman), einem beachtlichen Pianisten, der diese Band als *Five Lyricals* ursprünglich schon Anfang der zwanziger Jahre unter dem Einfluß der *Original Dixieland Jazz Band* gegründet hatte. Das berühmteste

Mitglied der Kapelle war Syds Bruder Harry Roy (Lipman), der einige Jahre später, ab 1932, eines der führenden englischen Tanzorchester leiten sollte. Außer Syd (p) und Harry Roy (cl & s) waren noch Bert Wilton (tp) und Tommy Venn (g) von Bedeutung. Alle waren Musiker, die zu guter Jazzsolistik fähig waren und das oft unter Beweis stellten, auch wenn die Band in erster Linie mehr Tanzorchester als Jazzband war, obwohl die Roy-Brüder anfangs nur Jazz gespielt haben. In *Haus Gourmenia* spielte die Band fast drei Monate, verlor aber einige Musiker an andere Orchester, so Bert Wilton an Oscar Joost und auch den Drummer und Vokalisten Eddie Kollis, der zu Lud Gluskin überwechselte. Der Rest der *Syd Roy Lyricals* ging nach England zurück. Immerhin hatte das Gastspiel der Band so viel Erfolg gehabt, daß die *Ultraphon*-Schallplattengesellschaft einige Aufnahmen machte. Übrigens hieß „Haus Gourmenia" ursprünglich „Haus Germania"!

In den Jahren 1928 und 1929 erschienen einige neue Namen auf dem deutschen Schallplattenmarkt, die auch für den Jazz von Interesse waren. Dies waren vor allem die *Columbia, Kristall* und *Ultraphon*.

Die deutsche *Columbia*-Marke wurde regulär 1928 auf dem deutschen Markt eingeführt und bezog in der ersten Zeit ihre Platten noch direkt aus England, von der Mutterfirma in Hayes. Alle diese frühen *Columbias* behielten auch für Deutschland die englischen Bestellnummern bei. Erst ab 1930 lief in größerem Maße die deutsche Eigenproduktion an. Die *Columbia*-Platten wurden nunmehr auch in Deutschland gepreßt und teilweise aufgenommen. Zunächst wurde das *Columbia*-Etikett von der Lindström AG. vertrieben und katalogisiert. Ab 1932, als die *Electrola* von Berlin-Nowawes in die gewaltigen Fabrikräume der Lindström-Werke im Berliner Südosten, am Schlesischen Tor, verlegt wurde, erschien dann die *Columbia*-Marke unter dem *Electrola*-Protektorat bzw. in den *Electrola*-Katalogen und -Listen. Columbia ist bis in die Gegenwart eine Hauptmarke des deutschen Schallplattenhandels geblieben. Für den Jazzfreund war es damals von Interesse, daß *Columbia* eine Menge amerikanischer Jazz- und Semihot-Platten herausbrachte. Allerdings nicht allzu viele und bei weitem nicht so gute, wie es hätte der Fall sein können, wenn die deutsche *Columbia* schon drei bis vier Jahre früher erschienen wäre. So begnügte man sich zunächst mit größeren Mengen der populären Paul-Whiteman-Platten, die ja auch verkaufsmäßig am besten lagen.

Whiteman war gerade zwischen 1928 und 1931 ein spezieller *Columbia*-Star. Platten wie *High Fever* von *Cook's Dreamland Orchester* (mit Freddy Keppard), den *California Ramblers*, Don Voorhees (mit Red Nichols), Paul Ash, Harry Reser u. a. wurden kaum gekauft, obwohl sie auch erhältlich waren. Neben Whiteman gingen die *Singing Sophomores* (Pseudonym für die *Revelers*-

Gesangsgruppe) am besten. Erst einige Jahre später folgten hundertprozentige Aufnahmen des Jazz von Red Nichols, Joe Venuti, Jack Teagarden, Benny Goodman, Andy Kirk, Willie Lewis, Mary Lou Williams u. a.
Die zweite Plattenmarke von Bedeutung war die *Kristall*, herausgegeben von der deutschen Crystalate-Gesellschaft in Berlin-Reinickendorf. Die Gründung der deutschen *Kristall* erfolgte in Verbindung mit der englischen Crystalate Ltd. im Jahre 1929. Für den Jazzfreund war dabei lediglich von Interesse, daß diese Firma etliche amerikanische Aufnahmen herausbrachte, die aus Matrizenbeständen der *ARC (American Record Co.)* stammten. Allerdings erschienen zunächst nur Semihot-Aufnahmen und rein kommerzielle Titel. Aber immerhin waren viele Aufnahmen der USA-Orchester Sam Lanin, Lou Gold, *The Rounders*, Ernie Golden, *The Clevelanders* und Fred Rich für Jazzsammler nicht ohne Reiz. Nach 1932 brachte die *Kristall* anstelle der US-Aufnahmen in größeren Mengen englische Aufnahmen heraus (vor allem Jack Payne). Die eigentliche Produktion startete im Januar 1930 mit vielen Eigenaufnahmen, die teilweise sogar von Jazzinteresse waren, so etliche der *Weintraubs Syncopators*, Oscar Joosts und sogar Bernard Ettés. Später erschienen wieder bessere US-Jazzaufnahmen (vor allem in der 21 000er Exportserie) von Billy Banks, Cab Calloway, den *Windy City Five*, Chick Bullock, Dick McDonough, Joe Venuti und Adrian Rollini. Ab 1935 wurde die *Kristall*-Marke ein Unteretikett der neuen *Imperial*, die nunmehr das teure Hauptetikett der deutschen, nunmehr längst zum Lindström-Block gehörenden Crystalate wurde. Wie *Electrola* und *Columbia* war *Kristall* nur nach außen hin eine selbständige Marke, alle gehörten dem großen Lindström-Konzern an. Die Marke *Kristall* bestand in Deutschland bis 1945 (bzw. 1943) und wurde nach dem Kriege nicht wiederbelebt. Einige alte *Kristall*-Aufnahmen erschienen nach 1945 unter dem *Imperial*-Etikett.
Die dritte Firma von größerer Bedeutung, die 1928 gegründet wurde, war die deutsche *Ultraphon*, der legitime Vorläufer der *Telefunkenplatte*. Die Ultraphon-Gesellschaft, die von dem holländischen Elektro-Konzern Kuechenmeister finanziell aufgebaut wurde, schuf in kurzer Zeit ein kleines, aber erlesenes, übersichtliches Repertoire. Leider kam der Jazz dabei zu kurz. Die Stärke der *Ultraphon* lag in einer hervorragenden Auswahl an Kleinkunst- und Kabarettplatten (Marlene Dietrich, Greta Keller). Einer der wichtigsten Leute der Firma war Theo Mackeben, der dort eine ähnliche Rolle spielte wie etwa Fred Bird (Felix Lehmann) bei der *Homocord*. Immerhin hinterließ die *Ultraphon* jazzige Aufnahmen von Lud Gluskin, Syd Roy, den *New Yorkers*, Julian Fuhs, Theo Mackeben und Billy Barton, wobei letztere wohl am besten waren. 1932 ging die deutsche *Ultraphon* in den Besitz der Telefunken-Gesellschaft über

und verschwand bis auf wenige Importaufnahmen vom deutschen Markt. Ableger der Firma blieben nur in der Tschechoslowakei und in Frankreich bestehen. Eine Tat der deutschen *Ultraphon* bleibt die Aufnahme des Querschnitts durch die *Drei-Groschen-Oper* in der Originalbesetzung, u. a. mit Lotte Lenya und der Lewis-Ruth-(Ludwig-Rüth-) Band. Auch dieses Werk von Bert Brecht und Kurt Weill wurde als eine Art „Jazz-Oper" betrachtet und fand sowohl viele Freunde als auch Gegner. Neben den drei genannten großen Marken tauchten einige weitere Plattenmarken auf, die für den Jazzfreund von Interesse waren. Da war zunächst der *Clangor G.m.b.H.-Schallplatten-Volksverband,* der nach Art der Buchgemeinschaften Schallplatten an feste Abonnenten versandte. Ein Vorläufer davon ist der *Volksverband der Musikfreunde* (VdM), der *Clausophon*-Matrizen verwandte. Die *Clangor* startete 1929 und hatte in der frühen Zeit einige englische Verbindungen (u. a. mit der *Duophon* und *World Echo*), die zu einem kurzlebigen Matrizenaustausch führten. So wurde sogar ein Posten *Duophon*-Platten aus England (mit Red Nichols, den *Dorsey Brothers,* Harry Reser u. a.) durch die *Clangor* in Deutschland angeboten. 1930 erschienen auf *Clangor* einige Aufnahmen obskurer Orchester (von World Echo), wie *Norman Sissel's Rhythm Twisters, The Connecticut Collegians, Sam Lanin's London Orchestra, Major-Club-Orchestra, Savoy-Plaza-Band, Lewis Stone Orchestra* und Hawaiian-Aufnahmen. Ferner erschienen (Sam) *Lanin's* Syncopators und von der *Duophon* übernommene Aufnahmen des *Wabash Dance Orchestra* (Red-Nichols-Gruppe) aus Beständen der amerikanischen Brunswick-Werke, um nur einige zu nennen. Ab 1932/33 brachte der *Clangor*-Schallplattenverband nur noch Eigenaufnahmen heraus, die bis auf Theo Reuter kaum von Interesse für Jazzfreunde waren. Diese Aufnahmen werden noch später erwähnt werden.

Am interessantesten war für den Jazzfreund jedoch eine kleine Marke, die ab 1930 in Erscheinung trat und als eine Art Hausetikett der Firma Alberti (Alberti-Musikhaus, Berlin, Rankestraße) im deutschen Plattenhandel fungierte. Dies war die sogenannte *Special Record (Alberti Special Record)* mit erlesenen Aufnahmen aller Musikstile, die von der ausgezeichneten Geschäftsleitung der Firma Alberti (Herr Schalin) ausgewählt und bei der Electrola G.m.b.H. in Preßauftrag gegeben wurden. Es handelte sich ausschließlich um Aufnahmen (Marizen) der amerikanischen *(RCA) Victor Co.* und der englischen *His Master's Voice,* die über *Electrola* bezogen wurden. *Special Record* umfaßte bereits von Beginn an eine Reihe hervorragender Namen des Jazz, die nicht auf den großen Marken (in diesem Falle auf Electrola) erschienen waren, zum Beispiel Bennie Moten, *The Missourians, The New Orleans Feetwarmers* (Bechet), Fletcher Henderson usw. Später folgte eine wahre Elite aller Swingaufnahmen.

Special Record hatte ein schwarzes Etikett ohne Firmenaufdruck, war jedoch meist mit einem halbmondförmigen Aufkleber mit der Inschrift *Special Record* oder auch *Alberti Special Record* versehen, was Alberti übrigens auch bei etlichen Importplatten tat, die nicht mit den deutschen Eigenpressungen zu verwechseln sind. Einige wenige Ausnahmen trugen etwa ab 1938 den direkten Aufdruck *Special Record* auf dem Etikett.

Etwa zur gleichen Zeit, im Juni 1930, startete die Musikalienfirma Alberti eine eigene Zeitschrift, das *Musik-Echo*. Diese Zeitschrift erfreute sich unter den Musikfreunden schnell einer großen Beliebtheit und wird vielfach als Deutschlands erste „Jazz"-Zeitung angesehen, weil sie inhaltlich dieser Musik sehr zugeneigt war. Natürlich war dieses Magazin vorwiegend an der modernen Tanzmusik interessiert, deren Neuigkeiten sie in relativ guten Artikeln brachte. Dem eigentlichen Jazz gegenüber, der „Hot-Musik", die man als eine andere Art von Tanzmusik betrachtete, war man sehr aufgeschlossen. Neben wirklich guten Schallplattenrezensionen, die die Möglichkeiten des damaligen Wissens voll ausschöpften, bot die Schrift Artikel maßgeblicher Mitarbeiter des führenden englischen Musikblattes *Melody Maker,* so auch von Spike Hughes, einem der frühen Jazzexperten Europas. Die Initiative der Firma Alberti bzw. ihrer leitenden Angestellten war in erster Linie darauf zurückzuführen, daß das Interesse an ausländischer Tanz- und Jazzmusik immer größer wurde und bereits die ersten Schallplattensammler (Käufer) auftauchten, die sich für ganz bestimmte Gebiete der Tanzmusik interessierten, vor allem auch für den Jazz. Durch den Alberti-Import begann die Jazzschallplatte in größerem Maße als zuvor den Jazz nach Deutschland zu bringen und populärer zu machen. Hinzu kamen die Eigenproduktionen amerikanischer Aufnahmen durch deutsche Firmen, vor allem durch die deutsche *Brunswick,* die *Electrola* und die *Odeon/Parlophon*.

Kehren wir nun wieder zur Musikszene der Jahre 1929 bis 1931 zurück. Zunächst sei erwähnt, daß 1930/31 zwei profilierte farbige Sängerinnen Berlin besuchten: die seriöse Marian Anderson, die die Berliner mit einer kultivierten Version amerikanischer Negro-Spirituals bekannt machte, jedoch auch Lieder von Schubert, Donizetti, Saint-Saëns, Tschaikowski u. a. hervorragend interpretierte, sowie die Blues- und Jazzsängerin Zaidee Jackson, die in Freddie Kaufmanns *Jockey Club* und im *Kabarett der Komiker* auftrat. Während Marian Anderson einige Schallplattenaufnahmen in Berlin für die Eisner-Marken (*Artiphon* usw.) machen konnte, wurde Zaidee Jackson leider übersehen. Sie konnte jedoch in England genügend Titel einspielen, die teilweise auch in Deutschland (auf *Odeon*) erschienen.

Das letzte größere Jazzereignis des Jahres 1930 war das vierte Gastspiel des farbigen Sam-Wooding-Orchesters, das im April 1930 wieder nach Deutschland gekommen war. Im Zusammenhang mit den Gastspielen anderer ausländischer Bands um die Jahreswende 1929/1930 (Red Heads, Sidney Bechet, Syd Roy, Lud Gluskin) hatten wir Sam Wooding bereits erwähnt. Im April 1930 spielte die Band wieder im *Ufa-Palast* (Bühnenschau) und im *Haus Gourmenia* (beides Berlin). In der Besetzung wirkten diesmal Harry Cooper (tp), Albert Wynn (tb), Jerry Blake (cl & s), Freddie Johnson (p) und Leslie „King" Edwards (b, tuba) mit, während der Drummer Ted Fields und der Saxophonist Willie Lewis sich auch als Vokalisten ablösten. Das Orchester erschien (wie schon erwähnt) mehrmals im Rundfunk. Diese Rundfunksendungen waren sehr beachtlich und boten ein variables Programm, wie das nachstehende Beispiel gut veranschaulicht: Am Dienstag, dem 17. Juni 1930, wurde folgendes Programm unter dem Titel „Musik aus Amerika" mit der Sam-Wooding-Band im Berliner Rundfunk gesendet:
1. Teil: Negermusik:
Spiritual & Blues
Potpourri Negro Folk-Songs
Suite of Negro-Spirituals (inkl. *Go Down Moses / Swing Low-Sweet Chariot / Steal Away to Jesus*)
2. Teil: Modern Negro-Jazz-Music
St. Louis Blues
Check-Out
Afraid, Because I Love You
Love Me Or Leave Me
3. Teil: Concerto
Russian Fantasy (Concertversion)
4. Teil: Tanzmusik
My Sin
Walking With Susie
You Were Meant For Me
Body And Soul
Die Sam-Wooding-Band kehrte ein fünftes Mal, Anfang 1931, nach Deutschland zurück, um hier beinahe fünf Monate in Essen, Dortmund, Darmstadt, Elberfeld, Köln und Mannheim zu spielen. Dies war dann für achtzehn Jahre das letzte Mal, daß ein Negerorchester auf deutschem Boden spielte. Als die Wooding-Band Deutschland verließ, ahnte noch niemand, daß bereits wenig später ein Regierungserlaß veröffentlicht wurde, der die Beschäftigung von

farbigen Kapellen auf deutschem Boden untersagte. Farbige Solisten erhielten nur in Einzelfällen die Genehmigung, in Deutschland zu spielen. Diese Bestimmung, die noch in der demokratischen Epoche des deutschen Reiches, in der Weimarer Republik, erlassen wurde, hatte diverse Ursachen: einmal begannen sich in Deutschland die ersten Auswirkungen der schleichenden Wirtschaftskrise zu zeigen: sinkende Kaufkraft, rapide steigende Arbeitslosigkeit und Zusammenbruch von Unternehmen aller Art. So versuchte man, lästige Konkurrenz auszuschalten, wobei in der Tanzmusik vor allem farbige Musiker betroffen wurden, da man den weißen Ausländern damals kein Verbot dieser Art bieten durfte. Zum anderen hatte durch die aufziehende Weltwirtschaftskrise und deren katastrophale Folgen in Deutschland der Nationalsozialismus mit seinen gleißenden Versprechungen einen großen Zulauf Unzufriedener. Diese stärkten die rechtsradikalen Kreise derartig, daß es ihnen möglich wurde, bereits einen Druck auf diverse Regierungsstellen auszuüben, wobei das erwünschte Verbot der „entarteten Niggermusik" nur eines ihrer vielen Ziele war. Artikel zweitrangiger deutscher Tanzmusiker, die sich über farbige Kollegen beschwerten (weil diese überlegen waren), zeigten die Tendenz zum „Verbot" an. Glücklicherweise übersahen diese Kreise damals (und auch später noch, als sie ganz Deutschland unter ihrer Herrschaft hatten) den viel größeren Einfluß der Schallplatte, vor allem der Jazzschallplatte.
Im September 1930 waren bereits 107 Nazi-Abgeordnete in den Reichstag gewählt worden, eine Fraktion, die schon einen nachhaltigen Druck auf die Regierungs-Koalition ausüben konnte. Zu jener Zeit wurde der NSDAP-Abgeordnete Dr. Wilhelm Frick Staatsminister von Thüringen und gleichzeitig Volksbildungsminister, in welcher Eigenschaft er gegen die „von der Republik geförderte entartete Kultur, wie sie sich auch in der Jazzmusik, Juden- und Negerkunst äußert...", ein Verbot erließ. Zumindest in Thüringen, seinem Machtbereich, konnte Frick dieses „Verbot", das erste lokale „Jazzverbot" in Deutschland, durchsetzen, und zwar noch lange vor der „Machtübernahme" der NSDAP im Januar 1933. Nicht zuletzt war es Dr. Frick und seinen Freunden zu verdanken, daß die Regierung farbigen Musikern und Ensembles das Spielen untersagte. Die „nationale Welle" hatte begonnen, und viele Deutsche glaubten noch deutscher zu sein, indem sie den Theorien und Versprechungen des Nationalsozialismus Glauben schenkten. Denn die Not der Zeit trieb immer mehr Menschen in die Arme der NSDAP, die es geschickt verstand, die Schuld an den damaligen Zuständen ausschließlich der deutschen Regierung, den „korrupten und unfähigen" demokratischen Parteien und dem „feindlich gesinnten" Ausland zuzuschieben. Die Nazis selbst versprachen den Ausweg aus aller Not. Im Januar 1931 schnellte die Zahl der Arbeitslosen auf fast 5

Millionen hoch. Die Regierung erließ eine Anzahl Notverordnungen. Einkommen und Renten, Mieten und Preise wurden herabgesetzt. Im Zuge dieser aus der Not geborenen Preissenkung änderten sich auch die Schallplattenpreise und sanken allgemein um zwanzig Prozent, was auch vielfach auf den Schallplattenhüllen vermerkt wurde.

Überall in Deutschland brachen Geschäfte und Firmen aller Art zusammen. Auch etliche Tanzcafés, Tanz-Paläste und Gaststätten, die Musiker oder Kapellen beschäftigt hatten, mußten ihre Pforten schließen. Allein im März 1931 schlossen in Berlin zwei berühmte Lokale: das alte *Palais De Danse* und der *Pavillon Mascotte*. Auch für die Musiker wurde die Lage immer unerfreulicher, denn namhafte Orchester waren teuer, und das Geld wurde immer knapper. Auch Julian Fuhs gab seine Band auf und eröffnete im September 1931 in der Nürnberger Straße (Berlin) ein Künstlerlokal, in der Hoffnung, sich auf diese Weise eine bessere Existenz verschaffen zu können. Nur wenige große Häuser konnten sich noch Kapellen leisten, so in Berlin das *Café Berlin*, wo die hervorragende Band von Billy Barton spielte, und das *Delphi (Delphi-Palast)*, wo Billy Bartholomews Jazz-Band auftrat; in Hamburg u. a. das *Café Siegler*, wo die *Ramblers* (aus Holland) gastierten, und in Dresden die *Barberina*, wo die junge, aber begeisterte Band von James Kok großen Erfolg hatte. Die meisten Orchester jedoch gingen „auf die Dörfer", wie man in Berlin sagte, um sich zu erhalten. Man unternahm Tourneen und spielte in allen möglichen Städten und Städtchen, wo man die teilweise auch dort bekannten Kapellen begeistert begrüßte und es daher genügend Verdienstmöglichkeiten gab. Eine kleine Liste veranschaulicht dies recht gut: Eric Borchards Band, in der zu jener Zeit noch Freddy Schweitzer als Multi-Instrumentalist und Leo Weiss am Piano mitwirkten, spielte im Mai 1930 im Karlsbader *Imperial* und blieb dort mehrere Monate. Die *Weintraubs Syncopators* waren auf einer großen Deutschland-Tournee und spielten in allen größeren deutschen Städten. Die Band von René Dumont ging ebenfalls ins Ausland und spielte u. a. für einige Zeit in St. Moritz (Schweiz). *Fabian's Jazz Syncopators* traten innerhalb kurzer Zeit in vielen Städten auf, von Anfang bis Mitte 1931 in der *Bastei* in Köln, dann in Halle, danach im Elberfelder *Bavaria*. Im Herbst spielte die Band in Düsseldorf und machte einen Abstecher nach Den Haag, wo sie im *Tabaris* gastierte. Von dort ging es Anfang 1932 zum Timmendorfer Kurhaus. Auch dort hielt man es nur kurz aus und reiste nach Wien, zum *Café Palmhof*, kehrte aber kurz danach wieder nach Duisburg, ins *Rheingoldhaus*, zurück. Das Beispiel der *Fabian's Jazz Syncopators* zeigt die ganze Unruhe der Zeit und die krampfhafte Jobsuche der Bands. *Winkler's Jazz-Syncopators*, eine weitere vergessene deutsche Kapelle, spielte 1931 in Breslau. Viele andere Orchester, die in Berlin, dem Zentrum

der leichten Musik in Deutschland, kein festes Engagement mehr fanden, wichen in die diversen Provinzstädte aus. Man kann die Liste beliebig fortsetzen. Nur wenige „ganz Große" hielten ihre festen Stellungen in der Reichshauptstadt.
In dieser Zeit der großen Weltwirtschaftskrise, zwischen 1929 und 1932, arbeiteten trotz allem noch ziemlich viele ausländische Musiker in Deutschland (Berlin). 1929 spielte der amerikanische Jazztrompeter Jack Hamilton mit einer Band in Berlin, in der zeitweilig auch Freddy Schweitzer (cl & s) mitwirkte. Anfang 1930 waren bei der Kapelle von Bernard Etté einige gute Jazzmusiker, so die Dänen Kai Ewans (cl & s) und Peter Rasmussen (tb), die Belgier Charles Remue (cl & s) und Fud Candrix (s & v), der Finne Matty Rajula (as, cl), die Amerikaner Tony Morello (bj), Jonny Dixon (tp) und andere mehr oder weniger bekannte ausländische Starsolisten. So erreichte gerade die jazzmäßig oft schwache Etté-Band 1930 einen weiteren Höhepunkt, der leider kaum auf Schallplatten festgehalten wurde, von wenigen Ausnahmen abgesehen. Die erwähnte Etté-Besetzung spielte in den Hamburger *Vier Jahreszeiten,* in Berlin im *Ambassadeur* und in der *Barberina.* Oscar Joost, der eine strikte Tanzkapelle leitete, mit der er auf dem Dachgarten des *Eden-Hotels* in Berlin gastierte, hatte diverse gute ausländische (Jazz-)Musiker engagiert, so den Holländer Jack de Vries, den ersten europäischen Jazzbassisten von Format. Für kurze Zeit wirkten sogar der amerikanische Star-Klarinettist Danny Polo und der englische Trompeter Bert Wilton bei Joost mit.
So kam es, daß die Oscar-Joost-Band 1930/31 oftmals hervorragende Jazzsolistik präsentierte. Der erstklassige angelsächsische Klarinettist Billy Barton, ein As unter den frühen Jazzklarinettisten, die sich in Europa befanden, beschäftigte Musiker wie Ben Pickering (tb), Harry Pohl (ts), Georg Haentzschel (p) und Dick Stauff (d). Billy Bartons Band spielte damals im *Café Berlin* an der Berliner Gedächtniskirche und nahm für Ultraphon Schallplatten auf. Die Barton-Band spielte bereits Swingmusik, welche mit fesselnder Hotsolistik durchsetzt war, wovon Schallplattenaufnahmen aus den Jahren 1930 und 1931 Zeugnis ablegen, wie u. a. *So I Pick Up My Ukulele, Kickin' A Hole In The Sky, The Japanese Sandman, I Lost My Gal From Memphis, Puttin' It On For Baby, Get Happy* und *I'm Yours,* um nur einige Titel zu nennen. Dies waren damals auch im internationalen Sinne hochmoderne Aufnahmen! Eine ähnliche Swingdynamik erreichte in Deutschland zu gleicher Zeit nur noch die Studioband von „John Morris", das *Jazz Orchester John Morris,* eine Theo-Mackeben-Gruppe, welche für die *Clausophon*-Marken *Adler, Clausophon, Electro* und *Eltag* zwischen 1929 und 1931 zahlreiche Aufnahmen einspielte. Natürlich war diese Band, wie alle damaligen Studio-Orchester, völlig unbeständig und spielte alles,

vom Walzer, Tango, Foxtrott bis zum Hotjazz. Aber wenn das Orchester Jazzsolistik brachte, dann zeigte es überraschende Qualitäten. Die Aufnahme *Micky Maus,* vom Februar 1931, kann sich mit jeder zeitgenössischen amerikanischen Hotaufnahme messen und zeigt uns bereits eine mitreißende Swingmusik, wie sie erst einige Jahre später richtig populär wurde. Leider weiß man nichts mehr über die hervorragenden Hotsolisten, welche in dem *Jazz Orchester John Morris* mitwirkten. Es können aber nur die Elitesolisten, vor allem die Amerikaner und Engländer, gewesen sein, die damals bei den großen „Namen-Bands" von Dajos, Etté, Barton usw. spielten. Der Engländer Billy Bartholomew, ein recht guter Saxophonist, hatte für einige Zeit Wilbur Kurz (tp) und Mike Danzi (g) im Bandpersonal, zwei Musiker, die neben einigen anderen dieser Band eine Jazzqualität gaben, die dieses Orchester nie wieder erreichte. Denn Billy Bartholomew leitete immerhin bis Herbst 1939 ein führendes deutsches Tanzorchester. 1930/31 spielten Tim Cave, Walter Funke (tp), Horst Thal (s, cl), Helmuth Wernicke (p), André Schuster (b) und Eddie Kollis (d & voc) in der Band, die zu jener Zeit einige interessante Titel für die Tri-Ergon aufnahm. Die Billy-Bartholomew-Band ging ebenfalls 1932 auf Gastspielreise nach Lausanne und wurde im *Delphi-Palast* von der Kapelle René Dumont abgelöst. Bemerkenswert war auch die Kapelle des Italieners Carlo Minari, die 1932/1933 im *Europahaus* (in Berlin, Nähe Potsdamer Platz) gastierte und gute Jazzsolistik bieten konnte. Gastspiele ganzer ausländischer Orchester waren spärlich geworden. Von Bedeutung war nur der jährliche Besuch des Jack-Hylton-Orchesters.

Jack Hylton and his Boys waren bereits im Herbst 1927 nach Berlin gekommen und hatten hier sogar mit dem Sänger Austin Egen Schallplattenaufnahmen gemacht. Hyltons Band wiederholte ihre Besuche im November 1928, im April 1930 und im September 1930, als sie vor allem in der Berliner *Scala* die Herzen der Berliner und des deutschen Publikums eroberte. Das Gastspiel des „englischen Paul Whiteman" war von wirklich nachhaltigem Eindruck; es brachte vielen den Jazz näher, obwohl Hylton nur selten Jazz echter Prägung spielte. Er hatte aber eine Art, seine Musik zu präsentieren, die jeden mitreißen mußte. Nicht zuletzt sorgten erstklassige Musiker der Band durch ihr großes Können für Abwechslung und zogen alle Register der „Showmanship", wozu auch reine „Jazz-Einlagen" gehörten. Trotz der geldknappen Krisenzeit war der Erfolg der Jack-Hylton-Band in Deutschland so groß, daß Hylton 1929 wieder nach Deutschland kam und von da ab laufend bis 1938. Nicht zuletzt sorgten auch seine zahllosen Schallplatten, die in Deutschland auf Electrola und später auch Grammophon erschienen, für seine Popularität. Im Vergleich zu anderen ausländischen Tanzorchestern verkauften sich die Hylton-Platten sehr gut.

1932 war Jack Hylton im Berliner *Ufa-Palast* und blieb für einige Zeit in der Reichshauptstadt. Er besuchte das Alberti-Musikhaus und hörte sich die maßgebenden in Berlin spielenden Orchester an. Dabei entdeckte er Freddy Schweitzer, den er mit zielsicherem Managerinstinkt für sein Orchester engagierte. Dieser deutsche Spitzenmusiker blieb bis zur Auflösung der Hylton-Band im Jahre 1939 ständig bei Hylton und in England, wo er schließlich zur Musikszene gehörte wie ein Einheimischer. Schweitzer, der vorwiegend Tenorsax und Klarinette spielte, beherrschte auch fast alle anderen Instrumente meisterhaft und war zudem ein begnadeter Showman und Komiker der Hylton-Band — der Mittelpunkt jeder Bühnenschau und zugleich ein guter Jazzsolist, wenn „Hot" gespielt wurde. Von all seinen Kollegen unvergessen, starb Freddy Schweitzer nach dem Krieg in England.

Im Vergleich zu Hylton kaum beachtet, spielte bei uns noch in der ersten Hälfte des Jahres 1930 das schwedische Jazz-Orchester Hakon von Eichwald, der hier mit hervorragenden Hotsolisten etliche bemerkenswerte Schallplattenaufnahmen für die *Tri-Ergon* aufnahm, wobei *Baby Lou*, *Sweet Jennie Lee* und *Sing You Sinners* aus dem üblichen Rahmen fallen und durchaus guten Jazz bieten. Der Wirtschaftskrise zum Trotz, kam Hakon von Eichwald nochmals Anfang 1932 nach Berlin und machte im März einige weitere Schallplattenaufnahmen für die *Ultraphon* (Telefunken).

Ende 1932 besuchten der amerikanische Musikverleger Jack Robbins und der Jazzviolinist Matty Malneck (früher Solist bei Whiteman und Trumbauer) Berlin und sprachen sich lobend über etliche deutsche Kapellen aus, obwohl längst nicht mehr eine solche Auswahl zur Verfügung stand wie einige Jahre zuvor.

Zu den besseren Orchestern, die sie hörten, zählte auch Georg Nettelmanns Kapelle, die schon damals in hotinteressierten Kreisen einen guten Namen hatte. In der Nettelmann-Band wirkten zeitweilig Kurt Hohenberger (tp), Kurt Wege (s, cl) und der Sänger Heinz Wernicke mit. Das Orchester war zwischen 1932 und 1936 vorwiegend im *Delphi* und auch im *Europa-Pavillon* zu hören, um nur die wichtigsten Engagements zu nennen. Leider nahm das Nettelmann-Orchester trotz seiner Qualitäten nur kommerzielle Tanzplatten auf.

Von großer Wichtigkeit für den Jazzgedanken und die Verbreitung echter Jazzmusik in Deutschland waren im Jahre 1932 einmal der Rundfunk, der mit ersten halbwegs brauchbaren Jazzsendungen aufwartete, und das Erscheinen des ersten wirklichen Jazzbuches von Format: *Aux Frontières de Jazz* von Robert Goffin, das bereits ab August 1932 regulär in Deutschland erhältlich war und sogar annonciert wurde. Es kam allerdings nur einem beschränkten Leserkreis zugute, der die französische Sprache beherrschte. Aber das Wesentliche seines Inhaltes machte trotzdem bei den Interessierten schnell die Runde. Die ersten „Jazzfans" sammelten erste Erkenntnisse. Auf dem Gebiet der Jazzliteratur hatte sich seit Erscheinen des Paul-Bernhard-Buches im Jahre 1927 nicht mehr viel ereignet. Lediglich 1929 erschienen eine verbesserte Ausgabe von Alfred Baresels *Jazzbuch*, das *Neue Jazzbuch* (Zimmermann-Verlag, Leipzig 1929), und das schon erwähnte *Musik Echo*, die Zeitschrift des Musikhauses Alberti. Weder die Bücher von Baresel und Bernhard noch die Zeitschrift *Musik Echo* konnten den deutschen Jazzliebhabern fundiertes Wissen vermitteln. So lieferten nur das Buch von Robert Goffin und der schon vielfach gelesene englische *Melody Maker* (Musik-Zeitschrift) den meisten deutschen „Altfans" des Jazz den Schlüssel zur „Hotmusic". In dieser Zeit bildeten sich die ersten Interessengemeinschaften, die sich später in Jazz- oder Hotclubs zusammenschlossen, nachdem 1934 der *Hot Club de France* als Beispiel voranging.

Der Rundfunk, der am 19. Januar 1931 vom alten VOX-Haus in der Potsdamer Straße in das nagelneue *Haus des Rundfunks* in der Masurenallee übergesiedelt war, stand unter Leitung von Alfred Braun, einem überzeugten Demokraten und Anti-Nazi, der durchaus nichts gegen die Jazzmusik einzuwenden hatte. So hörte man in damaligen „Jazzsendungen" gelegentlich was beliebt und modern war: Das *Casa Loma Orchestra*, Duke Ellington, Jack Hylton, Cab Calloway, Jack Payne, Frankie Trumbauer, Ray Noble, Fletcher Henderson, Joe Venuti, Paul Whiteman, Debroy Somers u. a., nicht zu vergessen Louis Armstrong, den schon damals bewunderten Trompetenkönig, der gerade 1932 in London seine ersten europäischen Triumphe feierte und nur durch das schon erwähnte „Negerverbot" von 1931 daran gehindert wurde, die Botschaft des Jazz auf deutschem Boden zu verkünden. So waren er und all die anderen guten Jazzorchester wenigstens im Radio zu hören, wenn auch nur noch für kurze Zeit, denn schon ein Jahr später war auch der Rundfunk im nationalsozialistischen Sinne „gleichgeschaltet".

Im Jahre 1932 erreichte die Zahl der Arbeitslosen die Rekordhöhe von 6 Millionen. Die wirtschaftliche Lage des Reiches war verzweifelt, und die Unzufriedenheit wuchs. Viele in Not geratene und enttäuschte Menschen wendeten sich den radikalen Parteien zu, die einen Ausweg aus dem Dilemma versprachen. Die größten Nutznießer waren die Nationalsozialisten, da sie die psychologisch wirksamste Propaganda machten und der deutschen Mentalität am besten Rechnung trugen. Der 31. Juli 1932 brachte daher einen großen Wahlsieg der NSDAP.

In dieser schweren Krisenzeit wurden alle Wirtschaftszweige schwer mitgenommen. Innerhalb kurzer Zeit verschwanden viele Schallplattenmarken, weil

die Werke in Konkurs gingen oder derartig in Not gerieten, daß sie von den wenigen großen Firmen, die trotz allem noch stark genug waren, aufgekauft wurden. So verschwanden die Eisner-Marken (*Artiphon, Rensie, Hermaphon, Kadewelt, Hertie, Wotana,* usw.), die *Tri-Ergon,* die *Clausophon,* die alte *VOX* und zahllose Kaufhausmarken. Es verschwanden auch die erst vor knapp zwei Jahren gegründeten billigen Marken, mit biegsamen „Wochenendplatten", die *Phonycord-Flexible, Biberphon, Metallophon, Triva* und *Goldplatte.* Die Homophon-Gesellschaft *(Homocord)* wurde von der Lindström AG aufgekauft, und man ließ sie stillschweigend eingehen. *Ultraphon* wurde von der nagelneuen *Telefunkenplatte* übernommen. Die Telefunkenplatte G. m. b. H. wurde 1931 in Berlin von der schon 26 Jahre alten Elektro-Firma Telefunken gegründet und 1932 voll zur Entfaltung gebracht, indem man zunächst auf *Ultraphon*-Bestände zurückgriff. Der Name Telefunken ist mit dem Jazzgeschehen in Deutschland eng verbunden, bis in die Gegenwart hinein. So werden wir noch oft auf *Telefunken-Schallplatten* stoßen. Damals jedoch, von 1932 bis 1935, war die *Telefunken*-Marke für den Jazz unwesentlich und hatte auf diesem Gebiet nur wenig zu bieten. Die Telefunken-Plattengesellschaft war praktisch die einzige Neugründung in den Krisenjahren und nur möglich dank des finanzstarken Elektrokonzerns. Zu erwähnen ist nur noch das Erscheinen einer billigen Kaufhausmarke: *Brillant-Special,* die für den Jazz jedoch kaum von Belang war. Diese Marke war ein Produkt der *Special-Record-Gesellschaft* (nicht zu verwechseln mit der *Alberti Special Record*), die Mitte der dreißiger Jahre die bekannte *Tempo*-Platte herausbrachte, die wenigstens in den Jahren von 1939 bis 1943 für den deutschen Jazz von Bedeutung wurde. Die *Brillant,* die *Special Record* und ihr Nachfahre, die *Tempo*-Platte, ersetzten in großem Maße die zahllosen, billigen Kaufhausmarken der zwanziger Jahre, die in der Wirtschaftskrise eingegangen waren.
Jetzt, im Jahre 1932, bestanden nur noch einige große Schallplattenfirmen, die meist in größeren Mengen amerikanische Aufnahmen aller Art herausbrachten. Dies waren vornehmlich die Marken *Brunswick, Electrola, Columbia, Alberti Special Record, Kristall, Odeon* und *Parlophon,* die in der Mehrzahl zum Lindström-Block gehörten. Die letzten drei Marken hatten seit 1931 zwar die Massenherausgabe von amerikanischen Aufnahmen etwas gedämpft und die Veröffentlichung englischer Orchester verstärkt, weil diese von den britischen Stammfirmen billiger zu erhalten waren, aber dennoch kamen immer noch gute US-Jazzaufnahmen auf *Odeon, Parlophon* und *Kristall* heraus. Das Angebot richtete sich schließlich auch nach der Nachfrage.
Die Tatsache, daß im Jahre 1932, dem letzten Jahr demokratischer Regierungsgewalt in Deutschland, eine feste, beständige Verbindung der großen

Schallplattenkonzerne mit dem Ausland bestand, die durch langjährige Ex- und Importverträge gesichert war und somit die unbeschränkte Einfuhr ausländischer Musik, inklusive Jazz, ermöglichte, rettete den Einfluß der Jazzmusik und Swingmusik in Deutschland selbst im „Dritten Reich". Tatsächlich ist es in erster Linie der ständigen, regelmäßigen Einfuhr und Herausgabe original amerikanischer Jazz- und Swingmusik auf Schallplatten zu verdanken, daß der Jazz in Deutschland nicht in Vergessenheit geriet, sondern sogar einen ständig zunehmenden Anhängerkreis gewann, aller Nazidemagogie und Gewalt zum Trotz. Das steigende Interesse am Jazz war im Deutschland von 1931/1932 sogar so weit gediehen, daß es erste „Jazz-Amateurkapellen" an Hochschulen gab, auch sogenannte „Schüler-Jazzbands", unter Leitung fortschrittlicher junger Lehrer. Im *Hoch'schen Konservatorium* in Frankfurt am Main führte der Direktor Bernhard Sekles die erste „Jazzklasse" in Deutschlands Musikhochschulen ein, was ihm viel Anfeindungen einbrachte. Diese „Jazzklasse" stand unter Leitung von Matyas Seiber, der durch eine „Jazz-Revue" namens *Jim und Jill* einen gewissen Namen hatte. Ein Schüler dieser „Jazz-Klasse" des Frankfurter Konservatorium war der Trompeter Rudi Thomsen, der in den Jahren nach 1950 als Solist des *Willy-Berking-Orchesters* noch tätig war. Hier waren die ersten Ansätze eines weiten, fundierten Jazzinteresses vorhanden, das durch die „Machtübernahme" der Nationalsozialisten ein allzu schnelles Ende fand, als „Schüler-Jazzkapellen" und „Jazzklassen" an Konservatorien ihre Tätigkeit einstellen mußten, ehe sie überhaupt zu voller Wirksamkeit gekommen waren. Was blieb, war das Interesse einzelner Musiker und Schallplattensammler (Jazzfreunde), die dann den Gedanken des Jazz hochhielten und sich weiterhin mit ihrer geliebten Musik beschäftigten. Aber zunächst kamen für den Jazz in Deutschland ungünstige Jahre: das „Dritte Reich", die Nazi-Zeit, begann.

Jazz im „Dritten Reich" 1933-1939

Am 30. Januar 1933 gelangten in Deutschland die Nationalsozialisten an die Macht. Reichspräsident v. Hindenburg hatte auf Empfehlung rechtsgerichteter Kreise Adolf Hitler zum Reichskanzler berufen und mit der Regierungsbildung beauftragt. Ein großer Teil des Volkes glaubte an die Phrasen von der „nationalen Erhebung" und der „Auferstehung" einer durch das „Schanddiktat von Versailles geknechteten Nation". Als Hitler dann in kürzester Zeit die Wirtschaft anzukurbeln begann und die Arbeitslosenziffern sich verminderten (1933-1935), waren die meisten Deutschen davon überzeugt, der neue Reichskanzler sei der richtige Mann und die NSDAP die richtige Partei. Hitlers Ideen erschienen ihnen als reinster Patriotismus. Daß sich inzwischen die gesamte Wirtschaftslage gebessert hatte, wurde ebenso übersehen wie die Tatsache, daß Hitler Arbeit durch verstärkte Aufrüstung beschaffte. Daß viele seiner „gewaltigen Bautaten", zum Beispiel die „Reichsautobahnen", bereits während der Republik auf den Reissbrettern entstanden waren, blieb weitgehend unbekannt.

So ging eine „nationale Welle" durch Deutschland, in deren Rahmen typischerweise auch die Marschmusik ein großes Revival hatte. Den Schallplattenlisten und -katalogen des Jahres 1933 zufolge schien es fast nur noch Platten mit Marschmusik zu geben. Man marschierte, ganz Deutschland marschierte. Es wurde so viel marschiert, daß man im Ausland beim Anblick deutscher Wochenschau-Filmaufnahmen dachte, in Deutschland sei eine Art Epidemie ausgebrochen. Was man hier ernst nahm und beeindruckend fand, wurde drüben kopfschüttelnd belächelt — beinahe zum eigenen Verhängnis. Der Geist dieser Marschmusik sollte sein wahres Gesicht beim Kriegsanfang, im September 1939 zeigen.

Zunächst also war Marschmusik Trumpf. Als sie auf die Dauer jedoch zu stereotyp wurde und die „Erhebungsbegeisterung" der ersten Zeit vorüber war, besann man sich wieder auf andere Musik. Die „verjazzte und verjudete" Tanzmusik der sogenannten „Systemzeit", wie es im schönsten NS-Deutsch hieß, sollte durch eine „volksverbundene deutsche Tanzmusik" abgelöst werden. Diese „volksverbundene deutsche Tanzmusik" war als Begriff so imaginär und undefinierbar, daß zahlreiche naive Musiker – vor allem in der Provinz – in größte Verwirrungen gestürzt wurden. Viele von ihnen verkauften schnellstens ihr Saxophon, da dieses allgemein als „typisches Jazzinstrument" galt. Wieder andere weigerten sich, das Saxophon weiterhin zu benutzen, und sattelten auf andere Instrumente um. Die Scheu vor dem Saxophon ging so weit, daß ein Zweig der deutschen Instrumentenfabrikation ernsthaft in Absatzschwierigkeiten geriet und das Wirtschaftsministerium eingreifen mußte, um die erschreckten Musiker zu beruhigen. Es ergab sich folgende Groteske: Das Reichswirtschaftsministerium erließ einen Bescheid, der in allen einschlägigen Fachschriften unter dem Titel *Zur Ehrenrettung des Saxophones* veröffentlicht wurde. Auszugsweise sei er hier zitiert: „W. B. 30 Im, Dresden, am 30. September 1933. — Das Wirtschaftsministerium hatte sich auf Grund der dortigen Eingabe vom 10. 5. 1933 mit der Reichsregierung in Verbindung gesetzt, um einen etwaigen Boykott des Saxophones, der sich aus dem Verbot der sogenannten Negermusik entwickeln könnte, zu verhindern. Das Reichsministerium für Volksaufklärung und Propaganda antwortete darauf, daß das Saxophon an der Negermusik völlig unschuldig sei. — Es sei eine Erfindung des Adolf Sax, geboren am 6. 11. 1814, und werde hauptsächlich in der Militärmusik gebraucht... [Es folgen einige Vergleiche mit anderen Instrumenten, Anm. d. Verf.] Wie mit allen anderen Instrumenten könne man auch mit dem Saxophon gute Musik machen. Der Verwendung des Saxophones steht irgendein mit dem Verbot der Negermusik zusammenhängendes Hindernis nicht im Wege. Eine entsprechende Zeitungsnotiz wird diesseits veranlaßt werden. Weitere Verbreitung der vorstehend mitgeteilten Begutachtung des Saxophones in der Musik und sonstigen Abnehmerkreisen wird anheim gestellt. — Wirtschaftsministerium, gez. Lenk. Ausgefertigt 20. September 1933, O. R. Insp." Das *Musik-Echo* brachte dazu eine Stellungnahme, die heute belustigend wirkt: „Hoffentlich trägt das Vorstehende dazu bei, daß die Saxophone wieder mehr verlangt werden. Unsere Musiker sollten darauf bedacht sein, nur deutsche Instrumente zu kaufen, denn die deutschen sind den ausländischen mindestens ebenbürtig, wenn nicht überlegen. Der Begriff der ‚Negermusik' ist hier allerdings genau wie der der ‚Jazzmusik' durchaus nicht klar festgestellt. Gemeint ist wahrscheinlich die in den vorstehenden Artikeln bereits gegeißelte Art, schlecht zu musizieren. Denn selbst Negermusik ist häufig vollkommen melodiös, da sie oft den religiösen Gesängen entnommen ist. Hier liegt vermutlich eine Verwechslung mit sogenannter ‚Niggermusik' – Gequäke auf den verschiedensten Instrumenten in zackigen Rhythmen – vor."

Nichts kann den Zeitgeist und seine Beziehung zur Jazzmusik lebhafter veranschaulichen als dieser Bescheid des Wirtschaftsministeriums in Verbindung mit dem Propagandaministerium und der Kommentar des *Musik Echos*. Immerhin war das *Musik Echo* trotz der superpatriotischen Zeilen: „Deutscher, kaufe deutsch", offenbar nicht völlig linientreu. Die letzten Zeilen seines Kommentars verraten Verständnis und eine Schwäche für den „guten Jazz", und es ist durchaus möglich, daß es nichts als Ironie ist, wenn abschließend vom

„Gequäke in zackigen Rhythmen" gesprochen wird. Zackig war nur die Marschmusik. Beachtlich ist die indirekte Verteidigung der reinen Negermusik. Das *Musik Echo,* das denn auch unbeirrt gute Jazzplatten aller Art in seinen Spalten anpries, außerdem relativ brauchbare Artikel brachte und das Vorbild der anglo-amerikanischen Kapellen stets hervorhob, konnte sich in einer solchen Zeit nicht lange halten und ist im März 1934 „eingegangen".
Damit verschwand die einzige öffentliche Zeitschrift Deutschlands, die für den Jazzfreund noch von Interesse war. Einen spärlichen Ersatz boten dann nur noch die ab 1935 erscheinenden, monatlichen *Nachträge der Brunswick-Platte.* Doch davon später...
Glücklicherweise gerieten fast ausschließlich unbedeutende Provinzmusiker in die schon geschilderten Nöte. Die bedeutenden Tanzorchester von teilweise internationalem Ruf, die in den großen deutschen Städten spielten, vor allem in Berlin und Hamburg, interpretierten unbeirrt ihre Musik weiter, ganz gleich, ob *Sweet* oder *Hot.* Niemand konnte sich unter „volksverbundener deutscher Tanz- Musik" so recht etwas vorstellen, es sei denn alte Walzer- und Salonmusik nebst anspruchslosestem Caféhaus-Geigengefiedel. Selbstverständlich blieben Tanzkapellen eben Tanzkapellen, aber unter all den Orchestern der Jahre 1933 bis 1935 gab es doch etliche, die mehr wollten und konnten, als nichtige Tagesschlager in Schablonenarrangements zu spielen. In diesen Orchestern saß eine Generation neuer, junger Musiker, die zwischen 1928 und 1933 noch genügend vom Jazz mitbekommen hatten und sich nun obendrein für die neue Swingmusik aus Amerika begeisterten, die durch Schallplatten und über den Rundfunk siegreichen Einzug in Deutschland hielt. Eine Tatsache, die von den Kulturpäpsten der NSDAP zunächst übersehen wurde. Die Idole der Jahre 1932 bis 1935 waren für die ambitiösen jungen deutschen Musiker und Tanzkapellen das *Casa-Loma Orchester,* die neueren *Red Nichols Five Pennies* und Duke Ellington. Maßgebend war jedoch der Swing der *Casa-Loma-Band,* zu dem ab 1935 noch Benny Goodman, Tommy Dorsey, Jimmie Lunceford, Fats Waller und andere hinzukamen. Der Einfluß des *Caso-Loma-Orchesters,* der ersten eigentlichen Swingband der Welt, war so groß, daß er sich nicht nur auf das ganze amerikanische Musikleben auswirkte, sondern auch zum Vorbild aller europäischen Tanzorchester mit Jazzambitionen wurde. Zumindest bis zum Jahre 1935 wurden auch die besten deutschen Orchester vom Casa-Loma-Stil angeleitet. Eines der frühen Orchester dieser Art, das „à la Casa Loma" spielte und weit über den Durchschnitt herausragte, war die Band des Rumänen James Kok, der eine völlig aus deutschen Musikern bestehende Band leitete. Das *James-Kok-Orchester* war die erste Swingband Deutschlands, wenn man von den Leistungen einiger erstklassiger Schallplatten-Studiobands

der Jahre 1930 bis 1933 absieht, so dem *John-Morris-Orchester* unter Leitung von Theo Mackeben und dem *Kristall-Orchester* unter Leitung von E. P. Samson. Nicht zu vergessen die Band von Billy Barton, die bereits schon 1930/31 eine beachtliche Swingmusik bot, allerdings mit internationalem Personal, wie bereits ausführlich berichtet wurde. James Koks Musiker hingegen waren ausnahmslos Deutsche.

James Kok und sein Orchester, auf Schallplatten auch als *James Kok und seine Jazzvirtuosen* bezeichnet, gehörten zu den Lichtblicken der damaligen Zeit in Deutschland. Natürlich gab es neben Kok noch einige andere gute jazzige Orchester, so u. a. die *Charly Gertyn's Blue Boys* unter Leitung der Gebrüder Charly und Gert Reininghaus, die jedoch bald ins Ausland emigrierten; ferner die *Artur-Lombard-Band*, die in Hamburg zu spielen pflegte. Aber keiner wurde so bekannt wie James Kok, der Swingklassiker Deutschlands.

Zahlreiche gute Musiker gingen aus rassischen oder ideellen Gründen ins Ausland und kehrten Deutschland für immer den Rücken — unter ihnen natürlich auch viele der bis dahin in Deutschland tätig gewesenen ausländischen Musiker. Andere Orchester blieben nach der „Machtübernahme" im Ausland, so die schon erwähnten *Weintraubs Syncopators*, die gerade auf Tournee waren, als das „Dritte Reich" begann. Die *Weintraubs* waren für die Nazis unerreichbar geworden, so „rächte" man sich mit Schmähartikeln in der Presse, wo es zum Beispiel hieß:

„Die *Weintraub Syncopators*, die typischen Vertreter des hysterischen Jazz, für die man kein Ohr mehr bei uns hat, betätigen sich im Ausland. Ihre Gepflogenheiten, die, charakterlich gesehen, wenig Erfreuliches bergen und die Abneigung gegen ihresgleichen bestärken, haben sie beibehalten. Kaum haben sie ein Land verlassen, in dem sie ihr Geld machten und das Gastrecht ungeschmälert ausnutzten, dann benutzen sie die nächste Gelegenheit, darüber herzuziehen." — Zurück zu James Kok.

James Kok war 1929 nach Deutschland gekommen und leitete zunächst ein kleines Ensemble, mit dem er 1930 u. a. auch in der Dresdner *Barberina* zu hören war. In den Jahren von 1932 bis 1933 spielte er zeitweilig in Wien, im *Café Sacher* und im *Westminster*. Danach in der Schweiz, im *Grand Café Fihlporte*. In Berlin spielte er dann vorwiegend im *Moka-Efti* und ab und zu im *Atlantis*. In dieser Zeit (1932-1933) formte sich sein endgültiges, großes 15-Mann-Orchester, mit dem er die bedeutendsten Erfolge hatte und das bis zu seiner Ausweisung im April 1935 fast unverändert blieb. In der Kok-Band arbeiteten so gute Musiker wie Karl Kutzer (tp), Kurt Grienbaum (tb), Erhard „Funny" Bauschke (cl & s), Erich Kludas (as & cl), Kurt Wege (baß-s & arr), der blutjunge Fritz Schulz (später Fritz Schulz-Reichel) (p), Dick Buismann (b)

und der Swingdrummer und Vokalist Erich Schulz. Dick Buismann kam von der *Sidney-Bechet-Band,* mit der er 1930 im *Haus Vaterland* gastiert hatte. Fritz Schulz(-Reichel) genoß zwanzig Jahre später einen weltweiten Ruhm als „Zickendraht-Pianist", als „Crazy Otto".
Seit 1933 nahm die Kok-Band in verstärktem Maße Schallplatten für die Deutsche Grammophon-Gesellschaft auf, die allerdings, den Richtlinien „von oben" entsprechend, vorwiegend kommerzielle Tanzmusik enthielten, also nicht die wahren Qualitäten der Band zeigten, wie man sie im „Efti" *(Moka-Efti)* und all den anderen Lokalen hören konnte, wenn die Stimmung da war. Ab und zu wurden diese Aufnahmen durch ein paar eigenwillige Arrangements belebt, wobei sogenannte „Eisenbahnthemen" sehr beliebt waren. 1933 und 1934 nahm das James-Kok-Orchester den *Orient-Expreß, James Koks Fliegenden Hamburger* und den *Pacific-Expreß* auf, alles Aufnahmen, die die volle Kapazität der Kok-Band zwar nicht deutlich zeigten, aber ahnen ließen.
Im Herbst 1934 trat dann ein Ereignis ein, welches das baldige Ende der James-Kok-Band herbeiführen sollte. Jack Hylton war mit seinem Orchester wiederum nach Deutschland gekommen und gastierte als internationale Attraktion in der Berliner *Scala.* Sein Publikumserfolg war einigen Herren im Reichspropaganda-Ministerium ein Dorn im Auge, denn das Hylton-Orchester spielte ihrer Ansicht nach „eine dem deutschen Wesen artfremde Musik". Da man nun dem gewichtigen, weltberühmten Jack Hylton nicht einfach den Auftritt verbieten konnte und er auch kein Farbiger war, wollte man ihn wenigstens durch die Presse „vernichten". Befehlsgemäß brachten die gleichgeschalteten Zeitungen ausschließlich schlechte Kritiken. Diese hatten jedoch so gut wie keinen Erfolg, und *Jack Hyltons Boys* feierten nach wie vor in der *Scala* Triumphe. Beim großen Abschiedsabend der Hylton-Band wurde, dem ganzen Publikum gut sichtbar, ein Strauß überreicht, auf dessen Schleife folgende Worte standen: „Allen bärtigen Kritikern zum Trotz, kommen Sie bald wieder, Meister Hylton! — James Kok & sein Orchester." Ein Wutgeheul der Nazis war die Antwort. Man verlangte und erreichte die Ausweisung James Koks und ein Arbeitsverbot für ihn in Deutschland, mit der Begründung, „daß er als Ausländer und Gast des Reiches sich erdreistet habe, die deutsche Presse zu beleidigen". James Kok verließ Deutschland im April 1935, nicht ohne — wie zum Hohn — die besten Jazzaufnahmen seiner Karriere zu hinterlassen: die sechs Titel, die er mit seinen *Jazz-Virtuosen* unter dem Eindruck des Hylton-Gastspiels, nach dem Vorbild der *Casa-Loma-Band* und des *Jimmie Lunceford-Orchesters* im Januar und Februar 1935 aufgenommen hatte. Diese Aufnahmen, vor allem *Tiger Rag, Jungle Jazz, White Jazz, Harlem* und *Jazznocracy,* zählen zu den Meilensteinen der deutschen Jazzgeschichte und waren ein

Lichtblick im Einerlei der damaligen deutschen Tanzmusik. James Koks *Tiger Rag* und *Jungle Jazz* wurden sogar in England veröffentlicht, wo (wie überhaupt im Ausland) die Hylton/Kok-Affaire einigen Staub aufgewirbelt hatte. James Kok ging wieder nach Rumänien zurück, wo er eine Bigband leitete, bis der Krieg ihn auch von dort vertrieb. Später spielte er in Holland und in der Schweiz.

Das nunmehr verwaiste James-Kok-Orchester wurde zunächst von Erhard „Funny" Bauschke als „Frontman" weitergeleitet, begann sich aber im selben Jahr langsam aufzulösen. Ein Teil der Musiker, wie Erich Kludas, Paul Thiel und Erich Schulz, ging zum *Oscar-Joost-Orchester*, die anderen, vor allem Rudolf Ahlers, Otto Sill, Kurt Wege, Fred Dömpke und Dick Buismann, blieben mit Bauschke zusammen und traten in dessen neues Orchester, *Erhard Bauschkes Tanz-Orchester*, ein.

Bauschke versuchte die Kok-Tradition fortzusetzen, denn auch er, einer der besten deutschen Hotklarinettisten und -saxophonisten, hatte seine Liebe für den „Swing" entdeckt. Wenngleich die große Produktion seiner Schallplatten für die *Deutsche Grammophon*-Gesellschaft (von 1936 bis 1942) anordnungsgemäß kommerziell bis zum äußersten war und uns heute einen nur mäßigen Eindruck des Orchesters vermittelt, so gab sich die Band im *Moka-Efti*, ihrem ständigen Stammsitz, völlig anders. Bauschkes Orchester spielte viel Swingmusik mit Hotsolistik und wählte vorzugsweise amerikanische Kompositionen, zu denen der *Tiger Rag* jeden Abend als ständiger Höhepunkt interpretiert wurde. Hinzu kamen ferner die bewährten Kok-Titel und Arrangements von *White Jazz, Jungle Jazz* und dem *Fliegenden Hamburger,* der sogar noch während des Krieges im Rundfunk und bei KDF-Veranstaltungen Auferstehen feierte und stets vom Publikum dankbar begrüßt wurde. Der *Fliegende Hamburger* war ja harmlos, wenn auch die Musik für NS-Ohren ziemlich „dekadent" klang.

Aber 1935 und 1936 stand Kok bzw. Bauschke längst nicht allein. Zahlreiche weitere deutsche Kapellen waren vom „Swing-Bazillus" infiziert und brachten, so gut es ging, „heiße" Musik. Bemerkenswert war im Oktober 1935 das Auftreten der *Melody Serenaders* im Berliner *Moka-Efti* (City), mit Solisten wie Müssigbroth, Graf, Roß und Naumann. Die *Melody Serenaders* spielten Spezial-Jazzarrangements von *Drifting Tide, Dinah, Hot Toddy, The Roy Rag, Dynamic, Chinatown, You Rascal You, Casa Loma Stomp, White Jazz, Embassy Stomp* und ähnliche Spitzenstücke der damaligen Swingmusik. Ihr Programm macht deutlich, wie wenig sich viele gute Orchester um die Wünsche des Propagandaministeriums kümmerten. In den Großstädten konnte man überall heiße Musik hören, besonders als der Swing sich durchsetzte. In ähnlicher Weise wie die *Melody Serenaders* hatte schon im Juni 1935 die *Fred-Fisher-*

Band in den Berliner *Wilhelmshallen* gewirkt. Hier waren Solisten wie Béla Vollgraf (tp), Kurt Grienbaum (tb), Otto Sill und Warenburg (s) sowie der Komponist Friedrich Schröder (p) vertreten. Hinzu kamen bald weitere wichtige Orchester, so das von Heinz Wehner, von dem wir noch später hören werden — eine Band, die sich sogar öffentlich als „Swing-Orchester" bezeichnete. Es würde zu weit führen, alle Orchester in Deutschland mit Jazzambitionen anzuführen, die zu jener Zeit (1934-1935) Swingmusik spielten und dem Casa-Loma-Vorbild nacheiferten.

Die Reichsmusikkammer sah diesem Treiben mit scheelen Blicken zu, hielt sich jedoch, obwohl sie oft Schwierigkeiten machte, zunächst noch weitgehend zurück — dies mit Rücksicht auf das Ausland und in dem Bestreben, Berlin und einigen anderen Großstädten ihren Ruf als internationale Weltstädte zu bewahren. Galt dies vor allem für Berlin und Hamburg, so ging man in der Provinz schon bedeutend strenger vor, was teilweise an den zuständigen „Gauleitern" lag.

So blieben praktisch nur einige wenige Oasen des Jazz und Swing in Deutschland. Vor allem die Berliner City mit ihren unzähligen Lokalen, in denen immer noch gute und weniger gute Orchester aller Art spielten, war ein Erholungsort für alle diejenigen, die dem Regime ablehnend gegenüberstanden und sich einen Sinn für freie Urteile bewahrt hatten. Dazu gehörten natürlich die schon zahlreicheren Jazz- und Swingmusikanhänger. In diese Jahre fällt auch die Gründung der ersten deutschen Jazz- oder „Hot-Clubs", die also etwa gleichzeitig mit entsprechenden Vereinigungen in England und Frankreich entstanden. Dort konnten sie (z. B. der *Rhythm-Club* und der *Hot Club de France*) sich jedoch infolge der politischen Lage und Verfassung ihrer Länder ganz anders entwickeln als die deutschen Vereinigungen.

Immerhin erfolgte die Gründung des ersten deutschen Jazzclubs von Format in einer Zeit, als man in den USA, dem Mutterland der Jazzmusik, an derartiges noch nicht dachte. In Europa war man in bezug auf die „Jazzwissenschaft" zunächst viel weiter. Dieser erste bedeutende deutsche Jazzclub war bereits im Jahre 1932 von dem begeisterten Jazzfreund und kleinen musikalischen Universalgenie Bob Kornfilt angeregt worden und mit Hilfe des rührigen Alberti-Musikhaus-Prokuristen, Adalbert Schalin, regelrecht gegründet worden. Schalin war gleichzeitig Redakteur des *Musik-Echos*. Der Club nannte sich damals *Melodie-Club* und war der legitime Vorläufer des *Hot-Clubs Berlin*. Natürlich bestand diese Vereinigung, die sich aus einem kleinen Kreis gleichgesinnter Musikfreunde zusammensetzte, nicht als „eingetragener Verein", da der gerade an die Macht gekommene NS-Staat für derartige „Organisationen", die nicht zum Parteiapparat gehörten und obendrein „artfremder" Musik huldigten, kein

Verständnis gezeigt hätte. Desto begeisterter und fanatischer waren die Mitglieder des *Melodie-Clubs,* dem nicht nur Jazzliebhaber mit beachtlichen Schallplattensammlungen angehörten, sondern auch etliche Experten, die ein für damalige Zeiten gutes Jazzwissen besaßen. Allerdings wurde schon damals der Jazz häufig in Schwarz-Weiß-Manier aufgeteilt und ein dogmatischer Purismus heraufbeschworen, der oft in Snobismus ausartete. Dies kam daher, daß der Jazz durch die bis dahin erschienene Jazzliteratur bereits in gewisse stilistische Formen gezwängt worden war, um gewisse Theorien der Autoren zu stützen. So wollten unsere ersten „Jazzexperten" mit Hilfe der Weisheit, die sie den ausländischen Werken entnommen hatten, allen „Neulingen" des Jazzkreises beweisen, was „guter" und was „schlechter" Jazz sei. Sie berücksichtigten nicht, daß in einer Entwicklung alles ineinandergreift und daß gerade der Jazz so variabel ist, daß man nicht ohne weiteres vernichtende Urteile fällen kann. Was damals fehlte und auch später noch bei den deutschen Jazzfreunden vernachlässigt wurde, war der Wille zur Eigenforschung und zu einer produktiven, wenn auch mühseligen Kleinarbeit, die zur vollen Erfassung der gesamten Materie des Jazz führt.

Immerhin waren die Mitglieder dieser ersten kleinen Vereinigung, des *Melodie-Clubs,* die ersten deutschen Jazzfreunde, die versuchten, der Materie des Jazz ein wenig systematischer zu Leibe zu gehen, wobei man sich nun der schon wachsenden, richtungweisenden Literatur aus dem Ausland bediente. Maßgebend waren dabei die Bücher von Robert Goffin *(Au Frontières de Jazz)* und Hughes Panassié *(Le Jazz Hot)* sowie die englischen Musikzeitungen *Melody Maker* und *Rhythm*. Man veranstaltete Schallplattenprogramme, in denen Jazzorchester und Solisten systematisch besprochen und in Diskussionen beurteilt wurden. Man gab auch Clubnachrichten und Programmzettel heraus, auf denen nicht nur die neuesten Jazzereignisse bekanntgegeben wurden, sondern auch kulturelle und interessante Dinge aller Art Erwähnung fanden, zum Beispiel gute amerikanische Filme und interessante Bücher. Auch über Berliner Lokale, wo zur Zeit gerade hörenswerte Kapellen spielten, wurde berichtet. Außerdem mühte man sich mit den ersten dürftigen Besetzungsangaben der beliebten Jazz- und Swingorchester ab — Discographie im Frühstadium. Bald waren Kontakte mit ausländischen Jazzfreunden gefunden, und es begann ein eifriger Plattentausch von Land zu Land. Auf diese Weise beschafften sich die deutschen Sammler Platten, die die damalige deutsche Produktion nicht enthielt.

Mit der Bildung und Entwicklung der ersten deutschen Jazzclubs entstand nicht nur die feste Bastion des Jazz in Deutschland, sondern auch ein weiterer Kreis des geistigen Widerstandes im „Dritten Reich", wenngleich man sich teilweise dessen nur halb bewußt war. Es gab sogar auch Nazis, die durch den Jazz oder Swing irgendwie fasziniert wurden. Die meisten der alten Jazzfans standen dem Regime jedoch nicht gerade freundlich gegenüber und wehrten sich dagegen, von der Welt abgeschnitten zu werden. So schufen sie sich ihre Freundeskreise bzw. „Clubs", um frei von jedem Zwang ihren Träumen von einer besseren, freien Welt nachzuhängen, nur zusammengeführt durch das Phänomen der kosmopolitischen Jazzmusik.

Zu den wichtigsten und eifrigsten Mitgliedern des alten *Melodie-Clubs* gehörten einige begeisterte Jazzfans, die schon seit etwa 1930 angefangen hatten, Schallplatten zu sammeln und sich Kenntnisse über den Jazz anzueignen. Dies waren vor allem Hans Blüthner, der spätere Leiter des *Hot-Clubs Berlin* und Jazzexperte von Format, sowie später der „Swing-Doc" Dietrich Schulz (später Schulz-Köhn), der wohl der tatkräftigste aller frühen Jazzfreunde war und schon vorher in Königsberg einen *Hot-Club* geleitet hatte. Schulz-Köhn, nach 1945 als „Doktor Jazz" für mehrere Rundfunksender der Bundesrepublik tätig, war damals der einzige, der öffentlich für den Jazz einzutreten wagte und ausgezeichnete Verbindungen zur Plattenindustrie besaß, die er in Jazz- bzw. Swingfragen beriet. Wir werden noch mehrmals von ihm hören. Im *Melodie-Club* saßen „Arier" und Juden einträchtig nebeneinander, ohne sich um das weltanschauliche Geschwafel der Partei zu kümmern. Später erst, um 1938, als die Rassenhetze voll einsetzte, emigrierten viele Freunde des Kreises, unter ihnen maßgebende Leute, wie der spätere Leiter des *Hot-Clubs Buenos Aires,* Heinz Auerbach, und der Mitbegründer der weltbekannten US-Jazzplattenfirma *Blue Note* (New York), Francis Wolf. Der *Melodie-Club* bildete den Kern der späteren Jazzentwicklung im Nachkriegsdeutschland, denn viele führende Persönlichkeiten im Jazzleben nach 1945 sind aus ihm entweder hervorgegangen oder waren irgendwie mit ihm verbunden, so der Präsident der *Deutschen Jazz-Föderation* (nach 1951), Olaf Hudtwalker.

Natürlich gab es in den Jahren 1933 bis 1935 noch weitere Clubs, „Jazzclubs" aller Art, deren Zahl nach 1936 sogar anwuchs und die sich über ganz Deutschland verteilten. Ferner all die namenlosen Freundeskreise, die sich mit der Jazzmusik beschäftigten. Aber keiner von ihnen erlangte eine solche Bedeutung und Kompetenz wie der Berliner *Melodie-Club*. Das lag im wesentlichen daran, daß die Mitglieder zwar jung und enthusiastisch, aber ohne das nötige Grundwissen waren und auf diese Weise keinen rechten Sinn — keine Systematik — in die ganze Sache hineinbringen konnten.

Von Belang war nur noch der Kreis um den sogenannten „Hot-Geyer" in Leipzig, Kurt Michaelis, der zu den ersten deutschen Sammlern und Jazzfans gehörte und durch sein *Tiger Rag*-Hobby international bekannt wurde. Das

Tiger Rag-Hobby, eine Spezialsammlung aller erreichbaren *Tiger-Rag-Aufnahmen,* wurde von anderen Sammlern bald kopiert, die Spezialsammlungen vom *St. Louis Blues, Dinah, Limehouse Blues* und anderen beliebten Stücken dieser Art zusammentrugen. „Hot-Geyer" war so jazzbegeistert, daß er es sich nicht hatte nehmen lassen, im Juli 1932 nach London zu trampen, um Louis Armstrong zu erleben sowie etliche englische Idole zu hören. Diese ersten deutschen Jazzfreunde, die „Altfans", waren wirklich besessen und voll tiefer Liebe zum Jazz, der damals noch in voller Blüte stand. Wie hätte sich das Jazzleben im Nachkriegsdeutschland von 1945 wohl entwickelt, wenn nicht noch etliche der alten Jazzfans gewesen wären? Sie waren diejenigen, die nach 1945 die ersten öffentlichen „Jazz-Clubs" in Deutschland gründeten oder, besser gesagt, wieder gründeten.

Am 12. Oktober 1935 erließ der Reichssendeleiter Eugen Hadamowski ein Verbot, in dem es hieß, daß „der Nigger-Jazz für Sendungen aller Art in Deutschland nicht mehr zulässig" sei.[*] Die Folge war, daß die bis dahin noch im Rundfunk gespielten amerikanischen Aufnahmen aller Musikrichtungen verschwanden, so natürlich die neuesten Aufnahmen von Duke Ellington, Jimmie Lunceford, Fats Waller u. a. Zur gleichen Zeit lief eine „Anti-Jazz"-Sendung, die den Jazz als „Unkultur" hinstellen sollte, jedoch voller Fehler und sachlicher Unrichtigkeiten war. Die Sendung hieß *Vom Cakewalk zum Hot,* und anstatt für die Musikbeispiele Original-Jazzplatten zu verwenden, hatte man die Tanzkapelle Erich Börschel vom Königsberger Sender verpflichtet.

---

[*] Im einzelnen hieß es in der Anordnung von Eugen Hadamowski wie folgt: „Nachdem wir heute zwei Jahre lang mit dem Kulturbolschewismus aufgeräumt haben und Stein an Stein fügten, um in unserem Volk das verschüttete Bewußtsein für die deutschen Kulturwerte wieder zu wecken, wollen wir auch mit den noch in unserer Unterhaltungs- und Tanzmusik verbliebenen zersetzenden Elementen Schluß machen. Mit dem heutigen Tag spreche ich ein endgültiges Verbot des Niggerjazz für den gesamten deutschen Rundfunk aus. Dieses Verbot ist kein Symptom für eine irgendwie geartete Auslandsfeindschaft des deutschen Rundfunks, vielmehr reicht der deutsche Rundfunk allen Völkern die Hand zum freundschaftlichen Kultur- und Kunstaustausch. Was aber zersetzend ist und die Grundlage unserer ganzen Kultur zerstört, das werden wir ablehnen. Wir werden dabei ganze Arbeit leisten. Der Niggerjazz ist von heute ab im deutschen Rundfunk ausgeschaltet, gleichgültig in welcher Verkleidung er uns dargeboten wird. Er sei nicht etwa auch raffiniertere Instrumentation irgendwelcher Tanzweisen. Er sei nicht etwa Rhythmus oder Tempo im modernen Sinne, sondern er sei, so, wie man ihn bei uns importiere, eine Angelegenheit von Halbwilden und gehöre deshalb in ein Museum für Völkerkunde, aber nicht in ein Kunstinstitut. Zwischen dem Präsidenten der Reichsmusikkammer und dem Leiter des Berufsstandes deutscher Komponisten, der Hitler-Jugend, dem Reichsverband deutscher Rundfunkteilnehmer, der Rundfunkfachpresse, der Parteipresse und der Reichssendeleitung wurde die Schaffung eines Prüfungsausschusses für deutsche Tanzmusik bei der Reichssendeleitung vereinbart. Dieser Ausschuß entscheidet für den Rundfunk endgültig über die Aufführungsgenehmigung oder das Aufführungsverbot eines Werkes."

Das Erich-Börschel-Orchester machte jedoch seine Sache so gut und gründlich, daß die „abschreckenden Beispiele" der Sendung das Gegenteil bewirkten und der Hotmusik weitere Freunde gewannen. Man hatte die werbende Kraft der „schrägen Musik", wie man Jazz-, Swing- oder Hotmusik im Nazijargon gerne nannte, gewaltig unterschätzt. Die Hadamowski-Anordnung war nur eines der vielen partiellen Verbote der Jazzmusik; ein reguläres Verbot auf Gesetzesbasis hat es nie gegeben. Der Jazz galt nur als „unerwünscht". Dies ist eine wichtige Tatsache, die heute oft unbeachtet bleibt, wenn Entschuldigungen dafür angeführt werden, daß Deutschland im Jazz so weit zurücklag. Man hat auch nachträglich vieles dramatisiert und übertrieben. Fest steht jedoch, daß man von Staats wegen die Jazzanhänger nicht ganz für voll nahm und als Schwärmer ansah, zumindest bis zum Kriegsanfang.

Der Jazz erschien den Staatsfunktionären viel zu unwichtig und geringfügig, so daß eigentlich nur einige Kapellen, die öffentlich allzu „hot" spielten, einen Rüffel bekamen. Bis zum internationalen Olympiade-Jahr 1936 war man auch noch relativ duldsam, um den Ausländern zu zeigen, wie „tolerant" es doch eigentlich im „Neuen Deutschland" zuging. Man hatte zudem inzwischen eine Formel gefunden, die den Jazz — auch in der Öffentlichkeit — noch für einige Zeit rettete: Man unterschied zwischen „Jazz" und „Swing". Diese Unterscheidung kam ursprünglich aus England, wo in Jazzkreisen bereits eine scharfe Trennung zwischen dem alten Hot-Jazz der zwanziger Jahre und der Swingmusik der damaligen Gegenwart gemacht wurde. Man übernahm dies in Deutschland, indem man den „kultivierten Swing als Überwinder des wilden, ungezügelten und primitiven Jazz der Systemzeit" bezeichnete. Eine gute Gelegenheit für alle hot-interessierten Kreise, dem Jazz über den Swing eine Hintertür zu öffnen. So hieß es denn auch in den deutschen Schallplatten-Katalogen u. a. wörtlich:

„...der Swing-Musik gebührt das Verdienst, die übertrieben robuste und krasse Tonmalerei des Jazz überwunden zu haben... Bunt schillert die Swing-Musik in ihrer betonten Farbenfreudigkeit, mit ihren originell zusammengesetzten Orchestern, mit ihren interessanten Instrumental-Soli, bunt schillert sie ..."

Bei der *Brunswick*-Marke (*Deutsche Grammophon*-Gesellschaft) war es vor allem Dietrich Schulz(-Köhn), der sich für den Swing einsetzte und für ihn warb. Schulz-Köhn betextete ab 1935 die laufenden Monatsnachträge der *Brunswick*-Platten mit fachmännischen Abhandlungen und sogar kleinen Discographien bzw. Besetzungsangaben. Für die *Brunswick*(Swing)-Platten hielt er sogar einige öffentliche Vorträge mit in Wirklichkeit reinen Jazz-, angeblich aber Swing-Programmen im Berliner *Delphi-Palast* und in Clubs. Diese Tätigkeiten für den Jazz (bzw. Swing) erregten, da sie ja ohne Hemmung in der Öffentlichkeit geschahen, bald das Mißfallen einiger NS-Kulturapostel, die mit massiven Drohungen kamen. So brachte die berüchtigte SS-Zeitschrift, *Das Schwarze Korps,* am 16. Juli 1936 einen gegen Schulz-Köhn gerichteten Anti-Swing-Artikel unter der Überschrift „Swing-Swing, lieb Mütterlein ...!" In einem anderen Beitrag hieß es: „...ein gewisser Dietrich Schulz hat sich zum deutschen Reformator des Swing gemacht. Der Herr Swing-Schulz ist sogar stolz darauf, ‚Deutschland zum Swingbewußtsein erweckt zu haben'. Sieh da, Sieh da! Der Dietrich! ...Zunächst wollen wir Dich einmal ‚erwecken'. Wetten, daß uns das gelingt?"

Nun, es gelang nicht. Dietrich Schulz blieb weiter für den Jazz tätig, wenngleich er nach 1936 ein wenig vorsichtiger wurde. Der Jazz war stärker als die „Weltanschauung".

Schon seit 1933 hatten die großen Schallplattenfirmen ohne Unterbrechung Jazz- und Swingplatten aller Art herausgebracht. Der Begriff Swing kam ihnen sehr gelegen, um die von vielen so geschätzte, „heiße" Musik weiterzuführen und zu verkaufen. Man druckte das Wort Swing auf die Etiketten und scheute sich nicht, zu sagen, daß der Jazz und sein Zeitalter endlich überwunden seien und dem guten (!) Swing Platz gemacht hätten. Wenn ein Name zu jüdisch bzw. „nichtarisch" klang, veränderte man ihn einfach, indem man den Nachnamen wegließ, wie im Falle von Jean Goldkette, den die *Electrola* einfach als *Jean's Orchester* herausbrachte. Man gab sogar richtige Swing-Listen heraus, vor allem bei *Brunswick* und *Electrola,* später auch bei *Odeon.* Bei *Brunswick* erschienen außerdem kurz hintereinander (1936/37) vier Alben mit „Swing-Music", darunter zwei hervorragende „Classic Swing"-Alben (dank Dietrich Schulz) mit klassischen Jazzaufnahmen von King Oliver, Wolverines, Elmer Schoebel, Carroll Dickerson, Duke Ellington, Cotton Pickers u. a. Zu den beiden „Swing"-Alben gab es sogar Textbücher (Broschüren). Es handelte sich um Zusammenstellungen der *British Rhythm Clubs* mit Aufnahmen vom Casa-Loma-Orchester, von Don Redman, Louis Prima, Earl Hines, Chick Webb, Eddie Condon, den *Washboard Rhythm Kings* u. a. Die mit fachmännischen Texten versehenen Monatsnachträge deuteten bereits die Begriffe „Fan", „Growl-Stil", „Wah-Wah-Stil", „Hotstyle", „Sweet", „Riffs" usw. an und ersetzten recht und schlecht die fehlende Jazzliteratur. Absoluter Höhepunkt dieses unerwünschten Schrifttums war eine kleine Broschüre von *Brunswick* „Wir stellen vor". Sie enthielt Biographien und Bilder aller farbigen und weißen Jazz- und Swingmusiker von Bedeutung. An diesem praktisch einzigen deutschen „Jazz"-Büchlein der Nazizeit war Dietrich Schulz, der „Swing-Schulz", ebenfalls nicht unbeteiligt.

Die Verbreitung der Swingplatten und die immerhin recht gute Werbung dafür sorgten für einen Zustrom neuer Interessenten. Weitere Plattenmarken waren wieder auf den Markt gekommen: 1934 die *Gloria,* ein Lindström-Ableger, die jedoch wenig Jazz- und Swingaufnahmen aufweisen konnte, und ab 1935 die *Imperial,* die 1936 mit einer feinen *Swing-Serie* begann, mit Matrizen, die von der englischen *Vocalion Swing-Serie* stammten. Die *Imperial* war ein weiteres Produkt der deutschen Crystalate Co., neben der nun etwas billigeren Marke *Kristall.* Beide wurden zu jener Zeit von der Lindström AG. übernommen und weitergeführt. Außer den zahllosen *Brunswick*-Swingplatten erschienen bei *Electrola* und *Columbia Swing-Music*-Serien, die den englischen Originalserien (auf *His Master's Voice* und *Englisch Columbia*) entnommen waren. Die Marken *Electrola, Columbia* und *Imperial* boten Namen wie Duke Ellington, Don Redman, Luis Russell, Fats Waller, Andy Kirk, Mary Lou Williams, Jimmie Lunceford, Tommy Dorsey, Willie Lewis, *Wingy Manone's Hot Shots,* Taft Jordan, Joe Haymes, *Mills Blue Rhythm Band,* Henry Allen, Benny Carter, Coleman Hawkins, Dick McDonough, Red Nichols, Benny Goodman — um nur einen Begriff der Vielfalt zu geben. Den absoluten Höhepunkt der Swingwelle in der deutschen Schallplattenbranche brachte jedoch die *Odeon Swing-Music-Serie* mit dem rot-goldenen Prachtetikett, nebst supermoderner Plattenhülle „à la USA". Doch das war zwei Jahre später, 1938, und wird hier noch einmal eingehender erwähnt werden. Noch sind wir im Jahre 1935.

Die Swingwelle brachte nun auch wieder diverse deutsche Musiker mit Jazzambitionen zur Aktivität. So traten in den Jahren 1935 und 1936 etliche neue Orchester vor die Öffentlichkeit, die „hot" spielten und sich zum „Swing" bekannten. Da war vor allem *Heinz Wehner und sein Swing-Orchester* mit einer Reihe erstklassiger Solisten. Wehner hatte seit dem zwölften Lebensjahr auf dem Konservatorium in Hannover Musik studiert und sich als Solist auf Trompete und Violine herangebildet. Vom Jazz der zwanziger Jahre inspiriert und begeistert, gründete er zunächst ein Trio. 1933 spielte er dann mit einer Sechs-Mann-Barkapelle in der Berliner *Ritz-Bar,* wo sich auch der Tenorsaxophonist Hans Henke und der „Jazzsänger" Paul Rebhuhn (wahrscheinlich Peter Rebhuhn) betätigten. Ab Anfang 1935 leitete er dann unter eigenem Namen ein Zehn-Mann-Orchester, das bald den Ruf einer europäischen Spitzenband genoß. Die Wehner-Band spielte im *Europa-Haus* in Berlin, im Hamburger *Café Faun* und den Sommer über im *Strandschlößchen* von Timmendorf; später dann im Berliner *Delphi-Palast,* der der Frau von Heinz Wehner gehörte. Als das Heinz-Wehner-Orchester im Jahre 1935 im „Spiegelsaal" des *Europa-Hauses* auftrat und schnell bekannt wurde, prophezeite man der Band eine große Zukunft. Sogar im Ausland wurde sie als beste kommende Swingband Europas (außer England) bezeichnet. So berichtete damals in der neuen amerikanischen Musik-Zeitschrift *Down Beat* der Kritiker Dick McDougall und im schwedischen *Jazz* der Amateurpianist und Jazzfreund Børge Friis mit lobenden Worten von den Leistungen der Wehner-Swingband. Die jazzmäßige Weiterentwicklung der Band wurde jedoch von der Reichsmusikkammer und den Zeitumständen verhindert. Die meisten Schallplattenaufnahmen des Wehner-Orchesters, die ab 1935 von der *Telefunken*-Gesellschaft herausgebracht wurden, zeigen wenig von der Qualität der Band, obwohl die Etikettbezeichnung *Heinz Wehner und sein Telefunken-Swing-Orchester* lautet. Nur wenige Aufnahmen lassen ahnen, was in der Band steckte. Auch Wehner richtete sich im Stil zunächst nach dem amerikanischen *Casa-Loma-Orchester,* wie all die anderen deutschen und europäischen Orchester mit Jazzambitionen, daher war eine der ersten Schallplattenaufnahmen der Casa-Loma-Titel *White Jazz*. Diese und Aufnahmen wie *Bugle Call Rag, Aunt Hagar's Blues, Bye Bye Blues* und *Twilight In Turkey* zählen zu den besten deutschen Swingaufnahmen zwischen 1935 und 1937. Zu den Mitgliedern der Heinz-Wehner-Band gehörten damals Willy Berking (tb & vib & arr), Herbert Müller (cl & as) und Helmuth Wernicke (p & arr), alles hervorragende Musiker, die noch viele Jahre tätig waren. Das Wehner-Orchester veränderte sich personalmäßig im Laufe der Jahre nur geringfügig und wuchs zeitweilig auf fünfzehn Mann an. Bis in den Krieg hinein verriet Wehner eine Vorliebe für die angelsächsische Musik. Er nahm noch bis 1940 nicht nur zahlreiche englische und amerikanische Stücke der laufenden Schlagerproduktion auf, sondern sang auch die meisten englischen Texte im Original, was damals in Deutschland schon außerordentlich selten war, da man prinzipiell alles verdeutschte.

Der deutsche Rundfunk brachte ohnehin fast alle amerikanischen und englischen „Schlager" in deutscher Bearbeitung, also mit verdeutschten Titeln und Texten. Trotzdem ließ man es noch zu, daß viele Kapellen angelsächsische Kompositionen spielten, vor allem in den großen Städten, um eben die internationale Note zu wahren. Es gab ja auch kaum etwas gegen die harmlose Tanzmusik einzuwenden, die von den meisten Kapellen in Deutschland geboten wurde. Typische Vertreter dieser Musik waren Erich Börschel, Adalbert Lutter, Peter Kreuder, Oscar Joost, Barnabas von Geczy, Eugen Wolff und Hans Bund, um nur einige zu nennen.

Als sich die Swingmusik mehr und mehr in Deutschland verbreitete und damit auch der sogenannte „Swingtanz" Mode wurde, der im Olympiadejahr 1936 seinen Höhepunkt erreichte, wurde man seitens der Reichsmusikkammer ablehnender. Nachdem die Olympiade vorbei war und die Ausländer

Deutschland verlassen hatten, ging man ziemlich rigoros gegen die swingfreudigen Orchester vor und verbot den „Swingtanz". Dies war eine Maßnahme lokaler Instanzen, die einen Wink von „oben" bekommen hatten, gegen „unerwünschte, artfremde Musik" vorzugehen. Die Reichsmusikkammer (RMK) setzte Musikschnüffler ein, RMK-Funktionäre, die darauf achten sollten, daß keine „verbotene" Musik gespielt wurde, also reine Jazz- und Swingmusik oder Musik von „jüdischen Komponisten und Textdichtern". Diese Überwachung wurde 1938, nach den Judenpogromen, noch bedeutend schärfer. 1936 hingegen war man noch relativ tolerant.

Mit den ausländischen Besuchern war der Swingtanz nach Deutschland gekommen, der nun hier der Swingmusik größeren Schaden brachte als die heißeste Musik bisher. Die „Swing"-Tänzer waren keine Jazz- und Swingfreunde im eigentlichen Sinne, sondern nur tanzwütige junge Leute, die in der Swingmusik etwa das sahen, was ihre Eltern im „Charleston" gesehen haben mochten: einen wilden Tanz zum Austoben, wobei es Ehrensache war, besonders aufzufallen und verrückt zu tanzen. Sie waren in gewisser Hinsicht die Vorläufer der „Buggi Wuggi"- (Boogie Woogie), Twist- und „Rock'n'Roll"-Halbstarken unserer Tage, nur daß man damals noch im Rahmen blieb und gewisse Geschmacksgrenzen nicht überschritt. Natürlich mußte solch ein „undeutscher" Tanz das Mißfallen der Machthaber erregen, und so war es kein Wunder, daß man gegen den „Swingtanz" vorging und ihn später verbot.

In dieser Zeit (1936/37) entspann sich in Zeitschriften sogar eine öffentliche Debatte für und wider die Swingmusik, wobei es Leute gab, die damals schon auf den himmelweiten Unterschied zwischen dem sogenannten „Swingtanz" und der eigentlichen Swingmusik hinwiesen. Diese schien nun sogar einen Platz innerhalb der Tanzmusik in Deutschland zu haben. Wie schon erwähnt, begannen gerade in dieser Zeit die „Swingserien" der Marken *Imperial* und *Odeon*. Zu den beliebtesten Swingplatten gehörten damals die Aufnahmen verschiedener englischer Bands, etliche Aufnahmen von Harry Roy und Bert Ambrose, die Platten von Joe Daniels und vor allem die von Nat Gonella. Die „Georgians" des Trompeters Nat Gonella (auf *Odeon*) erfreuten sich wegen ihrer guten Tanzbarkeit und wegen der rauhen und mitreißenden Spielweise der Band gerade unter den „Swingtänzern" größter Beliebtheit. Allein diese Tatsache machte den armen Gonella in den Augen der weisen Jazzpuristen jener Zeit, die in ihm nur einen billigen Armstrong-Kopisten und Pseudojazzer sahen oder sehen wollten, ungerechterweise zum „abschreckenden Beispiel" als „Swing-Heini-Idol", eine Ansicht, die sich lange hielt und eine Schwäche der Urteilsfähigkeit vieler alter Jazzfans offenbart.

„Der Fall Nat Gonella" ist der beste Beweis für das Vorurteil vieler Jazzfans gegen europäische Jazzmusiker, das notorisch wurde. Besonders in Deutschland ignorierte man das Können eigener Musiker vollkommen, indem man sinnlos amerikanische Maßstäbe anlegte. Selbstverständlich waren der Jazz und der Swing aus den USA original und richtungweisend, was aber noch lange nicht dazu berechtigte, die Talente im eigenen Land (und auch in Europa) nicht anzuerkennen — Talente, denen eine interessierte Förderung dienlicher gewesen wäre als Interesselosigkeit oder herablassende „Duldung". So war man mit dem Wort „Swing-Heini" schnell zur Hand, wenn damals ein junger Jazzfan sich noch an Nat Gonella, Harry Roy oder an einheimischen Bands erfreute.

Diese Haltung den eigenen Musikern gegenüber führte zu einer wissensmäßigen Vernachlässigung, deren Folgen auch heute noch spürbar sind. Viele alte Jazzfans der dreißiger Jahre wissen kaum noch etwas über die damalige Musik in Deutschland, da sie sich nie darum gekümmert haben. So entging ihnen völlig die große Entwicklung in den zwanziger Jahren, die ja damals für sie schon „viel zu alt" war. Dies gilt jedoch nicht nur für den deutschen Sektor, sondern für den gesamten Jazz überhaupt. Interessanter- und typischerweise begannen alle Plattensammlungen der alten deutschen Jazzexperten im Schnitt mit den Jahren 1927 (frühestens) bis 1930, was die Aufnahmetermine anbelangt. „Alles" begann mit Bix, Henderson, Ellington und Armstrong; was davor lag, die „akustische Epoche", war so gut wie unbekannt, obwohl in Wahrheit wichtiger als alles andere. Selbst heute nach mehreren Jahrzehnten sind die Anfangsjahre des Jazz, 1916 bis 1923, immer noch ein Buch mit sieben Siegeln, über das die wildesten Theorien gesponnen werden. Der Blick für die geschichtlichen Zusammenhänge fehlt völlig; dafür steht ein großer Namenkult, der Standardhelden geschaffen hat — von der Voraussetzung ausgehend, daß es eine tiefe Kluft zwischen Tanz- und Jazzmusik gibt. Die Musiker wurden in „commercials" und „uncommercials" eingeteilt; daß sie *alle* bemüht waren, ihren Lebensunterhalt und noch mehr mit der Musik zu verdienen, blieb unbeachtet. So war eben jeder Musiker, der mehr Tanz- als Jazzplatten aufzuweisen hatte, suspekt, und da besonders die deutschen Musiker mit „heißer" Musik sehr vorsichtig sein mußten und meist Tanzplatten herausbrachten. waren sie von vornherein abgeschrieben. Natürlich hörte man sich mangels originaler US-Bands auch Wehner, Stauffer, Hohenberger und all die anderen an, aber man wurde der Musik dieser deutschen Bands, die im Rahmen der damaligen Möglichkeiten das Beste gaben, nicht gerecht. Interessanterweise wurden erst zwanzig Jahre später, in den fünfziger Jahren, die deutschen Kapellen aller Jazzstile gefördert, aber meist nur aus materiellen Grün-

den, die man früher so abgelehnt hatte. Soviel zur Einstellung der Jazzfans zur eigenen, deutschen Hotmusik zwischen 1933 und 1945.
Im Jahre 1936 war es vor allem die *Original Teddies-Band* von Teddy Stauffer, die wie ein strahlender Stern am deutschen Tanzmusikhimmel aufging. Die Stauffer-Band liebte „Hot"-Musik und war in dieser Hinsicht ziemlich radikal. Fast ausschließlich spielte das Orchester amerikanisches Repertoire, darunter den heißesten Swing mit bester Hotsolistik. Man brachte stets das Neueste, die letzten großen Kompositionen vom Broadway, Film und Swing, da Teddy Stauffer einen amerikanischen Freund in New York hatte, der ihn immer sofort mit den neuesten Noten versorgte, fast noch bevor die amerikanischen Orchester sie verwandten. Die Band spielte alles, ohne Rücksicht darauf, ob der Komponist nun „arisch" oder „nichtarisch" war. Das brachte natürlich bald Ärger mit der Reichsmusikkammer ein, vor allem nachdem die Olympiade vorbei war. Obgleich Stauffer auf seine Schweizer Staatsangehörigkeit pochte, wollte man ihn bei Nichtbefolgung der RMK-Anordnungen des Landes verweisen. Da hatte er den rettenden Einfall, einige belanglose Kompositionen des maßgebenden RMK-Funktionärs auf Schallplatten aufzunehmen, was dieser geschmeichelt zur Kenntnis nahm, da die *Teddies* ja einen Namen hatten. Von diesem Moment an ließ man Stauffer und seine Mannen in Ruhe. Andere Krisen konnte er mit Ach und Krach dadurch überwinden, daß er die Namen „nichtarischer" Komponisten und Texter von den Notenköpfen einfach abtrennte und anstelle der englischen Titel deutsche Fantasietitel einsetzte — eine Methode, die bald von vielen anderen Orchestern in Deutschland nachgeahmt wurde, um Ruhe vor der RMK-Schnüffelei zu haben.
Teddy Stauffer war zwar Schweizer, aber seine Karriere machte er in Deutschland. In Bern geboren, wollte er bereits früh Abenteuer erleben und gründete mit drei Freunden, die auch von der „Wanderlust" angesteckt waren, eine Amateurkapelle. Knapp achtzehnjährig landeten die vier in Deutschland und kamen 1928 ohne einen Pfennig in Berlin an. Nach dem Berner Wahrzeichen, einem Bären, nannte sich das Quartett schon damals *Die Teddies*. Als *Teddies* bekamen sie in Deutschland, in Gleiwitz (Schlesien), auch ihr erstes Engagement, gerade in dem Moment, als sie ihre Instrumente versetzen wollten. Gleiwitz war ein guter Anfang, denn bald folgten weitere Angebote, die sie auch wieder nach Berlin führten. Die Kapelle begann zu wachsen. Es kamen Musiker hinzu, die der Band schnell einen guten Ruf verschafften, der weitere Musiker anlockte. Es kamen Bertalan Bujka (cl & s & v), Buddy Bertinat (p), Polly Guggisberg (d) und Walter Dobschinski (tb & arr) sowie all die anderen großen Solisten, die den *Origenel Teddies* einen Namen machten und aus dem ehemaligen Quartett eine beachtliche Bigband formten.

Bereits 1933 war die Band so gut, daß sie auf den amerikanischen Luxusdampfer S. S. *Reliance* engagiert wurde, mit dem es nach New York ging. Dort hatten die Stauffer-Musiker sofort besten Kontakt mit den US-Kollegen. Unvergeßlich waren Abende mit Duke Ellington und mit der wegweisenden *Casa Loma Band*, aber auch ein Besuch in *Adrian's Tap Room*, dem Lokal Adrian Rollinis, des genialen Multisolisten, wo es von Talenten wimmelte. Es folgten weitere Tourneen nach Italien, Holland und natürlich in die Schweiz, die zum regulären Winterquartier der Band wurde. Die *Teddies* spielten im Winter ständig in St. Moritz und trieben nebenbei viel Sport, was sehr zur Kameradschaft und dem „Korpsgeist" der deutsch-schweizerischen Spitzenband beitrug. In wenigen Jahren hatten sie sich bereits einen solchen Namen gemacht, daß sie auch in Berliner Kabaretts auftraten und der Kabarett-König Willy Schaeffers sie an den Rundfunk vermittelte. Mitte 1936 wurden die *Original Teddies* von der *Telefunken*-Schallplattengesellschaft entdeckt und für ständige Plattenaufnahmen verpflichtet. Von Mitte 1936 bis zum Frühjahr 1939, der Zeit ihres Höhepunktes, spielte die Band vorwiegend in Berlin (*Femina, Delphi, Faun, Kakadu*), aber auch in Hamburg (*Trocadero*), in München und einigen anderen deutschen Städten. Im Jahre 1938 gab die Band ihr Debut im Londoner *Coliseum*. In London kam die englische Sängerin Betty Toombs zu den *Teddies;* sie blieb bis Mitte 1939 bei der Kapelle. Bis April 1939 spielte das nunmehr berühmte Orchester mit großem Erfolg in Deutschland, und als es im Sommer 1939 in die Schweiz zurückfuhr, hatte man für den Herbst 1939 bereits wieder große Verträge in der Tasche, Verträge für weitere Engagements in Deutschland und weitere Schallplattenaufnahmen. Aber als man im August 1939 zur Deutschlandfahrt rüstete, kam der Kriegsausbruch dazwischen, und die Band beschloß, in der Schweiz zu bleiben.
Die deutschen Musiker kehrten, mit Ausnahme von Ernst Höllerhagen, nach Deutschland zurück. In der Schweiz bestanden die *Original Teddies* noch viele Jahre fort. Als Teddy Stauffer 1941 in die USA ging, wurde die Band von Eddie Brunner weitergeleitet. Doch für die Geschichte des Jazz (und Swing) in Deutschland ist dies nicht mehr interessant.
Wenn die *Original Teddies* auch in der internationalen Gemeinde der Hotfans kaum einen großen Namen haben, so gehörte das Orchester in den Jahren von 1935 bis 1939 (und in der Schweiz bis 1944) zu den besten mitteleuropäischen Swingorchestern. Die jazzsolistischen Qualitäten der Band wurden vor allem von folgenden Musikern getragen, die im Laufe dieser Zeit bei den *Teddies* mitgewirkt haben: Kurt Hohenberger und Maurice Gigaz (tp), Walter Dobschinski (tb & arr), Benny de Weille (cl), Omer de Cock (ts & arr), Teddy Kleindin (cl & s), Eugen Henkel (s), Bertalan Bujka (cl & v & as), Buddy

Bertinat und Jack Trommer (p), Billy Toffel (g & voc) und vor allem Ernst Höllerhagen (cl & s), der zu den besten Klarinettisten Europas zählte. Aber auch die übrigen Musiker waren beachtlich.
Zu den bemerkenswerten Schallplattenaufnahmen der *Teddies* in Deutschland gehörten *Jangles Nerves, Christopher Columbus, Swingin' For The King, Organ Grinder's Swing, Swingtime In the Rockies, Sing, Sing, Sing, Limehouse Blues, St. Louis Blues, Meditation* und *F. D. R. Jones*, sämtlich auf *Telefunken*-Platten. Ein Wort noch zu dem schon erwähnten Ernst Höllerhagen, der zu den bemerkenswertesten deutschen Jazzmusikern der dreißiger Jahre gehörte und noch bis zu seinem Tode 1956 an der Spitze der europäischen Klarinettisten stand.
„Ernie" Höllerhagen begann seine Musikerlaufbahn 1925 als Amateur in Stummfilm-Kino-Orchestern. Begeistert durch den Jazz, den 1930 Sam Woodings Band und Lud Gluskins Orchester präsentierten, stellte er sich von Violine auf Altsaxophon um und wirkte sogar kurz bei Wooding mit. Später lernte er noch Klarinette und Baß-Saxophon spielen. Die Klarinette wurde dann für Höllerhagen entscheidend. Als Klarinettist spielte er bei Marek Weber und Juan Llossas, kurze Zeit sogar bei Jack Hylton und 1934 bei den *Red And Blue Aces* von Melle Weersma in Den Haag, einer erstklassigen holländischen Bigband, die zu den besten europäischen Swingorchestern gehörte. Beeindruckt durch Benny Goodman, fand er jedoch bald einen eigenen Stil, der durchaus „hot" zu nennen war und ihn als ausgesprochenen Swingklarinettisten auszeichnete. 1936 wirkte er kurze Zeit bei Coleman Hawkins und mit den *Berries* zusammen im Berner *Chiquito* mit. Ab 1937 spielte er dann regulär bei Kurt Hohenberger. Nebenbei nahm er mit zahlreichen Kapellen und Studiobands Schallplatten auf, so auch mit der bekannten Studioband *Die Goldene Sieben*. Von Ende 1938 bis 1946 war er reguläres Mitglied der *Original Teddies* von Teddy Stauffer und Eddie Brunner. Kurze Zeit führte er eine Gruppe unter eigenem Namen, wurde aber bereits 1947 Mitglied der *Hazy-Osterwald-Band* (später Combo). Trotz des unerhörten kommerziellen Erfolges der *Osterwald-Combo*, zu dem auch das Können von Ernst Höllerhagen beitrug, war „Ernie" kein persönliches Glück beschieden. Völlig verschuldet und verzweifelt suchte er am 11. Juli 1956 den Tod.
Im Zusammenhang mit Höllerhagen ist *Die Goldene Sieben* erwähnt worden, eines der besten deutschen Schallplatten-Orchester. Diese Gruppe machte erst 1937 ihre besseren Swingaufnahmen, obwohl sie schon seit 1934 mit mehr oder weniger guten Aufnahmen auf Schallplatten erschienen war. *Die Goldene Sieben* wurde im Oktober 1934 nach einer Idee von Harold M. Kirchstein mit Hilfe des damaligen *Electrola*-Aufnahmeleiters, Leopold von Schenkendorf, zusammengestellt. In der ersten Originalbesetzung der *Goldenen Sieben*, die im

November 1934 ihre ersten Aufnahmen einspielte, saßen neben Kirchstein (g & arr) noch Kurt Hohenberger (tp), Erhard Krause (tb), Franz Thon (cl), Adalbert Luczkowski (v), Willi Stech (p & arr), Rudi Wegener (b) und Waldi Luczkowski (d). Bis 1936 blieb diese Besetzung ziemlich konstant, abgesehen davon, daß Georg Haentzschel für Stech spielte und Kurt Wege (s) hinzukam. Dann wurde die kleine Studioband oft erweitert und bis auf fünfzehn Mann verstärkt. Kirchstein ging 1937 nach den USA und wurde durch Hans Korseck ersetzt, während Haentzschel der maßgebende Leiter und Arrangeur der Gruppe wurde. Ebenfalls als Arrangeur betätigte sich auch der bekannte Komponist Friedrich Schröder. Die meisten Aufnahmen der *Goldenen Sieben,* insbesondere zwischen 1934 und 1936, waren sehr kommerziell und gefällig und selten von Hotinteresse; es war im Höchstfalle gute, leicht swingige Tanzmusik. Als aber dann ab 1937 Solisten wie Willy Berking (tb), Ernst Höllerhagen (cl & s) und sogar Eddie Brunner (s & cl) die Studioband verstärkten, wurden Aufnahmen gemacht, die über den gewohnten Rahmen hinausgingen und voller Jazzsolistik waren, Aufnahmen wie *Crazy Jacob, Quartier Latin* und *St. Louis Blues.* Mit ihrer verstärkten Besetzung nannte sich die Band *Die Goldene Sieben und ihr Orchester.* Im August 1939 wurden die letzten Titel aufgenommen, dann machte der Kriegsausbruch der *Goldenen Sieben* ein Ende.

Die Goldene Sieben ist hier ausführlicher erwähnt, weil sie wegen der erlesenen deutschen (Hot-)Solisten von gewissem Interesse innerhalb der deutschen Jazzhistorie ist. Vom reinen Jazzstandpunkt aus war die Band ziemlich wertlos; sie sollte ja auch nie eine „Hot"- oder Swingband sein, sondern nur eine gute Tanzkapelle mit persönlicher Note, ausschließlich für Schallplattenaufnahmen der Firma *Electrola.* Dieses Ziel wurde auch erreicht: die Platten der *Goldenen Sieben* waren recht beliebt und geschätzt. Die wenigen guten Swingaufnahmen bestätigen die Regel und zeigen uns heute ein Orchester, dessen Solisten oftmals guten Jazz spielten, und sei es nur auf kurzen Soli. Die *Goldene Sieben* war außerdem eine der wenigen Gruppen, die den damaligen Jazzfreund noch aufhorchen ließen, wenn das Studio-Orchester im Reichs-Rundfunk eine Live-Sendung machte. Solisten der *Goldenen Sieben* begleiteten auch den Pianisten, Vokalisten und Komponisten Peter Igelhoff bei seinen zahlreichen Schallplattenaufnahmen, vor allem zwischen 1936 und 1939. Etliche Aufnahmen waren davon recht jazzig, und man merkte sehr stark, daß Thomas „Fats" Waller das geschätzte Vorbild von Igelhoff war, der diesem auf deutsche Art nacheiferte, sei es auf dem Piano oder in seiner humoristischen Gesangsweise, nebst „Scat". Ebenfalls im Rundfunk spielte das Arndt-Robert-Orchester, das beachtliche Hotqualitäten aufweisen konnte. Wie die *Goldene Sieben* war die *Arndt-Robert-Band* ein Studio-Orchester, speziell für den deutschen Kurzwellensender. Die meisten Sendungen des Orchesters lagen zwischen November 1936 und Mitte 1938 und bildeten eine angenehme Abwechslung im täglichen Rundfunkeinerlei der belanglosen deutschen Tanz- und Unterhaltungskapellen. Dafür sorgten schon Solisten wie Kurt Hohenberger, Franz Thon, Lutz Templin, Werner Neumann, Hans Korseck, Rudi Wegener, Erich Schulz, ferner die weniger bekannten Milenz, Rohrmoser und Gentschmann. Das Personal überschnitt sich teilweise mit der *Goldenen Sieben*-Besetzung.

Alle diese Orchester, die *Teddies*, die *Goldene Sieben*, das Arndt-Robert-Orchester, Heinz Wehners Swing-Band und andere, wurden natürlich auch durch die vielen amerikanischen Schallplattenaufnahmen inspiriert, die nach wie vor ungehindert in großen Mengen auf den deutschen Marken erschienen. Die Monatsnachträge der deutschen Schallplattenfirmen boten die neuesten amerikanischen und englischen Swingplatten an. Viele der führenden deutschen Swingmusiker waren eifrige Käufer und Sammler dieser Platten, da sie die Hotmusik aus erster Quelle studieren wollten. Andere Anregungen bekamen sie durch den Besuch ausländischer Tanz- und Swingorchester, die in ihren Heimatländern ja ungehemmt „Hot" spielen konnten und diese Musik auch in Deutschland spielten.

Gerade in den Jahren 1936 und 1937 gastierten relativ viele Ausländer in Deutschland. Da waren zunächst die Dänen Kai Ewans und Aage Juhl-Thomsen mit ihren Orchestern. Kai Ewans, ein absoluter Spitzensolist und erfolgreicher Bandleader, spielte mit seiner Band Swing in Reinkultur und begeisterte die Swingfans in Hamburg und Norddeutschland. Nach Berlin kam er nicht mehr, obwohl er dort sieben Jahre zuvor als Solist der Etté-Kapelle gewirkt hatte. Dadurch kam es auch nicht zu Schallplattenaufnahmen. Darin war Aage Juhl-Thomsen glücklicher: seine Band konnte im Mai 1936 einige Titel für *Electrola* aufnehmen, die uns auch heute noch beweisen, welch hohe Jazzqualitäten in dem Orchester steckten. Allerdings waren nur wenige Titel von Interesse, so die „classics" des Jazz und Swing: *Showboat Shuffle*, *Squareface* und *Darktown Strutters' Ball*, auf denen Aage Juhl-Thomsen teilweise als Trompetensolist glänzte, während die Band im Casa-Loma-Stil spielte. Aber da die Juhl-Thomsen-Band vorwiegend Tanzmusik kommerzieller Art, Walzer, Tangos, und alle von der RMK genehmigten Nichtigkeiten spielte, fand sie bei den damaligen Jazz- und Swingfreunden nur wenig Aufmerksamkeit.

Anders war das bei Arne Hülphers aus Schweden, dessen Band im Spiegelsaal des *Europa-Hauses* (Berlin) einen Anziehungspunkt für die Hotfreunde bildete. Neben den besten schwedischen Hotsolisten bot das Hülphers-Orchester ein reines Jazzprogramm (innerhalb seiner Show) mit Titeln wie *Tiger Rag*, *Rhythm Is Our Business*, *Harlem Heat*, *Black And Tan Fantasy*, *St. Louis Blues* usw. Das

Arne-Hülphers-Orchester gastierte in Berlin vom 19. Dezember 1936 bis 31. Januar 1937, kehrte aber schon im September (bis Oktober) 1937 in den Spiegelsaal zurück. Genau ein Jahr später war das Orchester wiederum in Berlin und nahm im November 1938 noch einige Schallplatten für *Odeon* auf. Hülphers heiratete übrigens später die bekannte Schauspielerin und Chansonette Zarah Leander, die damals gerade im deutschen Film und durch zahlreiche *Odeon*-Schallplatten den Gipfel ihres Ruhmes erreichte.

Im Februar 1937 gastierte wiederum Jack Hyltons großes Orchester in der Berliner *Scala* und knüpfte an die alten Erfolge an. Für Berlin war die jährliche Tournee der Hylton-Band schon eine Institution geworden. Diesmal hatte Hylton auch sein *Swing*tette mitgebracht, in dem Musiker wie Bruce Campbell, George Burgess, Syd Millward, Jimmy Reynold, Dan Perry und André de Vekey mit wirkten. Jack Hyltons Orchester kehrte ein letztes Mal genau ein Jahr später, im Februar 1938, nach Deutschland zurück und spielte wiederum in der *Scala*, die den besten Rahmen für den „europäischen Paul Whiteman" abgab. Bei jedem Gastspiel waren die Sitzreihen mit deutschen Kollegen gefüllt, die dieser englischen Spitzenband begeistert lauschten und ihre Studien trieben. Jazzfreunde kamen relativ selten auf ihre Kosten, da Hylton alle bekannten Tagesschlager spielte, von *The Music Goes Round and Around* und *A Tisket-A Tasket* bis *Broadway Rhythm* sowie die auch dem deutschen Publikum bekannten Filmkompositionen. Wenn die Band jedoch einmal reinen Swing spielte, bot sie hervorragende Jazzsolistik und erfreute die Herzen aller Swingfans, die geduldig die übrige „Stage-Show" (Bühnenschau) über sich ergehen ließen. Jack Hylton löste ein knappes Jahr später sein Orchester auf, um sich anderen Geschäften zu widmen, kam also im Frühjahr 1939 nicht mehr nach Deutschland. Als Ersatz verpflichtete die *Scala* die BBC-Band unter Henry Hall. Erwähnenswert war auch eine Schweizer Band unter Leitung von René Schmaßmann, die Mitte 1937 in Hamburg gastierte und sich die *Lanigiro's Hot Players* nannte. Diese Band bot beachtliche Swingmusik und wurde rasch ein Anziehungspunkt für die Hotfreunde. Die *Lanigiros* („Lanigiro" ist die Umkehrung von „Original") verstärkten ihr Orchester in Deutschland durch einheimische Musiker, so Hans Berry (tp) und Willy Berking (tb & vib), die beim Berliner Gastspiel der *Lanigiros* während der Monate September und Oktober 1937 im Berliner *Delphi* mitspielten. Die Lindström AG. nahm sogar für ihre *Odeon*-Marke vier leider sehr kommerzielle Titel auf. Ebenfalls von sich reden machte auch wieder John Abriani, der schon zehn Jahre zuvor im deutschen Jazz eine Rolle gespielt hatte. John Abriani und sein Orchester gastierten Mitte 1937 im Berliner *Moka-Efti* am Tiergarten. Die Besetzung der Band bestand vorwiegend aus deutschen Musikern, die aber sämtlich im Swing versiert waren und oftmals eine Musik boten, die den Anordnungen der RMK widersprach. Obwohl in Natura fast eine „Hot"-Band, hinterließ das Orchester bei einigen Schallplattenaufnahmen, die zu dieser Zeit für die Marke *Gloria* aufgenommen wurden, fast nur kommerzielle Tanztitel, mit Ausnahme von *Stompin' At The Savoy,* der den besten Eindruck von der Band vermittelt. Überhaupt ist es, rückwirkend gesehen, erfreulich und erstaunlich, daß von vielen Gastorchestern und Solisten der damaligen Zeit Schallplattenaufnahmen gemacht wurden. Leider jedoch nicht von allen. So fehlte ein nicht mehr identifizierbarer Negersolist, der in einer Bar in der Nähe des Berliner Potsdamer Platzes noch 1936/37 spielte. Ferner der von Sam Wooding her bekannte Jazzposaunist Herb Flemming, der noch 1936/37 in Berlin als „Renommier-Neger" ungehindert auftreten durfte. Flemming spielte vorwiegend mit einer kleinen Band im *Sherbini-Club,* einer kleinen Bar in der Uhlandstraße, Nähe Kurfürstendamm. Im April 1936 hatte die Band folgende Besetzung: Rudi Dumont (tp), Herb Flemming (tb & arr), Franz Thon (cl & s), Fritz Schulz (Reichel) (p), Max Gursch (g), E. Wilkens (b) und der Clubbesitzer Sherbini (d). Diese Band war ein großer Anziehungspunkt für alle ansässigen Jazzfreunde, die natürlich auch stets ihre Freunde aus der „Provinz" ins *Sherbini* führten. Zu den eifrigsten Gästen gehörten der „Hot-Geyer" aus Leipzig, Hans Blüthner und Dietrich Schulz-Köhn, nebst allen anderen *Melodie-Club*-Mitgliedern. Der junge Pianist der Flemming-Band, Fritz Schulz (später Schulz-Reichel), war schon damals als einer der besten Jazz- bzw. Swingpianisten Europas bekannt und besaß internationalen Ruf, den er bereits bei James Kok begründet hatte. Im November 1936 wurde Franz Thon durch Eugen Henkel ersetzt, und Willi Kettel (d) löste den überlasteten Sherbini ab, der sich mehr um die Gäste des Clubs kümmern mußte. Mit Eugen Henkel jedoch begannen für Flemming einige Schwierigkeiten mit der Reichsmusikkammer, die einmal allzu jazziges Spielen untersagte und dem „halb-arischen" Eugen Henkel ein Spielverbot auferlegte. Herb Flemming, der bis dahin Freund und (Jazz-)Lehrer der deutschen Musiker gewesen war, hatte nun genug. Er ging nach den USA zurück. Kurze Zeit danach wurde das Spielverbot für Henkel wieder aufgehoben. Jedenfalls wirkte er bei den *Original-Teddies* und im Kriege sogar in zahlreichen Orchestern und Studiobands mit. Ebenfalls in das Jahr 1937 fiel das Debüt zweier deutscher Orchester, die sich bald eines guten Rufes erfreuen sollten und zu den klassischen Swingbands der dreißiger Jahre gehören: die Orchester von Max Rumpf und von Kurt Hohenberger. Das *Max-Rumpf-Orchester* war eine richtige Bigband im amerikanischen Stil mit folgender Besetzung: 3 Trompeten, 2 Posaunen, 4 Saxophone und 4 Mann Rhythmusgruppe. Max Rumpf und seine Arrangeure Funk und Grammatikoff schafften es, der Band einen angelsächsischen Klang oder „Sound" zu geben. Der Ensembleklang war ein wenig „heiser" und der Rhythmus ein wenig wuchtiger als bei den meisten deutschen Tanz- und Swingkapellen. Als gute Solisten fungierten Claus Krüger (tp & g), Alexander Grammatikoff (cl & s & arr) und Walter Fleischer (p), während Rumpf sich am Schlagzeug betätigte. Gewisse Unsicherheiten der Band wurden durch Spielfreudigkeit ausgeglichen. Von 1937 bis zu seiner Auflösung im Jahre 1939 hielt das *Max-Rumpf-Orchester* einen gleichbleibenden Standard und wurde sogar in der ausländischen Fachpresse lobend erwähnt — unter Berücksichtigung der Swingambitionen des Orchesters. Die Band spielte u. a. im Berliner *Moka-Efti* und im *Delphi*, das stets nur die besten Orchester verpflichtete. Ab Oktober 1937 nahm die Max-Rumpf-Band regelmäßig für die Lindström-Marken *Imperial* und Kristall auf und hinterließ einige beachtliche Aufnahmen, wie *Azure, Caravan, The Dipsy Doodle, Two Dukes On A Pier, Hick Stomp, Boston Tea Party* und die Eigenbearbeitungen *Oh! Marie-Lou, Cocktail Party, Blue Swing* und *Along The Night*.

Als reine Swingband übertraf das Max-Rumpf-Ensemble alle deutschen Kapellen der Periode von 1937 bis 1939, mit Ausnahme vielleicht der *Teddies*. Die Band, die der ehemalige Oscar-Joost- und Otto-Stenzel-Trompeter Kurt Hohenberger Anfang 1937 auf die Beine gestellt hatte, war eher ein Septett als eine Orchestergruppe. Dem Ensembleklang und der ganzen musikalischen Auffassung nach schien Kurt Hohenberger auf die Wirkung des Dezenten zu schwören. Er selbst spielte zumeist eine verhaltene und gestopfte Trompete, und die Band hatte im Klang schon etwas wie einen „modern Sound", wenn man dies als Kompliment auffassen kann. Möglicherweise kam es auch daher, daß die Hohenberger-Band im „piekfeinen" *Quartier Latin* in der Kurfürstenstraße, im Berliner Westen, verhalten spielen mußte und nicht mit aller Kraft losblasen durfte. Was auch immer der Grund gewesen sein mag, Kurt Hohenberger und seine Solisten hatten einen eigenen, unverkennbaren Stil gefunden, der die Band auf Schallplatten zu einem beliebten Bestseller machte, da die Musik swingig und doch gut tanzbar war. Hohenberger hatte sich seit seinem siebten Lebensjahr durch zähes Selbststudium zu einem Trompetentechniker ersten Ranges emporgearbeitet. Seit Anfang der dreißiger Jahre wirkte er in zahlreichen Studio- bzw. Schallplattenorchestern mit, wo man ihn gern heranzog, und ab 1935 war er reguläres Mitglied von Otto Stenzels *Scala*-Orchester. Nebenbei machte er mit diversen Gruppen zahlreiche Schallplattenaufnahmen, vor allem mit der *Goldenen Sieben*, mit den *Original Teddies* (Teddy Stauffer), mit Kurt Engel u. a. Im Frühjahr 1937 trat er dann mit seiner eigenen Band in Erscheinung, die für längere Zeit im *Quartier Latin* auftrat und schnell bekannt wurde. Hohenbergers Musik war nicht nur gut arrangiert und swingend, sie hatte auch oftmals gute Hotsolistik aufzuweisen, dank einer erlesenen Gruppe von Solisten, die im Hohenberger-Ensemble mitspielten. In der Besetzung waren neben Hohenberger (tp & v-tb), Ernst Höllerhagen (cl & as & v), Helmuth Friedrich (ts & cl), Fritz Schulz(-Reichel) (p & cel), Hans Korseck (g), Rudi Wegener (b) und Hans Klagemann (d) zu finden. Anfang 1938 wurde Friedrich durch Detlev Lais, Wegner durch Paul Henkel und Klagemann durch Willi Kettel ersetzt. Im Herbst 1938 ging Höllerhagen fest zu Teddy Stauffer und wurde durch Herbert Müller ersetzt.

Ab 1939 folgten weitere Wechsel, der Sound, der Klang, blieb jedoch gleichbleibend, unbeeinflußt durch die Solistenwechsel. Hohenberger selbst griff ab und zu zum Baß-Horn bzw. zur Ventilposaune, auch bei Schallplattenaufnahmen. In der Zeit von April 1937 bis 1939 hatten *Kurt Hohenberger und seine Solisten,* die nunmehr in ganz Deutschland und auch im Ausland bekannt geworden waren, bereits etliche Platten für *Telefunken* aufgenommen, von denen viele recht interessant sind, vom jazzmäßigen Standpunkt gesehen. Bessere Titel waren *Honolulu Blues, Dinah, You're Driving Me Crazy, Jammin', You Can't Stop Me From Dreaming, Lou, Rhythmus* und *The Sheik Of Araby* (alle 1937-1939). Der Hohenberger-Pianist Fritz Schulz(-Reichel), der bis in das Kriegsjahr 1943 ständig in der Band mitwirkte, wurde als bester Swingpianist Deutschlands angesehen. Man stufte ihn stilistisch als „deutschen Teddy Wilson" ein, und während des Krieges, als das Ensemble in Paris spielte, wurde er zum Ehrenmitglied des *Hot Club de France* erkoren. Gewiß war Schulz-Reichel ein Klassepianist, aber ebenso gut, wenn nicht besser waren der Altmeister des Hotpiano in Deutschland Georg Haentzschel und der Pianist/Komponist Helmuth Wernicke, der ebenfalls einen exzellenten Teddy-Wilson/Billy-Kyle-Stil spielte, mit eigener Note. Letzterer konnte es lange Zeit mit allen Swingpianisten aufnehmen, nur ist er als Jazzpianist in Deutschland leider so gut wie vergessen. Die genannten drei Pianisten zählen zur Elite des Swing im Vorkriegsdeutschland und hatten kaum eine ernsthafte Konkurrenz, aber auch heute noch sind sie mit Erfolg tätig. Bemerkenswerte Tanzorchester der Periode waren die von Ludwig (Lewis Ruth) Rüth, Eugen Wolff, Billy Bartholomew, Corny Ostermann und Georg Nettelmann, die sich trotz guter Solisten leider zu selten mit Hotsolistik produzierten, vor allem auf ihren Schallplattenaufnahmen. Interessanter war eine reine Schallplattenband unter Leitung des Arrangeurs Theo Reuter, die in ihren ständig wechselnden Besetzungen gute Solisten aufwies. Diese Band nahm sogar etliche Schallplatten mit guter Hotsolistik auf, die sämtlich auf der Subskriptionsmarke *Clangor-Schallplatten-Volksverband* erschienen. Für diese Marke nahm Theo Reuter mit

Studioband rund tausend Titel aller Musikstile auf, die heute so gut wie vergessen sind. Gute, jazzige Aufnahmen des Theo-Reuter-Orchesters waren *Klarifari, Kontraste, Schatten, Golfstrom* und *Wolgawellen* mit Solisten wie Otto Türksch (tp), Hermann Plato (tb), Kurt Schieke (cl, s), Eugen Henkel, Kurt Abraham, Herbert Müller (s & cl), Franz Mück (p), Mike Danzi (g), M. Ruff (b) und Ernst „Bimbo" Weiland (d). Bei einigen Aufnahmen wirkten noch Rudi Arndt (tb), Erwin Steinbacher (s)und Walter Leschetitzky (v) mit und gegen Ende der Aufnahmetätigkeit der Reuter-Studiogruppen, 1941, auch noch Omar Lamparter (s & cl). Alles Musiker also, die Aufmerksamkeit verdienen. Im Verhältnis zur Gesamtproduktion der Theo-Reuter-Aufnahmen ist die Hotambition der Band jedoch zu gering gewesen und zeigt uns heute nur noch, daß wirklich fähige Musiker in den damaligen Tanzorchestern saßen, die sich nie so recht voll entfalten konnten bzw. durften.

Im Jahre 1937 begann die *Telefunken*, ausländische Orchester von Format zu entdecken, nicht zuletzt angeregt durch den großen Erfolg der Teddy-Stauffer-Band und den guten Verkauf englischer Titel, gespielt von den *Telefunken*-Spitzentanzorchestern Heinz Wehner, Kurt Hohenberger und auch Adalbert Lutter. Im Herbst 1937 schloß die Gesellschaft einen Exklusivvertrag mit der belgischen Swingband Fud Candrix aus Brüssel. Dies war der Anfang einer Reihe von Verpflichtungen ausländischer Spitzenorchester für die Marke *Telefunken*, die sich jazzmäßig vor allem in den Kriegsjahren als günstig erweisen sollten, so die schwedischen und belgischen Swingorchester, wie Thore Ehrling, John Björling, Jean Omer, Stan Brenders und Eddie Tower.

Fud Candrix und sein Orchester sollten während des Krieges von besonderer Bedeutung für den deutschen Jazz- und Swingfreund werden, vor allem als die Band zum erstenmal in Deutschland gastierte. Fud Candrix, der 1908 in Tongres (Belgien) geboren war und sich ab 1925 für den Jazz zu interessieren begann, hatte schon 1930 im Bernard-Etté-Orchester in Berlin gespielt, wo er gute Musiker aller Nationen traf. 1932 gründete er mit seinem Bruder Jeff ein Partner-Ensemble, die *Candrix-Brothers* (frei nach den *Dorsey-Brothers*), mit dem er im Brüsseler *Pingouin* auftrat. In dieser Band spielten schon solche Spitzenmusiker des Jazz wie Gus Deloof (tp) und die farbigen Hotmusiker Willie Lewis (as) und Ted Fields (d) mit. Fud Candrix selbst spielte Klarinette, Tenorsaxophon und Violine. Ab 1935 leitete Fud Candrix, ohne seinen Bruder, eine eigene Band, die vorwiegend in Brüssel und im exklusiven Seebad Blankenberghe (im *Casino Blankenberghe*) spielte und mit diesen Engagements schnell bekannt wurde. 1937 arbeitete die Candrix-Band schon für den Rundfunk, und ihre Sendungen wurden sogar vom BBC-London übernommen. In dieser Zeit wurde das Orchester für die *Telefunken*-Schallplatte verpflichtet und machte am 25. November seine ersten Aufnahmen, denen bis 1943 zahlreiche weitere folgen sollten. *Telefunken* schloß mit dem Fud-Candrix-Orchester und den bereits genannten Orchestern (Stauffer, Wehner, Hohenberger) in seinem Repertoire die Lücke, die andere Firmen mit der Übernahme ausländischer Matrizen ausgefüllt hatten. Die einzigen ausländischen Firmen, die damals in direkter Beziehung zur *Telefunken* standen, waren die französische und die tschechische *Ultraphon*-Gesellschaft, aus deren Repertoire einige Aufnahmen übernommen wurden und auf *Telefunken* in Deutschland erschienen, so einige Aufnahmen von „Big Boy" Goudies Combo und Django Reinhardts *Quintette du Hot Club de France* (Frankreich), dem Hot-Akkordionisten Kamil Behounek und Jaroslav (Jeschek) Jezeks Swingband (Tschechoslowakei), die sämtlich lange vor dem Krieg (1935-1936) erschienen.

Das Jahr 1938 brachte für den Jazz und Swing fast nur Negatives in Deutschland. Es war das Jahr der berüchtigten „Kristallnacht" und des regulären „Nichtarier-Verbotes" in Kunst und Musik. Allem voran ging das (unter Jazzfreunden „klassische") „Benny-Goodman-Verbot". Im Herbst 1937 hatte Goodman in New York bei einer Art Wohltätigkeitsveranstaltung für die im spanischen Bürgerkrieg auf republikanischer Seite Kämpfenden mitgewirkt. Obwohl die Veranstaltung für die Opfer des Krieges gedacht war, war es selbstverständlich, daß Benny Goodman wenig Sympathien für die faschistische Seite des Bürgerkrieges bekundete. Da erst entdeckte man, daß Benny Goodman Jude war, und erklärte ihn zu einem typischen Vertreter der „Verschwörung des internationalen Judentums", der für „Rot-Spanien" eintrete. Benny Goodmans Platten, die hier in größerer Anzahl auf den Marken *Brunswick, Columbia, Odeon, Electrola, Special Record* (Alberti) und *Imperial* erschienen waren, wurden in Deutschland verboten, und die Plattenfirmen durften ab Ende 1937 keine Goodman-Platten mehr übernehmen und herausbringen. Die älteren Goodman-Platten wurden aus den Katalogen gestrichen und waren nur noch „unter dem Ladentisch" zu bekommen, abgesehen davon, daß rührige Importgeschäfte, große Musikhäuser wie das Columbia-Musikhaus und das Alberti-Musikhaus, für Interessenten jede Menge Benny-Goodman-Platten aus England (auf HMV) importierten. Wie aus Versehen gab es noch bis 1939 eine bescheidene Goodman-Platte im *Imperial*-Katalog; man hatte sie übersehen. Gerade als Goodman verboten wurde, hatte die *Electrola* ein regelrechtes Benny-Goodman-Album vorbereitet und geplant, das nun nicht mehr zur Ausführung kam und unveröffentlicht blieb.

Benny Goodman war jetzt für Deutschland tabu. Man hatte endlich einen Grund gefunden, einen dieser verhaßten „Swing-Juden" zu verbieten, was nicht so ganz einfach war, da die internationalen Handelsverträge diesbezüglich einige Schwierigkeiten boten, die — ähnlich wie beim Film — auch von den Nazis respektiert werden mußten. Denn außer Goodman erschienen noch bis zum Kriegsausbruch (September 1939) laufend Aufnahmen mit jüdischen Künstlern (von aus dem Ausland übernommenem Matrizenmaterial). Vor allem von Harry Roy, alias Lipman, kam bis in die ersten Kriegswochen hinein eine wahre Flut von Platten (rund 600 Aufnahmen) auf den Markt, von der RMK ungehindert und -beanstandet. Vielleicht wußte man nicht, daß Roy und etliche andere Plattengrößen „Nicht-Arier" waren. Im Herbst 1938 nahm man dann die künstlich erzeugten Judenpogrome, u. a. die „Reichs-Kristallnacht", zum Anlaß, der (wie es hieß) „Verjudung und Entartung" der deutschen Kunst und Musik einen Riegel vorzuschieben. Bei den Plattenfirmen erschien die Gestapo mit langen Listen und ließ alle Aufnahmen jüdischer Komponisten, Textdichter und teilweise Interpreten aus dem Repertoire streichen, u. a. Richard Tauber, Leo Blech und andere Größen von internationalem Ruf. Man beschlagnahmte die Matrizen, und ganz eifrige Funktionäre versiegelten sogar die „nichtarischen" Bestände. Die Plattenfirmen wurden aufgefordert, Aufnahmen aller Musikgebiete von jüdischen Künstlern nicht zu adoptieren (Fachsprache: nicht zu übernehmen). So konnte man in den Karteien der deutschen Firmen Neueintragungen zur Kenntnis nehmen wie: „Die Aufnahme wird nicht übernommen wegen nichtarischen Komponisten", oder: „Laut Verfügung der Reichsmusik-Prüfstelle vom 23. Sept. 1938 ist die Verbreitung des (vermerkten Stückes) in Deutschland unerwünscht!"

Schon die letzte Verfügung genügte, um gewisse Titel zu verbannen. Die „unerwünschten" Kompositionen brauchten nicht unbedingt Aufnahmen „nichtarischer" Herkunft zu sein, sondern es handelte sich auch um Stücke, die im Ausland sehr populär waren und vielleicht als „Ausdruck des Kulturbolschewismus der Demo-Plutokratien" angesehen wurden. Darunter fiel zeitweilig auch der völlig harmlose *Lambeth Walk* (nebst *Lambeth Walk-Tanz*) nur deswegen, weil Winston Churchill ihn nett fand. Das „Nichtarier"-Verbot der Nazis hielt diese jedoch nicht davon ab, den Plattenfirmen die Ausfuhr dieser (in Deutschland „unerwünschten") Aufnahmen zu gestatten, um der begehrten Devisen willen. Denn seit den zwanziger Jahren hatten sich die großen deutschen Plattenfirmen einen gewaltigen Absatzmarkt in Nord-, Mittel- und Südeuropa geschaffen, der dem Reich etliche Devisen einbrachte. So war zwar (um ein Beispiel von Hunderten zu nennen) George Gershwins *Rhapsody in Blue* nebst dem ganzen schönen *George Gershwin Memorial*-Satz auf der deutschen *Brunswick*-Marke ständig in der Herstellung, wurde jedoch in den deutschen *Brunswick*-Katalogen nicht genannt, von der *Deutschen Grammophon-*

Gesellschaft aber in großer Menge in alle möglichen Länder exportiert, und zwar noch bis 1944. So konnte ein Deutscher in Kopenhagen, Amsterdam oder sogar in Polen die schönsten Platten deutscher Marken erwerben, die es im Reich nicht im Handel gab. All der „Unerwünschtheit des Swing und der nichtarischen Musik" zum Trotz startete die Lindström-Gesellschaft in dieser Zeit ihre grandiose *Odeon-Swing-Music*-Serie, die mit ihren 91 Platten (bzw. 182 Titeln) zu den besten geschlossenen Jazzplattensätzen gehört, die jemals in Deutschland fabriziert wurden. Lindström hatte hierbei einen Teil der englischen *Parlophone Rhythm-Style-Series* fast unverändert übernommen und der ganzen Serie auf *Odeon* eine vorbildliche Etiketten- und Hüllengraphik gegeben, die auch noch heute an Modernität kaum überboten wird. Für die Reichsmusikkammer war die Sache zu „hot", zu „heiß", außerdem konnte man schlecht kontrollieren, wo hier „Arier" und „Nichtarier" spielten, von den vielen Negern abgesehen (die immerhin noch „über den Juden" standen). So erlaubte man für Deutschland eine offene Propagierung der Serie nicht und exportierte die *Odeon Swing Music*-Serie in Massen, vor allem nach Skandinavien und nach der Tschechoslowakei und später in alle Länder, die durch die Kriegsereignisse nicht mehr in der Lage waren, die original englischen Parlophone-Serien zu beziehen. Aber auch in Deutschland waren diese Platten zu haben, wenn man als Swing- oder Jazzfreund zufällig davon Kenntnis bekommen hatte. Die wenigen ganz großen Schallplattenläden führten sie so nebenbei. Für die speziellen Kunden gab es sogar Handlisten im Matrizenabzug, auf denen sämtliche Platten der Serie mit Bestellnummern vermerkt waren und folgende Rückversicherung (der RMK gegenüber) stand: „Da es sich bei der Swing-Music um eine außerdeutsche Art von Tanzmusik handelt, haben wir diese Serie auch nicht in unser deutsches Repertoire aufgenommen. Wir wollen nicht verfehlen, interessierten Kreisen Ihrer Kundschaft diese Platten zugänglich zu machen. Hierbei sind wir auch von dem Gedanken ausgegangen, daß der Begriff der ‚Swing-Music' in vielen Kreisen nicht richtig ausgelegt wird und eine Richtigstellung nur an Hand von typischen Plattenbeispielen möglich ist. Dazu geben die Nummern aus unserem amerikanischen Repertoire beste Gelegenheit."
Wer die „vielen Kreise" waren, kann man sich denken, und die „Beispiele" waren geradezu musterhaft mit Aufnahmen von Louis Armstrong, Miff Mole, Bix Beiderbecke, Duke Ellington, Frankie Trumbauer, Gene Krupa, den *Boswell Sisters,* Joe Venuti, Eddie Lang, Coleman Hawkins, den *Chocolate Dandies,* den *Dorsey Brothers,* Emmett Miller, dem *Casa Loma Orchestra* usw. Man muß unbedingt heute anerkennen, daß die Plattenfirmen viel dafür täten, um, bewußt oder unbewußt, den Jazz und Swing in Deutschland allen Widrigkeiten

zum Trotz zu popularisieren. Benny Goodman fiel zwar aus, aber viele andere kamen hinzu, vor allem die großartigen Swingbands auf *Brunswick*. Die Marken *Brunswick, Odeon, Electrola, Columbia, Imperial* und *Special Record* brachten laufend die neuesten Swing- und Jazzaufnahmen auf den Markt, darunter auch viele feine Re-issues (Wiederveröffentlichungen älterer Aufnahmen). Kurioserweise wurden die unter dem Begriff „Swing-Musik" zusammengefaßten ausländischen Aufnahmen vom „Nichtarier-Verbot" weniger in Mitleidenschaft gezogen als viele Aufnahmen der ernsten Musik aller Richtungen. Vor allem waren es die „modernen, dekadenten und atonalen" Richtungen der Kunstmusik, die von den Nazis verboten wurden. Der Swing, der ja nur als „Tanzmusik" galt, wurde darüber weniger beachtet, und so erschienen laufend die heißesten Aufnahmen von Artie Shaw, Tommy Dorsey, Chick Webb, Duke Ellington, Jimmie Lunceford, Count Basie, Larry Clinton, Teddy Wilson, Red Norvo, Andy Kirk, Fats Waller, Bob Crosby, Louis Armstrong, Earl Hines, Henry Allen und hundert anderen. 1939 kamen sogar noch die neuesten Aufnahmen von Glenn Miller und Harry James in Deutschland heraus, die hier erst nach dem Kriege richtig populär wurden. Aus England kamen die neuesten Aufnahmen von Harry Roy, Joe Daniels, Bert Ambrose und dem unverwüstlichen Nat Gonella, der in der Reichs-Musikkammer als „englische Niggerband" verpönt war. Knapp zwei Monate nach den amerikanischen und englischen Originalveröffentlichungen waren die neuen Aufnahmen auf den deutschen Marken schon im Handel, wobei vor allem die *Brunswick* sich als sehr schnell erwies. Da *Brunswick* ganz offiziell in Deutschland im Handel war, außerdem gute Monatsnachträge und die neuesten USA-Hits herausbrachte, galt die *Brunswick*-Platte schlechthin als „*die* Swingplatte" in Deutschland.
Es ist purer Unsinn und leicht widerlegbar, wenn heute behauptet wird, Deutschland sei damals vom Jazz und Swing völlig abgeschnitten gewesen. Wer sich für diese Musik interessierte, konnte alles bekommen (auf Platten), was er nur wollte, ohne allzu große Schwierigkeiten. Dies muß hier einmal festgestellt werden. Es kann also heute niemand sagen, er habe erst nach 1945 den Jazz plötzlich entdeckt, weil er vorher in Deutschland nicht vorhanden gewesen sei ... auch nicht auf Schallplatten. In den Jahren 1938/39 gab es mehr Jazz- und Swingplatten als Käufer — auch in Deutschland. Das Interesse am Swing war sogar im Wachsen, so daß selbst eine so kleine Firma wie die *Televox* (VOX-Nachfolge) mit einer eigenen *Televox Special Record* herauskam, die ausschließlich Swingaufnahmen brachte. Da gab es eine englische Serie — von Lindström-Matrizen — mit Aufnahmen von Nat Gonella, Joe Daniels und Harry Roy und eine amerikanische Serie von *Brunswick*-Matrizen (*US-Decca* und *Vocalion-Brunswick*) mit Aufnahmen von Gene Krupa, Chick Webb,

Jimmie Lunceford, Ella Logan, Artie Shaw und Count Basie. Das alte knallgrüne *Televox Special Record*-Etikett ist heute eine Sammlerrarität.
Swing- und Jazzschallplatten gab es also in Deutschland in Hülle und Fülle, wenn sie auch offiziell verpönt waren. 1938 schon fielen die erklärenden Texte in den *Brunswick*-Nachträgen weg, was viele der damaligen Fans sehr vermißten. Auch gab es weitere lokale „Swingverbote", so das „Swing- und Niggermusik"-Verbot in Pommern, das am 1. Januar 1939 in Kraft trat. In Zeitungsberichten vom 6. und 13. November 1938 hieß es unter anderem: „Der Gauleiter ergriff die Initiative... Swing- und Niggermusik verschwinden... Pommern macht den Anfang, um die Verwilderungen in den Tanzlokalen abzustellen... Wir haben kein Verständnis für Narren, die Urwaldsitten nach Deutschland verpflanzen wollen... Jaulende Orchester und ‚swingende' Paare gehören in den Urwald, aber nicht in unsere Unterhaltungslokale... Es ist daher begrüßenswert, daß Pommern den Kampf gegen die von Monat zu Monat mehr einreißende Unsitte (!!) aufnimmt." Die offizielle Verlautbarung ließ dazu wissen: „Der Landeskulturwalter und Landesleiter für Musik und der Landesfremdenverkehrsverband auf der einen Seite hat mit der Wirtschaftskammer der Wirtschaftsgruppe Gaststätten und Beherbergungsgewerbe ein Abkommen geschlossen, wonach ab 1. Januar 1939 in unserem Gau dem kulturlosen Treiben das Handwerk gelegt wird. Das Abkommen sieht u. a. vor, daß die Gaststättenbesitzer Paaren, die sich verpflichtet glauben, Swing-Tänze aufzuführen, die Tanzfläche verbieten, daß die Kapellen die ‚Hot'-Spielereien, das übermäßige Ziehen und Jaulen auf den Instrumenten sowie das Aufstehen der Musiker während des Spielens von Schlagern sein lassen. Die Kostümierung der Musiker, das Ankleben von Bärten, Aufsetzen von Perücken und ähnliche billige Mätzchen werden aufhören. Ausländische Schlagermusik soll nach Möglichkeit verschwinden — und alle Schlager, die gespielt werden, sollen so zu Gehör gebracht werden, wie es unserem Empfinden entspricht. Jaulende Musik, abgehackte Rhythmen und alles, was verniggert ist, hat zu unterbleiben".
Soweit über den Kampf des pommerschen Gauleiters gegen den Swing.
Die Presse wurde eifrig gegen den Jazz und Swing bemüht. Hier folgt eine weitere Blütenlese nazistischer Anti-Jazz-Tiraden:
„...man braucht nämlich nur einmal die Juden zu beobachten, die nach dieser Musik (Swing) tanzen, und man erkennt sofort, daß wir uns auf diesem Gebiet geradezu zu Affen machen. Wir als Affen des Juden? ...daß also deutsche Volksgenossen ausgesprochen jüdische und negerische Ausdrucksformen für ihre Tänze wählen. Es ist an sich unverständlich, wie sonst gesund und natürlich empfindende deutsche Volksgenossen hier völlig instinktlos den Einbruch

jüdischer und negerischer Geisteshaltung mitmachen können. Wir sollten uns hiergegen aufs schärfste wehren." (Zuschrift des SS-Unterscharführers H.-J. L. im *Angriff*, Januar 1939.)

„Was wir in deutschen Zeitungen nicht mehr lesen wollen: ‚Der Clou des Abends war jedoch der Lambeth Walk, der nun auch in Hannover seinen Einzug gehalten hat...'" (*Der S.A.-Mann*, Januar 1939.)

Hier ein „Anti-Swing-Gedicht" von einem Hannes Riecken im Mitteilungsblatt der HJ, veröffentlicht in der *Pommerschen Grenzland-Zeitung* am 15. Februar 1939:

Wahnsinn in Noten	Auch ich wollte swingen
Tanz der Idioten	die Beine verschlingen
Nicht überboten	Ekstatisch springen
Swing — — —	Swing — — —
Man möchte weinen	Konzentriertes Glück
Sie liebt nur einen	Vor und Zurück
Mit Gummibeinen	mit blödem Blick
Swing — — —	Swing — — —
Swingende Beine	Rhythmen erklingen
Wo sind deine	Kaum angefangen
Was sind meine	Bin ich eingegangen
Swing — — —	Swing — — —

Eine der bezeichnendsten und aufschlußreichsten Abhandlungen gegen den Jazz und Swing stand unter dem Titel „Verrückt geworden?" im *S.A.-Mann* vom 6. Januar 1939. Dort hieß es u. a.:

„...Eine ausländische Judenzeitung hat im Jahr 1937 anläßlich einer ‚Betrachtung' über den Reichsparteitag mit zynischer Offenheit zugegeben: ‚Wenn man die Aufmärsche in Nürnberg sieht, dann kommt man zu der Überzeugung, daß Deutschland für die Demokratie endgültig verloren ist. Aber ein Trost ist noch da: die deutsche Jugend tanzt nach wie vor Jazz; vielleicht kann auf dem Umweg über den Jazz der Demokratie doch wieder ein Eingangstor nach Deutschland geöffnet werden.' Wir lehnen eine ‚getanzte Weltanschauung' ab. *Bei uns ist Unterhaltung nicht Unter-Haltung, sondern Haltung!* Was uns nach diesen fünf Jahren noch nicht geglückt ist und uns daher als Aufgabe bevorsteht, ist eben: Die Revolution des Privatlebens."

Das war deutlich, dennoch vergeblich.

Die „Unsitte" nahm von Monat zu Monat zu, vor allem natürlich in den Großstädten, wo niemand durch die provinziellen „Verbote" sonderlich beeindruckt wurde. Jazz und Swing waren zwar „unerwünscht", aber die Leidtragenden waren in erster Linie die Kapellen.

Deutsche Orchester, die das Pech hatten, beim Spielen „nichtarischer" Kompositionen erwischt zu werden, oder die es wagten, „Nichtarier" oder sogenannte „Halbarier" (die Berufsverbot hatten) zu beschäftigen, konnten Unannehmlichkeiten mit der Reichsmusikkammer bekommen. So mußte zum Beispiel Kurt Widmann, dessen Orchester es in Berlin schon zu gewissem Ruhm gebracht hatte, seinen erstklassigen Trompeter Hans Berry immer hinter dem Orchester „verstecken", wenn ein RMK-Schnüffler in die Nähe kam, da Berry laut NS-Verfügung „Halbarier" war. Das geschah allerdings schon recht früh, lange vor 1938. Hans Berry verließ die Widmann-Band wegen dieser Schwierigkeiten bereits im September 1935, spielte aber noch mit den *Lanigiros* bis 1937 in Deutschland. Dort fiel er unter den zahlreichen Ausländern weniger auf. Später ging er nach Belgien und spielte bei Dave Bee, Jean Omer und Gus Clark im kleinen Brüsseler Lokal *Nouvelle-Orléans*. Mit Robert Bosmans und Gus Clark nahm er sogar einige Schallplattentitel auf. Im Krieg, während der deutschen Besatzungszeit, hatte er zunächst keine Schwierigkeiten mehr, da er als belgischer Musiker galt — bis man 1943 seine deutsche Staatsangehörigkeit entdeckte und ihn zum „Vaterlandsverteidiger" machte, also zur Wehrmacht einzog, wobei man den „Halbarier" großzügig übersah. Nach dem zweiten Weltkrieg spielte er in den ersten Nachkriegsjahren eine große Rolle im Berliner Jazzleben. Doch davon später.

Kurt Widmann, von seinem Publikum „Kutte" genannt, leitete seit 1933 ein Orchester, das langsam nicht nur an Zahl, sondern auch an Qualität wuchs und als Stammorchester des Tanzlokals *Imperator* in der Friedrichstraße bald populär wurde. Widmann betätigte sich als Drummer und später als Posaunist, wobei er stets bemüht war, die nötige „Stimmung" zu schaffen. Seine Liebe galt der Hotmusik, die er jedoch selbst nicht beherrschte, obwohl er sich alle Mühe gab. Glücklicherweise hatte er meistens gute Solisten zur Verfügung, die neben all dem „Remmidemmi" des Widmann-Orchesters gute Jazzsolistik und überraschende Arrangements zuwege brachten. Von 1933 bis 1939 wuchs das Orchester von sechs auf zeitweise fünfzehn Mann. Gute Solisten waren kurz vor dem Kriege Charlie Pawlick, Béla Vollgraf, Helmuth Klopsch und Gerhard Rabsch (tp), Robby Zillner (tb), Paul Höpfner (cl, s), Heinz Dammin (ts), Werner Neumann (p) und August König (b). Die Kurt-Widmann-Band spielte oft genug den unerwünschten Swing, und so war das „Haus der tausend Clubsessel", das *Café Imperator,* ein beliebter Treffpunkt der Swingfreunde, vor allem aber auch der Swingtänzer, die der ganzen Musik mehr Schaden brachten als der Swing selbst. Denn gerade der Swingtanz war den Kulturfunktionären ein Dorn im Auge, und es erfolgten automatisch Rückschlüsse auf die Musik.

Andere Orchester hatten ähnliche Sorgen, vor allem, wenn sie in vorgerückter Stunde *Bei mir bist Du schön* und *Joseph, Joseph* intonierten, zwei besonders verfehmte Stücke. Da jedes Orchester, das nach Meinung der Überwacher zu „heiß" spielte und die Tänzer zum verbotenen Swingtanz anregte, ständig Verwarnungen bekam und mit dem Entzug der Arbeitsgenehmigung u. ä. bedroht wurde, ließ der Wille zu eigenen Schöpfungen und zur Jazzsolistik allmählich nach, von einigen Besessenen abgesehen, die nicht von ihrer geliebten Musik lassen konnten, genauso wenig wie die Jazzfans in den damaligen „Hot-Clubs". Diese Fans hatten nach wie vor ihre regelmäßigen Schallplattenprogramme und diskutierten über das Neueste im Jazz und Swing wie eh und je. Durch ihre Abgeschlossenheit mit den Plattentellern, auf denen die schönsten Jazzschätze aus den USA zu finden waren, verloren sie den Kontakt zum eigenen, deutschen „Jatz", der so mühsam aufzuspüren war, da man meistens viel Schlagermusik über sich ergehen lassen mußte, um endlich einmal eine richtige „Hot"-Nummer zu hören. Zwei neue Gruppen, die sich im Laufe des Jahres 1938 gebildet hatten, schnell bekannt wurden, aber von geringem Jazzinteresse waren, waren das *Bar-Trio* und das *Günther-Herzog-Orchester*. Das Trio machte sich vor allem durch zahlreiche Schallplatten einen Namen, die von der *Deutschen Grammophon*-Gesellschaft herausgebracht wurden. Die Mitglieder des Trios, der Akkordeonist Kubi Kretzschma, der Pianist Bert Waldemar und der Gitarrist Hans Belle, waren gute Solisten, die dem Trio eine besondere Note gaben und nach eigenen Arrangements passable Swingmusik, mit Hot-Akkordeon, spielten. Sie waren darin genauso gut wie ausländische Gruppen in gleicher und ähnlicher Zusammensetzung. Typischerweise bevorzugten sie amerikanische Kompositionen, selbst bis in die Kriegsjahre hinein. Schallplattenaufnahmen wie *St. Louis Blues, Tiger Rag, Some Of These Days, Limehouse Blues* und *Sweet Sue* zeigen eine der wenigen originellen deutschen Gruppen jener Zeit mit Jazzambitionen. Das Trio bestand bis 1943, wobei im Winter 1940 Bert Waldemar durch Kurt Basl ersetzt wurde. Bis zum Dezember 1940 nahm das *Bar-Trio* noch fleißig englische Titel bzw. amerikanische Kompositionen auf, die dann allerdings unter verdeutschten Titeln herauskamen, so zum Beispiel *Wishing* als *Mach's doch mal, Mood Indigo* als *Im Dämmerlicht* und *Begin The Beguine* als *Im Takt des Spitzentanzes* usw. Da sich die Aufnahmen des *Bar-Trios* großer Beliebtheit erfreuten, wurden im Kriege noch von der *Deutschen Grammophon*-Gesellschaft die Vorkriegsaufnahmen der Combo (1938-1939) vertrieben, wobei sämtliche englische Titel verdeutscht wurden, von der *Tiger-Jagd* (*Tiger-Rag*) bis zu den *St. Louis-Klängen* (*St. Louis Blues*). Zwei Titel des *Bar-Trios* erschienen kurz vor dem Krieg in England auf *Decca*,

blieben sogar während des Krieges im Decca-Repertoire bestehen und waren jederzeit käuflich, ungeachtet dessen, daß es sich um eine deutsche Gruppe handelte. Nach heutigen Maßstäben mag das Trio bedeutungslos sein, damals klang in ihm jedoch eine Sehnsucht nach eigenem Schaffen und nach der geliebten Swingmusik mit.
Günther Herzog, der bisher im Erhard-Bauschke-Orchester gespielt hatte, bildete Ende 1938 eine eigene Band mittlerer Größe, die recht schnell unter den Jazzfans bekannt wurde. Vorwiegend spielte die Band im *Dorett* in der Turmstraße, in Berlin-Alt-Moabit, Schallplattenaufnahmen, die bereits im Dezember 1938 und im Januar 1939 gemacht wurden, zeigen uns ein gut eingespieltes Orchester, aber zugleich ein Tanzorchester, dessen wahre Qualitäten nur in Natura so recht zum Ausdruck kamen, da die Platten laut Bestimmung von „oben" nicht zu „heiß" sein sollten. Immerhin zeigen der *Limehouse Blues* und *Flick-Flack* gute Hotsolistik von Herzog (tp), Lubo D'Orio (cl, s), Kurt Abraham (ts), Gerhard Wehner (p) u. a. „In the flesh" war man „hotter". In vorgerückter Stunde und Stimmung sprang Günther Herzog auf den Flügel, zog sein Jackett über die Ohren und intonierte den *Tiger Rag,* daß „die Wände wackelten", und bald war die schönste Swingsession im Gange, die Band war in Fahrt. Heiße Musik in Berlin im Jahre 1939, das war ein Erlebnis für alle, die dabei waren. Auch der Trompeter Heinz Burzynski tat sich oftmals als guter Solist in dieser Band hervor, später leitete er eigene Gruppen. Nicht umsonst pilgerten etliche Berliner Hotfans Abend für Abend nach Moabit.
Die anderen bedeutenden Orchester, die im Jahre 1939 von den Swingfreunden in erster Linie geschätzt wurden, waren die *Original Teddies,* die unter Leitung von Teddy Stauffer im Berliner *Delphi* spielten, das Orchester von Max Rumpf, das die *Teddies* im April 1939 im Delphi ablöste, die *Weißen Raben* im *Zenner* in Berlin-Treptow, die Band von Heinz Bätjer, die im *Siechen*-Lokal des Berliner Femina-Hauses spielte, Kurt Widmanns Orchester im *Imperator,* Erhard Bauschkes Band im *Moka-Efti* in der Friedrichstraße, sehr nahe beim *Imperator,* Hermann Rohrbecks *All Star Band* und Kurt Hohenbergers Solistenorchester in der *Rosita-Bar.* Zu den kommenden Solisten der Zeit, heute würde man „Newcomers" sagen, gehörten der Drummer Fred Brocksieper, der Pianist Hans Schattergan und der Gitarrist Meg Tevelian. Brocksieper und Tevelian wurden zwei Säulen des deutschen Jazz und Swing der Kriegsjahre.
Das große Ereignis des Jahres 1939 war das Gastspiel des englischen BBC-Tanzorchesters unter Leitung von Henry Hall, das als Jack-Hylton-Ersatz für die Berliner *Scala* verpflichtet wurde. Das Henry-Hall-Orchester spielte von Januar bis Februar 1939 mit recht gutem Erfolg. Es war ein reines Tanzorche-

ster, das größere Hotsolistik vermied, ab und zu jedoch ganz gute Swingmusik spielte, immerhin genug, um den Jazzfreunden als unvergeßlicher Eindruck in Erinnerung zu bleiben. So steif, wie Henry Hall als Persönlichkeit war, spielte seine Band und sang seine hübsche Sängerin Molly Morelle: ein Tanzorchester von Format, mehr nicht. Dies war auch ein Grund, warum man diese englische Kapelle gnädig kritisierte und auch Hall relativ gute Eindrücke von Deutschland mitnahm, die er kurze Zeit später im *Rhythm*, einem englischen Musikmagazin, veröffentlichte. Er lobte das deutsche Publikum und die erwerbsmäßigen Chancen der deutschen Kollegen, fühlte sich durch den „Uniformfimmel" der Deutschen jedoch irritiert.

Im gleichen Programm wie Hall trat ein weiterer Musiker auf, der jeden Kenner aufhorchen ließ: der amerikanische Banjoist Eddie Peabody, einer der Besten auf seinem Instrument. Peabody, von Beruf eigentlich Pilot, hatte seit Mitte der zwanziger Jahre im New Yorker Musikleben eine bedeutende Rolle gespielt und von 1925 bis 1939 Aufnahmen für zahllose Plattenfirmen in den USA und in England gemacht. Viele Aufnahmen zeigen ihn als hervorragenden Ragtimespieler und auch Jazzbanjoisten. 1939 trat Peabody in der *Scala* nur als eine Art Varieté-Akt auf, begleitet von der Hauskapelle unter Leitung von Otto Stenzel, der einige gute Solisten im Orchester hatte. Zu dieser Zeit war das Banjo schon eine Kuriosität, nachdem alle Orchester um die Wende der zwanziger zu den dreißiger Jahren zur Gitarre übergewechselt waren. Die unheimliche Fingerfertigkeit Peabodys und der trockene, mitreißende Klang des Banjos fanden ein lebhaftes Interesse. Als Konzession gab Peabody auch noch Einlagen auf der Violine, die er ebenfalls sehr gut spielte, etwa im Stil der Hill-Billy-Geiger. Da das Henry-Hall-Gastspiel *das* Ereignis der Saison war, beachtete man kaum die Anwesenheit der schwedischen Hakon-von-Eichwald-Band, eines Sechzehn-Mann-Swing-Orchesters mit beachtlichen Jazzqualitäten, weit besser als Henry Hall. Von Eichwald war bereits Anfang der dreißiger Jahre mehrmals mit einer Band in Berlin gewesen und hatte hier beachtliche Aufnahmen für die Marken *Tri-Ergon* und Telefunken *(Ultraphon)* aufgenommen. Auch 1939 wurden von der *Telefunken* Aufnahmen in Berlin gemacht, darunter das Larry-Clinton-Arrangement *Shades Of Hades,* das uns die von-Eichwald-Band von ihrer besten Seite zeigt. Dies waren die letzten ausländischen Orchester von Jazzinteresse, die vor dem Kriegsausbruch in Deutschland gastierten. Die Bedeutung der Gastspiele von Henry Hall und Hakon von Eichwald war im Jahre 1939 für unsere Kapellen schon gering und kaum von Interesse, da es ebenso gute und sogar bessere deutsche Orchester in Deutschland gab, wie die *Teddies,* Max Rumpf, Erhard Bauschke und Heinz Wehner (letztere nicht auf Platten, sondern in Natura!). Ein großes Vorbild hingegen wäre für unsere

Musiker das Orchester von Duke Ellington gewesen, das im April 1939 auf der Durchreise nach Dänemark deutschen Boden betrat und zumindest in Hamburg hätte spielen können, wenn nicht das „Neger-Verbot" der Reichsmusikkammer (unter Leitung von Professor Raabe) bestanden hätte. Da Duke Ellington in Deutschland durch zahlreiche Schallplattenveröffentlichungen nicht nur bei den Jazzfreunden bekannt war (dank *Solitude, Caravan* und *Mood Indigo*) und selbst Peter Kreuder seine Kompositionen spielte, wäre ein Ellington-Gastspiel sensationell gewesen, vor allem mit dem superben Orchester, das der „Duke" damals leitete.

Wenn auch in Deutschland der echte, alte Jazz wenig populär war, so hatte sich die Swingmusik doch eine ziemlich große Anzahl von Anhängern erobert, und zwar die Musik selbst, nicht der sogenannte „Swingtanz", der genauso wenig mit der eigentlichen Swingmusik gemein hatte wie etwa der „Boogie-Tanz" mit dem guten alten Boogie-Woogie-Pianostil. Zu jeder Zeit waren es eigentlich die Tanzbesessenen, die musikalische Formen in Verruf brachten, vor allem im Jazz. Dadurch entstand bei der großen Masse des Publikums der Eindruck, daß es sich bei den „Swingtänzern" um Jazz- oder Swingfans handelte — eine Tatsache, die dem Jazz und Swing (nicht nur in Deutschland) großen Schaden und mangelndes Ansehen einbrachte und sogar heute noch einbringt. Im Jahre 1936 entstand im Volksmund der Ausdruck „Swing-Heinis", womit zunächst einmal die sogenannten Swingtänzer gemeint waren oder auch langhaarige, auffallend gekleidete Typen, die dem „gesunden NS-Volksempfinden" nicht entsprachen. Leider wurde dann auch der Ausdruck „Swing-Heini" für junge Leute verwendet, die sich offen zur Swingmusik (nicht zum Tanz) bekannten. Da Swingmusik und „Swingtanz" in einen Topf geworfen wurden (wobei außer Frage steht, daß man nach der Swingmusik hervorragend tanzen kann), ging man auch seitens der Reichsmusikkammer gegen den Begriff „Swing" vehementer vor. Der „Swingtanz" war ja sowieso schon einige Zeit verboten, nun sollten auch die deutschen Orchester den Namen „Swing" nicht mehr verwenden, weder als Kapellenbezeichnung noch im Repertoire. Ziel war ein „deutscher Tanzmusikstil", den die deutschen Musiker nun endlich entwickeln sollten, nachdem sie es seit 1933 nicht zuwege gebracht hatten. So war die Lage Mitte 1939. In den Jahren von 1933 bis 1939 hatte man die große Popularität amerikanischer Schlager und Filme (vor allem in den großen Städten) nicht eindämmen können, und selbst zu Kriegsanfang waren Schlager bzw. Hits wie *Jeepers Creepers, Hold Tight, A Tisket — A Tasket, Begin The Beguine, The Flat Foot Floogie* und viele andere ebenso beliebt wie die bekannten deutschen Schlager.

Ein wenig Freude und Nutzen hatten die Swingfreunde auch durch die amerikanischen Spielfilme, von denen einige recht passable Swingmusik boten. Durch einen langfristigen Handelsvertrag gebunden, waren selbst die Nazis gezwungen, Filme der USA-Firmen *Twentieth Century Fox, Metro Goldwyn Meyer* und *Paramount* einzuführen, deren Aufführung so gut wie möglich auf die Großstädte konzentriert wurde. Vor allem in Berlin liefen alle amerikanischen Filme von Bedeutung, sogar teilweise bis in die vierziger Jahre hinein. Darunter waren für Jazz- bzw. Swingfreunde interessante Streifen: *Broadway Melodie 1936* (MGM) mit den Sängerinnen Eleanor Powell und Frances Langford, dann die *Broadway Melodie 1938* (MGM), ebenfalls mit der Powell und der Langford, zudem mit der „Red Hot Mama" Sophie Tucker und der blutjungen Judy Garland. Die Musik in beiden Filmen stammte von Herb Brown und Arthur Freed. Ähnlich war der hervorragende Revuefilm *Geh'n wir bummeln* (*On The Avenue* — 20th Century Fox) mit einer Fülle überragender Irving-Berlin-Melodien. Den „nichtarischen" Komponisten verschwieg man damals jedoch. Ähnlich war auch der MGM-Film *Zum Tanzen geboren (Born To Dance)* mit der Musik Cole Porters; wiederum mit der Powell und der Langford. Der Shirley-Temple-Film *Shirley auf Welle 303* (*Rebecca of Sunnybrook Farm* — 20th Century Fox) zeigte das damals berühmte Raymond-Scott-Quintett mit Hoteinlagen, während Freddy McMurray in dem Film *Mal oben — mal unten (Swing High-Swing Low)* einen Trompeter spielte, der durch einen Hottrompeter, wahrscheinlich Phil Boutelje, synchronisiert wurde. Erfreulich waren auch Bing-Crosby-Filme, vor allem sein *Doppelt oder Nichts (Double Or Nothin).*

Der Film *Mississippi-Melodie* (*Banjo on My Knee* — 20th Century Fox) zeigte neben dem Hal-Johnson(Neger)-Chor auch eine mitreißende Swingband. Selbst etliche der damals zahlreich vertretenen Zeichentrickfilme der Walt-Disney-Serien *Silly Symphonies* und *Mickey Mouse,* ferner der Dave-&-Max-Fleischer-Serien *Pop der Seemann (Popeye)* und *Betty Boop* boten oftmals Jazz- und Swingmusik als Kulisse.

Die meisten dieser und anderer US-Filme zeigten auch irgendwie „The american way of life" und die Atmosphäre einer freien Welt und begeisterten daher besonders den Teil der Jugend (von den Hotfans ganz abgesehen), der die stupide HJ- und NS-Einheitsunterhaltung als lästiges Muß empfand.

Genauso geschätzt waren die laufenden Neuerscheinungen der Schallplattenindustrie, die Orchester aus USA und England in jedem Monatsnachtrag anführte, vor allem Namen wie Artie Shaw, Tommy Dorsey, Larry Clinton, Duke Ellington, Louis Armstrong, Chick Webb, Bob Crosby, Jimmie Lunceford, Count Basie, Bert Ambrose, Nat Gonella, Harry Roy, Joe Daniels und Scott-

Wood — um nur einige typische Bands zu nennen, die häufiger auf deutschen Plattenmarken erschienen. Auf dem Gebiet der Tanzmusik gab es nur wenige deutsche Orchester, die ebenso beliebt waren und gekauft wurden wie die Aufnahmen der *Andrews Sisters,* von Ambrose und vor allem Harry Roy und Jack Hylton. Diese Beliebtheit war trotz aller Polemik und Schwierigkeiten eher im Ansteigen als im Absinken begriffen und wurde nur durch den Krieg unterbrochen. So wuchs über den Umweg der Tanzmusik eine neue Gemeinde von Jazzfreunden heran (spätere Jazzfreunde inbegriffen), die sich ganz natürlich entwickelte und daher auch im Wissen um den Jazz und Swing vielfach gründlicher und interessierter war als die späteren Jazzfans. Es war ganz natürlich, mit Corny Ostermann (als Beispiel) zu beginnen und dann Gefallen an der *Goldenen Sieben* zu finden. Dann lernte man die heißen *Teddies* schätzen, zog ihnen jedoch bald die Aufnahmen eines Ambrose und Harry Roy vor. Bald danach machte man sich schon mit Nat Gonella vertraut, der konsequent „hot" blies und zum ersten regulären Jazzeindruck wurde. In der Folge kamen Artie Shaw, Tommy Dorsey, Benny Goodman, Louis Armstrong und andere Helden der Swingmusik. Etliche Jazzfans blieben hier stehen, da ihnen diese Musik am meisten zusagte, aber andere gingen weiter. Sie entdeckten den alten Duke Ellington, Bix Beiderbecke, Red Nichols, Miff Mole, die *Chicagoans,* Armstrongs *Hot Five* und schließlich Sidney Bechet, Tommy Ladnier, King Oliver und die *Original Dixieland Jazz Band,* nicht zu vergessen Jelly-Roll Morton, der 1939 „wiederentdeckt" wurde.

Bis hierher konnte man in den Jahren von 1939 bis 1944 gelangen. Leider kam es vor, daß die Anhänger des ganz alten Jazz, die „Puristen", die Freunde der reinen Swingmusik ebenfalls als „Swing-Heinis" bezeichneten — eine snobistische Haltung.

Der sogenannte „Modern Jazz" brachte nach 1945 den großen Zwiespalt. Im Vergleich zu den alten Jazzfans von 1930 bis 1944 beginnt der heutige Fan gleich „richtig": der Jazz wird ihm durch Rundfunk, Fernsehen, Schallplatten, Presse, Konzerte, Referate und Jazzclubs regelrecht „eingetrichtert". So beginnt er je nach Geschmack entweder „traditionell" oder „modern", ohne selbst eine Tradition zu haben. Das heißt: ohne sich geschmacklich und entwicklungsmäßig unbeeinflußt, nur dank der Musikalität dem Jazz genähert zu haben, indem er alle Stufen von der Tanzmusik bis zum echten alten Hot-Jazz der zwanziger Jahre durchgegangen ist, und zwar in einer natürlichen Zeitspanne von mehreren Jahren, so, wie es die meisten „alten" Jazzfreunde zwanzig Jahre früher getan hatten bzw. einfach tun mußten. Hierin liegt einer der Gründe für das heute häufige Unverständnis für den alten, echten Jazz. Die einen schwärmen für den sogenannten traditionellen Jazz und lieben dabei rein modernen Jazz, weil sie „Revival-Jazz" als authentischen Jazz ansehen; die anderen lieben eine modernistische Musik, die man als „Modern Jazz" bezeichnet und als „Jazz-Inkarnation" hinstellt, als den „gereiften Jazz", eine Musik, die mit dem klassischen Jazz kaum noch etwas gemein hat. Die natürliche Entwicklung fehlt, geschmacklich und wissensmäßig. Nur wenige Jazzfreunde lassen sich nicht beeinflussen und gehen der Sache selbst auf den Grund. Aber dies ist bereits ein Vorgriff auf die Nachkriegszeit.

Jazz im zweiten Weltkrieg 1939 - 1945

„Der Jazz zieht eine Trennungslinie durch unser Volk, denn der verwurzelte Mensch — auch der junge — tanzt nicht Jazz. Er tanzt Walzer, Rheinländer, Polka. Bei Jazz kann er aus einem gesunden Instinkt nicht mitmachen. Er spürt auch, daß Jazz und Uniform einander ausschließen."

Aus: *Volkstum und Heimat,* 1940)

Als der lange vorbereitete Krieg mit Polen, England und Frankreich im September 1939 ausbrach, hatte die Reichsmusikkammer endlich freie Bahn. Das Spielen englischer Musik, der Verkauf englischer Noten und Schallplatten sowie das öffentliche Spielen von Musik mit englischem Gesang wurden untersagt. Man legte die Betonung auf das Wort „englisch", denn mit den USA war ja noch Frieden. So wurden auch amerikanische Schallplatten nicht verboten und sogar noch bis zum Sommer 1941 legal verkauft, wenn auch nur auf Kundenbestellung und ohne jedes Vorspielen im Geschäft, da das streng untersagt war. Die letzten öffentlichen Nachträge aller Firmen mit anglo-amerikanischen Schallplatten-Neuveröffentlichungen wurden noch im September 1939 herausgegeben (da im August gedruckt). In diesem Monat stellten die Firmen dann ihre anglo-amerikanischen Neuerscheinungen ein, außer *Brunswick,* die ohne Listen noch bis zum Dezember 1939 einige neue angelsächsische Aufnahmen ziemlich unbeachtet herausbrachten. Diese wurden vorwiegend exportiert, konnten aber auch über jedes Schallplattengeschäft in Deutschland bestellt werden, vor allem in dem *Brunswick*-Spezialgeschäft in der Berliner Nürnberger Straße, das zwischen 1939 und 1942 zum Mekka der Jazz- und Swingfans wurde, da die ausländischen Plattenvorräte bei Alberti bald von der Gestapo versiegelt wurden, „bis nach dem Krieg". Da, wie schon geschildert, die RMK „englische" Musik verboten hatte, konnten Gestapo-Leute und sonstige Nazis oftmals in Verlegenheit gebracht werden, wenn ein „Sünder", den sie erwischt zu haben glaubten, zum Beispiel darauf hinwies, daß die eben gespielte Nat-Gonella-Platte ja doch „amerikanisch" und nicht „englisch" sei. Die Schnüffler mußten dann grollend abziehen, nicht ohne die üblichen Drohungen und Verwarnungen wegen des „undeutschen" Verhaltens des betreffenden „Swing-Heinis". Zumindest bis zum Dezember 1941, als der Krieg mit den USA begann, konnte man sich und seine Platten mit dieser „Unterscheidung" manchmal retten.

Der Kriegsbeginn erleichterte der Reichsmusikkammer zunächst die Erfüllung des Wunsches, diverse deutsche Musiker für eine „großdeutsche Tanzmusik" zu gewinnen, und der Empfehlung, eine solche Musik auszuarbeiten. Sie

konnte nicht ahnen, daß sie damit der Swingmusik eine Hintertür öffnete und daß diese in Deutschland nie populärer werden sollte als gerade mitten im Kriege.
Der Krieg brachte zunächst zahlreiche Einberufungen, die manches Orchester lichteten. Die Ausländer anglo-amerikanischer Herkunft, die noch bei uns spielten, verließen Deutschland, unter ihnen Mike Danzi und Billy Bartholomew. Viele Orchester wurden aufgelöst, darunter auch etliche Schallplatten-Studiogruppen deren Bandleader eingezogen wurden. Es entstanden jedoch neue Studiogruppen. Vor allem bei den *Lindström*-Marken und bei *Electrola* (mit den Etiketten: *Odeon, Gloria, Imperial, Kristall, Electrola* und *Columbia*) bildete sich ein Stamm guter Studiomusiker heran, die später noch durch Musiker aus besetzten und befreundeten Ländern ergänzt wurden.
Die ersten reinen Schallplattenorchester, die um die Jahreswende 1939/1940 in den Katalogen erschienen und schnell bekannt wurden, waren die Bigbands von Michael Jary und Willy Berking, bald gefolgt von Hans Rehmstedt. Sämtliche Orchester dieser Art waren von den Plattenfirmen als ein Ersatz für die guten ausländischen Swingorchester gedacht, spielten aber offiziell eine „gute deutsche Tanzmusik". Vor allem Jary und Berking mit ihrer „Exzentrik-Serie" und „Spitzen-Serie" versuchten eine Art deutschen Swingstils zu entwickeln. Man spielte Spezialkompositionen und Arrangements wie *Golfstrom, Kukuruz, Karo Sieben, Etwas verrückt, Hexentanz, Waage, Syncope, Legato, Pause, Fermate, Atlantis, Ping-Pong, Feuerwerk, Rhythmus* usw. Trotz dieser Namen und gewisser kompositorischer Einfälle war diese Musik alles andere als eine geglückte „rein deutsche Tanzmusik". Es handelte sich vielmehr um ein Durcheinander von entliehenen anglo-amerikanischen Themen und Ideen aus der Swing- und Tanzmusik mit gelegentlich guter Hotsolistik. Gewisse Anklänge an Harry Roy und Ambrose waren unverkennbar. Diese Musik wurde zum Bindeglied zwischen der normalen deutschen Tanz- und Swingmusik der Vorkriegszeit und dem ab 1941 verstärkt einsetzenden reinen Swingstil nach dem Muster von Fud Candrix, Ernst van t'Hoff, Lutz Templin, Willi Stech, Benny de Weille, Freddie Brocksieper und vielen anderen.
Ein anderer Versuch war das sogenannte *Deutsche Tanz- und Unterhaltungs-Orchester,* unter vorwiegender Leitung von Georg Haentzschel und Willi Stech, das ebenfalls bald in den Swing abglitt und im Auftrage des Propaganda-Ministeriums gehobene Tanzmusik und Swing für die ins Ausland gerichteten Rundfunksendungen spielte. Diese große Band, meist durch einen Streichersatz verstärkt, wurde vorzüglich geleitet. Die Arrangements stammten meist von Haentzschel, Stech, Adolf Steimel und Franz Grothe. Das Personal umfaßte die Elite deutscher Tanzmusik-Solisten, bis auf den holländischen Trompe-

ter und Arrangeur Henk Bruyns. Geld spielte keine Rolle, man konnte experimentieren, soviel man wollte. So wurde einmal mit Rhythmsection gespielt, einmal ohne; einmal mit Streicher, einmal ohne; man spielte heiß und auch „halbsymphonisch". Simple Tagesschlager wurden zu monströsen Arrangements aufgebauscht. Einmal wirkte das Orchester langweilig und einmal sehr interessant. Aber immer wieder kamen der Swing und das amerikanische Vorbild zum Vorschein. Zu jener Zeit war das *Deutsche Tanz- und Unterhaltungsorchester* ein deutsches Gegenstück zu Glenn Miller, wenn man einen Vergleich ziehen will. Es hatte seine Höhepunkte in den Jahren von 1942 und 1943, als zahlreiche beste deutsche Swingmusiker in ihm mitwirkten, die ihm ihren Stempel aufdrückten.

Vom September 1939 bis zum Ende des Krieges gegen Frankreich, im Frühsommer 1940, waren die deutschen Musiker vom Ausland abgeschnitten gewesen, und es hatte sich wenig auf dem Gebiet unserer Tanz- und „Swing"-Musik ereignet. Als nun nach der Besetzung von Ländern wie Frankreich, Belgien, Holland, Luxemburg, Dänemark, Norwegen und Polen eine Art Siegestaumel herrschte, wurden viele Soldaten, vor allem Künstler, unter ihnen auch viele Musiker, wieder aus der Wehrmacht entlassen, während man weitere Musiker aus den besetzten Ländern verpflichtete. Auch aus Italien kamen Musiker nach Deutschland. Nach rund zehn Monaten der Unsicherheit (denn vor dem Sieg über Frankreich war ja noch nichts entschieden), wollte man wieder „Jubel, Trubel, Heiterkeit" und ein einigermaßen normales Gesellschaftsleben mit allen Vergnügungen. Sogar der bei Kriegsbeginn verbotene öffentliche Tanz wurde für kurze Zeit wieder erlaubt.

Zu dieser Zeit brachten auf Urlaub kommende Soldaten (vor allem aus Frankreich) die neuesten Jazz- und Swingplatten, die sie in den eroberten Ländern erworben hatten, kofferweise nach Deutschland. Ein großer Teil der Platten landete auf dem in seinen Anfängen stehenden „Schwarzen Markt", und man erzielte damit unter Liebhabern horrende Preise. Um den Mangel an guten Jazz- und Swingaufnahmen auszugleichen, gingen viele eifrige Fans daran, sich private Schallplattenstudios anzulegen. Man kaufte Schneide-Aufnahmegeräte und stellte Tonfolien her, wobei „verbotene" Stücke Rekordauflagen erzielten. Man schnitt auch die neuesten Musiksendungen von Radio London (BBC) und vom „Soldatensender Calais" mit und versorgte sich und seine Freunde mit den neuesten und besten Erzeugnissen der anglo-amerikanischen Musik. Es war klar, daß die Jazzfreunde unter den „Plattenschneidern" die damals besonders guten englischen Jazzsendungen mitschnitten, während die anderen zum hundertstenmal die *Siegfried-Linie* vervielfältigten, den Schlager Nr. 1 von

1940. BBC brachte damals die beliebten *Eddie-Condon-Jamsessions* direkt aus New York.
In den Jahren von 1940 bis 1943 wurden Zehntausende von Tonfolien in unterschiedlicher Qualität von einigen Hundert Musikfreunden „geschnitten" und verbreitet. Das Wort „Plattenschneiden" kam daher, daß ein Stahlstichel den Ton in die weiche Tonfolie eingrub bzw. einschnitt. Bei den Tonfolien handelte es sich um die Typen *Decelith, Metallophon* und *Gelantinefolie*. Es war eine besondere Kunst, perfekte Aufnahmen zu erreichen, die dem Original gleichkamen. Diese Tonfolien waren in ganz Deutschland verbreitet, und es gab Gegenden, wo die Gestapo ernsthaft Jagd auf ihre Hersteller machte, wobei es in Berlin auch zu richtigen Razzien in den Oberschulen kam. Die Gestapo hatte aber zumeist wenig Glück dabei. Zu jener Zeit gab es schon viele Jazz- und Swingclubs aller Art beziehungsweise Freundeskreise, die wie Pech und Schwefel zusammenhielten. Einige dieser Leute liebten nur die Musik, andere hingegen waren radikal. Sie waren antinazistisch eingestellt und sahen im Jazz und Swing mehr als nur Musik: einen Ruf der Freiheit und das letzte Urpersönliche, was der gleichgeschaltete NS-Staat noch nicht beseitigen konnte.
Von einem dieser „Clubs" oder Freundeskreise ist bekannt, daß er noch bis 1942 „nichtarische" Mitglieder hatte, die damals zwangsweise in Rüstungsbetriebe verpflichtet waren und daher noch nicht im KZ saßen. Sie wurden von den anderen als völlig gleichberechtigt angesehen und so weit wie möglich geschützt. Einer dieser „Nichtarier", ein gewisser Max Wolf aus Berlin-Charlottenburg, besaß eine für damalige Verhältnisse gigantische Plattensammlung, die allen Freunden zugute kam. Wolf und andere jüdische Freunde wurden Anfang 1942 schließlich durch Routineverhaftungen der Gestapo dem Kreis entrissen. Er und seine Frau kehrten nicht aus dem KZ zurück. Sicher hätte Wolf nach dem Kriege eine maßgebende Rolle im Jazzleben gespielt.
Der Berliner *Melodie-Club* hatte eine eigene Methode, den Jazz und Swing in Ehren zu halten und stets auf dem laufenden zu sein. Besonders rührig darin waren Hans Blüthner, Dietrich Schulz-Köhn und Gerd Pick, die eifrig sogenannte *Briefe an die Front* verschickten. Diese „Briefe" waren richtige kleine Jazz-Zeitungen, die im Original auf Schreibmaschinenbogen getippt und dann fotokopiert wurden. Sie waren liebevoll mit Fotos und Zeichnungen versehen, ganz zu schweigen von den kuriosen Anti-Swingtiraden, die man aus Tageszeitungen und Illustrierten ausgeschnitten hatte und mitkopierte. Man brachte Neuigkeiten des Jazz (vom BBC entnommen), Jazzberichte aus den besetzten Gebieten und sogar Discographien. Von Bordeaux bis zum Nordkap und ab 1942 vom „Atlantikwall" bis vor Moskau: überall gab es unter den Soldaten

Jazz- und Swingfreunde, die sich dankbar auf diese interessante Lektüre stürzten. Der unermüdliche Schulz-Köhn, der von der SS geächtete „Swing-Schulz", der damals als Offizier in Frankreich war, sorgte für die Verbreitung der ersten Charles-Delauney-Hot-Discographien und stand in engster freundschaftlicher Verbindung mit dem *Hot Club de France* in Paris. Für etliche Jazzfreunde war die *Hot-Discographie* eine Art Bibel, ein unerschöpfliches Nachschlagewerk, das viele Erinnerungen wachrief. So schrieb einmal ein Landser aus Rußland an seine Freunde in Frankreich, „daß er sein Liebstes, die Hot-Discographie, im abgeschossenen Panzer liegenlassen mußte".

Es war ein großes Glück, daß die *Briefe an die Front* irgendwie immer der Gestapo entgingen, denn sie stellten ein erhebliches Risiko dar und hätten schwerwiegende Folgen haben können. Andere Jazz- und Swingfans kamen weniger gut davon: sie wurden entweder beim Abhören englischer und amerikanischer Platten gefaßt oder denunziert und hatten dann viele Widerwärtigkeiten zu erdulden. Besonders gefährlich war es, sogenannte Feindsender zu hören. Ein unvorsichtiges Wort oder eine Denunziation konnte ein Todesurteil zur Folge haben. Es gab überall „freundliche Nachbarn", die nur darauf warteten, einen „Volksfeind" anzuzeigen. Es gehörte schon etwas dazu, ein „Hot-Freund" zu sein, wenn man auch nicht groß darüber sprach.

An dieser Stelle muß gesagt werden, daß damals in keinem anderen Lande der Welt treuere Freunde der Jazzmusik zu finden waren als in Deutschland. Sie haben mehr entbehrt und — teilweise — mehr geopfert, als die Jazzfreunde anderer Länder. So herrschte in den von den Deutschen besetzten Gebieten Europas — von den sonstigen Unterdrückungsmaßnahmen der Gestapo und anderer Stellen hier einmal abgesehen — hinsichtlich des Jazz und Swing beinahe völlige Freiheit. Die dortigen Kapellen konnten Swing spielen und auf Schallplatten aufnehmen, so viel sie wollten, und es gab dort richtige, offizielle Jazz-Zeitschriften. Die Schallplatten-Industrie in den besetzten Gebieten brachte Hotplatten in großen Mengen heraus, darunter viele alte Vorkriegsplatten anglo-amerikanischer Herkunft. Außerdem ergoß sich aus Deutschland (bis Ende 1944) ein endloser Strom an erstklassigen Jazz- und Swingplatten in die besetzten Länder, denn Deutschland besaß die größten Schallplattenfabriken des Kontinents und deckte nun den Markt, den vor dem Kriege der englische Export beliefert hatte. Da man Devisen brauchte und die Wirtschaft in Schwung halten wollte, kümmert es die Machthaber wenig, was da exportiert wurde, ob „Jazz-Musik", ob „Nicht-arische Künstler" oder deutsche Tanzmusik. Den Nutzen hatten die Jazzfans der besetzten Länder.

Auf diese Weise trat die groteske Situation ein, daß das nationalsozialistische Deutschland Europa mit original amerikanischen und englischen Jazz- und

Swingplatten versorgte, die im deutschen Reiche selbst verboten waren. So lieferte die Lindström-Gesellschaft laufend ihre herrliche *Odeon Swing Music-Serie* und eine entsprechende *Parlophone-Export-Serie* (als Ersatz für die englische *Parlophon*) in Länder wie Belgien, Holland, Dänemark, Norwegen, Schweden, die Tschechoslowakei und die besetzten Balkanstaaten. In den Berliner Lindström-Werken wurden sogar im skandinavischen Auftrag die neuesten amerikanischen Aufnahmen kopiert, indem man die Originale umspielte, neue Matrizen anfertigte und davon neue Platten preßte. In Dänemark konnte man zum Beispiel die neuesten Aufnahmen folgender USA-Orchester finden: Glenn Miller, Red Nichols, Duke Ellington, Erskine Hawkins, Coleman Hawkins, Eddie DeLange, Count Basie, Earl Hines, Jimmie Lunceford, Artie Shaw, Bob Zurke, Tommy Dorsey und Benny Goodman — alles Aufnahmen aus den Jahren von 1939 bis 1941, die für eingeweihte deutsche Sammler bald zu begehrten Objekten wurden, da sie ja nie in Deutschland erhältlich waren. Bei der *Lindström* wurden auch die neuesten amerikanischen und sogar englischen Aufnahmen (Nat Gonella — 1940) gepreßt, die modernsten Jazzplatten, die zwischen 1941 und 1944 in der „Festung Europa" aufzutreiben waren.

Die *Deutsche Grammophon*-Gesellschaft belieferte genau wie die Lindström einen großen Teil Europas mit ihren Erzeugnissen, vor allem mit ihren ausgezeichneten *Brunswick*-Platten, auf denen die Elite des amerikanischen Jazz und Swing zu finden war. Außerdem begann die *Grammophon*, in besetzten und neutralen Ländern Schallplattenaufnahmen aller Art zu machen, darunter auch Hot- und Swingaufnahmen. In Schweden wurden Aufnahmen mit den Orchestern und Combos von Gösta Eriksson, Miff Görling, Sam Samson, Arne Hülphers, Sune Oestling u. a. gemacht, in Belgien und Holland solche mit den Orchestern von Stan Brenders, Jean Omer und Ernst van t'Hoff. Etliche dieser Aufnahmen wurden auch für den Verkauf in Deutschland freigegeben.

Die *Telefunken*-Gesellschaft hatte zwar keinen Vorrat an amerikanischen oder englischen Matrizen zum Pressen, betrieb aber eifrig die Herstellung eigener Swingaufnahmen. Sie war die erste Firma, die schon kurz nach Beendigung des Westfeldzuges, im November 1940, zahlreiche Schallplattenaufnahmen in den besetzten Ländern machte, und zwar u. a. mit Orchestern, die schon vor dem Krieg bei der *Telefunken* unter Vertrag gestanden hatten, wie die Bands von Fud Candrix und Eddie (Emile Deltour) Tower. Hinzu kamen neue Gruppen: Stan Brenders und Jean Omer in Belgien, Thore Ehrling, John Björling, Arne Hülphers und Gösta Törner in Schweden und Cesare Galli in Italien. Außerdem nahm *Telefunken* als einzige deutsche Firma noch eine ganze Zeit lang anglo-amerikanische Titel mit deutschen (!) Orchestern auf, so mit Heinz

Wehners und Kurt Hohenbergers Bands und mit Peter Kreuders kleinen Gruppen. Diese Aufnahmen waren damals jedoch nur für den Export bestimmt und ebenso wenig in den reichsdeutschen Plattenkatalogen zu finden wie die große Masse reiner Swingaufnahmen der genannten belgischen und schwedischen Gruppen. Deutsche oder französische Fantasie-Titel kamen auch in Deutschland zum Verkauf. Hier war der Jazz- und Swingfreund fast völlig von seiner Musik abgeschnitten, vor allem dann, wenn er nicht in einer Großstadt lebte. Dies vor allem in bezug auf original amerikanische Jazz- und Swingplatten, die seit dem Winter 1941/1942 auch nicht mehr unter dem Ladentisch verkauft werden durften. Nur wer als Soldat das Glück hatte, für einige Zeit in den besetzten West- und Nordgebieten zu sein (also Frankreich, Belgien, Holland, Dänemark und Norwegen), konnte sich mit Hotplatten aller Art reichlich eindecken. So kauften die Jazzfreunde in Wehrmachtsuniform, oft ohne es zu wissen, Schallplatten, die in Deutschland hergestellt und in die besetzten Länder exportiert worden, in Deutschland selbst aber „verboten" waren. Trotz aller Schwierigkeiten fanden die deutschen Jazz- und Swingfreunde zu ihrer Musik, und von den besetzten Ländern nach Deutschland blühte ein schwunghafter Plattenhandel.

Zu den Phänomenen dieser Zeit gehört es, daß die Jazzmusik, die damals im Swing ihren Ausdruck fand, Europa zu erobern begann, aller Nazi-Ideologie zum Trotz. Der Swing breitete sich aus wie eine Seuche, nicht zuletzt gefördert von allen Gruppen des aktiven und ideologischen Widerstandes in den besetzten Gebieten. Die Reichsmusikkammer und die Kulturfunktionäre zeigten sich dieser Entwicklung nicht gewachsen und mußten Schritt für Schritt kapitulieren. Als erstes sichtbares Zeichen galt eine Wehrmachtsbestimmung, der zufolge man Soldaten, die sich für „schräge Musik" begeisterten, nicht mehr verwarnen und belästigen sollte, „um den meist jungen Soldaten ihr bißchen Freude und Zerstreuung zu gönnen, zwecks Hebung des Kampfgeistes..." Zwar versuchte man in Presse, Film und Funk die Swingmusik propagandistisch als „minderwertige Entartung" hinzustellen und diese Behauptung mit „abschreckenden Beispielen" zu beweisen — aber vergebens. Begierig schnitten die Jazz- und Swingfreunde alle Fotos und Artikel aus den verschiedenen Zeitungen und Illustrierten heraus, die sich mit dieser Musik befaßten, und sei es in noch so negativer Art. Interessant waren für die Fans dabei gewisse Neuigkeiten, die zwischen den Zeilen zu lesen waren, und die beigefügten Fotos. Der antiamerikanische Hetzfilm *Rund um die Freiheits-Statue*, in dem kurze Szenen mit amerikanischer Swingmusik gezeigt wurden, war ein „voller Erfolg", aber nicht im Sinne der Nazis. Denn dankbar für die im Film gebotenen Seltenheiten (Winter 1941/1942), versäumte kein Jazz- und Swingfreund den Besuch dieses „Propaganda-Films"*. Als Clou kam hinzu, daß die im *UFA-Palast am Zoo* (Berlin) spielende Hauskapelle anläßlich seiner Aufführung dem verdutzten Publikum offenbarte, daß man „so eine Musik auch in Deutschland spielen könne". Das, was sie dann zum Beweis im Swingstil bot, erreichte die Leinwandherrlichkeiten jedoch nicht annähernd. Das „Negative" als Vorbild? Hier hatte die Regie offenbar nicht ganz geklappt. Der Anti-USA-Film verschwand bald von den Spielplänen.

Die Polemik gegen die Swingmusik hatte Ende 1938 verstärkt eingesetzt mit Artikeln, in denen der „Nigger-Jazz" als „eine Vermischung von Niggerrhythmus und jüdischem Gefühlsleben" hingestellt wurde. Im Kriege erschienen ganze Bildseiten gegen den Swing. So brachte der *Illustrierte Beobachter* 1944 eine Bildreihe über den „Swingjuden" Benny Goodman, der als „Rattenfänger die New Yorker Jugend verführt". Man zeigte entsprechende Fotos mit zwischen den Stuhlreihen tanzenden Jugendlichen im New Yorker Paramount-Theater während eines Goodman-Konzertes, ferner ein Foto von Goodmans Händen an der Klarinette mit der Unterschrift „Verbrecherhände". Andere Publikationen brachten Bilder von Louis Armstrong, wie er den *Sommernachtstraum* in einer reinen Neger-Oper bläst, mit der Unterschrift „amerikanische Unkultur"; ferner Artikel über das Ableben des „amerikanischen Musik-Clowns Fats Waller", in denen es u. a. hieß, daß „Waller von Bachs Musik nicht viel hielt, aber mit der Verjazzung derselben jährlich 180 000 Dollar verdiente". Wieder an anderer Stelle wurde gesagt, „...der letzte Opernschrei am Broadway" sei „*Carmen,* die als Niggerparodie aufgeführt" werde, und daß „der echte Charlie Kunz, der große Künstler, in der deutschen Wehrmacht diene, am Soldatensender Belgrad, während ein Jude in England seinen Namen gestohlen" habe. Dies war reiner Humbug und Propagandaschwindel, mit dem ein vor dem Kriege beliebter Künstler „eingedeutscht" werden sollte. Kunz hatte zwar wenig mit Swing und Jazz zu tun, aber sein Beispiel ist typisch für die Mentalität der NS-Propaganda. Das *Illustrierte Blatt (Frankfurter Illustrierte)* brachte Artikel über den „Jitterbug" und schrieb über die „verderblichen Einflüsse der Trompete von Harry James", wobei die neuesten amerikanischen Swingausdrücke, wie *Hep-Cat, Jive, Jitterbug* usw., genau erläutert und als Beispiele für den „amerikanischen Sittenverfall" angeführt wurden. Jedes Mittel war recht, um den Jazz und Swing zu diffamieren und als „schädlich" hinzustellen, wobei die *Koralle,* eine damals immerhin noch recht gute Zeitschrift, sich sogar zu der Behauptung verstieg, daß „Goodman gar kein Instrument spielen" könne, „denn die Geige (!) in seiner Hand" sei „nur ein Vorwand".

---

* Eine etwas längere Version wurde später nicht mehr gezeigt.

Vielleicht war der damalige Redakteur ein verkappter Swingfreund, der mit diesem Scherz die Propaganda lächerlich machen wollte.
Alle diese Artikel hatten ein dankbares Leserpublikum und wurden „unter Brüdern" herumgereicht. Der *Melodie-Club* kopierte sie teilweise sogar und versandte sie als *Briefe an die Front*. Motto: „Der Swing ist tot... es lebe der Swing!"
Der Swing war nicht nur nicht totzukriegen, er wurde nunmehr auch von den Nazis propagandistisch verwertet. Auf Anordnung des Reichspropagandaministeriums wurde Swing von deutschen Orchestern in Propagandasendungen für das „feindliche Ausland" gespielt. Hier konnten deutsche Musiker und ausländische Kollegen, die man aus den besetzten Gebieten verpflichtet hatte oder die aus verbündeten Staaten kamen, vor allem aus Italien, nach Herzenslust Swing oder „Hot" spielen. Ein bekanntes Orchester dieser Art war *Charlie and his Orchestra,* das zwischen Anfang 1941 und Anfang 1943 zahllose Propagandaschallplatten einspielte und neben herkömmlicher Tanzmusik auch ab und zu Swing mit Hotsolistik bot. Diese Schallplatten waren nur in deutschen Propagandasendern zu hören und wurden teilweise hinter der feindlichen Front abgeworfen. Es handelte sich ausschließlich um angelsächsische Kompositionen, vom *St. Louis Blues* bis zur *Siegfried-Line.* „Charlie" war der deutsche Sänger Karl Schwedler. Er sang auf den Platten verdrehte Texte mit den üblichen Churchill-, Stalin- und Roosevelt-Beschimpfungen und anderen Verhöhnungen. Kriegspsychologisch war das reine Kinderei und ohne jede Wirkung auf den sicherlich amüsierten Gegner, aber musikalisch zeigte es den wahren Stand unserer Musiker, der hotsolistisch manchmal beachtlich war. *Charlie and his Orchestra* ist identisch mit dem *Lutz-Templin-Orchester,* das damals immerhin die Aufmerksamkeit mancher Swingfreunde auf sich zog und sonderbarerweise für den deutschen Markt weit „heißere" Titel einspielte.
In den Jahren 1941/1942 war die Jazz- oder Swingmusik in Deutschland zwar offiziell verfemt, hielt aber dennoch ihren siegreichen Einzug in Deutschland, dank vieler Musiker, die sich unbeeinflußt für die Swingmusik begeisterten, sich für sie einsetzten und sie spielten. Der Swing kam aber auch mit etlichen ausländischen Musikern und Orchestern aus den besetzten und den verbündeten Ländern Europas, die ihn ungehemmt öffentlich spielten und dabei propagierten. Mit Recht kann man daher die Jahre von 1941 bis 1943 als die Zeit des *Swing-Revival* in Deutschland bezeichnen, eine Tatsache, die heute vergessen zu sein scheint.
Einer der ersten, die die ideologischen Klippen der Reichsmusikkammer umschifften, war der erstklassige Klarinettist Benny de Weille, der schon bei den *Teddies* aufgefallen war und bei Schallplattenaufnahmen der Studiobands von

Michael Jary, Willy Berking, Adolf Steimel, Horst Winter und anderen mitgewirkt hatte. Bereits Mitte 1940 hatte de Weille ein *Bar-Trio* nach dem Muster des Benny-Goodman-Trio/Quartetts zusammengestellt. Das Quartett, als *Benny de Weille und sein Bar-Trio* bezeichnet, setzte sich aus folgenden Solisten zusammen: Benny de Weille (cl), Primo Angeli (p), Kurt Engel (vib) und Fred Brocksieper (d); letzterer wurde später durch Harry van Dyk (d) ersetzt. Diese Gruppe war speziell für Schallplattenaufnahmen zusammengestellt worden und nahm zunächst acht Titel auf, die, strikt im Goodman-Stil gespielt, zu einem vollen Erfolg wurden und bis heute zu den besten deutschen Swingaufnahmen zählen. Als Jazzersatz fanden diese Platten bei den Swingfreunden natürlich großen Absatz. De Weille hatte selbstverständlich populäre deutsche Schlager und eigene Swingkompositionen für diese Aufnahmen ausgewählt, er spielte eben „deutsche Tanzmusik", wie es ja Vorschrift war. Titel wie *Mitternacht am Kongo, Schwarze Augen, Hallo Benny, Denn ich bin ja zum Tanzen geboren* usw. lehnten sich stark an das amerikanische Vorbild an und waren im Grunde genommen reine Swingkompositionen.

Viele andere deutsche Orchester übernahmen diese Stücke und fügten weitere, ähnliche Kompositionen hinzu, die man nicht direkt als „Schlager" bezeichnen konnte. Außer den erwähnten Bar-Trio-Aufnahmen machte Benny de Weille etliche Titel mit diversen Studiogruppen, einer Bigband und einem Sextett. Während die Bigband oft im besten Goodman-Bigband-Stil spielte, war das Sextett eine gelungene Kopie des Goodman-Sextetts. Die Sextett-Aufnahmen waren mit Willy Berking am Vibraphon (!) und den Meistergitarristen Meg Tevelian und Alfio Grasso. Harmlose Titel wie *Tanz der Pinguine, Das alte Spielmannslied, Tanzende Schatten* u. a. tarnten feine Swingarrangements mit reinster Jazzsolistik. De Weille ging sogar noch weiter, um den geheimen Wünschen vieler Swingfreunde nachzukommen. So spielte seine Band die unter Swingfans beliebte Komposition *Joseph, Joseph* (die Joseph Goebbels angeblich schon vor dem Kriege nicht leiden konnte) als *Sie will nicht Blumen, will nicht Schokolade*, „komponiert" bzw. umarrangiert von Hans Carste. Diese Aufnahme fand reißenden Absatz und selbst bei den „Puristen" unter den damaligen Jazzfreunden, die nur den US-Jazz anerkannten, einige Anerkennung. Andere Orchester spielten dieses Stück sofort nach, darunter Horst Winter, dessen Version die de-Weille-Aufnahmen noch erheblich übertraf.

Hier muß auch erwähnt werden, daß der Tanzkapellenleiter Willi Stanke ebenfalls den Wunsch vieler Swingfreunde, aber auch „Swing-Heinis" erfüllte, als er 1942 den allerseits beliebten *Tiger Rag* einfach in den *Schwarzen Panther* verwandelte und sogar auf Schallplatten herausbrachte. Der *Schwarze Panther*, von „M. Consiglio komponiert", erschien der RMK wohl harmlos und wurde nicht beanstandet, was bezeichnend für die „Fachleute" ist, die in dieser NS-Institution tätig waren. Der *Panther* wurde in Deutschland bald so populär wie kaum ein anderes Musikstück der Kriegsjahre und hielt sich sogar noch lange Jahre nach dem Kriege, als es die Kapellen längst nicht mehr nötig hatten, den *Tiger Rag* als *Schwarzen Panther* zu verkleiden. Damals gab er den Kapellen mit Hotambitionen endlich wieder Gelegenheit, den *Tiger Rag* mit aller Hotsolistik legal zu spielen. Die Veränderungen waren nur geringfügig, Stanke hatte lediglich einige Noten ausgewechselt. Eine weitere bekannte Version des *Schwarzen Panthers* wurde von einer Studioband unter Leitung des Akkordeonisten Hans Georg Schütz 1943 auf Schallplatten festgehalten. Schütz spielte hier Piano und kreierte mit seiner Band eine rasante Kurzfassung des *Panthers*. H. G. Schütz, der als Leiter dreier völlig verschiedenartiger Ensembles bekannt wurde (er leitete die *Lustigen Dorfmusikanten*, ein *Musette-Orchester* und ein normales Tanzorchester), machte mit einer Studio-Swingband zwischen 1940 und 1943 etliche bemerkenswerte Schallplattenaufnahmen für die *Deutsche Grammophon*. Er vereinigte in seiner Swingband Solisten wie Charlie Tabor (tp & v), Erich Puchert und Macky Kasper (tp), Erich Böhme und Willibald Winkler (tb), Benny de Weille (cl, as), Eugen Henkel, Detlev Lais (ts), Karl Maria Keller (ts & v), Omar Lamparter (as), Teddy Kleindin (as, bars), Eugen Schieting und Primo Angeli (p), Helmut Zacharias (v), Meg Tevelian (g), Otto Tittmann (b) und Herbert Kysielka (d), manchmal auch Fred Brocksieper (d). Alles beachtliche Musiker und Hotsolisten, was vor allem auf Titeln wie *Fräulein, wenn vom Himmelszelt, Dieses Lied hat keinen Text, Hallo Benny, Entzückende Frau, Sieben kleine Knüllerchen* und *Heiße Tage* deutlich wird. Bei *Sieben kleine Knüllerchen* handelte es sich übrigens um ein völlig frei improvisiertes Thema, das im Anschluß an eine Schallplattensitzung von den Musikern nur so zum Spaß gespielt worden war, dann aber sogar auf Schallplatte erschien. Außer H. G. Schütz, der die meisten Arrangements bearbeitete, schrieben auch Franz Mück und Meg Tevelian für die bei den Fans fast vergessene Studio-Swingband.

Ob man in Berlin, das gerade in der Kriegszeit noch immer das Zentrum der Swingmusik in Deutschland war, in den *Delphi-Palast* ging, um Heinz Wehner, Fud Candrix, Jean Omer oder Ernst van t'Hoff zu hören; ob man Tullio Mobiglia und „Alfio" (Alfio Grasso) in der *Rosita-Bar*, oder im *Uhland-Eck* in zwei Etagen drei verschiedene Bands, darunter Lubo D'Orio, hörte oder die Band von Kurt Widmann im *Imperator* und danach in der *Melodie-Bar* am Kurfürstendamm den Hottrompeter Fernando Diaz: überall wurde totsicher der *Schwarze Panther* losgelassen, in mehr oder weniger Anlehnung an den alten *Tiger Rag*. Sogar zweitrangige Kapellen aller Art in den 1942 noch zahlreichen Berliner Lokalen bemühten sich, den *Panther* zu spielen. Es lohnte sich oft, eine halbe Stunde seichte Tanz-, Unterhaltungs- und Salonmusik zu hören, um danach den *Schwarzen Panther, Joseph, Joseph* u. a. zu erleben, wobei sich die Musiker redlich Mühe gaben, etwas zu bieten. So bescheiden geworden war man damals. Das wichtigste war jedoch, daß überhaupt noch „heiß" gespielt werden konnte.

In Hamburg provozierte die sogenannte „Swingjugend" (in der sowohl damalige Halbstarke und „Swing-Heinis" als auch überzeugte Anti-Nazis vertreten waren) die Gestapo, indem sie öffentlich nach dem *Schwarzen Panther* und ähnlichen Stücken „Jitterbug" tanzte und obendrein die berüchtigten HJ-Streifen verprügelte, die sie daran hindern wollten. Hier waren bereits Ansätze eines ideologischen Widerstandes zu finden, und so griff die Gestapo teilweise hart zu. In einigen Gegenden verbot man daher den *Schwarzen Panther* und „Hotmusik" überhaupt. Eine typische Zeitungsmeldung jener Zeit lautete: „Halle. — Gauleiter Eggeling hat für seinen Gau alle Musikdarbietungen verboten, in denen nach amerikanischer Weise Melodie und Rhythmus verzerrt und zerstört werden."

Alle Bemühungen der Partei, den Swing und Jazz von Deutschland fernzuhalten, schlugen jedoch fehl, da die Swingmusik bereits im Herzen Deutschlands gespielt wurde und sich immer neue Positionen eroberte.

Ein weiterer deutscher Künstler von Jazzformat war damals der noch junge Helmut Zacharias, der um 1940 von der *Lindström* entdeckt und gefördert wurde. Ab November 1941 konnte er für *Odeon* Schallplattenaufnahmen einspielen, wobei er so erstklassige Hotmusiker wie Ernesto Romanoni (p), Alfio Grasso, Meg Tevelian (g), Jani Nemeth (g & vib) und Cesare Cavaion hinzuzog. Zacharias, der damals noch eine meisterliche Hotvioline spielte und seine ersten Sporen bei Lubo D'Orio verdient hatte, richtete seine Studio-Combo stark nach dem Vorbild des *Quintette du Hot Club de France* aus. Trotz des französischen Vorbildes gelang es den guten Solisten, etwas wie eine persönliche Note hineinzubringen. Sie spielten härter und angelsächsischer als *Grappely, Django & Co.*, wenngleich sie nicht besser waren. Zacharias selbst war als Solist jedoch ebenso gut oder sogar besser als viele amerikanische und europäische Hotgeiger. Er war noch weit entfernt vom Sacharinstil der *Verzauberten Geigen,* die ihm in den letzten zwölf Jahren großen kommerziellen Erfolg brachten. Wie Benny de Weille verwendete er viele eigene reine Swingkompositionen mit Titeln wie *Gut gelaunt, Flirt, Sehnsucht, Tag und Nacht, Hallo Hella* usw. Helmut Zacharias machte sogar interessante Experimente in der Zusammensetzung seiner Studiogruppen; so verwendete er in der Hotmusik ausgefallene Instrumentationen, arbeitete mit Oboe, Flöten, Cembalo, Klarinette und mehreren Gitarren. An Stelle des Schlagzeugs verwendete er den Baß. An der „Modernität" der damaligen Zacharias-Gruppen ist nicht zu zweifeln, da die alten Schallplattenaufnahmen aus den Jahren von 1941 bis 1943 auch heute noch eine Musik präsentieren, die zeitlos ist. Genauso zeitlos wie die Musik des berühmten *Quintette du Hot Club de France*. Die alten Zacharias-Aufnahmen zählen zu den Meilensteinen der deutschen Jazz-(Swing-)Geschichte und verdienen mehr Beachtung.

Franz „Teddy" Kleindin war neben Benny de Weille und Horst Winter ein Spitzenklarinettist im Deutschland der Kriegsjahre. Kleindin, der kurze Zeit bei den *Original Teddies* mitgewirkt hatte und seit 1939 unter Kurt Widmann spielte, leitete ebenfalls beachtliche Studiogruppen. Schon ab Juni 1941 machte er reine Swingaufnahmen für *Telefunken*, wobei er sich nach dem Vorbild des Benny-Goodman-Trios richtete, glänzend unterstützt von dem begabten italienischen Swingpianisten Primo Angeli, der wohl wie kaum ein Zweiter à la Teddy Wilson spielte. Genau wie Benny de Weille war auch Teddy Kleindin ein unentbehrlicher Studiomusiker dieser Jahre und spielte auf unzähligen Schallplattenaufnahmen aller Art mit, so auch bei Horst Winter, der wiederum auch in den Kleindin-Gruppen mitwirkte.

Horst Winter, der heute fast nur noch als Schlagersänger bekannt ist, spielte zu jener Zeit noch eine erstklassige Hotklarinette und war ein großer Verehrer der amerikanischen Swingmusik. Seit Anfang 1941 nahm er mit einer eigenen Studioband laufend Schallplattenaufnahmen für die Special-Record-Marke *Tempo* (Kaufhausplatte) auf. Wenngleich der größere Teil dieser Aufnahmen reine Tanzmusik war und Winter als Schlagersänger präsentierte, entstanden unter seiner Leitung etliche Swingaufnahmen eigener Prägung, darunter einige der besten deutschen Swingplatten im „Dritten Reich". Spitzentitel dieser Art waren die Bigbandaufnahmen *Studie in F, Ich und Du* (Instrumental-Version!) und *Sie will nicht Blumen, will nicht Schokolade,* auf der Horst Winter sich sogar als beachtlicher Hotsänger produzierte. Winter und seine Leute waren ganz bei der Sache. Um den schweren und trockenen Klang amerikanischer Swing-Bigbands zu erreichen, verhängten sie das Tonstudio mit Decken, um den Schall zu fangen, und bemühten sich im schleppenden Swingstil à la Tommy Dorsey, Benny Goodman und Artie Shaw zu spielen. In der Band saßen allerdings auch hervorragende Solisten wie Rimis van den Broek, Louis de Haes (tp), Josse Breyre (tb), Teddy Kleindin, Lou Logist (s), Tip Tischelaar, Franz Mück (p), Cesare Cavaion (b), Harry van Dyk (d) u. a. Dies waren wirklich internationale Besetzungen — wie in fast allen anderen „deutschen" Tanzorchestern der Kriegszeit — mit Belgiern, Holländern, Italienern und Deutschen. Besonders glückliche Horst-Winter-Aufnahmesitzungen brachten den hervorragenden Trio-Titel *Ti Pi Tin* (à la Goodman-Trio) sowie die Quartettaufnahmen *Congo* und *Melodie in Moll,* wobei letztere sogar in Boogie-Woogie-Manier gespielt wurde (von Tip Tischelaar). Alle diese Aufnahmen zählen zu den besten der deutschen Hotaufnahmen jener Zeit, wenngleich etliche Ausländer daran beteiligt waren.

Der holländische Drummer Harry van Dyk, der in den Bands von Kurt Widmann und Kurt Hohenberger spielte und mit zahlreichen Studio-Orchestern, fast allen maßgebenden Bands in Deutschland, Aufnahmen machte, konnte im Jahre 1942 einige Titel unter eigenem Namen für die damals recht aktive *Tempo-*Marke aufnehmen. Er verwendete hier fast dieselben Solisten, die auch Benny de Weille und Horst Winter in ihren Studiogruppen hatten. Van Dyk war ein guter Swingdrummer und gestaltete seine sämtlichen Aufnahmen jazzmäßig interessant. Auch er hielt sich kaum an das übliche Schlagerrepertoire, sondern spielte Swingkompositionen „made in Germany", wie *Rugby, Rhythmus, Tanz der Pinguine, Mitternacht am Congo* usw. Außerdem folgte er dem Beispiel de Weilles und Stankes, indem er Jimmy Dorseys *A Man And His Drum* notengetreu kopierte und einfach als *Harry und seine Trommel* auf Platte herausbrachte.

Das Tanzorchester von Kurt Widmann, das hier schon erwähnt worden ist und bei dem Harry van Dyk für einige Zeit als Drummer mitwirkte, hatte in den Kriegsjahren an Popularität gewonnen und sich dank etlicher „kriegsverpflichteter" ausländischer Musiker qualitativ erheblich verbessert. Gewichtig war vor allem der Zuwachs aus Belgien. 1941 und 1942 spielten in der Widmann-Band Musiker wie Louis de Haes (tp), Josse Breyre (tb), Jean Robert (ts, tp, cl), Lou Logist (s), Coco Colignon (P), Meg Tevelian (g) und Harry van Dyk. Natürlich war die Band zu jener Zeit entsprechend „hot" und —wenngleich sie nur wenige reine Swingaufnahmen machte, wie *Heiße Tage, Schönes Wetter* und *Das ist nun mal mein Rhythmus* (für *Kristall-Imperial* und *Tempo*) — außerordentlich gut und erfreute die Swingfreunde im alten *Imperator-Café,* wo Widmann nun schon seit fast zehn Jahren regierte bzw. Hauskapelle war.

Kurt Widmann war mehr Showman und Stimmungskanone als ein großer Musiker, geschweige denn ein Jazzmusiker, aber er lehnte den Swing nicht ab und hatte große Sympathie für „schräge Musik", wie er es sah. Bereits kurz vor Kriegsausbruch hatte er mit seinem Orchester (mit rein deutscher Besetzung) für *Tempo* eine Reihe von Swingaufnahmen aufgenommen, Titel wie *St. Louis Blues, Tiger Rag, Farewell Blues* und *Somebody Stole My Gal.* Der Krieg verhinderte die Herausgabe dieser Aufnahmen, die jedoch groteskerweise als erste „Swingplatten" nach dem Kriege bereits 1946 in Deutschland wieder heraus-

kamen und dank ihrer Pseudonyme (John Webb, Wepp, Weepster) vielen Sammlern einiges Kopfzerbrechen bereiteten*.
Bei Kriegsausbruch verlor Widmann, wie fast alle anderen Orchester, Personal an die Wehrmacht. Immerhin gelang es ihm mit Ach und Krach, eine gute Tanzkapelle zusammenzuhalten, die dann 1941 durch die bereits erwähnten ausländischen Musiker qualitativ gehoben wurde und weiterhin Schallplattenaufnahmen für *Tempo* und *Kristall (Imperial)* aufnahm. Um 1941/1942 hatte Kurt Widmann die wohl beste Band seiner Karriere, und in jener Zeit begann auch seine große Popularität als (Pseudo-)„Swingbandleader", die er bis zu seinem tragischen Tode im Jahre 1954 beibehielt.

Kurt Hohenberger hatte trotz der Kriegsverhältnisse seine Band einigermaßen zusammenhalten können und spielte mit ihr zeitweilig in der *Rosita-Bar*. Im Jahre 1941 unternahm die Band eine größere Tournee im Rahmen der Wehrbetreuung nach Frankreich, zusammen mit der bekannten Sängerin Rosita Serrano, mit der die Band auch etliche Schallplattenaufnahmen machte. Zum Stamm der Hohenberger Kriegsbesetzung gehörten Walter Dobschinski (tb, b & arr), Herbert Müller (cl, as), Detlev Lais (ts), Fritz Schulz-Reichel (p), Hans Korseck (später Serge Matull) (g), Rudi Wegener (b) und Harry van Dyk (d), um nur die wichtigsten Solisten zu nennen. Bemerkenswert „jazzig" waren folgende Schallplattenaufnahmen der Jahre von 1940 bis 1943: *Time's A Wastin', Ich wünsche mir, daß du mir sagst ich liebe dich, Gute Laune, Improvisation, Melodie* und *Rhythmus*. Interessant war ein Bigbandversuch Hohenbergers mit einem Arrangement von Walter Dobschinski über *Amorcito mio* im schönsten Artie-Shaw-Stil, wie ihn wohl kaum eine deutsche Band jener Zeit erreichte. Kurt Hohenberger hat das Format seiner Bands der Jahre 1937 bis 1943 nie wieder erreicht.

Eine der wichtigsten Persönlichkeiten unter den deutschen Hotmusikern der Kriegszeit war Freddie Brocksieper, der „deutsche Gene Krupa". Fred Brocksieper, der eigentlich Ingenieur werden sollte, sich jedoch bald der Musik verschrieb, wurde in den Jahren 1938/1939 in Musikerkreisen schnell als versierter Schlagzeuger und spezieller Swingdrummer bekannt. Zu dieser Zeit spielte er bereits in einigen Studio-Orchestern für verschiedene Schallplattenmarken mit, so auch ab 1939 bei der *Goldenen Sieben*. Im Kriege wirkte er bei den schon erwähnten Swingbesetzungen von Benny de Weille und Teddy Kleindin mit und wurde dann ab Anfang 1941 der ständige Drummer des neuen Lutz-Templin-Orchesters und nebenbei noch Schlagzeuger bei Willi Stech, der für sein Orchester oft Templin-Personal auslieh und mit dem Templin-Orchester

---

* Sie wurden 1939/40 noch in Holland veröffentlicht.

durch das *Deutsche Tanz- und Unterhaltungsorchester* eng verbunden war. Anfang 1942 begann Brocksieper ein Studio-Quartett für Schallplattenaufnahmen zusammenzustellen (ebenfalls mit Templin-Solisten), mit dem er ab März 1942 für die von der *Deutschen Grammophon*-Gesellschaft wiedererweckte beliebte *Brunswick*-Marke etliche Schallplattenaufnahmen machte. Hier muß eingeflochten werden, daß die Wiedereinführung des *Brunswick*-Etiketts, das seit 1939 aus den deutschen Plattenkatalogen verschwunden war, eine besondere Leistung der *Deutschen Grammophon* war. Sie erschien beinahe wie ein Wunder, da ja auf *Brunswick* fast ausschließlich Swingaufnahmen herauskamen. Zwischen April 1942 und Dezember 1943 veröffentlichte die *Deutsche Grammophon* auf *Brunswick* fast 200 Aufnahmen deutscher, italienischer, dänischer, schwedischer und belgischer Musiker. Die neue *Brunswick*-Serie hatte Swingaufnahmen von Brocksieper, Tullio Mobiglia, Walter Leschetitzky, Jean Omer, Stan Brenders, den *Kordt Sisters*, Miff Görling, Gösta Erikssen, Sam Samson, Sune Oestling und Jean Ouwerx aufzuweisen und etliche Pianosoli von Børge Friis, die jedoch kaum von Interesse waren. In Deutschland kamen davon 66 Platten mit 132 Titeln heraus, die anderen wurden exportiert oder nicht veröffentlicht. Zu den besten Aufnahmen der Serie gehörten nun die schon erwähnten Freddie-Brocksieper-Einspielungen, die fast durchweg nur Hotmusik boten. Brocksieper hatte bei seinen Quartettaufnahmen ein ständig wechselndes Personal und eine variable Instrumentalbesetzung, die immer wieder etwas Neues bieten konnte und nach und nach alle bedeutenden Solisten des Templin-Orchesters präsentierte. So spielten unter Brocksiepers Leitung erstklassige Jazzer wie Georg Haentzschel, Fritz Schulz-Reichel, Primo Angeli (die drei besten Pianisten der Zeit, neben Helmuth Wernicke), Rimis van den Broek, Nino Impallomeni und Alfredo Marzaroli (tp), Josse Breyre (tb), Cesare Cavaion, Otto Tittmann, Walter Dobschinski und Willibald Winkler (b), Detlev Lais, Jean Robert, Teddy Kleindin, Eugen Henkel (s) und andere — die Elite aller Swingmusiker, die sich damals in Berlin befanden. Anfang 1943 wagte Brocksieper sich dann auch an Bigbandaufnahmen heran, wobei er fast die gesamte Lutz-Templin- Bigband verwendete. Es wurden Aufnahmen besonderer Art in der etwas ungewöhnlichen Besetzung: 5 Trompeten, 4 Posaunen und 4 Rhythmus (p, g, b, d), etwa in der Art des amerikanischen *Choir of Brass* (Messingchor) von Seger Ellis aus den Jahren 1937 bis 1939. Vom Januar 1943 bis zum Juni desselben Jahres spielte er acht solcher Bigbandaufnahmen für *Brunswick* ein, unterstützt von den Arrangeuren Willy Berking, Pi Schäffers, Walter Leschetitzky, und Vlig van der Sys. Sie schufen reine Swingaufnahmen, wie *Barcarolle, Taktik, Globetrotter, Exzentrik, Romanze* und *Cymbal Promenade.*

Der zuletzt genannte Titel war die bedeutendste Aufnahme der Brocksieper-Serie und ist bis heute ein Meilenstein des deutschen Jazz geblieben. Die *Cymbal Promenade* war ein Swingarrangement im Boogie-Woogie-Stil (arrangiert von H. v. d. Sys), wobei die Boogie-Harmonien von Primo Angeli auf dem Cembalo (Harpsichord) gespielt wurden, unter Einflechtung barocker Themen. Es spricht für die Qualität dieser Aufnahme und des Arrangements. daß die *Cymbal Promenade* nach dem Krieg (als sie für einige Zeit nochmals von der *Brunswick* veröffentlicht wurde) von vielen Leuten als moderne Aufnahme angesehen wurde. Sie könnte auch jetzt noch neben allen Leistungen der heutigen Orchester Deutschlands bestehen. Freddie Brocksieper war seiner Zeit vorausgeeilt und hatte mit seiner *Cymbal Promenade* musikalisch demonstriert, daß das „amerikanische Jahrhundert" stärker war als das „Dritte Reich". Ab 1943 spielte Brocksieper dann unter Lutz Templin am Reichssender Stuttgart, wo er wohl bis zum Kriegsende blieb. Die Cymbal Promenade wurde als „unerwünscht" erklärt.

Ein weiterer Name, der besonders während der Kriegszeit in allen maßgebenden Orchestern und Studiogruppen zu finden war, ist der des Gitarristen Meg Tevelian. Der Armenier, den man als einen deutschen Eddie Condon der damaligen Berliner Musikszene bezeichnen kann, war im Gegensatz zu Condon auch ein guter Sologitarrist. Er hatte bereits seit Mitte der dreißiger Jahre in diversen Berliner Orchestern mitgewirkt, so vor allem bei Oskar (bzw. Oscar) Joost. Während des Krieges, als viele gute deutsche Gitarristen zur Wehrmacht eingezogen waren (u. a. auch Hans Korseck, der an der Front fiel) und andere Deutschland verlassen hatten (z. B. Mike Danzi und Harold Kirchstein), wurde Tevelian ein begehrter Solist, der vor allem für Schallplattenaufnahmen der verschiedensten Orchester und Studiogruppen herangezogen wurde, so auch für Benny de Weille, Primo Angeli, Teddy Kleindin, Michael Jary, Harry van Dyk, Lutz Templin, Kurt Hohenberger, Kurt Widmann, Horst Winter, Willy Berking, Hans Rehmstedt, Helmut Zacharias und viele andere Bands. Er erwies sich einfach als unentbehrlich und war außerdem ein recht guter Komponist und Arrangeur für Instrumentalstücke, die sich glänzend für den Swing eigneten. Im Frühjahr 1941 trat die *Televox*-Schallplattengesellschaft (Plattenfirma des ehemaligen Televox-Schallplattengeschäftes in Berlin, Tauentzienstraße) mit dem Vorschlag an Meg Tevelian heran, Studiobands für zügige Tanz-(Swing-) Platten zusammenzustellen. Tevelian formierte sogleich eine erstklassige Swingcombo mit Solisten des gerade in Berlin gastierenden Orchesters Ernst Van t'Hoff. Hier wählte er die besten Solisten aus, mit denen er bereits schon mehrmals hinter verschlossenen Türen „gejammt" hatte: Rimis van den Broek (tp), André Smit (tb), Kees Verschoor (cl, s), Tinus Bruyn (s)

und Tip Tischelaar (p), und verpflichtete weitere gute Solisten, die nicht aus dem van-t'Hoff-Orchester stammten, so den italienischen Bassisten Cesare Cavaion und den holländischen Drummer Harry van Dyk, der als Schlagzeuger damals eine ähnlich unentbehrliche Rolle spielte wie Tevelian als Gitarrist. Im Mai 1941 wurden dann im *Televox*-Studio, bzw. durch die Pallas-Werke, die ersten acht Titel des *Tanzorchesters Meg Tevelian* aufgenommen. Zwar waren sie ziemlich unverfänglich und zum Teil laufende Tagesschlager, aber wie sie gespielt wurden, war maßgebend. Man spielte nämlich eine Mischung von Comboswing und Dixieland mit frei improvisierter Solistik. Zu dem guten Gelingen dieser Aufnahmen trug nicht zuletzt auch das *Melodie-Club*-Mitglied Gerd Pick bei, der zu dieser Zeit als Techniker bei *Televox* tätig war und die Titel aufnahm. Mit den ersten Tevelian-Aufnahmen wurde die alte *Televox Special Record* oder *Televox Sonderplatte* von 1938/1939 wiedererweckt (ähnlich wie *Brunswick*), die nun ebenfalls mit dem grünen Etikett erschien. Im September desselben Jahres folgte eine weitere Sitzung Tevelians mit Musikern des Jean-Omer-Orchesters, das nach van t'Hoff und Pat Bonen im *Delphi-Palast* spielte. Die neuen Aufnahmen wurden noch besser als die vom Mai. Tevelian hatte noch den begabten italienischen Gitarristen Alfio Grasso hinzugezogen, der ihm solistisch überlegen war. Diesmal wurden neun Titel aufgenommen, unter ihnen spezielle Instrumentalkompositionen, wie *beispielsweise Yvonne, Ararat, Bambus, Pirouette, Silhouetten* und *Flamingo*. Der letzte Titel war wiederum in der damals verpönten Boogie-Manier gespielt. All diese Aufnahmen wurden von der *Pallas*-Firma gepreßt und kamen auf den Marken *Pallas* und *Televox* heraus. Als die ersten Platten im Winter 1941/1942 erschienen, wurden sie schnell populär und verkauften sich, besonders in Berlin, in großen Mengen. Denn endlich waren wieder einmal ein paar recht gute Swingaufnahmen vorrätig, die sogar den „Puristen" unter den Jazzfans leidlich gefielen. Manch einer war gern bereit, seine zwei Platten „Altmaterial", plus 2,50 RM für eine der neuen Meg-Tevelian-Platten zu opfern. Mit diesen Aufnahmen wurde Tevelian auch in der Öffentlichkeit bekannt, wenn auch nur für kurze Zeit.
Alfio Grasso, der hier schon im Zusammenhang mit den Meg-Tevelian-Gruppen erwähnt wurde, war etwa Ende 1940 mit der Tullio-Mobiglia-Band aus Italien nach Berlin gekommen. „Alfio" und die kleine, aber gute Mobiglia-Combo spielten vorwiegend in der *Rosita-Bar* in der Hohenstauffenstraße. „Alfio" und „Tullio" waren zwischen 1940 und 1943 für alle Swingfreunde ein Begriff, denn die Italiener kümmerten sich nur wenig um Verbote und spielten alle möglichen obskuren Kompositionen in Swingmanier. Neben italienischen Instrumentalkompositionen brachten sie etliche bekannte anglo-amerikanische

Titel unter diversen Pseudotiteln, darunter auch den unverwüstlichen *Tiger Rag* und das berühmt-berüchtigte *In The Mood*, das damals nicht nur in den USA und in England, sondern auch in Deutschland und den besetzten Ländern außerordentlich beliebt war, von den „Jazzpuristen" allerdings als „Hymne der Swing-Heinis" abgelehnt wurde. Tullio Mobiglias *Bar-Orchester* wurde Mitte 1941 von der *Deutschen Grammophon* für Schallplattenaufnahmen verpflichtet. Zunächst nahm man einige populäre Schlagertitel auf, die wohl immerhin so individuell und swingend ausfielen, daß alle weiteren Titel für die wiedererweckte *Brunswick* gemacht wurden. Etliche der Aufnahmen zeigen beachtliche Jazzsolistik, vor allem von Alfredo Marzaroli (tp), Ernesto Romanoni (p), Alfio Grasso (g) und Mobiglia selbst am Tenorsaxophon. Mobiglia-Personal wurde laufend von den diversen Studio-Orchestern ausgeliehen.

Neben Tullio Mobiglia spielte eine weitere, ähnliche Gruppe in Berlin, die fast noch beliebter und populärer war, vielleicht auch „hotter": die Band von Lubo D'Orio, die seit 1940 mit großem Erfolg in der ersten Etage des Cafés *Uhland-Eck* am Kurfürstendamm spielte. In demselben Tanz-Café spielten noch zwei weitere Orchester (!), eine größere Gruppe im Parterre und eine Bar-Combo im Blauen Salon. Das *Uhland-Eck* war wahrhaftig ein „Haus voll Musik" und auch unter Swingfreunden sehr geschätzt. D'Orios Band spielte abwechselnd sechs Monate dort, drei Monate im *Café Melodie* (auch *Melodie-Bar*) und danach wieder im *Eck*. Lubo D'Orio, ein gebürtiger Bulgare, war 1931 nach Deutschland gekommen und hatte in den Jahren zwischen 1932 und 1939 unter anderem bei den Bands von Juan Llossas und Fritz Weber gespielt. 1939 gründete er eine eigene Band, die sich bald einen guten Namen erwarb.

Trotz des Kriegsausbruchs konnte Lubo eine gute Besetzung zusammenhalten, mit internationalem Personal. Er selbst war ein recht guter Klarinettist, Alt-Saxophonist und Arrangeur mit gehörigem südländischem Temperament, das er oft genug zügeln mußte, um nicht in Konflikt mit der RMK zu kommen, was er letztlich doch nicht vermeiden konnte. Als er auf Wunsch einiger Landser, die auf Urlaub waren, ein paar der beliebten angelsächsischen Hotnummern spielte, wurde er zur RMK befohlen und kam mit Ach und Krach haarscharf an sechs Monaten Gefängnis vorbei — nur weil er kein Deutscher war. Außerdem hatte Lubo sich auf den Wunsch der Landser berufen können.

In der klassischen Sieben-Mann-Besetzung von Lubo D'Orio wirkten 1941 folgende Musiker mit: Lubo D'Orio (cl, as), Marian Losick (tp), Helmut Zacharias (v) (!), Fred Schröter (p), Adi Beylandt (b), Rudi Medrow (d) und Walter Immig (voc). Ab 1942, als etliche der deutschen Musiker eingezogen waren, wirkten periodenweise folgende Solisten mit: Mario Bandelli (tp),...Vees (ts), Willy de Witt (ts), Kurt Abraham (cl, s), Bob de Marbai oder Petruko (d)

und für einige Zeit auch der junge Ilja Glusgal (d), der damals mit dem noch unbekannten Bully Buhlan zusammen in *Arnds Bier-Bar* in der Pariser Straße (Berlin-Wilmersdorf) Boogie Woogie spielte, sowie Wiener Walzer und Militärmärsche „verhottete". Leider wurden die Kriegsbesetzungen von Lubo D'Orio nicht auf Schallplatten festgehalten.
Alle bisher genannten Gruppen verblaßten jedoch hinter den drei hervorragenden ausländischen Bigbands, die 1941 und 1942 in Deutschland (Berlin) gastierten und den Jazz in Deutschland während der Kriegszeit stark beeinflußten: die Bigbands von Fud Candrix, Jean Omer und Ernst van t'Hoff. In Berlin spielten alle drei Orchester im *Delphi-Palast,* der allmählich zu einem wahren Mekka aller Jazz- und Swingfreunde wurde. Die musikalisch wohl bedeutendste Bigband war sicherlich die des Holländers Ernst van t'Hoff, der das Orchester im Artie-Shaw-Stil spielen und swingen ließ. Die Band spielte mit schleppendem Rhythmus und knalligen Einsätzen und Tuttis, in der Art, wie es damals die allermodernsten amerikanischen Swingorchester handhabten, vor allem der allerseits geschätzte Artie Shaw. Das Ernst-van-t'Hoff-Orchester war somit das modernste Swingorchester des Kontinents bzw. des europäischen Festlandes und, was die Arrangements anbelangt, allen europäischen Kollegen voraus. Beispielsweise war die Version des an sich stereotypen *In-The-Mood-*Themas, gespielt vom van-t'Hoff-Orchester, allen *In-The-Mood*-Arrangements jazzmäßig weit überlegen (Glenn Miller und Edgar Hayes inbegriffen!).
In der Band saßen etliche Solisten von internationalem Jazzformat, so vor allem der großartige Trompeter Rimis van den Broek, die Posaunisten Josse Breyre und André Smit, die Saxophonisten Kees Verschoor, Kees Bruyn, Tonny Helweg und Tinus Bruyn, ferner der Gitarrist und Arrangeur Hans Vlig, während van t'Hoff sich mit Tip Tischelaar am Piano ablöste. Mit diesen Leuten war Ernst van t'Hoff Anfang 1941 nach Berlin gekommen.
Das Gastspiel dieser hervorragenden Bigband sprach sich sehr schnell in Kennerkreisen herum. Van t'Hoff war zugleich frech und mutig genug, jeden Abend sein Stück *Alles wird gut* als Themesong oder Signaturtune (Einleitungsthema) zu präsentieren. Die ersten Takte des Stückes erinnerten an das berühmte Pausenzeichen des BBC (Bumm-Bumm-Bumm Bum), wodurch *Alles wird gut* einen tieferen Sinn bekam. Glücklicherweise kam kein RMK-Schnüffler dahinter. Auch beherrschte van t'Hoff, von deutschen Kollegen gewarnt, die Meisterschaft, die Reichsmusikkammer zu täuschen. Wenn er dem Publikum zuliebe amerikanische Swingnummern spielte, ließ er deutsche Pseudotitel ansagen, und die Noten waren „frisiert" — wie bei den *Original Teddies* drei bis vier Jahre vorher. Die englischen Namen und Bezeichnungen waren abgetrennt, man spielte „eigene" Arrangements.

Die hohe Qualität der van-t'Hoff-Band entging der *Deutschen Grammophon-Gesellschaft* nicht, die ab Februar 1941 laufend Aufnahmen mit dem van-t'Hoff-Orchester machte, die teilweise in Berlin und teilweise in Holland aufgenommen wurden, größtenteils jedoch für den holländischen Markt und die besetzten und neutralen Länder gedacht waren. Für den deutschen Markt mußte die Band etliche Schlager der Saison spielen, hüllte diese aber in erträgliche Arrangements und versäumte dabei nicht (welch ein Hohn!), ihre Einleitungsmelodie *Alles wird gut* aufzunehmen. Zu den Spitzenaufnahmen der Exportserie gehörten jedoch *In The Mood, Pennsylvania 6-5000, Johnson Rag* und *Trombonola*, die den jazzigen Ernst van t'Hoff repräsentieren. Wenn die Band bei den Schallplattenaufnahmen mehr an die Arrangements gebunden war, so spielte das Orchester im *Delphi* weitaus solistischer und jazzmäßiger.
Mit Solisten des van-t'Hoff-Orchesters und etlichen deutschen Musikern wurde zu nächtlicher Stunde im *Delphi* so manche „Jam-Session" abgehalten — wohl die ersten, die je in Deutschland veranstaltet wurden, und etliche Mitglieder des *Melodie Clubs* waren daran nicht unbeteiligt. Die beste „Jam-Session" dieser Art fand am Karfreitag 1942 statt, als man sogar einige Plattenumschnitte machte (Tonfolien). Ähnliche Sessions wiederholten sich später mit den Orchestern von Jean Omer und Fud Candrix. Und das mitten im Krieg! Wie schon erwähnt, wurden etliche van-t'Hoff-Solisten dann zu den Meg-Tevelian-Aufnahmen hinzugezogen.
Als das van-t'Hoff-Orchester im Mai 1941 Deutschland wieder verließ, blieben etliche Musiker der Band in Deutschland zurück, so vor allem der erstklassige Trompeter Rimis van den Broek, der buchstäblich zum Rückgrat zahlloser Orchester und Studiogruppen in Deutschland wurde. Sein Name begegnet uns in fast allen Orchestern (vor allem auf Schallplattenaufnahmen) der Kriegsjahre 1941 bis 1943. Ebenso verblieben freiwillig (oder unfreiwillig) der Pianist und Trompeter Tip Tischelaar, der Posaunist Josse Breyre, die Saxophonisten Kees Verschoor, Kees Bruyn und Tinus Bruyn — alles Musiker, die ständig in den diversen Studiogruppen der Schallplattenfirmen auftauchten.
Ernst van t'Hoff hatte in Holland sehr schnell seine Band wieder aufgefüllt und nahm weitere Titel für die *Deutsche Grammophon (Polydor)* auf. Im April 1942 spielte das Orchester wiederum im *Delphi*. Van t'Hoff übernahm wieder einen Teil seiner alten Solisten, verlor sie jedoch wenig später fast alle an Lutz Templin, der am Sender Stuttgart spielte und dort alle Spitzenmusiker der vant'Hoff-Band in sein Orchester einfügte. Es war daher kein Wunder, daß die Templin-Band oftmals der von van t'Hoff zum Verwechseln ähnlich klang und auch den miserabelsten Tagesschlagern einen interessanten Anstrich geben konnte. Die ehemaligen van-t'Hoff-Solisten wurden auch zu diversen Aufnah-

men der Studiobands von Willi Stech und Freddie Brocksieper herangezogen. Ernst van t'Hoff selbst kehrte im Mai 1942 nach Holland zurück und führte dort weiter eine neue Band, mit Solisten, die er schon 1941 teilweise in Holland geleitet hatte. Wenige Swingbands haben während der Kriegszeit in Deutschland so viel Einfluß ausgeübt wie das Ernst-van-t'Hoff-Orchester und seine Solisten.

Zu den besten in Deutschland veröffentlichten Aufnahmen des Ernst-van-t'Hoff-Orchesters gehören *Ciribiribin, Am nächsten Tag, Tanz im Carlton* und *Du, immer wieder Du*. Leider wurden die hervorragendsten Aufnahmen der Band, die Export-Aufnahmen mit englischen Titeln, in Deutschland nicht bekannt und auch nach dem Kriege nicht mehr veröffentlicht — Aufnahmen, die ahnen lassen, wie gut und „hot" dieses Orchester wirklich spielen konnte, wenn es in der richtigen Stimmung war und vor einem geeigneten Publikum musizierte. Glücklicher darin waren die Orchester von Jean Omer und Fud Candrix, die fast durchweg „heiße" Titel auf Schallplatten bannten.

Jean Omers Orchester aus Brüssel war nach van t'Hoff die zweite große Attraktion des *Delphi*, nachdem das Ernst-van-t'Hoff-Orchester für einige Wochen von der deutschen Pat-Bonen-Band abgelöst worden war. Das Orchester Jean Omer war in Brüssel das Hausorchester des weltbekannten Cafés *Boeuf sur le toit* und neben den Bigbands von Fud Candrix und Stan Brenders die bedeutendste Swingband Belgiens. Jean Omer leitete in der Tat eines der besten europäischen Swingorchester der Kriegsjahre und hatte mit seiner Band einen entsprechend großen Erfolg im *Delphi* zu verbuchen. Neben üblicher Tanzmusik bot das Orchester auch gute Swingmusik, meist belgische und französische Kompositionen, die „RMK-unverdächtig" waren. Aber auch etliche USA-Standards wurden eingemogelt, und es war damals für viele Swingfreunde eine große Erholung vom stupiden und freudlosen Kriegs-Alltag, wenn sie an einem der schönen Herbsttage des Jahres 1941 im Vorgarten des *Delphi*, unter freiem Himmel, den Klängen der Omer-Band lauschten. 1941 hatte die deutsche *Telefunken*-Gesellschaft in Brüssel bereits ein paar Exportaufnahmen mit Jean Omer gemacht, als dieser dann aber mit seiner Bigband in Berlin gastierte, verpflichtete die *Deutsche Grammophon*-Gesellschaft ihn für eine Anzahl von Aufnahmen, die auch in Deutschland unter dem *Brunswick*-Etikett herausgebracht wurden. Unvergeßlich blieb für viele Swingfreunde die Erinnerung an die Nacht vom 26. Juni 1942, als das Orchester Fud Candrix bis Mitternacht spielte, dann vom Podium marschierte, während von der anderen Seite das Jean-Omer-Orchester spielend in den Saal kam, die Plätze der Candrix-Solisten einnahm und die Musik mit heißestem Swing fortsetzte. Aus heutiger Sicht mag dies ein relativ bescheidenes Erlebnis gewesen sein, aber damals war es

sensationell und wirkte imponierend auf das Publikum, das an den sturen Podium-Habitus deutscher Caféhaus-Orchester gewöhnt war.
Fud Candrix, der vielen Swingfreunden in Deutschland bereits von seinen Vorkriegs-Telefunkenplatten her bekannt war, hatte als Gastorchester den größten Erfolg zu verbuchen, noch vor van t'Hoff und Jean Omer. Er spielte laufend unverblümt amerikanische Stücke modernsten Datums, denen er die lustigsten deutschen Fantasietitel gab. So erklangen, von Fud Candrix harmlos angesagt, der *Holzhacker-Ball (At The Woodchoppers' Ball), Das Lied vom Blauen Ludwig (St. Louis Blues), In guter Stimmung (In The Mood), Der große Lärm vom Ku'damm (The Big Noise From Winnetka* als Baß- und Drum-Solo) und viele andere bekannte Swing- und Jazzkompositionen, die zugleich hervorragend interpretiert wurden. Das Orchester Fud Candrix gehörte damals zu den führenden Orchestern Europas. Die *Telefunken*-Gesellschaft wußte dies zu schätzen und nahm daher auch laufend die neuesten amerikanischen Stücke auf, gleichgültig, ob die Band gerade in Berlin, Brüssel oder im Seebad Blankenberghe gastierte. Die meisten Platten waren für den Export gedacht und wurden in Deutschland nicht verkauft. Zur gleichen Zeit machte Telefunken auch Aufnahmen mit der ebenfalls belgischen Spitzenband Stan Brenders, die aber nie nach Deutschland kam. Ein großer Teil der Candrix-Aufnahmen mit nicht-angelsächsischen Kompositionen gelangte jedoch auf den deutschen Markt und erfreute sich unter Swingfreunden großer Beliebtheit, da es sich fast durchweg um hervorragende Swingaufnahmen handelte. Als Candrix im *Delphi* spielte, hinterging er die Reichsmusikkammer, wo es nur möglich war. Auch er hatte englische Titel von den Noten entfernt oder die Noten als „eigene" Arrangements abgeschrieben. Andere „verdächtige" Swingstücke gab er als „neutrale" Musik aus. Jeder ernstere Ärger mit den RMK-Funktionären konnte abgebogen werden, und selbst als einmal eine HJ-Streife von Swingbegeisterten in Zivil und Uniform im *Delphi* verprügelt wurde, tat dies glücklicherweise dem Gastspiel keinen Abbruch. Immerhin gab eine Kapelle wie die von Candrix der „Reichshauptstadt" noch im vierten Kriegsjahr einen halbwegs internationalen Großstadtcharakter, vielleicht drückte man deshalb ein Auge zu, nicht zuletzt weil die Band jeden Sonntag auch rein amerikanische Swingmusik für den deutschen Propaganda-Sender spielen mußte.
Neben den drei großen Gastorchestern, Ernst van t'Hoff, Jean Omer und Fud Candrix, verblaßte eine Anzahl weiterer, weniger bekannter Gruppen aus dem besetzten Europa, vor allem aus Holland. Sie alle ersetzten in verschiedenen Städten teilweise die deutschen Orchester, deren Mitglieder zur Wehrmacht einberufen waren. So wurde einige Zeit lang noch der Schein eines Gesell-

schaftslebens gewahrt, obwohl das Tanzen verboten war, eine Tatsache, die manchen Urlauber verbitterte.

Die Jahre 1941 und 1942 brachten die Höhepunkte der Siege der Achsenmächte. Da man in Deutschland noch in Hochstimmung war, gab es in dieser Zeit noch ein internationales und fast friedensmäßiges Kulturleben. In diese Periode fiel auch das merkwürdige Swingrevival, dank der geschilderten in- und ausländischen Musiker. Auf dem Gebiet der Schallplatte wurde noch viel getan, denn man war in einem scheinbar siegreichen Lande. Das änderte sich schlagartig im Winter 1942/1943. Anfang 1943, als die Tragödie von Stalingrad zu Ende ging und das Afrika-Korps kurz vor seiner Vernichtung stand, wurde aus dem deutschen Angreifer ein Verteidiger, und die Initiative ging auf die Alliierten über. Am 18. Februar 1943 hatte Goebbels angesichts der Katastrophe der 6. Armee in Stalingrad und des Vormarsches der 8. Britischen Armee in Lybien im Berliner Sportpalast den „Totalen Krieg" angekündigt. Im Laufe des Jahres 1943, als dann die ersten großen und verheerenden Luftangriffe auf Deutschland erfolgten, wurden laufend Lokale aller Art sowie Theater, Kabaretts u. a. geschlossen und die freigewordenen Arbeitskräfte in den Rüstungsfabriken beschäftigt. Viele Orchester lösten sich auf, weitere Musiker, die aus „kulturpolitischen" Gründen und wegen der „Wehrbetreuung" zurückgestellt worden waren, wurden zur Wehrmacht eingezogen. Die verschiedensten ausländischen Orchester beeilten sich, wieder in ihre Heimat zu kommen, falls man sie nicht gerade für die Wehrbetreuung verpflichtet hatte. Im Herbst und Winter 1943 wurden praktisch die letzten Tanzplatten bei den Schallplattenfirmen aufgenommen. Dann stellte man auch diesen Luxus ein, der doch völlig „kriegsunwichtig" war. Die Schallplattenfirmen durften bis Frühjahr 1945 (noch bis zum April 1945!) lediglich noch einige Aufnahmen mit ernster Musik machen.

In der Folgezeit gab es nur noch eine Handvoll offener Lokale, in denen hinter verpappten Fenstern sogar noch Kapellen vor müden Urlaubern und abgerissenen Zivilisten zur Unterhaltung spielten. Andere Orchester mußten für die Wehrmachtsbetreuung und für Evakuierte und Ausgebombte tätig sein. Es waren die letzten Kapellen (auch Tanzkapellen), die noch im größeren Stil Musik ausüben konnten. Unter diesen wenigen befanden sich noch im Jahre 1944 die Orchester von Lubo D'Orio und Kurt Widmann. D'Orios Band spielte am Kurfürstendamm bis Anfang 1945, während Kurt Widmann 1944 wieder Arbeitserlaubnis bekommen hatte, nachdem er infolge des „Totalen Krieges" einige Zeit ohne Tätigkeit gewesen war. Es wird erzählt, Kurt Widmann habe, nachdem er die Genehmigung bekommen hatte, einen alten

Freund getroffen und diesem über die ganze Straße hinweg in freudiger Erregung laut schallend zugerufen: „Die entartete Kunst hat doch gesiegt!"
Ende 1944 hörte praktisch jede Tätigkeit auf kulturellem Gebiete auf. und die letzten Tanzorchester wurden aufgelöst, von einigen Ausnahmen abgesehen. Alle erreichbaren Leute mußten in die Kriegsindustrie oder zum sogenannten Volkssturm, während die Alliierten im Osten und im Westen schon auf deutschem Reichsgebiet standen. Langsam aber sicher bahnten sich das Ende und das Chaos an. Die Zeit von etwa November 1943 bis Mai 1945 kann praktisch als völlig unproduktiv aus der deutschen Jazzgeschichte gestrichen werden, wenn man von den verborgenen Aktivitäten einiger Jazz- und Swingfreunde in Zivil und Uniform einmal absieht. In diese Zeit - nach 1943 - fiel auch die skurril-makabre „Genehmigung" durch die Nazis, diverse musikalische Gruppen in einigen Konzentrationslagern (KZs) zu bilden, darunter auch Tanz- und „Swing"-Bands, um neutralen Beobachtern und Vertretern des „Roten Kreuz" eine Art „heile KZ-Welt" vorzugaukeln. Diese absonderliche Nebenerscheinung war aber für den eigentlichen Jazz in Deutschland kaum von Relevanz.
Die Jazz- und Swingfreunde hatten in dieser Zeit nur Gelegenheit, ihre Musik im Radio zu hören. Die BBC, der (alliierte) „Soldatensender Calais", diverse Propagandasender und die 1943-45 nagelneuen AFN- und BFN-Stationen brachten viel Jazz- und Swingmusik. Mehr als nach dem Kriege. Selbst Glenn Miller hatte deutsch-sprachige Spezialprogramme — Propagandasendungen für die deutschen Landser — bei denen eine gewisse „Ilsa" (Ilse Weinberger) die neuesten Hits in Deutsch ansagte und Johnny Desmond sogar in Deutsch sang. Glenn Millers Swingmusik in der „Wehrmacht Hour" wurde für viele spätere Jazzfreunde zum ersten Eindruck der „heißen Musik" aus den USA und zu einer ersten Begegnung mit jazzartiger Musik.
Im Mai 1945 kam das Ende des „Dritten Reiches". „Tausend Jahre" einer Diktatur gingen in einer wahnwitzigen Apokalypse zu Ende. Deutschland war ein Trümmerhaufen. Ein neuer Anfang mußte gemacht werden.

Jazz im Nachkriegs-Deutschland 1945-1960

Sommer 1945: Deutschland war von vier Siegermächten besetzt und in vier Zonen aufgeteilt worden. Gemeinsames Besatzungsgebiet aller vier Alliierten war Berlin, das immer noch als Hauptstadt Deutschlands angesehen wurde, obwohl seine Trümmerfelder flächenmäßig den Stadtgebieten ganzer westdeutscher Städte entsprachen.
In Berlin setzten schon bald die ersten Bemühungen um einen Neubeginn auf kulturellem Gebiet ein. Wer dabei jedoch auf eine wirksame Unterstützung der westlichen Besatzungsmächte gehofft hatte, wurde — jedenfalls zunächst enttäuscht. Es waren die Russen, die — aus hier nicht näher zu untersuchenden, politischen Gründen — die ersten Regungen des kulturellen Lebens tatkräftig unterstützten und auch das Pressewesen wieder in Gang brachten. Zudem wurde mit rigorosen, aber wirkungsvollen Maßnahmen erreicht, daß die Straßen und Ruinenfelder Berlins innerhalb kurzer Zeit wieder halbwegs aufgeräumt waren. In Westdeutschland dagegen wiesen viele Städte trümmerübersäte Straßen auf, verfügten — wenn es hoch kam — über eine, stets vergriffene Zeitung oder Zeitschrift und blieben auf kulturellem Gebiet weitgehend passiv. Währenddessen gab es in Berlin schon eine verhältnismäßig reichhaltige Auswahl an Zeitungen und Zeitschriften; Konzerte, Theater- und Kabarettvorstellungen, Opernaufführungen sowie andere kulturelle Veranstaltungen aller Art fanden statt, und auch der „Jazz" war wieder da.
Wer geglaubt hatte, mit den Amerikanern werde der Jazz Einzug in Deutschland halten, sah sich bald eines anderen belehrt, vor allem, wenn er ein echter Jazzfan war. Er mußte feststellen, daß der Durchschnittsamerikaner genauso viel und wenig vom Jazz wußte und sich dafür interessierte wie der Durchschnittsdeutsche. Die meisten Amerikaner bzw. US-Soldaten hatten einen Hang zur Hill-Billy-(Cowboy-)Musik, zur Hawaiianmusik und billigsten Schlagern, vergleichbar etwa mit dem deutschen Faible für sentimentale „Schnulzen(Schlager)"-Musik und Heimatlieder. Im allgemeinen galt jedoch alles als „Jazz", was von den diversen AFN (*American Forces Network*-Soldatensender)-Stationen an amerikanischer Musik geboten wurde. So entstand hinsichtlich des Jazz eine arge Begriffverwirrung in Deutschland. Nur die Kenner wußten, was wirklicher Jazz war. Der „Jazz" wurde zwar wieder „Mode", es war aber nur der Pseudojazz, der täglich im AFN zu hören war.
Das galt besonders für die Zeit von 1945 bis etwa 1949, denn bis dahin gelang es den zumeist zwischen 1945 und 1947 gegründeten deutschen Jazz- oder „Hot-Clubs" noch nicht, einem breiteren Publikum die Begriffe deutlich zu

machen und auf die Unterschiede zwischen Jazz und „Jazz" in größerem Rahmen hinzuweisen. Ebensowenig waren die deutschen Kapellen dieser Jahre in der Lage, Jazz und Schlagermusik voneinander zu trennen. Zunächst erlebte man auch hier eine Enttäuschung, wenn man gehofft hatte, nun, nach dem Ende der Nazizeit, würden die deutschen Musiker und Kapellen endlich zeigen, was sie wirklich konnten, und beweisen, daß sie guten Jazz zu spielen vermochten. Das galt auch, wenn man berücksichtigte, daß zahlreiche vielversprechende Musiker gefallen waren (so der Trompeter Günther Herzog, der Gitarrist Hans Korseck, der Bandleader Heinz Wehner u. a.), daß andere sich noch in Gefangenschaft befanden und fast alle Ausländer, die in den Kriegsjahren noch erfolgreich in deutschen Kapellen tätig gewesen waren, Deutschland verlassen hatten. Die ersten Orchester in allen Besatzungszonen fuhren nicht etwa da fort, wo man 1943 stehengeblieben war, sondern fielen in die Swing-Tanzmusik der Jahre von 1936 bis 1938 zurück. Das Höchste, was erreicht wurde, war eine schlechte Kopie mittelmäßiger amerikanischer Tanzorchester der dreißiger Jahre, wobei man jedoch zunächst fest davon überzeugt war „modern" zu sein. Natürlich war es vom Sommer 1945 bis zum Winter 1946/47 alles andere als einfach, halbwegs gute Orchester zusammenzustellen. Die Zeiten waren zu schwer, als daß es einem Musiker besonders reizvoll hätte erscheinen können, sein Geld mit Musik zu verdienen. Günstig trafen es zunächst nur diejenigen, die in der glücklichen Lage waren, Arbeit bei den Besatzungsmächten zu finden, das heißt einen Job in einer der Bands, die in den zahlreichen Soldaten-Clubs als Hauskapellen fungierten. Dankbar ergriffen die meisten Musiker eine derartige Gelegenheit, die ihnen neben Geld auch noch lang entbehrte Lebens- und Genußmittel aller Art einbrachte. Es gab immerhin genug „Amis" oder „Tommies", die sich nichts aus dem „Nonfraternisierungs-Bann" machten und den hungrigen Künstlern halfen, so gut sie konnten.
Natürlich gab es unter diesen „Club"-Musikern viele zweitrangige Existenzen, Amateure und Stümper, aber in den besseren Offiziers-Clubs spielten bald namhafte Solisten der Vorkriegszeit und der Kriegsjahre.
Unter den ersten Kapellen dieser Art fand man in Süddeutschland Freddie Brocksieper (Stuttgart und München), in Berlin Kurt Widmann, Lubo D'Orio, Kurt Hohenberger und Helmut Zacharias und in Westdeutschland Erhard Bauschke, der jedoch schon am 7. Oktober 1945 durch einen Autounfall ums Leben kam. Bauschkes neue Band hatte immerhin schon einmal vor dem damaligen General Eisenhower musizieren können und galt als erste qualitativ wirklich hochstehende „Ami-Club-Band". Sicher hätte Bauschke später eine hervorragende Rolle im deutschen Jazzleben gespielt, da er die James-Kok-Tradition in moderner Fassung fortgesetzt hätte.

In den beiden ersten Nachkriegsjahren traten die wichtigsten Kapellen noch in Berlin auf. Dies waren die Orchester von Kurt Widmann, Lubo D'Orio, Kurt Hohenberger und das *RBT-Orchester*. Sie alle spielten — bis auf das RBT-Orchester — nicht nur in amerikanischen Clubs, sondern auch für die deutsche Öffentlichkeit und wurden vor allem durch die „Kapellen-Wettstreit"-Veranstaltungen schnell wieder populär.

Das galt besonders für das neue *„Radio-Berlin"-Tanzorchester*, kurz *RBT-Orchester* genannt, das täglich im Rundfunk zu hören war und eine Reihe bald beliebter Vokalisten präsentierte. Es war die zunächst bedeutendste deutsche Kapelle mit Jazz- und Swingambitionen, die nach Kriegsende gegründet wurde, und zwar schon im Mai/Juni 1945 mit sowjetischer Genehmigung und Hilfe für das sowjetkontrollierte „Radio Berlin", den ehemaligen Reichssender Berlin, im „Haus des Rundfunks", in der Masurenallee in Berlin-Charlottenburg. Das Rundfunkhaus mit all seinen Anlagen war so gut wie unversehrt geblieben und wurde auf Befehl der Militärregierung sofort wieder in Betrieb genommen. Das *RBT-Orchester* wurde zunächst ein Jahr lang, bis Mai 1946, von Michael Jary glänzend und schwungvoll geleitet und dann von Horst Kudritzki übernommen, einem bis dahin nur wenig bekannten Komponisten und Arrangeur. Hatte Jary die Band aufgebaut, so wurde sie durch Kudritzki verfeinert und zum Erfolg geführt, der nur durch die Verlegung des Senders in den Berliner Ostsektor infolge der Spaltung der Stadt im Jahre 1948 ein Ende fand.

Das *RBT-Orchester* war eine Art „Baukasten-Kapelle", die sich aus einem rund fünfzig Mann (mit Streichern und Holzbläsern) starken Tanz-Symphonie Orchester in eine Fünfzehn-Mann-Swingband (ohne Streicher) und außerdem in diverse Combos aller Art aufgliedern konnte. Hier war eine Elite von deutschen Musikern versammelt, die später in den verschiedensten führenden Orchestern immer wieder auftauchen sollten. Neben ihnen waren einige erstklassige ausländische Musiker, die trotz des Zusammenbruchs in Berlin geblieben waren, im *RBT-Orchester* tätig, darunter der Belgier Jean Orban (ehemals bei Jean Omer und Fud Candrix) und der italienische Klarinettist Baldo Maestri. Andere bedeutende Musiker der Band waren Karl Kutzer (tp), Ferri Juza (tb), Omar Lamparter (cl, s), Helmuth Friedrich und Heinz Klink (as), Erwin Lehn (p, vib), für einige Zeit Fritz Schulz-Reichel (p), ferner Piero Roncoroni (b), Franz Fijal-Lipinski (g) und Ilja Glusgal (d). Die Arrangements wurden von Georg Haentzschel, Werner Eisbrenner, Erwin Lehn, Walter Leschetitzky und Horst Kudritzki geschrieben. Das Orchester spielte zwar vorwiegend konzertante Tanzmusik, bot aber gelegentlich gute Swingmusik mit Hotsolistik. Von den übrigen damaligen Orchestern in Deutschland unterschied es sich insofern vorteilhaft, als es sich mit eigenen Ideen und Bearbeitungen gerade bei den Swingarrangements hervortat, mit eigenwilligen Titeln wie *Burlesker Swing, Studie Nr. 14, Jimmie Lunceford, Swing Promenade, Unisono, Amiga Stomp, Harlem Swing* u. a. Selbst belanglose Tagesschlager waren oft hervorragend und liebevoll arrangiert. Bekannte Swingstandards, wie *Airmail Special* und *Skyliner*, wurden beachtlich gut dargeboten.

Das *RBT-Orchester* war die erste Kapelle, die — mit Eigenaufnahmen — auf der nagelneuen *Amiga*-Schallplatte erschien. Zwar hatte schon im Frühjahr 1946 die *Deutsche Grammophon*-Gesellschaft einige Versuchsaufnahmen der rundfunkeigenen Hausmarke *Radiophon* übernommen, die eigentliche Produktion des *RBT-Orchesters* auf Schallplatten lief jedoch erst Mitte 1947 auf *Amiga* an. Vor allem dank einer größeren kommerziellen Schlagerproduktion mit schnell beliebten Vokalisten, wie Bully Buhlan, Gloria Astor, Rita Paul, Peter Rebhuhn, den *Elskamp Brothers* u. a., verkauften sich die RBT-Platten sehr gut, vor allem in den Erfolgsjahren von 1946 bis Mitte 1948. Nach der Währungsreform und der Berliner Blockade löste sich das Orchester auf. Eine Restgruppe wurde als *FFB-Orchester* weiterhin von Horst Kudritzki geleitet.

Im Zusammenhang mit dem *RBT-Orchester* muß noch Walter Dobschinskis *Tanzkapelle des Berliner Rundfunks* erwähnt werden. Dobschinski hatte im Februar 1947 aus Solisten des *RBT-Orchesters* eine Swingband zusammengestellt, die sich auf Schallplatten auch als *Swingband des Berliner Rundfunks* bezeichnete. Zunächst spielten hier Jean Orban, Baldo Maestri, Detlev Lais, Erwin Lehn, Franz Fijal-Lipinski, Piero Roncoroni und Herbert Kysielka, später Macky Kasper, Omar Lamparter, Fritz Schulz-Reichel und Ilja Glusgal, um nur die wichtigsten Solisten zu nennen. Walter Dobschinski, der begabte ehemalige Arrangeur von Teddy Stauffer und Kurt Hohenberger, bevorzugte jedoch vorwiegend kommerziellen Swing, da dieser gefragter war als reine Hotmusik. Dennoch war seine Band zu jeder Zeit fähig, guten Jazz zu bieten. Aus diesen RBT-Gruppen ging später Dobschinskis eigene Band hervor, die — besonders in Berlin — eine gewisse Popularität erreichte. Walter Dobschinski selbst, von den Jazzfans als einer der „Alten" im deutschen Jazz geachtet, wurde als guter Posaunist geschätzt und vor allem in den ersten Nachkriegsjahren gern zu den damals beliebten „Jam- Sessions" hinzugezogen.

Neben dem *RBT-Orchester* war die beliebteste Kapelle der ersten Nachkriegsjahre wohl die Kurt Widmanns. „Kutte" hatte sein Orchester bereits 1945 wieder zusammengestellt und dank guter Solisten, wie Hans Berry (tp), Werner Müller (tb), Günter Grunwald (ts) und seinem alten Bassisten August König, eine relativ hochwertige Band zur Verfügung. Mit dem neuen Orchester versuchte Widmann nachzuholen, was ihm durch den Krieg und Naziverbote versagt geblieben war, trotz seiner absoluten Höhepunkte in den Jahren 1941 und 1942. Er konzentrierte sich auf halbkommerzielle Swingmusik, da diese gerade sehr beliebt war. Standardmäßig erreichte das Orchester die Qualität amerikanischer Tanzorchester der Jahre 1937 bis 1939, und das war damals viel! Widmann genügte es, seine Band als gutes Swingorchester spielen zu hören und zu leiten. Er hatte keine Ambitionen, großartige Jazz- oder „Sound"-Experimente zu veranstalten. So war er mit dem Erreichten recht zufrieden, und die Band hatte einen ziemlich gleichbleibenden, publikumssicheren Stil. Wenn die Jazzfreunde von der *Kapelle Kurt Widmann* auch nicht sehr begeistert waren, so übersahen sie doch nicht, daß eine Reihe guter Solisten dort tätig war, die zu gegebener Zeit auch mal „loslegen" konnten. Daß das Orchester in Jazzkreisen zum Teil als Klamaukband verschrien war, lag weniger an Kurt Widmann, der nun einmal ein geborener Showman und Humorist war, als an dem lärmenden Publikum, das durch eine kleine Anzahl nach Profit strebender „Konzertveranstalter" zweiter Güte buchstäblich herangezüchtet wurde. Viele sogenannte „Kapellen-Wettstreit"- und „Swing-Heil"-Veranstaltungen arteten in wahre Lärm-Festivals aus, bei denen sich die Halbwüchsigen austoben konnten. Nur zu oft war das Widmann-Orchester wider Willen Mittelpunkt solcher „Shows". Es wäre aber ungerecht, die Band danach zu beurteilen. Selbst wenn Widmann für „seine Fans" den *Schwarzen Panther* und *Hey Ba-Ba-Re-Bop* zum hundertstenmal spielte, so waren viele hervorragende Arrangements und solistische Leistungen nicht zu überhören. Hier zeigte sich bereits das Talent von Werner Müller, der fast alle frühen Arrangements der Band bearbeitete. Immerhin übertraf das Widmann-Orchester alle anderen deutschen Bigbands jener Zeit von 1945 bis 1948, mit Ausnahme der Lubo-D'Orio-Band und des *RBT-Orchesters*.

Die ersten Schallplatten eines deutschen Tanzorchesters, die nach dem Kriege erschienen, waren Kurt-Widmann-Aufnahmen auf der Marke *Tempo*, und zwar Einspielungen aus dem Jahre 1939, die nun „zeitgemäß" unter den Pseudonymen *John Webb, John Wepp* und *John Weepster & His Orchestra* herauskamen. Den Jazzfreunden waren diese Aufnahmen im reinsten Vorkriegs-Swingstil lange Jahre ein Rätsel. Widmanns Orchester war aber auch die erste Tanzkapelle, die nach dem Kriege von einer regulären Plattenfirma aufgenommen wurde. Im Herbst 1946 erhielt Widmann von der wieder aktiv gewordenen *Lindström*-Gesellschaft einen Exklusiv-Vertrag, und am 22. November 1946 wurden die ersten Titel aufgenommen: *Star Dust* und *That's My Rhythm* (identisch mit dem alten *Das ist nun mal mein Rhythmus*). Viele weitere Aufnahmesitzungen sollten folgen. Bis 1949 spielte das Orchester mit ziemlich gleichbleibendem Erfolg und erfreute sich als Tanzkapelle großer Beliebtheit,

während es für die Jazzfans als Pseudo-Swing-Band galt. Anfang 1949 bildete Werner Müller das *RIAS-Tanzorchester,* wobei er den größten Teil der Kapelle Kurt Widmann einfach übernahm. Später stellte sich Widmann für Konzerte und Schallplattenaufnahmen Studiobands zusammen, in denen zeitweilig Solisten wie Macky Kasper, Omar Lamparter, Johannes Rediske, Herbert Müller und Lem Arcon (als Arrangeur) mitwirkten.
Während es in Berlin immer noch populär war, verlor das Widmann-Orchester in Gesamtdeutschland stark an Bedeutung, da die Entwicklung vieler westdeutscher Bands über Widmanns Standard hinwegging, der sich nicht von Berlin trennen konnte, als sich nach der Währungsreform (1948) das musikalische Schwergewicht nach Westdeutschland verlagerte. Kurt Widmann wurde vom Pech verfolgt und starb unter tragischen Umständen im November 1954, mitten in seinem „Come-Back". Bis zuletzt war er seiner Musik und seinem Publikum treu geblieben.
Berlin treu geblieben war auch Lubo D'Orio. Seit 1945 leitete er in amerikanischen Clubs eine Bigband, die bei den „Amis" als „amerikanischste deutsche Band" galt. Für die damalige Zeit war das D'Orio-Orchester wirklich imponierend und wies etliche erstklassige Solisten auf, so den Trompeter Macky Kasper und seinen alten Kollegen Karl Kutzer, die Posaunisten Erich Böhme und Heinz Stoeckel, ferner Baldo Maestri mit seiner Klarinette, Teddy Lenz am Schlagbaß und D'Orios alten *Uhland-Eck*-Pianisten Fred Schröter. Das Orchester war viel jazzmäßiger als das von „Kutte" Widmann, und D'Orio konzentrierte sich auf Bigband-Swing à la Woody Herman, Harry James und Glenn Miller. Er vermischte alle Eigenarten dieser Bands miteinander und benutzte original amerikanische Arrangements, die von seiner Band im Gegensatz zu den meisten anderen damaligen deutschen Orchestern vollauf bewältigt wurden. Zumindest zwischen 1947 und 1948 war Lubo D'Orios Band als Swing-Orchester führend in Deutschland. Im Juni und Juli 1947 konnte sie die ersten, gut gelungenen Schallplatten für *Electrola* aufnehmen, die den damaligen beachtlichen Standard des Orchesters festhielten. Solange es noch keine original amerikanischen Schallplatten auf dem deutschen Markt gab, galten Lubo D'Orios Platten als Glenn-Miller-, Woody-Herman-, Harry-James- und Charlie-Barnet-Ersatz; spielte er doch die populärsten Swingstücke der Epoche: *In The Mood, Moonlight Serenade, Trumpet Blues, Temptation, Killer Diller, Apple Honey, Blues On Parade, Skyliner, Two O'Clock Jump* usw. Dies war eine Musik, die etwa fünf Jahre vorher in den USA aktuell gewesen war, in Deutschland aber jetzt als das „Letzte" galt. Infolge seines hohen Standards schlug das Lubo-D'Orio-Orchester jedoch eine Brücke zwischen dem deutschen Stand und der amerikanischen Entwicklung.

Eine weitere Berliner Band, die 1947 ihren Höhepunkt erreichte, war Kurt Hohenbergers neues Orchester, bei dem der hervorragende Pianist und Arrangeur Helmuth Wernicke mitwirkte. Nach „alter Tradition" und in ähnlicher Weise wie seine alten Gruppen von 1937 bis 1943 leitete Hohenberger eine acht bis neun Mann starke Kapelle, die in US-Clubs und auch vor der deutschen Öffentlichkeit spielte. In einer damaligen Zeitungsumfrage wurde Hohenberger zu einem der besten deutschen Trompeter erklärt. Es zeigte sich aber bald, daß er dem Jazz reine Sweetmusic vorzog und — nach Meinung vieler Jazzfreunde — keinen Gebrauch von den neuen musikalischen Freiheiten machte. Was sich schon vor dem Krieg angedeutet hatte, wurde jetzt ganz offensichtlich: Hohenberger liebte den Straight-Swing, eine voll durcharrangierte Tanzmusik im Swingstil, die oft seicht wirkte, im Gegensatz zu der seiner alten Vorkriegsgruppen und Studiobands aus der Kriegszeit. Immerhin machte das *Orchester Kurt Hohenberger* noch eine Reihe recht interessanter Schallplattenaufnahmen für die *Amiga*. zum Beispiel *String Of Pearls, Take The A Train, Bugle Call Rag, Capri* und *Jersey Bounce*. Seit dieser Zeit ist Kurt Hohenberger jedoch für den deutschen Jazz ohne großes Interesse geblieben und hat heute nur noch den Ruf eines guten Tanzkapellenleiters. Den jüngeren Jazzfreunden ist er schon weitgehend unbekannt.

Ebenfalls in Berlin bildete sich um die Jahreswende 1946/1947 ein Quartett unter Leitung von Helmut Zacharias, dem begabten Hotgeiger der Kriegsjahre. In der neuen kleinen Combo, die hervorragenden Jazz zu bieten hatte, spielten zunächst Rudi Bohn (p), Hans Novack (b) und „Coco" Schumann (g). Novack wurde später durch Klaus Dillmann ersetzt. „Coco" Schumann war in den Jahren von 1946 bis 1949 der vielversprechendste deutsche Jazzgitarrist. Er wanderte um 1949 nach Australien aus, kehrte jedoch nach einigen Jahren reumütig nach Deutschland zurück. Helmut Zacharias selbst war immer noch der souveräne und hervorragende Jazzviolinist, als der er sich schon im Kriege bei Lubo D'Orio, Heinz Munsonius und mit eigenen Studiobands bewährt hatte. Technisch war Zacharias vielleicht sogar sämtlichen Hotviolinisten überlegen, außerdem war er ein versierter Interpret klassischer Musik. Daß er oft mit Humor spielte und auch gewisse Clownerien nicht vermied, wurde ihm von den Jazzfreunden teilweise übelgenommen, tat aber der technischen Qualität seines Spieles keinen Abbruch.

Im Jahre 1948, nach der Währungsreform, wurde die Combo nach Hamburg, zum NWDR-Sender, verpflichtet, und Helmut Zacharias blieb schließlich im Westen, wo er nur noch bis 1952 ab und zu Jazz interpretierte. Schon in Hamburg spielte er jedoch mit großen Studio-Orchestern und Gruppen des Franz-Thon-Orchesters vom NWDR eine teils bombastische, teils süßliche

Musik. Ab 1953 wurde Zacharias dann mit seinen *Verzauberten Geigen* schnell außerordentlich populär und kommerziell erfolgreich. Er spielte keinen Jazz mehr, sondern Schlagermusik à la Mantovani. Auch sein swingender Violinenstil hatte sich stark verändert und schablonisiert. Mit Zacharias ist dem Jazz ein großer Solist verlorengegangen — aber der Erfolg hat ihm rechtgegeben: er leitete dann eines der berühmtesten Tanzorchester Europas.

Ein frühes Nachkriegsorchester, das vor allem in Westdeutschland von Bedeutung gewesen ist, war die Band von Gene Hammers, in der Gegend von Heidelberg. Dieses Orchester war im Mai 1946 zusammengestellt worden und arbeitete vorwiegend in amerikanischen Soldaten-Clubs. Hammers, ein Amerikaner, leitete eine bunt zusammengewürfelte Band mit deutschen, holländischen, lettischen, tschechischen und amerikanischen Solisten. Zu den besseren Musikern zählten Bill Tamper (tp), Raoul Frazon (ts), Waldemar Schütze und Heinz Höpke (s), Willi Ernst (p) und Victor Reschke (d). Obwohl das Orchester recht gute Swingarrangements spielte und oftmals Hotsolistik bot, war es für die Jazzfreunde relativ unbedeutend. Das *Gene-Hammers-Orchester,* das auf Schallplatten niemals erschienen ist, bestand etwa drei bis vier Jahre und war ein Vorläufer der späteren bedeutenden Bigbands Westdeutschlands.

In den Jahren von 1946 bis 1948 bildeten sich weitere Orchester von zunächst mehr oder weniger Bedeutung, so das Willy-Berking-Orchester in Frankfurt und die Kapellen von Benny de Weille und Franz Thon in Hamburg. Allerdings bevorzugten alle diese „Oldtimer" mehr die Tanzmusik als den Jazz oder Swing, die inzwischen den Reiz des Verbotenen verloren hatten. Konsequenter wurde der Jazz jedoch von dem Joe-Wick-Orchester und von der Brocksieper-Combo gespielt.

Joe Wicks Bigband hatte einige Zeit lang sogar die besten Aussichten, Deutschlands Bigband Nr. 1 zu werden. Wick, der im Kriege bereits mit dem UFA-Tanzorchester im Rahmen der „Wehrmachtsbetreuung" tätig gewesen war, leitete seit Anfang 1946 eine eigene Band für die englische Truppenbetreuung. Diese Band wurde jedoch Ende 1946 wieder aufgelöst, und Wick stellte unverdrossen eine neue Gruppe zusammen, in der er einige junge, begeisterte Jazzmusiker aus Westdeutschland vereinigte. Darunter waren Fred Bunge und Hanne Wilfert (tp), Erich Well und Max Büttermann (tb), Delle Haensch (ts, cl), Bubi Aderhold (bars), Karl Hartl (b) und Teddy Paris (d) — alles Musiker, die später in der frühen Edelhagen-Band bekannt wurden. Es war nicht einfach, diese jungen Leute, die mehr Begeisterung für den Jazz als Kenntnisse von ihm besaßen, zu einem straffen Klangkörper zusammenzuschweißen. Aber Joe Wick schaffte es, eine für die deutschen Verhältnisse der Jahre 1947/1948 hervorragende Bigband zu präsentieren, so daß die *Deutsche*

Grammophon-Gesellschaft bereit war, das Orchester als *Joe Wick And His Orchestra* für ihre wiedererstandene Marke *Brunswick* aufzunehmen. Einige dieser Aufnahmen zeigen zwar noch gewisse Unsicherheiten des Ensembles, dennoch aber bereits Ansätze zur modernistischen Spielweise — in Abkehr von dem 1939er Swingstil der anderen damaligen deutschen Bigbands. Das Orchester von Joe Wick wurde zum Bindeglied zwischen den Bands der älteren Schule und den kommenden Bigbands modernerer Prägung, wie denen von Kurt Edelhagen, Kurt Henkels, Erwin Lehn und Werner Müller, um nur einige zu nennen. Ende 1948 löste sich das Joe-Wick-Orchester auf, und der beste Teil der Musiker ging zu Kurt Edelhagen, der damals im Begriff war, sein Orchester zusammenzustellen.

Mit der Erwähnung der *Brunswick*-Plattenmarke muß hier die wohl bedeutendste Combo der Vorwährungsreform-Epoche genannt werden, das *Freddie-Brocksieper-Sextett*. Brocksieper hatte das Kriegsende in Stuttgart überlebt und war dann nach München gegangen, wo er fortsetzte, was er 1943 in Berlin hatte unterbrechen müssen, nämlich: konsequent Jazz zu spielen, was ihm dank guter Solisten wie Charlie Tabor (tp), Eugen Henkel (ts), Walter Weiß (as & cl), Heinz Weiß (b) und Mihaly Farkas (b) schnell gelang. So folgten bald wieder Schallplattenaufnahmen. Brocksiepers Sextett war das erste Ensemble, von dem für die zum zweitenmal wiederbelebte *Brunswick*-Platte Aufnahmen gemacht wurden (Mai 1947). Während derselben Sitzung nahm Freddie Brocksieper auch zwei Bigbandtitel (verstärkt durch Studiomusiker) auf, die von Teddy Kleindin arrangiert waren und damals zu den modernsten Aufnahmen ihrer Art in Deutschland zählten. In Qualität und Modernität entsprachen sie in etwa den späteren Joe-Wick-Aufnahmen, waren jedoch weit sicherer und perfekter gespielt; es waren die Titel *Five Minutes More* und *I Know That You Know*. Trotz solcher erfolgreicher Experimente blieb Brocksieper der Jazz-Combo treu und verzichtete darauf, eine Bigband zu führen. Sein Sextett bestand in der gleichen Besetzung bis Mitte 1948, dann wurde Tabor durch Fritz Petz und Heinz Weiß durch Christian Schmitz (Schmidt-Steinberg) ersetzt. In den Jahren von 1949 bis 1958 spielten zahlreiche bekannte Musiker bei Brocksieper, und seine Besetzungen wechselten häufig, wenn auch sein alter Bassist Mihaly Farkas ihm die Treue hielt und der Pianist Carlos Diernhammer seit 1952 ständig bei ihm spielte. Brocksieper ist stets mit der Zeit gegangen und hat sich laufend modernisiert, ohne jedoch dabei an Niveau und vor allem an gutem Swing zu verlieren. Als deutscher Swing-Oldtimer, als der er für die Münchener Jazzfreunde nun einmal gilt, blieb er jedoch mehr beim Swing als beim sogenannten „Modern Jazz". Erst in den

letzten Jahren wurde es stiller um ihn, und seit 1957 sind keine bedeutenden Schallplatten mehr von ihm erschienen.
Aber auch in der sowjetischen Zone von vor 1948 hatte sich etwas getan. Anfang 1946 hatte Kurt Henkels — mit ähnlichen Ambitionen wie Joe Wick in Westdeutschland — in Leipzig ein Orchester aus jungen Musikern zusammengestellt. In zweijähriger Arbeit hatte er die Gruppe zur Bigband Nr. 1 der Sowjetzone zusammengeschweißt, ein Prädikat, das das Orchester bis zum Weggang Henkels' nicht mehr abgab. Mit großem Fleiß arbeiteten er und seine Musiker an dem Aufbau einer modernen Swing-Bigband von Format, die gleichzeitig ein Tanzorchester von hohem Niveau war. Hierbei wurden die modernistischen Standpunkte stark berücksichtigt und der 1939er Swingstil nach Möglichkeit vermieden. Zu den begabtesten Mitgliedern des Orchesters gehörten damals folgende Solisten: Walter Eichenberg (tp, arr), Heinz Oltersdorf (tp, arr), Helmut Henne (tb), Heinz Kopperschläger (tb, arr), Henry Passage (ts, arr), Horst Oltersdorf (s, cl, arr), Günther Oppenheimer (p, arr), Hans „Fips" Fleischer (d) und der junge, begabte Rolf Kühn, der damals neben der Klarinette noch vorwiegend Saxophon spielte. Kühn ging 1949 zur Werner-Müller-Band nach West-Berlin und wurde von Henkels durch den ebenfalls beachtlichen Werner Baumgart ersetzt. Als dieser 1951 zu Erwin Lehn nach Stuttgart ging, trat Horst Reipsch an seine Stelle.
Im September 1947 wurde das Kurt-Henkels-Orchester vom Sender Leipzig engagiert und erhielt einige Jahre später den Namen *Tanzorchester des Staatlichen Rundfunkkomitees* (der DDR). Ab Mitte 1948 machte das Orchester ständig Aufnahmen für die ostzonale Schallplattenmarke *Amiga* (Lied der Zeit). Etliche davon aus der frühen Periode des Henkels-Orchesters zeigen beachtliche Hotqualitäten, so u. a. *Dorsey Boogie, Studie in F, C Jam Blues, Pepita (Perdido)*. Einige der Aufnahmen wurden mit Erfolg von westdeutschen Firmen wie *Regina* und später *Telefunken* übernommen, während *Polydor* sogar einige eigene Aufnahmen mit der Band machte. Das Kurt-Henkels-Orchester war dank seiner Qualitäten in Westdeutschland genauso bekannt wie in der Sowjetzone und der späteren DDR. Es hat trotz verschiedener Wechsel und gewisser Schwierigkeiten einen ziemlich konstanten Standard gehalten und zählte bis zum Weggang von Kurt Henkels in den Westen, 1959, zu den Spitzenorchestern Deutschlands, die auch in der Lage waren, guten Bigband-Jazz zu bieten.
Eine ähnliche Rolle wie Kurt Henkels' Orchester in der DDR spielte das von Kurt Edelhagen in den Westzonen, das allerdings den Vorteil hatte, sich im Hinblick auf den Jazz frei entfalten zu können, während Henkels lange Zeit gezwungen wurde, vorwiegend „Schnulzen" (Schlager) zu spielen. Kurt Edel-

hagen hatte bereits 1946 zusammen mit seinem langjährigen Schlagzeuger Bobby Schmidt eine kleine Band gegründet, mit der er in verschiedenen amerikanischen Clubs in West- und Südwestdeutschland spielte. Ab 1947 erweiterte er das Orchester zu einer Bigband und machte sich in lokalen Jazzkreisen wegen seiner Hotambitionen, die sein Orchester von vielen Tanzorchestern vorteilhaft unterschieden, bald einen guten Namen. Stan Kenton galt damals als Vorbild, und Edelhagen hatte den Ehrgeiz, eine Art „deutscher Stan Kenton" zu werden. Der *Hot-Club Frankfurt* vermittelte dem Orchester die ersten Aufnahmen am Hessischen Rundfunk, und bald galt es als „Bigband No. 1" der US-Zone. Es folgten weitere wichtige Engagements, vor allem bei den Amerikanern und dem AFN *(American Forces Network)*. Ende 1948 konnte Kurt Edelhagen, der sein Orchester mit eiserner Disziplin und großem Fleiß leitete und daher schon eine stattliche Anzahl von Musikern „verschlissen" hatte, die Band mit etlichen erstklassigen Mitgliedern der sich auflösenden Joe-Wick-Band auffüllen. Diese ehemaligen Wick-Solisten wurden für lange Jahre der Stamm des Edelhagen-Orchesters, vor allem Fred Bunge (tp), der allerdings nur bis 1950 blieb, ferner Hanne Wilfert (tp), Erich Well (tb), Bubi Aderhold (ts), Paul Biste (as) und Delle Haensch, der für einige Zeit Arrangements für Edelhagen schrieb.

Im Jahre 1949 wurde das Orchester vom Bayerischen Rundfunk an den Sender Nürnberg verpflichtet und begann nun, für deutsches Publikum zu spielen, wobei es sich auf die übliche Schlagermusik umstellen mußte. Dies tat ihm jedoch qualitativ keinen Abbruch, und Edelhagen benutzte jede Gelegenheit, Jazz zu spielen.

Ebenfalls 1949 wurde das Orchester zum erstenmal auf Schallplatten aufgenommen, allerdings zunächst nur für den amerikanischen Markt, wo diese ersten Edelhagen-Aufnahmen auf den Platten der kleinen US-Marke *Empire* erschienen. Es handelte sich um reine Jazzarrangements, und Edelhagens Orchester erhielt damit auch im Ausland den Ruf, Deutschlands Bigband Nr. 1 zu sein. Nun erwachte auch das Interesse der relativ jazzpassiven westdeutschen Plattenfirmen, und als erste brachte die *Deutsche Austroton,* die damals selber noch recht jung war, Kurt Edelhagen auf den deutschen Markt. Diese ersten deutschen Aufnahmen, die im Gegensatz zu der späteren Edelhagen-Produktion nur aus Jazzaufnahmen bestanden, wurden im Dezember 1949 gemacht. Sie zeigen ebenso wie die der *Empire* noch etliche Schwächen der damaligen Band, die die etwas bombastischen Arrangements noch nicht so recht bewältigte und gewisse Unsicherheiten aufwies. Aber immerhin gab es in dieser Zeit (1949/1950) keine ernsthafte Konkurrenz, die in Deutschland an

Edelhagens Bigband-Jazz herangereicht hätte — vielleicht von Kurt Henkels abgesehen.

Ab September 1950 folgten weitere Aufnahmen für die ebenfalls junge Plattenfirma *Philips* (Deutsche Philips-Gesellschaft), die aus irgendwelchen vertraglichen Gründen zunächst unter dem Pseudonym *Frank Folken* erschienen. Hier spielte das Edelhagen-Orchester schon bedeutend sicherer und technisch weit besser als auf den allerdings „heißeren" *Austroton*-Platten. Die Philips-Periode dauerte nur bis Ende 1950. Im Februar 1951 wurden zwei interessante Titel mit Helmut Zacharias für die Marke *Brunswick* (Deutsche Grammophon) aufgenommen.

Zwischen Anfang 1950 und Anfang 1953 gab es in der Edelhagen-Band noch einige Wechsel, und das Orchester wurde durch etliche hervorragende Solisten bereichert. Dabei handelte es sich um junge Musiker, die dem „modern Jazz" huldigten: Rolf Schneebiegl (tp, arr), Paul Martin (ts), Franz von Klenck (as) und Werner Drexler (p, arr). Sie blieben von 1953 bis 1957 die maßgebendsten Solisten des Edelhagen-Orchesters, das ab 1953 von der *Deutschen Grammophon*-Gesellschaft unter Exklusiv-Vertrag genommen wurde, der bis heute besteht und der Band zahllose Aufnahmen für die Marken *Brunswick* und *Polydor* sicherte. Gerade in den Jahren von 1950 bis 1955 galt Edelhagens Band als führendes Orchester seiner Art in Gesamtdeutschland, um so mehr, als es fest beim Sender Baden-Baden engagiert (1952) und durch wöchentliche Sendungen immer bekannter wurde. Besonders geschätzt wurde seine hohe Präzision. Selbst die unumgängliche Massenproduktion an kommerzieller Schlagermusik konnte der Edelhagen-Band ihren Jazzruf nicht nehmen, um so mehr als eine kleine Jazzgruppe der Bigband, die sogenannten *Edelhagen-All-Stars*, gebildet wurde. Diese spielten „Modern Jazz" und wurden auch für *Brunswick* aufgenommen. Bei den diversen Jazz-Festivals in Frankfurt/Main hatte die Combo neben der Bigband große Erfolge zu verbuchen. Erst ab 1955 etwa erwuchs dem Edelhagen-Orchester eine ernsthafte Konkurrenz durch die Erwin-Lehn-Bigband, die weniger „teutonisch" wirkte. Im März 1957 verlängerte der Südwestfunk Baden-Baden seinen Vertrag mit Kurt Edelhagen nicht mehr, und die Band wurde aufgelöst, das heißt, die meisten ihrer Mitglieder blieben unter neuer Leitung beim Südwestfunk, während Edelhagen mit Helmut Hauck, Bubi Aderhold und Franz von Klenck nach Köln ging, wo er an den Westdeutschen Rundfunk verpflichtet wurde.

In Köln baute Edelhagen ein neues Orchester auf, das in seiner Art die wohl internationalste Bigband Europas wurde. Hier spielten Spitzensolisten aus England, Frankreich, Österreich, der Schweiz, Italien, Belgien, Jugoslawien und Deutschland, darunter etliche „Kanonen" wie Jimmy Deuchar und Fritz

Weichbrodt (tp), Ken Wray und Helmut Hauck (tb), Bubi Aderhold (ts), Derek Humble (as, arr), Franz von Klenck (as) und Stuff Combe (d & arr). Nach zwei Monaten Probe machte die neue Edelhagen-Bigband bereits die ersten Aufnahmen für *Polydor/Brunswick* (Juli 1957). Es war eine Serie reiner, vielversprechender Jazzarrangements, denen bald weitere interessante Aufnahmen folgten. 1958 wurden weitere hervorragende Solisten verpflichtet, wie Bob Pronk (tp) und Raymond Droz (tb), während Heinz Kretzschmar (as, ts, cl) an die Stelle des tödlich verunglückten Franz von Klenck trat. Ein Star der Band war auch der Jugoslawe Dusco Gojkovic (tp), der von Edelhagen häufig präsentiert wurde und durch gekonnte Solistik glänzte.

Das neue Orchester übertraf sehr bald die „alte" Edelhagen-Band der Jahre 1948 bis 1957 und verbesserte sich laufend, vor allem, als Kurt Edelhagen seine „Modern Jazz"-Experimente aufgab und sich dem guten alten Swing zuwandte. Dadurch gewann das Orchester an Drive und Swing, den es trotz aller Hotsolistik und bombastischer Arrangements vorher nie besessen hatte, sehr zum Mißvergnügen einiger ganz „Moderner", die das Gefühl für mitreißende Swingmusik verloren hatten.

Edelhagens Band war neben Erwin Lehns Orchester lange Zeit die Spitzen-Bigband Deutschlands.

Erwin Lehn, dessen *Südfunk-Tanzorchester* seit 1955 zur schärfsten „Konkurrenz" des Edelhagen-Orchesters wurde, ist uns namentlich schon im *RBT-Orchester* begegnet, wo er sich seit 1945 als Pianist und Arrangeur betätigt hatte. Ab 1948 teilte er sich die Leitung des *RBT-Orchesters* mit Horst Kudritzki, wobei Lehn sich vorwiegend mit der eigentlichen Swingband (rund 15 Mann) des *RBT-Orchesters* befaßte. Nachdem Erwin Lehn bereits Mitte 1947 unter eigenem Namen seine ersten Schallplattenaufnahmen (Pianosoli) gemacht hatte, nahm er ab Ende 1947 mit Studiogruppen des *RBT-Orchesters* (*Bläsergruppe des RBT* oder *Großes Tanzorchester* genannt) etliche Schallplatten auf, die zwischen 1948 und 1950 unter den Marken *Amiga, Imperial, Regina, Telefunken* und *Metrophon* erschienen. Jazzmäßig waren davon nur einige Titel von Interesse, denn wie alle anderen deutschen Orchester war auch Erwin Lehn gezwungen, sich dem breiten Publikumsgeschmack anzupassen und Schlagermusik zu spielen. 1951 wurde Lehn als Leiter des *Südfunk-Tanzorchesters* nach Stuttgart verpflichtet und konnte hier selbständig eine erstklassige Band aufbauen, die in der Lage war, neben den aktuellen Schlagern auch Jazz zu spielen. In seiner Band vereinigte er damals etliche gute Jazzsolisten, so auch die von Kurt Henkels gekommenen Stars Horst Fischer (tp) und Werner Baumgart (ts, cl, arr). In den Jahren von 1952 bis 1955 machte das Orchester diverse Schallplattenaufnahmen für *Polydor/Brunswick* und *Telefun-*

ken, darunter die ersten besseren Jazzaufnahmen, die vorwiegend von Ernst Mosch und Werner Baumgart arrangiert waren. Ab Mitte 1955 begann sich die Band zum Spitzenorchester emporzuarbeiten. Sie beteiligte sich mit Erfolg an den verschiedenen Jazz-Festivals in Frankfurt/Main und auch am *Jazz aux Champs Elysées* in Paris 1955 und 1956. Ab Mitte 1955 spielte das Lehn-Orchester exklusiv für die Electrola-Marke *Columbia*, die der Band ebenfalls gelegentlich die Chance gab, Jazz zu präsentieren. Zu den hervorragenden Solisten des Orchesters gehörten seit 1955 Horst Fischer (tp), Ernst Mosch (tb, mellophone), Mladen Gutesha (tb, arr), Ferencz Lakatos (tb, bass-tp), Werner Baumgart (ts, as, cl, arr), Gerald Weinkopf (ts, fl), Heinz Tischendorf (as, cl), Ernst Machwitz (bars, as, cl, bass-cl), Horst Jankowski (p), Peter Witte (b) und Hermann Mutschler (d).

Erwin Lehn leitete außerdem als Vibraphonist ein Quintett und Quartett im modernen Combostil. Das vielleicht größte Talent der Band war seit Herbst 1955 der junge Pianist Horst Jankowski, ein ambitionierter „Hypermoderner", der seit einigen Jahren etliche Soloaufnahmen für mehrere Schallplattenfirmen aufnehmen konnte. Während Edelhagen zum Swing zurückfand, wurde Erwin Lehns Bigband immer moderner und spielte die neuesten Arrangements von Dave Hildinger, Bill Holman und anderen „Modernen" aus den USA. Neben Edelhagen gilt das Erwin-Lehn-Orchester als führende Bigband Deutschlands.

Eine weitere Spitzen-Bigband im Nachkriegs-Deutschland war das *Orchester Max Greger* in München, das um die Jahreswende 1949/1950 populär wurde und ebenfalls in kürzester Zeit einen internationalen Ruf erwarb. Greger, ein überaus „heißer" Tenorsaxophonist, bevorzugte sehr bald den negroiden Jumpstil à la Lionel Hamptons Bigband, war jedoch stets in allen anderen Stilarten des Jazz ziemlich versiert und außerdem ein beliebter Exponent der diversen Schlagermusik. In weiten Kreisen der Jazzfreunde wurde er zuerst bekannter durch seine gelungene Dixieland-Version des *Harry Lime Theme*, eine seiner ersten Jazzaufnahmen für *Telefunken* im Oktober 1950. Schon zu dieser Zeit besaß er ein in Deutschland führendes Orchester, mit dem er laufend Aufnahmen für *Telefunken* machte. Bei den „Fans" galt er als der „schwärzeste" deutsche Bandleader, und er begeisterte sogar Lionel Hampton, als dieser ihn bei einer Tournee in München hörte. Ab 1953 spielte Greger dann ständig für die *Deutsche Grammophon*-Gesellschaft, seine Aufnahmen erschienen auf *Polydor* und *Brunswick*. Ferner war die Band der Mittelpunkt von *Mitternacht in München*, den bekannten Jazzkonzerten und Rundfunksendungen. Zu den bedeutenden Musikern der Band zählten Fritz Weichbrodt und Charlie Tabor (tp), Max Büttermann (tb), Hugo Strasser (as, cl), Heinz Eberle (ts), Delle

Haensch (bars), Klaus Ogermann (p) und Silo Deutsch (d). Der gute Ruf der Band führte sie sogar bis nach Rußland.
Aber auch Greger wurde vom Publikumsgeschmack nach und nach gezwungen, den früheren hohen Standard zugunsten gewinnbringender Schlagermusik aufzugeben. Vom Jumpstil war es nicht mehr weit zum Rhythm & Blues und von da zum geschmacklosen Rock'n'Roll, wenngleich die Fähigkeit der Greger-Band zum Jazzspiel erhalten blieb. Nach 1960 erlebte das Max-Greger-Orchester mit einer neuen, internationalen Besetzung einen neuen Aufschwung. Die Band rückte, wenn sie Jazz bzw. Swing spielte, zur wuchtigsten und swingendsten Bigband Deutschlands auf. Der Standard entsprach durchaus besseren amerikanischen Bigbands.
Außer den genannten Orchestern wären in Westdeutschland noch die Bands von Willy Berking und Franz Thon zu erwähnen. Willy Berking, zwischen 1939 und 1943 einer der erfolgreichsten Studio-Bandleader für Schallplattenaufnahmen, war nach dem Krieg in Frankfurt/Main hängen geblieben und stellte dort ein Tanzorchester zusammen, das er mit gewohnter Versiertheit und Erfahrung leitete. Ab 1952 nahm er mit seiner Band Platten für *Philips* auf und konnte beweisen, daß sein Orchester in der Lage war, besten Bigbandjazz, wenn auch mit leicht kommerzieller Note, zu spielen. Es schien oftmals sogar so, als sei das *Willy-Berking-Orchester* durchaus fähig, Deutschlands Bigband Nr. 1 abzugeben, da der Ensemblesound und die Form der Arrangements durchaus amerikanischen Standard hatten, vielleicht gerade deswegen, weil Berking nicht versuchte, mit Gewalt „amerikanisch" und hypermodern zu sein. Die Band wies hervorragende Solisten aus der Gegend um Frankfurt/Main auf: u. a. Fritz Petz und Rudi Thomsen (tp), Albert Mangelsdorff (tb), Heinz Schönberger (cl), Louis Freichel (p) und gelegentlich Horst Fischer (tp). Der größte Teil des Personals blieb seit 1953 ziemlich unverändert und war somit für den perfekten Ensembleklang der Band verantwortlich, den man gut anhand von Schallplattenaufnahmen wie *Tiger Rag*, *Trumpet Jump*, *Blue Lady*, *Harlem Strut*, *Crazy Dixie* und *Streamline-Trumpet* (alle auf *Philips* und *Telefunken*) studieren kann.
Berkings alter Kollege aus der Zeit der *Goldenen Sieben* vor 1939, Franz Thon, spielte in Hamburg eine ähnliche Rolle wie Berking in Frankfurt/Main. Nach dem Kriege leitete er das Rundfunk-*Tanzorchester des NWDR*. Das Franz-Thon-Orchester spielte seit 1948 mit fast unveränderter Besetzung und besaß bald die große Präzision eines gut eingespielten Ensembles. In der Band saß die Elite norddeutscher Solisten, so u. a. Werner Gütterer (tp), Günther Fuhlisch (tb), Fritz Skokann (ts), Heinz Miehm (as), Frank Kakerbeck (cl, s), Hermann Hausmann (p), Martin Böttcher (g, arr) und Siegfried Enderlein (d). Günther

Fuhlisch leitete nebenbei eine Art Dixieland-Combo, die sich aus Solisten der Bigband zusammensetzte und auch etliche Plattenaufnahmen für *Austroton* und *Telefunken* machte. Auch Helmut Zacharias und Benny de Weille liehen sich Franz-Thon-Personal für Studiobands aus, rnit denen sie verschiedene jazzige Schallplatten aufnahmen. Obwohl das NWDR-Tanzorchester im Rundfunk wie auch auf Schallplatten vorwiegend kommerzielle Schlagermusik bot, ist es bekannt, wie hervorragend die Band auch Jazz oder Swing spielen konnte. Einige Plattenaufnahmen für *Decca, Odeon, Philips, Electrola* und *Polydor*(!), lassen ihre Jazzqualitäten zumindest ahnen, so vor allem Titel wie *Boogie ohne Ende, St. Pauli Blues, Tip-Top Boogie, Manhattan Boogie* und *Swing im Studio,* zumeist arrangiert von Wolfgang Förster und Hermann Hausmann, nebst Franz Thon.

Nach dem Weggang Kurt Edelhagens vom Südwestfunk erhielt das Baden-Badener Orchester noch einmal eine interessante Note durch den amerikanischen Arrangeur Sauter, den der Funk als Bandleader engagiert hatte. Eddie Sauter hatte bis zum März 1957 als Coleiter des bekannten *Sauter-Finegan Orchestra* in den USA fungiert und galt als einer der modernsten Arrangeure und Bigbandspezialisten Amerikas. Als er im April 1957 das *SWF-Orchester* übernahm, versuchte er, seine modernistischen Ideen und Arrangements mit den diversen kommerziellen Wünschen des Rundfunks und des deutschen Publikums in Einklang zu bringen. Als Jazz-Bigband hatte das Orchester alle Aussicht, in Deutschland die Spitzenposition zu erreichen. Es spielte im Funk und Fernsehen, traf aber auf geteilte Meinungen, zumal ein großer Teil der Zuhörer die eigenwillige Musik Eddie Sauters nicht verstand. In der Band spielten Solisten des ehemaligen Edelhagen-Orchesters, so Rolf Schneebiegl und Klaus Mitschele (tp), Otto Bredl (tb, fagot), Werner Betz (tb) und Werner Drexler (p), ferner Elite-Solisten wie Hans Koller (ts, bars, cl, oboe) und Rudi Flierl (bars, cl) sowie einige amerikanische Musiker, die Sauter aus den USA mitgebracht hatte: Blanche Birdsong (harp), Dave Moore (b), Sperrie Karas (d) und Dave Hildinger (percussion, p & arr). Trotz aller Bemühungen blieb ein wirklicher Erfolg aus: Eddie Sauter konnte sich nicht so durchsetzen, wie er gern gewollt hätte. 1959 gab er auf und ging in die USA zurück. Damit war auch die kurze Glanzzeit des *SWF-Orchesters* vorbei, das dann wieder eine gute Rundfunkband unter vielen anderen wurde.

Die bisher genannten Orchester der Periode 1948 bis 1960 hatten und haben ihren Sitz in Westdeutschland, von der ostzonalen Kurt-Henkels-Band abgesehen. Zur Zeit der Währungsreform hatte Berlin seine Bedeutung als Musikzentrum Deutschlands infolge der politisch und wirtschaftlich ungünstigen Lage verloren, und so bildeten sich neue Zentren, die über ganz Westdeutschland verteilt waren: vor allem in München, Hamburg und Frankfurt/Main und Umgebung. Nach 1949 gab es in Berlin nur noch eine Bigband von Belang, das *RIAS-Tanzorchester* unter Leitung von Werner Müller.

Werner Müller hatte, wie schon erwähnt, fast die gesamte Kurt-Widmann-Band übernommen und das Ensemble innerhalb kurzer Zeit mit großem Fleiß zu einem perfekten Klangkörper ausgebaut. Im *RIAS-Tanzorchester* spielten von 1949 bis 1953 erstklassige Solisten wie Macky Kasper und Hans Berry (tp), Bob Henders (tb), Rolf Kühn (cl, as), Günter Grunwald (ts), Heinz Deschan (bars), Erich Werner (p), Arno Flor (g, arr), Alex Machowiak (b) und Günter Hampel (d), u. a. Später, nach 1953 bzw. 1956, wurden Kasper, Kühn, Werner und Flor durch Harry Samp (tp), Heinz Schönberger (cl, s), Günther Schemmler (p) und Heinz Cramer (g) ersetzt, während Hans Berry zu den Streichern überwechselte. Günther Schemmler, ein begabter, modernistisch eingestellter Pianist, der leider Erroll Garner zu sehr nacheiferte, leitete nebenbei die *RIAS-Combo*, eine „Modern Jazz-Group" der Bigband, die wohl deswegen, weil sie kommerziell kaum erfolgreich schien, von einer Rolf-Kühn-Aufnahme *(Brunswick)* abgesehen, nicht auf Schallplatten festgehalten wurde, sondern nur im Rundfunk und bei Konzerten zu hören war.

Werner Müllers Orchester hatte zunächst einige Aufnahmen für *Telefunken* gemacht, erhielt aber 1950 einen Exklusivvertrag von der *Deutschen Grammophon* (*Polydor* und *Brunswick*). Leider kam die Band, was reine Jazztitel anbelangt, dabei zu kurz, so daß sie ihre wahren Qualitäten nur im Rundfunk und bei Konzerten unter Beweis stellen konnte. Weltberühmt wurde das Orchester durch die Aufnahme *The Breeze and I* mit Caterina Valente. Es war ein rein kommerzieller Erfolg, der den weiteren Weg des Orchesters bestimmte, das nun nur noch gelegentlich Jazz spielte. Den Wünschen des Publikums, der Plattenfirma und auch des RIAS entsprechend, war die Band immer ein reines Tanzorchester und hat, abgesehen von einigen Solisten der *RIAS-Combo*, sämtliche Jazzambitionen abgelegt, obwohl sie einen in Deutschland selten hohen Standard in bezug auf Ensembleklang und Instrumentaltechnik erreichte, der sie vielleicht zu *der* Jazzbigband Deutschlands hätte machen können.

In einer ähnlichen Lage war auch das *SFB-Tanzorchester* (Sender Freies Berlin), das seit 1960 unter der Leitung von Dr. Roland Kovac stand. Kovac, ein hervorragender Pianist und begeisterter „Modernist" und Jazzer, hatte damit zwar ein gutes Orchester zur Verfügung, mit Solisten wie Otto Fröhlich (tp), Gustav Brendel (cl), Henry Masnick und Ferri Juza (tb), Werner Windler (tp, vib) und Günther Gürsch (p) sowie später Benny Bailey (tp), Nat Peck (tb) und Joe Harris (d), aber auch er mußte sich den kommerziellen Gesetzen anpassen. Das

Orchester konnte noch nicht einmal Schallplatten im Jazzstil für die Industrie aufnehmen.
So weit die Erwähnung aller wichtigen deutschen Bigbands der Nachkriegszeit. Natürlich gab es weitere gute Bands, so die von Heinz Kretzschmar im Westen und von Fips Fleischer im Osten; ihre Rollen waren im Vergleich zu den ausführlicher behandelten Orchestern jedoch nur von untergeordneter Bedeutung. Es wäre falsch, den allgemeinen Standard der deutschen Bigbands aus der Zeit nach 1950 zu hoch einzuschätzen — gemeint sind hier vor allem die Orchester mit Jazzambitionen. Nach zehn Jahren haben sie in etwa den Stand guter durchschnittlicher amerikanischer Swingtanzorchester erreicht, jedenfalls was den Jazz anbelangt. Gewisse Erfolge einiger Tanz- oder Schlagerarrangements sind nur kommerzieller, nicht künstlerischer Natur. Es wäre aber ebenso falsch, anzunehmen, das Ergebnis dieses Vergleichs sei ein Negativum, denn immerhin haben sich die deutschen Orchester mühsam bis zum damaligen Stand moderner Instrumentation und Satztechnik hinarbeiten müssen, wobei sie in der Zeit zwischen 1945 und 1950 um etwa zehn Jahre hinter den amerikanischen und englischen Bigbands zurücklagen. Daß dennoch der Stand amerikanischer Bigbands des besseren Durchschnitts erreicht wurde, ist eine beachtliche Leistung, wenn man bedenkt, daß die Musiker der deutschen Bigbands gezwungen waren, fast ausschließlich Schlagerkonfektion zu spielen, die in Deutschland besonders banal ist, und nur selten Gelegenheit hatten, reinen Jazz zu üben und zu spielen. Hinzu kommt noch, daß das deutsche Publikum es vorzieht, Jazz von amerikanischen Orchestern zu hören, und lieber US-Jazzschallplatten kauft als deutsche Jazzbearbeitungen. So waren und sind den deutschen Bigbands gewisse kommerzielle Grundlagen für eine größere Produktivität im Jazz entzogen. Der Jazz wurde für sie zum Luxus (wenn auch geliebten Luxus), von dem man jedoch nun einmal nicht leben kann. Die Folge war, daß etliche Arrangeure dieser Bigbands ihre Jazzambitionen auf dem Schlagersektor im wahrsten Sinne des Wortes austobten und die einfältigsten „Schnulzen" oft in gewaltige, pompöse Arrangements gehüllt wurden, die auf jeden musikalischen Menschen grotesk wirken. Daß dabei noch Pseudo-Jazzeinlagen hineingemogelt wurden, verschlimmerte den Gesamteindruck nur. Typisch dafür waren stereotype „Boogie-Rhythmen", hühnerhofartiges „Dixieland"-Gegacker oder unmotivierte „Modern-Jazz"-Einlagen mit dem unvermeindlichen Pianospiel à la Erroll Garner.
Wenn man dies alles übersieht und bedenkt und dabei das niedrige Niveau der deutschen Schlagermusik in Betracht zieht (musikalisch, nicht kommerziell!), muß man die Leistungen der diversen deutschen Orchester anerkennen, die

sich ständig bemühen, künstlerisch auf der Höhe zu sein, und darum auch ab und zu Jazz präsentieren.
Weit besser hatten es die kleinen Bands und Combos, unter ihnen all die Amateur-. und Halbamateur-Gruppen, die sich mit Eifer und Fanatismus hocharbeiteten und vor einem kleinen, aber festen Publikum meist kompromißlos Jazz spielen konnten. Sie hatten nicht die Unterhaltungssorgen der Bigbands und verfügten nicht nur über größere lokale Anhängerkreise, sondern wurden auch von den diversen Hot-Clubs unterstützt. Hinzu kam auch, daß die deutschen Jazzfreunde von den einschlägigen Experten „gedrillt" wurden, den Bigbandjazz als „unechten Jazz" zu betrachten und den Combojazz oder Jazz von kleinen Kapellen für das einzig Wahre zu halten. Historisch gesehen, hatte dies sogar eine gewisse Berechtigung, wurde aber in der in Deutschland üblichen Schwarz-Weiß-Manier weit übertrieben dargestellt.
Vor allem gaben die kleinen Gruppen (ganz gleich ob „traditionell" oder „modern") auch den Amateuren Gelegenheit, sich musikalisch zu betätigen. Nur in solch engen Kreisen konnte sich — je nach Phantasie und Geschmack — ein kleiner „Johnny Dodds", „King Oliver", „Gene Krupa" oder „Charlie Parker" emporarbeiten, um nur einige der üblichen Amateurlieblinge zu nennen. Andere Vorbilder waren die Schule von Bunk Johnson, George Lewis und Co., dies allerdings wieder nur für Amateure. In diesen kleinen Amateurbands der Johnson-Rena-Lewis-Schule konnte man ruhig mal falsch spielen — das wurde nur als besonders „echt" angesehen, hatten es doch Bunk Johnson und der ganze „Revival-Jazz" genügend vorexerziert. Bunk Johnson, George Lewis und Kid Rena, die mit ihrem sogenannten „Revival-Jazz" die Talmiversion eines nichtvorhandenen Vor-1916-Jazz heraufbeschworen hatten, indem sie eine Mischung von Marschmusik, Ragtime und absorbiertem Hotjazz und Swing der zwanziger und dreißiger Jahre sehr amateurhaft intonierten, wurden von vielen Jazzkritikern des In- und Auslandes als *New Orleans Jazz-Pioniere* völlig ernst genommen. Kein Wunder also, daß in den frühen Jahren der deutschen Amateurjazzbands diese Art von Jazzmusik als Vorbild galt.
Während ein Teil der ersten Amateurbands, vor allem die „traditionellen", in einem embryonalen Zustand blieb und meistens wieder zur Bedeutungslosigkeit herabsank bzw. vergessen wurde, überwanden andere Gruppen alle Kinderkrankheiten der Amateurkapellen und erreichten einen beachtlichen Jazzstandard. Auf diese Weise wurden sie allgemein bekannt und auch populär und zugleich Träger des Jazzgedankens bzw. Jazzmusizierens in Deutschland. Darin bestand ihr Verdienst. Naturgemäß lag das Schwergewicht bei den „traditionellen", den sogenannten *Dixieland-* oder *New Orleans*-Amateurbands (je nach Auffassung und Vorbild), da diese Musik für Amateurmusiker an-

scheinend leichter zu spielen ist als die etwas diffizile „Modern-Jazz"-Musik, die die volle Beherrschung der Instrumente erfordert. Amateurbands der traditionellen Richtung gab und gibt es in Deutschland derartig viele, daß es unmöglich ist, sie alle hier aufzuzählen. So sollen nur einige der besten oder erfolgreichsten Gruppen erwähnt werden. Die Mehrzahl dieser Bands entstand bereits zwischen 1949 und 1954, als schon wieder original amerikanische Jazzaufnahmen nach Deutschland kamen und als Lehrmaterial für die Amateurmusiker dienen konnten. Die erste *Dixielandband* dieser Art, die von sich reden machte (obwohl es schon andere gab), weil von ihr als erster schon 1948 Schallplatten aufgenommen wurden, war die Band von Helmut Brandt, der später zum professionellen „Modernisten" wurde. Brandt leitete damals eine reine Amateurband, die bald mit Erfolg in den ersten Jazzlokalen Berlins spielte. Helmut Brandt hatte schon zu dieser Zeit einen Hang zum Individualistischen, der ihn viele Jahre später aus dem modernistischen Lager hervorhob und ihn als begabten Komponisten und Arrangeur auszeichnete. So bespielte er seine ersten Schallplatten im Oktober 1948 nicht etwa mit den berühmten Einheitsstücken des Dixielandrepertoires, sondern wählte ungewöhnliche Arrangements, wie eine *Dixieland*-Fantasie über *Ich freue mich, daß ich geboren bin* und *Blues In The Night*. Eines der begabtesten Mitglieder seiner Band war der Pianist Manfred Frenz, der zugleich zu den versiertesten Boogie-Woogie-Pianisten Deutschlands gehörte. Brandt wechselte Anfang der fünfziger Jahre zum sogenannten „Modern Jazz" über und wird in diesem Zusammenhang noch erwähnt werden.

Zu den ältesten deutschen „Traditional"-Bands gehörten die Frankfurter *Two Beat Stompers,* die vom *Hot-Club Frankfurt/*Main gegründet wurden und schnell einen ungewöhnlich hohen Standard erreichten. Nach geringfügigen Wechseln in ihrer Besetzung besaß die Band einige wirklich versierte Musiker, wie Werner Rehm (tp), Dick Simon (tb), Werner Dies (cl), Gerd Schüttrumpf und Louis Freichel (sousaphone), Namen, die teilweise später (auch mit anderen Instrumenten) sogar in der Bigband von Willy Berking auftauchten. Eine Art Promoter der Band war der rührige Horst Lippmann, der sich, obwohl er passionierter „Modernist" ist, als Drummer der *Two Beat Stompers* betätigte, vor allem in den ersten Jahren der Gruppe. Später wurde er durch Ata Berg ersetzt. Da die Band, deren Besetzung natürlich nicht völlig konstant blieb, längere Zeit auch im Frankfurter Jazzlokal *Domicile du Jazz* spielte, wirkte auch dessen Inhaber, der Musiktheoretiker und Trompeter Carlo Bohländer, in der Gruppe mit. Als die *Two Beat Stompers* am 5. Juni 1954 mit großem Erfolg auf dem ersten Deutschen Jazz-Festival spielten, wurden sie zum erstenmal auf Schallplatten aufgenommen. Diese Aufnahme, *Jenny's Ball,* war musikalisch so einwandfrei, daß die *Deutsche Grammophon*-Gesellschaft in den folgenden Jahren etliche weitere Platten mit den *Two Beat Stompers* machte, die unter den Marken *Brunswick* und *Polydor* (Export) herauskamen. Eine Amateurband hatte sich mit Zähigkeit emporgearbeitet und das chronische, wenn auch berechtigte Mißtrauen einer Plattenfirma „Jazzamateuren" gegenüber besiegt. Mehrere Jahre lang zählten die *Two Beat Stompers* zu den traditionellen Spitzenbands Deutschlands und genossen sogar internationalen (bzw. europäischen) Ruf. Nur die zweiseitige Liebe der meisten *Two-Beat-Stompers*-Mitglieder zum „Modern" und zum pseudo-traditionellen Jazz moderner Prägung ließ die Band nach 1958 wieder ein wenig in Vergessenheit geraten.

Die *Two Beat Stompers* mußten sich in den fünfziger Jahren den ersten Platz mit den Berliner *Spree City Stompers* teilen. Die *Spree City Stompers* gingen aus einem Kreis von Berliner Jazzamateuren hervor, der sich um 1950 regelmäßig in der Grunewald-Villa des Direktors Fritz Krull, eines begeisterten Jazzfans älteren Semesters, traf. Die eigentlichen *Stompers* bildeten sich um 1951 und machten wie alle anderen Amateurjazzbands sämtliche Entwicklungsstadien positiver und negativer Art durch, bis sie endlich ihren Stil, einen Eddie-Condon-artigen, modernen Dixielandstil fanden. Nach verschiedenen Wechseln in der Besetzung und einem teilweisen Zusammenschluß mit der *New Orleans Band*, einer anderen Berliner Amateurband, fand sich schließlich eine relativ konstante Gruppe zusammen, die über mehrere Jahre hinaus zusammenblieb und die *Spree City Stompers* zu einem Begriff machte. Sie bestand zwischen 1952 und 1957 aus Werner Geisler (tp), Poldi Klein (cl), Eckhard Schmidt (p), Wolfgang Laade (b), Thomas Keck (d) und dem „Spiritus rector" der Band, Hans-Wolf Schneider (tb). Laade wurde 1956 durch Harald Müller ersetzt; das blieb jedoch für Jahre der einzige Wechsel, was dem Ensemblespiel sehr zugute kam. Auch hatte die Band das Glück, in zwei Jazzlokalen ein festes Domizil zu finden: zunächst in der *Kajüte* und später in der *Eierschale*. Der AFN zog die *Spree City Stompers* zu Sendungen heran, und im Oktober 1954 wurden von der *Electrola* G. m. b. H. erste Schallplattenaufnahmen für die Marke *Columbia* gemacht, die neben der Helmut-Brandt-Platte von 1948 und dem öffentlichen Mitschnitt der *Two Beat Stompers* vom Juni 1954 die ersten regulären Industrie-Platten-Veröffentlichungen mit „traditionellen" Amateurbands waren. Abgesehen von einem Konzertmitschnitt im Mai 1955 erfolgten jedoch erst im Jahre 1957 weitere Schallplattenaufnahmen mit den *Spree City Stompers*, und zwar neunzehn Titel für die Firmen *Polskie Nagrania* (Polen), *Opera* (Europäischer Phonoklub) und *Manhattan (Bertelsmann)*. Die letzten Aufnahmen wurden mit dem amerikanischen Dixielandtrompeter Wild Bill Davison gemacht, dessen Mitwirkung die alten *Spree City Stompers* zu Höchstleistungen anspornte. Wie nervös klangen dagegen die ersten Titel von 1954: *Miss Annabelle Lee* und *Who's Sorry Now*. Inzwischen hatte die Band Karriere gemacht, war im Ausland aufgetreten, wirkte im Film und im Fernsehen mit, machte Radiosendungen (AFN) und lag in den deutschen Jazzpolls und bei Jazzfestivals aller Art an führender Stelle. Auch in der DDR war die Gruppe umhergereist und hatte sich als führende deutsche „Traditional"-Band gezeigt. Durch das lange Zusammenspiel hatten es die Amateure in technischer Hinsicht fast zu dem Leistungsstandard von Berufsmusikern gebracht und waren nur noch als Halbamateure zu betrachten. Es ging ihnen gut, und sie waren arriviert. Da brach 1958 die Band auseinander und teilte sich in zwei *Stompers*-Gruppen. Hans-Wolf (HaWe) Schneider erwies sich jedoch als hervorragender Organisator. Es gelang ihm, eine neue *Spree City Stompers*-Besetzung zusammenzustellen, die relativ schnell den guten Ruf der alten *Stompers*-Besetzung zurückgewann und schon Ende 1958 erneut Schallplattenaufnahmen mit Wild Bill Davison machte, der zufällig wieder in Deutschland war. Diese Aufnahmen waren nicht ganz so gut wie die von 1957, zeigten jedoch eine immer noch führende Amateurjazzband, wie es nur wenige in Deutschland gab. Vom alten Personal war neben Schneider nur der Trompeter Werner Geisler geblieben. Neu hinzugekommen waren Peter Strohkorb (cl), Hansi Schmücking (p), Manfred Neumann (b) und Wolfgang Henze (d). 1960/1961 kamen erneut Wechsel in der Besetzung und ein Erfolg bringender Aufnahmevertrag mit der französischen Plattenfirma *Vogue*. Inzwischen hatte Gerhard Vohwinkel (tp) Geisler ersetzt und sich zugleich als begabter Arrangeur erwiesen, der alte Schlager und Lieder, wie *Warte, warte nur ein Weilchen, Die Abendglocken, Schwarze Augen, Das gibt's nur einmal, Was eine Frau im Frühling träumt* u. a., verjazzte und den *Spree City Stompers* auf den *Vogue*-Platten zu einem beachtlichen Erfolg verhalf.

Ob kommerziell oder nicht — dies war eine gesunde Basis, auf der eine Jazzband in Deutschland am Leben zu erhalten war. Mehr oder weniger stellten sich viele „traditionelle" Kapellen ähnlicher Art auf die „Verjazzung" alter Schlager um und hatten damit recht guten Erfolg, wie zum Beispiel die *Merry Tale Jazz Band* mit *Am Sonntag will mein Süßer mit mir segeln geh'n*. Infolge vielerlei Verpflichtungen blieben die *Spree City Stompers* — mit geringfügigen Personaländerungen —weiterhin „am Ball" und hielten unter den deutschen Amateur- und Halbprofibands der „traditionellen" Schule nach wie vor die Spitze.

Es gab in Deutschland aber noch einige weitere „traditionelle" Bands von Bedeutung. Da war in Bremen die *Dixieland-Band* unter Leitung von Hein Bullenkamp, die bereits vor 1950 in Norddeutschland recht schnell bekannt wur-

de, aber nie das Glück hatte, auf Schallplatten festgehalten zu werden. In Dortmund spielten seit 1952/1953 die *Darktown Stompers,* unter denen sich besonders der später tödlich verunglückte Horst Himsel als begabter Trompeter hervortat. Von der Band wurde beim Deutschen Jazz-Festival 1956, noch zu Lebzeiten Himsels, immerhin eine Schallplattenaufnahme gemacht.
Ebenfalls aus Dortmund kam die *HCD Ebony Blue Five,* eine spezielle Bluescombo, in der vor 1954 Wolfgang Sauer als „Deutschlands bester Bluessänger" mitwirkte, wirkungsvoll begleitet von Glen Buschmann auf der Klarinette. Sauer wurde sehr bald von der Schlagerindustrie „entdeckt" und gelangte als „Blinder Jazzsänger" zu beachtlichen Erfolgen, was, genau genommen, für ihn persönlich ein großes Glück bedeutete. Seinen Ruf als bester Bluessänger Deutschlands mußte er daher bald dem Berliner Toby Fichelscher überlassen. Dieser wiederum hatte um 1961/1962 in Knut Kiesewetter einen begabten Nachfolger.
In Düsseldorf erwarben sich nach 1955 die *Feetwarmers* als erstklassige Amateur-Dixielandband einen guten Ruf, den die Gruppe auch bei den jährlich stattfindenden Jazzamateurband-Festivals in Düsseldorf immer wieder rechtfertigte. Zu ihren wichtigsten Mitgliedern gehörten Horst Mutterer (tp, p), Jürgen Buchholtz (tp), Erich Schilling (tb), Heinz Schellerer (cl, as) und der vielseitig begabte Klaus Doldinger (cl, ss, ts), der wohl technisch führende Jazzamateur. Ab 1955 konnten die *Feetwarmers* etliche Titel für die Schallplattenmarken *Climax* und *Brunswick* aufnehmen. Einen Höhepunkt bildeten Aufnahmen mit dem amerikanischen Jazztrompeter Wild Bill Davison im Jahre 1958. Die Aufnahmen bedeuteten schöne Erfolge für eine Amateurband, um so mehr, als einige der eingespielten Titel eigenwillige Arrangements alter Zarah-Leander-Schlager waren und eine originellere Note in das übliche Kopieren alter Jazzstandards der diversen Amateurjazzbands brachten. Ab Ende 1960 nahmen die *Feetwarmers* für *Electrola (Odeon)* weitere Titel in der Art der gerade modern werdenden Dixielandschlager-„Masche" auf, die jedoch immer noch besser waren als gleichartige Darbietungen anderer Amateurgruppen.
In dem gleichen Zeitabschnitt wie die *Feetwarmers,* also ab 1955, wurden in Hamburg gleich fünf Amateurjazzbands bekannt, die sich über den lokalen Durchschnitt erhoben und in ihrer Art führend in der Hansestadt wurden. Dies waren die *Riverside Jazz Band,* die *Magnolia Jazz Band,* die *Oimel Jazz Youngsters,* die *Jailhouse Jazzmen* und die *Old Merry Tale Jazz Band.*
Die Hamburger „Traditional"-Bands lehnten sich zunächst eng an englische Vorbilder, die Revivalgruppen um Ken Colyer, Chris Barber u. a., an. Mit fortschreitendem Wissen der Bandmitglieder wechselte man dann zum „Original" über, zu amerikanischen Vorbildern, wie Bunk Johnson, George

Lewis, Jelly Roll-Morton, King Oliver, Kid Ory und dem unvermeidlichen Johnny Dodds. Schon aus dieser Auswahl ergab sich ein stilistischer Wirrwarr, der sich nur wenig vom „Revivalstil" der britischen Bands unterschied. Aber man wollte partout „schwarz" spielen, was dem Pling-Pling-Rhythmus à la Barber, Colyer, Bunk Johnson und George Lewis (trotz Oliver und Morton) keinen Abbruch tat. Das Problem lag darin, daß Barber, Colyer und Co. relativ leichte, Johnson und Lewis durchaus schlechte und Oliver, Morton u.a. zu schwierige Vorbilder waren. Allein, der Wille war da, und das zählte, und die genannten Bands überwanden halbwegs die üblichen „Kinderkrankheiten" aller „Trad"-Amateurbands.

Die wichtigsten Solisten der *Riverside Jazz Band* waren Heinz Junghans (tp), Klaus Grossmann (tb), Rolf Roggenbuck (cl) und Peter Hunk (bj); die der *Magnolia Jazz Band* Gerhard Schittek (tb), Jörg von Morgen (tp), Helmut Lamskus (cl) und Wolfgang Schult (bj) und die der *Oimel Jazz Youngsters* Tonio von der Meden (tp), Jan Meyer-Rogge (cl) und Klaus Meyer-Rogge (bj); bei den *Jailhouse Jazzmen* stachen Abbi Hübner (c), Rudgar Mumssen (tb) und Peter Hoffmann (cl) besonders hervor. In der wohl erfolgreichsten der fünf Hamburger Spitzengruppen, der *Old Merry Tale Jazz Band,* waren die besten Solisten der Trompeter und Arrangeur Gerd Vohwinkel, der nach seinem Übergang zu den *Spree City Stompers* (Berlin) durch Dieter Bergmann ersetzt wurde, ferner Jost Münster (tb & voc), Peter Schubert (cl), Hans-Jürgen Bock (p) und Reinhard Zaum (b & tuba). Die *Old Merry Tale Jazz Band* wurde durch den alten 1929er Hit *Am Sonntag will mein Süßer mit mir segeln geh'n* und durch eine für eine Amateurband stattliche Reihe von Schallplattenaufnahmen für die *Deutsche Grammophon* (*Brunswick* und *Polydor*-Export) in ganz Deutschland bekannt. Es wurde zu ihrer Spezialität, alte deutsche Schlager und Lieder im „Trad-Jazz" zu bringen, aber auch etliche eigene Kompositionen mit so absonderlichen Titeln wie *Sellerie, Knoblauch, Lurchi & Lurchi* und *Opel Super 5.*

Die Dixie-Verjazzung alter deutscher Schlager durch die *Old Merry Tale Jazz Band* brachte beinahe so etwas wie eine „Neue Welle" in den traditionellen Amateurjazz und wurde direkt zur Mode. Andererseits nahmen viele Kritiker oder „Experten" die Sache zu ernst und klagten über die „kommerzielle Einstellung" der verschiedenen Bands, anstatt froh zu sein, daß die Gruppen wenigstens einen Weg gefunden hatten, sich bis auf weiteres über Wasser zu halten. Der Liebe zum „echten" Jazz tat dies bei den Bands durchaus keinen Abbruch. Insofern kamen sie den Original-Jazzbands der zwanziger Jahre näher, als sie ahnten, denn diese hatten einst genau das gleiche getan.

Andere wichtige Amateurgruppen des traditionellen Jazz waren die *Occam Street Footwarmers* aus München, die *New Orleans Jazz Band*, die *Salty Dogs* und *Papa Ko's Jazzin' Babies* aus Berlin, die deutsch-holländische Gruppe *Mr. Adams Syncopators*, die *Leathertown Jazzmen* aus Offenbach und die *Woog City Stompers* aus Darmstadt, um nur einige zu nennen. Es gab und gibt Hunderte solcher Bands, eine Legion von *Stompers, Jazzers, Syncopators, Jazzmen* usw., die sich in der Zusammensetzung und im Stil sehr ähneln, wenngleich natürlich qualitative Unterschiede vorhanden sind, die eben nur wenige dieser Gruppen über ihren lokalen Kreis hinaus bekannt werden lassen. Eine bloße Aufzählung all dieser Bands würde ins Uferlose führen. Die hier genannten spielten ohne besondere Schwierigkeiten in Westdeutschland, aber auch in der DDR bildeten sich etliche gleichartige Gruppen. Am bekanntesten wurde wohl die *Alfons Zschockelt Jazzband* aus Halle, mit Zschockelt als Banjoist und Bandleader und Klaus von Wyski mit Waschbrett-(Washboard-)Rhythmus. Diese Gruppe hatte sogar das Glück, von dem *VEB-Lied der Zeit* auf *Amiga*-Platten mit zwei Titeln festgehalten zu werden.

In den Jahren ab etwa 1957 bildeten sich weitere Amateurgruppen, die sich einer anderen Jazzmode verschrieben hatten, dem sogenannten *Skiffle-Song*, einer Art Volksgesang mit Jazzrhythmus in primitiver Form, mit Teufelsbaß (Saiten auf Holzkiste), Kamm- und Krugblasen („Kazoo" und „Jug") und Gitarrenbegleitung (oder auch Banjo). Eine reine Amateur- und Liebhabermusik, die — kurze Zeit genossen — durchaus reizvoll sein konnte. Zu den ersten besseren deutschen „Skiffle-Groups" gehörten die *Skiffle Guys* (Berlin).

Auch die Zahl der Skiffler wuchs schnell und wurde Legion, so daß fast jede Schule bald eine eigene „Skiffle-Group" besaß. Aber nicht nur das: es bildeten sich sogar einige Spiritualgruppen, so vor allem das beachtliche deutsche *Spiritual-Quintett-Düsseldorf* unter Leitung von Lutz Nagel, das bald eine Sonderstellung unter den jazz-ambitiösen Amateurgruppen einnahm und sogar etliche Schallplatten einspielte, bzw. besang. Diese Gruppe lag natürlich in ihrer Tendenz nur am Rande des Jazz und widmete sich ausschließlich negroider folkloristischer Spiritualmusik.

All die genannten und nicht genannten Amateur- und Halbamateur-Jazzbands der traditionellen Schule setzen sich aus jungen Jazzfreunden zusammen, die in der Regel zwischen siebzehn und siebenundzwanzig Jahre alt sind, von Ausnahmen, etwa den ganz jungen „Jazzern" auf den diversen Oberschulen, abgesehen. In all diesen Amateuren lebt der Jazzgedanke in Deutschland fort, und sie haben tatsächlich fast eine neue Art von Hausmusik geformt, denn immer mehr junge Menschen finden Gefallen an dieser Musik und versuchen, den nun schon „Alten" im deutschen *Dixie*- oder *New Orleans*-Jazz nachzueifern.

Gelegenheit dazu ist reichlich vorhanden, und bessere Kapellen haben ihren „Jazz-Keller", ein mehr oder weniger romantisch ausstaffiertes Etablissement (oder Kneipe), der ein ständiger Anziehungspunkt junger Jazzbegeisterter ist. Wenn unter den jungen Musikern auch meist die verworrensten und romantischsten Vorstellungen vom Jazz bestehen, die Wahl ihrer Vorbilder nicht immer glücklich ist und es auch keine Band gibt, die nun wirklich originell, neuartig oder original im historischen Sinne ist, so haben die deutschen Jazzamateure nicht nur den Stand all ihrer europäischen Kollegen erreicht, sondern teilweise sogar übertroffen. Allein darin liegt schon die große Leistung dieser jungen Musikamateure, die nach dem Kriege für den authentischen Jazz immerhin mehr taten als die meisten Berufsmusiker in Deutschland. Eine Ausnahme machten nur die *Charleston Hot Peppers,* die als einzige wirklich etwas Originelles und Originales in Deutschland versuchten.

Diese Gruppe hatte sich nicht den üblichen *Dixieland-* oder *New Orleans-*Revivalstil als Vorbild gewählt, sondern die Semi-Bigbandmusik der zwanziger Jahre à la Fletcher Henderson oder *McKinney's Cotton Pickers,* wie die Bandmitglieder selbst erklärten. Natürlich wären Jazzamateure nicht so leicht in der Lage gewesen, eine solche Aufgabe technisch auch nur einigermaßen zu bewältigen. Daher trug der Initiator der Band, Peter Rickers, Anfang 1960 seine Idee Gerry Arnold vor, der sich schon früher für diesen Musikstil begeistert hatte. Arnold hatte genügend fähige Berufsmusiker an der Hand, mit denen er das Projekt starten konnte. Die *Charleston Hot Peppers* wurden geboren und konnten sich nach harten Proben auf den „Kieler Jazztagen" im Oktober 1960 zum erstenmal dem Publikum vorstellen. Der Erfolg war durchschlagend, zumindest bei den verständnisvollen Kritikern oder Kommentatoren und den besser geschulten Jazzfreunden. In der Tat unterschied sich die Gruppe angenehm vom relativen Einerlei der deutschen Jazzszene. Beachtlich waren sowohl Solisten wie Peter Kuchta und Peter Rickers (tp), Heinz Hoffmann (tb), Gerry Arnold (p) und Bo Känne (d) als auch die liebevoll durchdachten Arrangements des Bandleaders Gerry Arnold alias Maury. Dank der lobenden Rezensionen konnten die *Charleston Hot Peppers* einige Rundfunksendungen mitmachen, etliche öffentliche Konzerte geben, im „Berliner Jazz Salon 1961" auftreten und eine Reihe Schallplatten für die *Deutsche Grammophon*-Gesellschaft *(Brunswick)* aufnehmen. Insofern hatte sich die Idee gelohnt. Dennoch blieb die Band allein auf weiter Flur. Im breiten Jazzpublikum setzte sich diese nette Musik nicht mehr so recht durch, und den Amateuren war sie zu schwierig. So blieb die Band eine Einmaligkeit, nicht nur in Deutschland. Denn soweit bekannt ist, hat außer in England niemand versucht, den „Sound" der alten Henderson/Moten/McKinney-Musik (um sie zu typisieren) zu rekreieren.

Schon diese Tatsache macht deutlich, daß die *Charleston Hot Peppers* dem Ansehen des deutschen Jazz einen großen Dienst erwiesen haben. Andere deutsche Gruppen von Berufsmusikern, die sich mehr oder weniger ernsthaft mit traditionellen Jazzformen beschäftigten, gab es außer den *Charleston Hot Peppers* nur Anfang der fünfziger Jahre; die meisten Berufsmusiker bevorzugten den „Modern Jazz" oder die modernen Richtungen in der Tanzmusik. Ausnahmen machten lediglich der Trompeter Fred Bunge und der österreichische Klarinettist Franz Pressler, genannt „Fatty George".

Fred Bunge, ehemals prominentes Mitglied der Joe-Wick- und Kurt-Edelhagen Band, leitete zwischen 1950 und 1954 verschiedene Gruppen mit Dixielandstil. Nach Helmut Brandt war er der erste deutsche „Dixieländer", der Schallplattenaufnahmen mit einer Art Dixieland-Jazzband machte. Bereits im Mai, Juli und Oktober 1951 wurden diese Aufnahmen für die *Deutsche Austroton* (und *Astraschall-*)-Gesellschaft aufgenommen. Im Vergleich zu den Amateur-Dixie-Bands handelte es sich bei Bunges Musik mehr um geglätteten, vollarrangierten Dixielandjazz, mit einer gehörigen Portion Swingmusik, wobei die Musik als solche technisch und musikalisch derjenigen der Amateure überlegen war, vor allem in diesen frühen Jahren des Amateurjazz in Deutschland. Den „Puristen" erschien dieser Dixielandjazz jedoch zu kommerzialisiert und glatt. Fred Bunge zählte als Solist zu den besten jazzambitionierten Trompetern Deutschlands und verstand es darüber hinaus, gute Leute um sich zu versammeln. Seinen ersten Gruppen gehörten folgende Musiker an: Willi Sanner (tp), Glen Buschmann (cl), Johnny Müller (ts), Franz Riedl (bars), Werner Twardy (p), Karl Hartl (b), der aus der DDR gekommene Klarinettist Heinz Kretzschmar und Bunges langjähriger Drummer Teddy Paris. Nach 1953 ging Bunge zum Swing und zu modernen Stilen über und spielte kaum noch Dixielandjazz. Sein tragischer Tod im Jahre 1960 war ein Verlust für den deutschen Jazz. Franz Pressler, alias „Fatty George", führte nicht nur eine originelle Dixieland-Jazzband, sondern zugleich auch eine „Modern Jazz"-Band unter dem Namen *Two-Sound Band*. Dieses Orchester, bestehend aus Musikern, die zugleich „old" und „modern" spielten, wurde nach 1953 in Deutschland und Österreich immer bekannter. Pressler selbst war ein hervorragender Klarinettist. Er hatte schon seit 1945 etliche Gruppen in Wien geleitet, die eine Art Dixieland- oder, wie man damals auch gern sagte, Chicagojazz spielten. Bald entdeckte Pressler als versierter Solist seine Liebe zum „Modern Jazz", dem Bop- und Cool-Jazz. Dies tat seiner Liebe zum alten Jazz jedoch keinen Abbruch, und so entschloß er sich, eine *Two-Sound Band,* ein Zweiklang-Orchester, zu gründen, um in der Lage zu sein, beide Gebiete kompetent zu spielen.

Nachdem „Fatty George" bereits mehrere Male in Deutschland aufgetreten war, so 1949 in Köln und Duisburg und 1950 in Nürnberg, kam er 1953 wieder und spielte diesmal vorwiegend in Köln. Hier gab er Konzerte und spielte in verschiedenen britischen und amerikanischen Soldatensendern. Ab 1954 trat er als *Fatty George mit seiner Two-Sound Band* mehr in die deutsche Jazzöffentlichkeit und wurde durch seine ersten Schallplattenaufnahmen, die er im Mai 1954 für *Electrola (Columbia)* machte, schnell in ganz Deutschland bekannt. Er selbst und seine Musiker gehörten bald zur Elite der deutschen Jazzszene, denn durch seinen langen Aufenthalt in Deutschland zählte man ihn einfach „dazu", wie auch seinen Landsmann Hans Koller. Die wichtigsten Solisten der *Two-Sound Band*, die über vier Jahre zusammenblieben, waren Oskar Klein (tp), Willi Meerwald (tb), Bill Grah (p & vib), Heinz Grah (b) und Bob Blumenhoven (d). Oskar Klein, ein hervorragender Trompeter, einer der besten des Kontinents, wurde in den sechziger Jahren von der berühmten holländischen *Dutch Swing College Band* übernommen. Er kann zweifellos als der begabteste Solist der Fatty-George-Band gelten.

Den ersten *Columbia*-Platten der *Two-Sound Band* folgten weitere Aufnahmen für *Columbia*, für Gigi Campis *Mod/Old*-Etikett, für *Telefunken* und für die österreichische Firma *Mastertone*. Die Band wirkte bei diversen Festivals in Frankreich, Deutschland, Italien und Österreich mit und wurde sogar beim Film beschäftigt. 1958 schuf Pressler sich in Wien ein festes Domizil, das großaufgezogene Jazzlokal *Fatty's Saloon*, wo seine Band als Hauskapelle fungierte, wenn sie nicht gerade unterwegs war. In solchen Fällen engagierte Fatty George andere gute Orchester als Vertretung. Insgesamt gesehen, zeichnete sich das Spiel seiner Band vor allen Amateurgruppen durch berufsmäßige Versiertheit im Instrumental- und Ensemblespiel sowie durch Sicherheit aus. So war es kein Wunder, daß die Band die wohl meisten Schallplattenaufnahmen von allen hiesigen Dixielandgruppen einspielen konnte und später auch zu kommerziellen Aufnahmen mit Pseudojazz-Charakter herangezogen wurde, da Fattys Leute in allen Sätteln gerecht waren.

In den letzten Jahren ergab sich (in Deutschland vor allem) ein Übergewicht zum traditionellen Jazz, und obwohl die Fatty-George-Band „old" und „modern" spielte und beherrschte, zählte man George in der deutschen Jazzöffentlichkeit mehr zum traditionellen Lager, und es scheint auch sicher, daß ihm der alte Jazz gefühlsmäßig besser liegt, während der moderne ihm nur technisch interessant ist. Er steht damit im Gegensatz zu den meisten deutschen Berufsmusikern, die den „Cool" oder „Modern Jazz" in all seinen Variationen vorziehen und teils heimlich, teils offen den alten Jazz als „outdated", als veraltet und überholt, ablehnen, da sie das scheinbar Geistreich-Komplizierte und technisch Diffizile des „Modern Jazz" fasziniert. Diese Musiker sahen es als eine Verpflichtung an, „mit der Zeit zu gehen" und der laufenden Musikentwicklung zu folgen, was handwerklich gesehen durchaus logisch sein mag. Sie verloren jedoch das Verhältnis zum alten, echten Jazz und wußten mit ihm nicht mehr so recht etwas anzufangen. Nur wenige waren in der Lage, rein gefühlsmäßig das Große des historischen Jazz zu erfassen.

Fast alle deutschen „Modern Jazz"-Musiker (wenn nicht alle überhaupt) waren recht junge Leute, die erst nach dem Kriege mit dem Jazz bekannt wurden, der ihnen zu dieser Zeit schon nur in modernerer Form begegnete, ganz gleich, ob es sich um den „Revival-Jazz" oder um den „Be-Bop" der Jahre 1946 bis 1950 handelte. Sie lernten zwar das Schema der Musik kennen, konnten sich aber gefühlsmäßig wenig oder kaum mit ihr befreunden, was bei dem stereotypen „Revival-Jazz" nicht Wunder nimmt. So wurden sie des Ersatz-Jazz der Revival-Schule schnell überdrüssig und begannen, sich für den komplizierteren, „intellektuellen", „Cool" oder „Modern Jazz" zu begeistern, der ja in instrumentaler Hinsicht weitaus schwieriger zu spielen ist und ein gutes musikhandwerkliches Können voraussetzt. Auf diese Weise waren bald fast alle deutschen „Modern"-Gruppen aus Berufsmusikern zusammengesetzt, von einigen Amateuren abgesehen, die jedoch teilweise in die Profession gingen, sobald sie sich einen Namen gemacht hatten.

Im Gegensatz zu den „traditionellen" haben unsere „modernen" Gruppen etliche Solisten von Weltruf hervorgebracht. Einige der wichtigsten Combos und Solisten des deutschen „Modern Jazz" sollen hier nicht vergessen werden. Zu den ältesten und zugleich konstantesten modernen deutschen Combos gehörte das Johannes-Rediske-Quintett.

Johannes Rediske, der eigentliche Spitzen-Jazzgitarrist Deutschlands, hatte bereits Anfang 1947 eine kleine Gruppe mitbegründet, die sich die *Berlin Swingsters* nannte und vorwiegend für die Amerikaner, so in den verschiedenen US-Army-Clubs in Berlin und regelmäßig im AFN, spielte. Dieser Combo, die sich schon damals mit dem modernsten Swing befaßte, gehörte bereits Lothar Noak (cl, ts) an, der beinahe zwei Jahrzehnte bei Rediske war. Im Jahre 1948 kamen aus München der außerordentlich begabte Pianist Alex Spychalski und der Bassist Manfred Behrendt hinzu sowie 1950 der Drummer Joe Glaser. Damit formte sich 1950 das *Rediske-Quartett mit Joe Glaser* und wuchs zu einer Einheit zusammen, die über viele Jahre hinaus bestehen sollte und sich einen bedeutenden Namen machte. In den ersten Jahren des Quintetts, des späteren *Rediske Quintetts*, lehnte sich Rediske mit seinem elektrischen Gitarrenspiel stark an das Vorbild des Neger-Elektrogitarristen Charlie Christians an. Auf diese Weise wies die Combo zunächst die Note der modernen Goodman-Gruppen auf. Dies änderte sich, als sich 1950/1951 der George-Shearing-Sound mit seinem Combo-Unisonoklang bei allen ausübenden Musikern als „dernier cri" durchsetzte, so auch bei den Rediskes: die Combo begann à la Shearing zu musizieren. 1954/1955 ging dieser Stil jedoch beinahe unmerklich in modernen Cool und Hot eigener Prägung über, und die Rediske-Combo bekam einen in Deutschland bisher unbekannten Sound. Immer mehr eigene Kompositionen und Arrangements wurden geschrieben, und die Gruppe wurde maßgebend. In den langen Jahren ihrer Zusammenarbeit war sie zu einer in dieser Perfektion in Deutschland einmaligen Einheit zusammengewachsen. Großes Können zeichnete jedes ihrer Mitglieder aus, und die gut durchgearbeiteten Arrangements verrieten hohes Kollektivtalent. Die „klassischen" Mitglieder der Band waren Rediske, Noack, Spychalski, Behrendt und Glaser. Lediglich Glaser wurde — am 1. April 1956 durch Heinz Niemeyer — ersetzt, da er in die Plattenindustrie ging und das Musizieren aus gesundheitlichen Gründen aufgab. Seit 1950 spielten die Johannes-Rediske-Leute in der *Badewanne*, einem „Jazzlokal" im alten *Feminahaus* in der Nürnberger Straße, im Berliner Westen. Hier jammten sie mit fast allen amerikanischen Größen der Jazzwelt und anderen Musikern aus allen Ländern der Erde und gewannen eine reiche Erfahrung. Bei diesen „Jam-Sessions" zeigten die Rediske-Musiker stets ihr echtes Jazzgefühl und spielten „Red-Hot", wie man in den USA sagt, also heiß im wahrsten Sinne des Wortes. Es zeigte sich, daß sie in allen Stilarten versiert waren.

Die bereits früh zutage getretene Perfektion der Combo machte es möglich, daß das Rediske-Quintett praktisch die erste deutsche „Modern-Combo" war, die auf Schallplatten festgehalten wurde. Schon im März 1951 wurden die ersten Titel für *Odeon* eingespielt. Bald folgten, allerdings in größeren Abständen, etliche weitere Aufnahmesitzungen für *Odeon, Columbia, Brunswick, Amiga* und *Ariola* (Bertelsmann). Ferner wurden Konzertausschnitte von den Frankfurter Jazz-Festivals 1954, 1955 und 1956 sowie vom „Deutschen Jazz Salon" in Berlin 1959 veröffentlicht. Ab 1952 spielte das Rediske-Quintett in mehreren deutschen Sendern und gewann bereits im Jahre 1953 den Großen Schallplattenpreis. Es folgten weitere Verpflichtungen für Film und Fernsehen, man spielte zum Bundespresseball und anderen Festlichkeiten und gewann weitere Auszeichnungen — ein verdienter Erfolg für fünf tüchtige Musiker, die, obwohl sie konsequent Jazz spielten, „oben" blieben.

Eng befreundet mit den Rediskes war ein weiterer deutscher „Modern"-Solist von Format, der Klarinettist Rolf Kühn. Kühn war Ende 1949 nach West-Berlin gekommen, nachdem er in Leipzig seit 1946 prominentes Mitglied der Bigband von Kurt Henkels gewesen war. Bei Henkels hatte er außer der Klarinette noch Saxophon und Akkordeon gespielt und sich in kurzer Zeit zu einem Spitzensolisten der Band emporgearbeitet. In Berlin wurde er nicht nur sofort ein Starsolist im *RIAS-Tanzorchester* unter Leitung von Werner Müller, sondern auch der meistbeschäftigte Klarinettist überhaupt und bald als „Deutschlands Jazzklarinettist Nr. 1" bekannt. Kühn wurde für etliche Studioaufnahmen hinzugezogen und wirkte in den Schallplattenorchestern von Walter Dobschinski, Helmut Zacharias, Eugen Henkel und Macky Kasper mit. Später wurde er Starsolist der *RIAS-Combo*, einer Jazzgruppe, die sich aus Solisten des *RIAS-Tanzorchesters* zusammensetzte, leider fast ausschließlich im Rundfunk oder bei Konzerten zu hören war und nur einmal, während des Jazzfestivals 1956 in Frankfurt/Main, mit einem Titel auf Schallplatten festgehalten wurde. Aber schon seit 1953 hatte Kühn mit Studiocombos ein paar Titel unter eigenem Namen für *Brunswick* aufnehmen können (*Brunswick* und *Polydor*), ebenfalls mit Solisten des *RIAS-Tanzorchesters*. Die wichtigsten Mitglieder der *RIAS-Combo* waren zwischen 1953 und 1956 Günter Schemmler (p), Heinz Cramer (g), Alex Machowiak (b) und Günther Hampel (d). Als Kühn Mitte 1956 nach den USA ging, wurde er durch Heinz Schönberger ersetzt, einen ebenfalls sehr befähigten Spitzenklarinettisten.

Rolf Kühn, der sich in knapp zehn Jahren als deutscher Spitzen-Jazzsolist internationalen Ruf erworben hatte, fand in New York einen tatkräftigen Förderer in dem Kritiker Leonard Feather, der den Deutschen in der amerikanischen Musikwelt schnell zu einem Begriff machte. Kühn spielte zeitweilig im Tommy-Dorsey-Orchester mit, und als seinen Höhepunkt kann man seine „Vertretung" für Benny Goodman in dessen Orchester ansehen. Mit einer eigenen Combo machte er Schallplattenaufnahmen für *Vanguard*, denen in New York und Newport weitere Aufnahmen mit Eddie Costas Trio, mit dem *Winner's Circle*, mit dem Tommy-Dorsey-Orchester und mit Toshika Akiyoshi, der japanischen Jazzpianistin, für die Marken *Bethlehem*, *Verve*, *Decca* und *Metro Jazz* (MGM) folgten. 1959 kehrte Rolf Kühn zunächst vorübergehend, in den sechziger Jahren dann endgültig nach Deutschland zurück. Der Existenzkampf der amerikanischen Jazzmusiker war zu hart und für einen Europäer zu ungewohnt. In Amerika war Kühn ein guter Solist unter vielen, in Deutschland aber der beste seiner Klasse.

Neben Kühn gibt es drei weitere Vertreter des „Modern Jazz" in Deutschland, die internationalen Ruf erlangten und zur internationalen Spitzenklasse zählen: Hans Koller, Jutta Hipp und Wolfgang Lauth.

Koller, obwohl gebürtiger Österreicher, war seit Jahren maßgeblich auf der deutschen Jazzszene tätig und gehörte zu ihren markantesten Solisten. Vom Ausland her gesehen, wird er nicht nur zu den besten modernen Jazzmusikern

Deutschlands gerechnet, sondern gilt als der bekannteste „deutsche" Solist überhaupt. So schrieb eine amerikanische Musikzeitschrift einmal statt „Jazz in Germany" *Jazz in Kollerland*. Im Gegensatz zu den meisten seiner Kollegen hatte Koller bereits eine lange Praxis als Berufsmusiker hinter sich, ehe er zum „Modern Jazz" kam. Schon kurz vor dem Kriege leitete er in Wien eigene Combos. Kurz nach dem Kriege war er Solist im *Hot Club Vienna*-Ensemble, neben österreichischen Jazzgrößen wie Ernst Landl (p, ld), Theo Ferstl (tp, b, arr) und Victor Plasil (d, arr). 1950 kam er nach Deutschland und bildete hier eine eigene Gruppe, die nach der Rediske- und der Joe-Klimm-Combo die erste hundertprozentige „Cool-Combo" Deutschlands wurde und schnell an Bedeutung gewann. Kollers ausgereiftes Ensemble stand, verglichen mit etlichen, damals noch im Anfangsstadium steckenden anderen deutschen „Modern Combos", stilistisch und technisch an der Spitze. In München hatte er zunächst ein Quartett zusammengestellt, in dem Jutta Hipp (p, arr), Franz „Shorty" Roeder (b) und Karl Sanner (d) mitwirkten. Später erweiterte er das Quartett zum Quintett, indem er Albert Mangelsdorff (tb & arr) hinzunahm. Mit Mangelsdorff gewann er den wohl besten modernen Jazzposaunisten Deutschlands, der sehr bald ebenfalls über die Grenzen hinaus bekannt wurde. Koller, der früher auch Klarinette gespielt hatte und sich dann auf das Tenorsaxophon konzentrierte, formte seinen Stil zunächst nach dem Vorbild Stan Getz/Lee Konitz, wobei noch ein wenig Lester-Young-Einfluß hinzukam. Es gelang ihm relativ schnell, vom kopierenden Stadium zu einem eigenen Sound zu kommen und sich als führender Tenorsaxophonist der modernen Richtung in Deutschland zu präsentieren. Vielleicht noch früher als in Deutschland wurde sein Quartett im Ausland bekannt, vor allem, als die ersten Hans-Koller-Schallplatten in den USA unter den amerikanischen Marken *Discovery* und *Vogue* erschienen (1952 und 1953). Erst ab Juni 1953 folgten dann die deutschen Firmen, so die *Deutsche Grammophon (Brunswick)*, die Amateurfirma *Mod*, dann *Electrola (Columbia)*, *Austroton*, die deutsche *Jazztone Society*, die deutsche *Metronome*, der Bertelsmann-Ring mit *Ariola/Manhattan* und der *Deutsche Schallplatten-Club*. Weitere Aufnahmen wurden in Österreich für *Amadeo*, *Mastertone* und *Harmona* gemacht. Bald hatte Hans Koller von den deutschen „modern Jazzmen" die größte Anzahl an Schallplattenaufnahmen aufzuweisen. Er blieb bis in die Gegenwart ein geachteter und begehrter Solist und war längere Zeit im *SWF-Orchester Baden-Baden* tätig. Höhepunkte in Hans Kollers Laufbahn bildete sein Zusammenspiel — auch auf Schallplatten — mit Jazzgrößen aus USA und Schweden, wie Bill Russo, Lee Konitz, Zoot Sims, Lars Gullin und dem ehemaligen Ellington-Bassisten Oscar Pettiford, der Ende der fünfziger Jahre nach Deutschland gekommen war. Das wohl begabte-

ste Mitglied der frühen *New Jazz Stars* Hans Kollers war zwischen 1951 und 1953 die Pianistin Jutta Hipp, die ursprünglich als Amateurin zur Jazzmusik gekommen war. 1945/1946 hatte sie im heimatlichen Leipzig bereits bei den diversen „Jam-Sessions" mitgewirkt, die der *Hot Club Leipzig* veranstaltete. Dann war sie jedoch mit ihrer Familie nach Westdeutschland gegangen und in München Berufsmusikerin geworden — ein Entschluß, den sie nicht zu bereuen brauchte, da sie ihr Können als Pianistin schon bald als überragende Solistin unter Beweis stellen konnte. Um 1949 spielte sie unter anderem auch bei Charlie Tabor und Jack Martin, und es kann sein, daß sie hier ihre Vorliebe für den modernen Jazz, und zwar zunächst für den sogenannten Cool-Jazz à la Lennie Tristano entdeckte. Als sie dann in das Hans-Koller-Quartett eintrat, fanden sich hier vier gleichgesinnte Musiker zusammen, die sich hervorragend ergänzten. Bereits Mitte 1953 bildete die eigenwillige Jutta Hipp dann eine eigene Combo, die *German Jazzmen,* der neben dem alten Koller-Drummer Karl Sanner, Joki Freund (ts), Emil Mangelsdorff (as) und Hans Kresse (b) angehörten — alle begabte Modernisten. In Joki Freund hatte sie als gute Arrangeurin eine feste Stütze, da auch dieser ein eigenwilliger Arrangeur war und der Hipp-Combo schnell über die üblichen ersten Schwierigkeiten hinweghalf. Als Leonard Feather die Combo Anfang 1954 in Frankfurt/Main hörte, war er als Modernist davon so angetan, daß er sofort einige Schallplatten für den amerikanischen Markt aufnehmen ließ und Jutta Hipp zuredete, nach den USA zu kommen, wozu sie sich 1955 dann auch entschloß. Den ersten Aufnahmen aus dem Jahre 1954 für die US-Firmen *MGM* und *Blue Note* waren bis dahin nur drei Titel von den Frankfurter Jazz-Festivals 1954 und 1955 auf *Brunswick* und vier Titel für Gigi Campis Amateur-Jazzfirma *Mod* (Mod/Old) gefolgt; damit hatte sich Jutta Hipps deutsche Aufnahmetätigkeit erschöpft. Zwischendurch war sie in Schweden, dem „Cool-Paradies" Europas, gewesen und hatte dort zusammen mit Lars Gullin einige Titel für die Marke *Karussel* aufgenommen. In Amerika erhoffte sie sich mehr Erfolg. Kurz nach ihrer Ankunft in den USA leitete sie im New Yorker *Hickory House Club* ein eigenes Trio, mit dem sie bereits im April und Juli 1956 einige Schallplattenaufnahmen für die Firma *Blue Note* machte. Aber auch für sie wurde der amerikanische Konkurrenzkampf zu hart, und so gab sie nach einiger Zeit ihren Musikerberuf auf. Sie blieb jedoch in den USA, wo sie eine andere, geregelte Tätigkeit fand und sich eine neue Existenz aufbaute.
Die dritte deutsche „Modern-Combo" von Weltruf war das Wolfgang-Lauth-Ensemble, eine variable Gruppe, die sich — je nach Bedarf — vom Quartett zum Septett erweiterte. Wolfgang Lauth selbst zählte zu den besten Jazzpianisten Deutschlands und rangierte in den sogenannten Jazz-Polls lange Zeit als

„Musiker des Jahres". Um 1954 trat Lauth, der aus Ludwigshafen stammt, zum ersten Male mit einem Quartett vor die Öffentlichkeit, in dem folgende Solisten mitwirkten: Lauth (p, arr), Hans Kresse (b), Joe Hackbarth (d) und Werner Pöhlert (g), der einige Zeit später mit Erfolg eigene Combos leitete. 1956 wurde Kresse durch Wolfgang Wagner ersetzt, und der Vibraphonist Fritz Hartschuh kam gelegentlich hinzu. Die Wolfgang-Lauth-Combo spielte konsequenten „Cool Jazz" mit persönlicher Note, wenn man auch das Vorbild des amerikanischen *Modern Jazz Quartetts* zu erkennen glaubte. Bevorzugt wurden im Ensemblespiel barocke Formen, fugale Themen, und man spielte bewußt intellektuell. So war es kein Wunder, daß die Gruppe bei allen „Modernisten" in hohem Ansehen stand, sogar außerhalb Deutschlands. Die kleine amerikanische Firma *Pulse* nahm Mitte 1956 über 50 (!) Titel mit der Lauth-Combo auf und veröffentlichte etliche dieser Aufnahmen in den USA, wo die Band als *European Jazz Quartett* bezeichnet wurde. Zwischen Mai 1955 und Dezember 1958 nahm das Wolfgang-Lauth-Quartett (und Septett) eine relativ stattliche Anzahl von Titeln für *Telefunken, Jazztone* und *Brunswick* — vor allem aber für *Telefunken* — auf. Die Combo wurde auch zu der Vortrags-Tournee im Rahmen der Diskussion *Jazz und alte Musik* (J. E. Berendt und Dr. J. Tröller) hinzugezogen und in einem speziellen Jazzfilm, *Präludium im Jazz,* vorgestellt. 1958 kam Wolfgang Lauth jedoch zu der Überzeugung, daß man in Deutschland vom Jazz nicht leben könne, und wechselte mit seiner Combo in das kommerzielle Schlagerlager über. Seitdem ist es stiller um ihn geworden.

Es würde zu weit führen, alle modernen deutschen Gruppen hier einzeln zu erwähnen. Es gab und gibt ihrer zu viele, und teilweise bilden sie einen eng miteinander verflochtenen Dschungel von Gruppen und Grüppchen mit ständig neuem Personalaustausch, so daß man sich schwer zurechtfindet, wenn man nicht lokal mit ihnen vertraut ist. Einige Namen müssen in diesem Zusammenhang jedoch noch erwähnt werden, da sie für die deutsche Jazzszene von großer Bedeutung waren und der deutsche Jazzbeitrag der nachfolgenden Jahre in ihnen verkörpert ist.

Da war zunächst die moderne Helmut-Brandt-Combo, die Brandt erst im März 1955 zusammengestellt hatte und bereits zwei Monate später auf dem Frankfurter Jazz-Festival mit großem Erfolg vorstellen konnte. Brandt, der sich völlig auf das Baritonsaxophon umgestellt hatte, zeigte sich als überzeugender Solist. Er war damals ein Verehrer von Miles Davis, Bob Graettinger und anderen modernen Arrangeuren, die ihm in seiner Arbeit als Vorbild galten. Auch er entwickelte als Arrangeur des modernen Jazz großes Talent und wurde durch sein Können, seine Ideen und sein konstantes Ensemble in Fachkreisen schnell geschätzt und zu einer führenden Figur im deutschen „Modern Jazz". Seine Gruppe konnte in den Jahren zwischen 1955 und 1959 einige Schallplattenaufnahmen für *Metronome, Jazztone, Amiga, Brunswick, Opera* (Europäischer Phonoklub) und *Ariola* (Bertelsmann) machen. Sie bildeten einen krassen Gegensatz zu den „historischen" Brandt-Aufnahmen im Dixielandstil aus dem Jahre 1948.

Da war ferner die *New Jazz-Group Hannover,* die im Frühjahr 1954 von Mitgliedern des Heinz-Both-Orchesters mit Unterstützung *des Hot Clubs Hannover* gegründet wurde. Leiter der Gruppe war der Bassist Eberhard Pommerenke. Durch diverse Konzerte und Funkaufnahmen erwarb sich diese Combo bald lokalen Ruhm und setzte sich beim Deutschen Jazz-Festival 1955 endgültig durch. Ein Höhepunkt in der Tätigkeit der *New Jazz-Group Hannover* waren einige Schallplattenaufnahmen im August 1955 für *Brunswick,* die unter Mitwirkung des modernen amerikanischen Posaunisten und Arrangeurs Bill Russo entstanden.

1953 wurde das Berliner *Michael-Naura-Quintett* gegründet, mit Naura (p), Wolfgang Schlüter (vib), Tom „Eminenz" Roberts (d) und anderen, das im Juli 1955 durch Vermittlung des NJCB *(New Jazz Circle Berlin)* seine ersten Schallplattenaufnahmen für *Metronome* machen konnte. Auch die Naura-Gruppe zählte bald zur deutschen „Modern Jazz"-Prominenz. Weitere Aufnahmen für *Telefunken* folgten und machten die Naura-Combo in ganz Deutschland bekannt.

Ein begabter Pianist war der Münchener Pepsi Auer, dessen Jazz-Combo um 1955 aus Solisten der ehemaligen Freddy-Christmann-Gruppe, u. a. dem Drummer Uwe Kunz, entstand. Das Pepsi-Auer-Quartett konnte trotz seines guten Namens keine Schallplattenaufnahmen einspielen, im Gegensatz zu Joki Freund und den Frankfurter *All Stars,* die nach 1955 prominent wurden und zur absoluten Spitzenklasse der deutschen Modernisten zählten, was nicht zuletzt auf die dort tätige Frankfurter Solisten-Elite, so Joki Freund (ts, arr), Albert Mangelsdorff (tb), Emil Mangelsdorff (tb), Louis Freichel (p) und Karl Sanner (d), zurückzuführen ist. Da war ferner der Frankfurter Jazzviolinist Helmut Weglinski, der seit 1950 mit eigenen Gruppen arbeitete und dann ab Anfang 1957 mit Erfolg eine international besetzte „Modern-Combo" führte, mit der er etliche Schallplattenaufnahmen für *Amiga* und *Columbia* einspielen konnte. Neben den erwähnten Combos waren ferner von Belang: die „Modern"-Gruppe der österreichischen Vibraphonistin Vera Auer, die in den letzten Jahren vorwiegend in Deutschland spielte, die Combos von Werner Giertz und Glen Buschmann, die Erwin-Lehn-Gruppen mit Horst Jankowski, dem jungen Meisterpianisten, die Egon-Denu-Combo, die Heinz-Allhoff-

Combo, die Heinz-Schönberger-Gruppe, das Mannheimer Jazztett und in den letzten Jahren die Klaus-Doldinger-Gruppen und die *Modern Jazz Group Freiburg* — nicht zu vergessen Harald Banter (Gerd v. Wysocki) mit seinen experimentellen Gruppen, in denen Banter sich als begabter Arrangeur und Bandleader zeigte.

Obwohl es, Amateure und Professionelle eingeschlossen, in Deutschland weit mehr „traditionelle" Jazzbands als „Modern-Combos" gibt, waren und sind die modernen Gruppen in der Musikqualität den traditionellen weit überlegen. Sie werden auch von der offiziellen Jazzkritik so bewertet, und für den flüchtigen Beschauer scheint es, als gäbe es mehr moderne Jazzgruppen als Jazzbands im alten Stil. Die Vorliebe für moderne Gruppen ist in Deutschland vor allem bei den aktiven Experten des Jazzschrifttums, bei der allgemeinen Kritik, bei Presse und Funk offenbar weit verbreitet. Dementsprechend ist auch der Einfluß auf die breite Jazzgemeinde. Dabei ist zu beobachten, daß die „ernsteren" oder vielleicht auch fanatischeren Jazzfreunde im allgemeinen mehr dem „Modern Jazz" zuneigen, während ein großer Kreis relativ unfertiger „Jazzfans" für den „Trad-Jazz" schwärmt, und zwar für den „Revival"-Ersatzjazz zweiter Güte. Beides ist verständlich: die ersteren sind der stereotypen „Revival"-Hämmerei überdrüssig, die anderen wollen leichte Kost und Unterhaltung, der „Modern Jazz" ist ihnen zu anstrengend. So kommt es, daß die Elite der deutschen Jazzfans vorwiegend modern eingestellt ist. Sie haben das Gefühl für den echten, alten Jazz infolge des „Revival-Tamtams" fast völlig verloren; einige alte Namen werden praktisch nur als Symbole erhalten, um das Gesicht zu wahren. Zu ihnen gehören so unvermeidliche Jazzheroen wie Armstrong, Bix Beiderbecke, Jelly-Roll Morton, Johnny Dodds, Sidney Bechet, Kid Ory und Bunk Johnson.

Wie schon seit den Endvierziger Jahren ziehen es die viele deutsche Jazzliebhaber auch heute vor, sich dem Jazz mehr intellektuell als emotionell zu nähern. Auf diese Weise erfassen sie sein Wesen nur halb und überbewerten in der Regel seine Bedeutung außerhalb des rein musikalischen Phänomens insofern, als sie in diese Musik Dinge hineinlegen, die völlig absurd sind. In ihrer Sicht hat der Jazz immer um seiner selbst willen existiert und nicht als ursprüngliche Tanzmusik, wie es zwischen 1916 und 1930 vorwiegend der Fall war. Durch die Teilung des Begriffes „Jazz" in „Traditional" und „Modern" hat der Jazz in den letzten Jahrzehnten mehr und mehr einen „Drall" nach zwei Seiten bekommen, die sich kaum noch mit dem alten, herkömmlichen Jazz und Swing identifizieren lassen. Im allgemeinen ist man heute praktisch nur noch modern, ganz gleich, ob es sich um „traditionell" oder „modern" handelt, und es ist typisch, daß einige traditionelle Jazzbands auch „Modern" spielen, was eigentlich ein Widerspruch in sich ist, aber damit entschuldigt wird, daß der heutige Jazzmusiker zwar modern ist, sich aber den Traditionen verpflichtet fühlt. Bei allem Können und aller Begeisterung zeichneten sich die deutschen Jazzbands aller Art immer durch eine gewisse Schwerfälligkeit, zweitrangige Improvisation und die Kopie von Vorbildern aus, im Gegensatz zu den Engländern (um ein Beispiel zu nennen), die den Amerikanern am nächsten kamen und wahrhaft große Namen zu bieten hatten. Es muß offen gesagt werden, daß die meisten deutschen Kapellen, vor allem die Bigbands, schon vor zwanzig Jahren im Jazz oder Swing rhythmisch keine großen Spannungen aufweisen konnten und instrumental oft schwerfällig wirkten. Die Arrangements waren entweder überladen oder leer. Es lag zuviel Schematik in der Musik, die das beste Solo im mäßigen Kollektiv zurücktreten ließ. Das viel zitierte echte „Jazzfeeling", das Gefühl für den Jazz, fehlte irgendwie. Denn das beste Orchesterkollektiv nützt nichts im Jazz (trotz einzelner guter Solisten), wenn das alle Solisten verbindende, einheitliche, vielleicht angeborene Jazzgefühl nicht vorhanden ist, sondern nur das theoretische Schema, technisches Können und der Hang zu überspitzten Konstruktionen, die mit Jazz kaum noch etwas zu tun haben. Hinzu kam das Bestreben, hinsichtlich der neuesten, aus den USA kommenden „Entwicklung im Jazz" immer „up-to-date" zu sein, was für die Modernen zwar gut, für die Traditionellen jedoch verhängnisvoll war. Denn auch in den USA war die traditionelle Schule von verhältnismäßig vielversprechenden Anfängen in den Ersatzjazz der „Revival"-Schule abgerutscht, da von einflußreichen Experten falsche Götter gepredigt wurden, die man vor allem in Europa dankbar bewunderte. So war es kein Wunder, daß die europäischen „traditionellen" Amateurjazzer bald dem leichten, stereotypen Plink-Plink-Rhythmus sogenannter *New Orleans Jazz*-Revivalisten, vor allem Bunk Johnsons, nacheiferten und daß aus jeder zweiten Amateurband die spitze Klarinette George Lewis' mit sich stets wiederholenden Phrasierungen „hervormeckerte". Nur wenige versuchten, wirklich alte Vorbilder zu studieren, wobei durch die moderne „traditionelle" Beeinflussung leider zumeist ein Mischmasch entstand. Andere wandten sich dem Modern-Dixieland à la Condon zu, einer Musik, bei der das Kollektiv zwar auf alt spielte, durch den Rhythmus jedoch übertönt und getötet wurde. Es handelte sich um den nervtötenden Beckenrhythmus mit dem Klingeling-klingeling-Effekt, der in gleicher Art auch im „Modern Jazz" verwendet wurde. Der Rhythmus lag nicht mehr — wie im alten Jazz — in der Musik, sondern wurde vor die Musik gestellt, um sie anzupeitschen. Dem Jazznachwuchs fehlte ohnehin der Swing, der durch „Fortschritt" und Technisierung im Jazz oder, besser gesagt, in der Musik, die aus dem Jazz hervorgegangen ist, immer mehr verlorengeht. Was den „traditionellen Jazz" anbelangt, so kann man nur feststellen, daß sich vergangene Epochen mit Gewalt nicht wiederholen lassen. Die Instrumentaltechnik, die musikalische Auffassung und der ganze Ensembleklang haben sich im Laufe der Jahre und Jahrzehnte derart verändert, daß selbst die alten, noch lebenden und musizierenden Jazzmusiker der zwanziger und dreißiger Jahre sich in ihrer Spielweise derart akklimatisierten und modernisierten, daß sie später von ihrer Glanzzeit weit entfernt waren und auch gar nicht mehr fähig, so zu spielen wie einst. Abgesehen davon, daß dies zwischen all den jungen Jazz-Nachwuchsmusikern gar nicht mehr möglich war.

Weit entfernt war man nach 1950 vom klassischen Jazz und dem Ensembleklang der zwanziger und dreißiger Jahre, der das unbeschreibliche Etwas ausstrahlte, das den echten Jazz ausmacht und das selbst mit größtem Fleiß und bestem Eifer nicht wieder intoniert werden kann. Wozu auch? Man kann die Jazzepoche nicht beliebig verlängern oder neu beleben, ebenso wie man auch die Biedermeierzeit oder andere Epochen nicht einfach in unsere Zeit verpflanzen kann. So ist es nur natürlich, wenn man heute zur aktuellen Musik steht, dem sogenannten „Modern Jazz", den man jedoch besser in „Modern Music" umtaufen sollte, um korrekt zu sein. Dennoch wird der Jazz ständig propagiert, und das Schlagwort „Der Jazz lebt!" soll dem Publikum eine Jazzszene vorgaukeln, die im Grunde nicht mehr vorhanden ist und nur in den Leistungen einiger weniger Musiker ab und an wieder auflebt.

Es herrscht im „Jazz" ein hektischer Betrieb, der einer Anzahl von geschäftstüchtigen Promotern und „Experten" aller Art zweifellos eine Beschäftigung sichert. So überschlägt sich eine „Entdeckung" nach der anderen, und die Story von der „ständigen Weiterentwicklung im Jazz, der sich immer mehr verfeinert und aus den Kinderschuhen wächst, während der frühe Jazz der zwanziger und der Swing der dreißiger Jahre nur Vorstufen waren und für moderne Ohren zu anspruchslos sind", wird weiterhin verbreitet und weiterhin geglaubt. Die Leute, die heute vom Jazz leben, versuchen mit allen Mitteln, ihn am Leben zu erhalten. Besonders im Zusammenhang mit der modernen Richtung der Musik bemüht man sich, den Jazz oder das, was von ihm noch geblieben ist, mit Gewalt „seriös" und konzertreif zu machen, ja sogar mit der ernsten Musik zu verschmelzen. Ist dieses Ziel wirklich einmal erreicht, sind auch die letzten kläglichen Überbleibsel des ehemaligen guten alten Hot-Jazz dahin, und die Leute, die im guten Glauben an die „Zukunft des Jazz" darauf hingearbeitet haben, sind unfreiwillig zu Totengräbern der Jazzmusik geworden. Teils aus undefinierbaren Minderwertigkeitsgefühlen, teils aus dem Wissen heraus, daß der Jazz von den unerbittlich „seriösen" Anhängern der ernsten Musik doch nie für voll genommen wird, versucht man, den „Jazz" (vorwiegend den „Modern Jazz") durch einen betont seriösen Anstrich schmackhaft zu machen und auch Skeptiker von ihm zu überzeugen. Diese Bemühungen gingen allerdings ebenfalls von Amerika aus, dank etlicher Kritiker oder Jazzfachleute, die laufend vom Jazz profitieren, und fand einen typischen Höhepunkt in der Erscheinung des „Modern Jazz Quartet", das trotz guter Arrangements oft unfreiwillig komisch wirkte.

Überzeugt wurden zweifellos etliche Leute, allerdings kaum vom echten Jazz, sondern von der gebotenen Musik, die unter dem Begriff „Jazz" rangierte, einer durchaus ehrenwerten Musik, die vom echten Jazz jedoch so weit entfernt ist wie ein Walzer vom Marsch. Hier ist nun das andere Extrem zu finden: das „seriöse", steife „Jazz-Konzert" im Gegensatz zu den Klamaukveranstaltungen, die den Namen des Jazz oft genug diffamierten. Soviel zur allgemeinen internationalen Situation des Jazz nach 1950 und seinen eifrigen „Erhaltern" und Aposteln des „Modern Jazz".

Gerade wenn man sich diese Tatsachen und die Stellung des heutigen Jazz klarmacht, indem man die Materie objektiv betrachtet; gerade wenn man den „Modern Jazz" richtiger- und fairerweise als Nachfahren des echten Jazz gelten läßt und den traditionellen „Revival-Jazz" als liebwerte Reminiszenz ansieht, dann darf man nicht vergessen und übersehen, daß die allgemeine Verbreitung des „Jazz" aller Richtungen ein Verdienst der diversen Jazzvereinigungen und einiger tüchtiger Jazzfreunde ist. Dies war nicht nur im Ausland der Fall, sondern auch hier in Deutschland, wo das Vorurteil gegen den Jazz weitaus größer war als in allen anderen Ländern, nicht zuletzt bedingt durch die Nazizeit, die in geistiger Hinsicht von vielen Deutschen zunächst noch lange nicht überwunden wurde. Vielleicht wirkte es sich dabei nachteilig aus, daß die deutschen Jazzapostel ihre offizielle Überzeugungs- und Aufklärungskampagne erst nach 1945 starten konnten, nicht aber schon zur Zeit des nun einmal in die Hitlerjahre fallenden Jazz- und Swingzeitalters, in dem die Bemühungen, dem Jazz Erfolg und Verständnis zu verschaffen, gewiß leichter realisierbar gewesen wären. Daß der Jazz sich in Deutschland allmählich und endlich (vor allem nach 1950) durchsetzte und als Institution ernst genommen bzw. zumindest als eine Musikform anerkannt wurde, ist vor allem das Verdienst von Jazzvereinigungen und einzelnen Experten gewesen, die sich mit der Jazzmusik eingehender befaßten als die Masse der „Jazzfans".

Nach dem Kriege waren es zunächst drei bedeutendere „Hot-Clubs" (Jazz-Clubs), die 1945/1946 wieder entstanden bzw. neu gegründet wurden: der *Hot-Club Berlin* (ehemals *Melodie-Club*), der *Hot-Club Leipzig* (hervorgegangen aus dem alten Leipziger Jazzkreis der Vorkriegszeit) und der noch während des Krieges gegründete *Hot-Club Frankfurt* (Main).

Der Hot-Club Berlin wurde Ende 1945 von dem alten *Melodie-Club*-Mitglied Hans Blüthner gegründet, der schon damals etliche der ehemaligen Mitglieder aus der Vorkriegszeit um sich sammeln konnte und zunächst regelmäßige Schallplattenprogramme und -abende durchführte und monatliche Mitteilungen herausgab. Zu diesem Kreis stießen bald weitere Berliner Jazzfreunde (1946-1948) und ehemalige Mitglieder diverser Jazzclubs der Kriegsjahre und der Vorkriegszeit, da der HCB ja nun als „e. V." in aller Öffentlichkeit arbeitete und bei Hotinteressierten schnell bekannt wurde. In den unerfreulichen Jahren zwischen 1945 und 1948 gab es wenig gute Abwechslung und Unterhaltung, und so kam es, daß nicht nur der HCB, sondern auch all die anderen Jazzclubs in Deutschland, die nach und nach entstanden, einen großen Zulauf von Jazzfreunden und „Jazzfans" aller Art zu verzeichnen hatten. Erst nach der Währungsreform zeigte es sich, wer wirklich mit dem Herzen dabei war: die Clubs wurden wieder kleiner, aber besser.

1945 hatte sich in Leipzig um den Altfan Kurt Michaelis, Spitzname „Hot-Geyer", wieder ein Kreis treuer Jazzjünger zusammengefunden, mit dem Michaelis im *Hot-Club Leipzig* wahre Jazztradition pflegte. Die Mitglieder und die ehemaligen Mitglieder des Leipziger Hotkreises gehörten zu den fähigsten und begeistertsten Jazzfreunden in Deutschland. Nicht zuletzt sind aus Leipzig einige der besten deutschen Amateur- und Berufsjazzer gekommen.

Der *Hot-Club Frankfurt,* der ebenfalls schon über eine Tradition verfügte (während des Krieges hatte er bereits ein eigenes Club-Jazzensemble), wurde gleichfalls schnell wieder in Schwung gebracht, dank eifriger Führungsmitglieder wie Horst Lippmann, Carlo Bohländer und Olaf Hudtwalker, einem ehemaligen Mitglied des alten Berliner *Melodie-Clubs*. Der HCF wurde bald der wichtigste oder zumindest der aktivste Jazzclub Deutschlands. Diese Entwicklung war nicht nur bedingt durch die Verantwortungsfreudigkeit der Frankfurter, sondern auch durch die Teilung Deutschlands, die ab Mitte 1948 das ehemalige Musikzentrum Berlin zur Bedeutungslosigkeit absinken ließ und das Schwergewicht der Musikszene nach Westdeutschland verlegte.

Andere Jazzclubs bildeten sich in Hannover (mit Walter Kwiecinski), in Hamburg und in München. In Stuttgart entstand die Vereinigung *Der Schlüssel* um den Jazzkenner und Altfan Dieter Zimmerle, den späteren zeitweiligen Präsidenten der *Deutschen Jazz-Föderation* und Redakteur des *Jazz Podiums*. — Zwischen 1947 und 1950 folgten dann zahllose weitere Jazzvereinigungen aller Art und Stile in fast allen Städten und größeren Provinzorten Deutschlands, nicht zuletzt beeinflußt durch die Vorbilder der schon erwähnten Hot-Clubs in Berlin, Frankfurt, Leipzig, Stuttgart, Hamburg, München und Hannover.

Nicht alle „Hot"-Clubs waren ernstzunehmen; jugendliche „Präsidenten" betätigten sich häufig als „Jazzexperten" von eigenen Gnaden und trugen in ihrem Übereifer oft mehr dazu bei, den Begriff Jazz zu verwirren als ihn zu klären trotz bester Absichten. Kein Wunder, daß ein Teil der Öffentlichkeit dem Treiben gewisser „Jazzclubs" mit Mißtrauen zusah. Dies um so mehr, wenn es sich bei den Kreisen fast nur um Jugendliche handelte, die mit einer Kette von sogenannten „Jam-Sessions" zwar ihre Begeisterung zeigen, aber niemand ernstlich von der wahren Qualität der Jazzmusik überzeugen konnten — jedenfalls nicht durch das, was auf solchen „Jam-Sessions" geboten wurde, wobei Ausnahmen die Regel bestätigten. Innerhalb weniger Jahre wurde der Begriff „Jam-Session" zu einer Farce, obwohl diese Veranstaltungen ursprünglich durchaus ihr Gutes hatten, denn anfangs brachten die „Jam-Sessions" zum erstenmal deutsche Jazzsolisten in die Öffentlichkeit (nach 1945).
Zunächst hatten die ersten Hot-Clubs nach dem Kriege (und zwar schon 1947) damit begonnen, Musiker aus der Vorkriegszeit und auch junge Talente auf „Jam-Sessions" zusammenzuführen, um ein neues aktives Jazzleben anzuregen und um die Musiker, die am Jazz interessiert waren, einander näherzubringen. Sie sollten nach Herzenslust miteinander musizieren und wetteifern, nach dem Vorbild amerikanischer „Jam-Sessions". Niemand, der sie erlebt hat, wird die ersten deutschen Veranstaltungen dieser Art vergessen, in Berlin, in Hannover und in Frankfurt/Main. Sie waren die ersten Jazzereignisse im Nachkriegs-Deutschland, voller Spontaneität und auch mit Niveau. Die erste Berliner „JamSession", die in der Nacht vom 5. zum 6. Juni 1947 abgehalten wurde, vereinigte noch eine wirkliche Elite an Musikern, so — um nur die wichtigsten Namen zu nennen — Hans Berry, Walter Dobschinski, Helmut Zacharias, Fritz Schulz-Reichel, Georg Haentzschel, Heinz Alisch, Detlev Lais, Baldo Maestri, Coco Schumann, Joe Glaser, Ilja Glusgal und Herbert Müller sowie die damaligen Amateure und vielversprechenden Talente Herbert Giesler (p) und Fritz Neiss (b), nicht zu vergessen den berühmt-berüchtigten Amateurtrompeter Dr. Wolfgang „WoWo" Wohlgemuth und all die Prominenten von Presse, Funk und Schallplatte. Von da an folgten jeden Monat weitere „Jam-Sessions" mit wechselndem, im ganzen gesehen aber stetig sinkendem Niveau. Durch eine der ersten Sessions wurde der junge Leipziger Klarinettist Rolf Kühn populär, während Macky Kasper sich den Ruf des „hottesten" Trompeters erwarb.
Angeregt durch diese „Jam-Sessions", die der *Hot-Club Berlin* organisierte, entschloß sich der *Amiga*-Produktionschef Constantin Metaxas, die dort gefeierten „Größen" als *Berliner* (bzw. *Amiga-*) *All Star-Band* auf Schallplatten festzuhalten, wodurch der Nachwelt ein wenn auch schwacher Eindruck von den

ersten deutschen „Jam-Sessions" der Jahre 1947/1948 blieb. Wenn auch nicht mit ganz so prominenter Beteiligung, so doch mit der gleichen Begeisterung, verliefen die ersten „Jam-Sessions" in allen anderen deutschen Städten. Ihren absoluten Höhepunkt erreichten die Berliner Veranstaltungen mit den berühmten Rex-Stewart-Jam-Sessions am 7. Juli 1948 in der Wohnung des Jazzexperten und Fotografen Hans H. Hartmann (Studio Hartmann-Peter) vor geladenen Gästen und am 9. Juli 1948 im Berliner *Delphi-Palast*, wo man im kleinen Restaurant spielte, da der große Saal ausgebombt und noch nicht wieder aufgebaut war (man machte später ein Kino daraus). Das Rex-Stewart-Gastspiel war in Deutschland eine Sensation, da zum erstenmal nach dem Kriege ein prominenter Jazzmusiker aus den USA es für werthielt, in Deutschland vor deutschem Publikum zu spielen. Stewart machte den Anfang — ihm folgten später aber Hunderte ausländischer Jazzmusiker, die vor allem dann in den fünfziger Jahren nach Deutschland kamen. Damals im Juli 1948 gelang es dem Berliner Hot-Club sogar, *Rex Stewart und seine Negerband* zusammen mit Berliner Star-Musikern für Schallplattenaufnahmen zu gewinnen. So entstanden am 15. Juli 1948 die berühmten *Hot-Club-Berlin-Session*-Aufnahmen mit Rex Stewart für die Marke *Amiga*, die damals jazzeifrigste Firma in Deutschland. Es waren die ersten Aufnahmen seit 1927, die in Deutschland wieder mit farbigen Musikern gemacht wurden, wenn man einmal vom Harry-Jackson-Orchester absieht, das noch um das Jahr 1930 einige farbige Musiker auch bei Schallplattenaufnahmen beschäftigte.

Die „Jam-Sessions" des Berliner Hot-Clubs dienen hier als Beispiel, denn alle anderen größeren Clubs in Deutschland, vor allem die Frankfurter, die Leipziger und die Hannoveraner Vereinigung, veranstalteten ihre Sessions in ähnlicher Weise und sammelten alle lokalen Talente um sich. Es würde zu weit führen, alle wichtigen Ereignisse dieser Art hier zu nennen — die Grundstimmung war überall die gleiche. Fest steht jedoch auch, daß bei allen Hot-Clubs nach etwa ein- bis zweijähriger „Jam-Session"-Tätigkeit eine Ermüdung eintrat: die Sessions wurden stereotyp, langweilig und ungezügelt. So ging man langsam zu geregelten und geordneten Jazz-Konzerten über, die etwa ab 1949 in steigendem Maße das Bild der offiziellen Jazzszene beherrschten. Die „Jam-Sessions", nun nicht mehr in der Hand der Hot-Clubs, wurden zu einer reinen Farce und Karikatur. Vor allem, als sich geschäftstüchtige Manager, Konzert- und „Kapellenwettstreit"-Veranstalter des „sensationellen" Begriffes bemächtigten und ihn „populär" machten. Noch jahrelang (und teilweise bis in die Gegenwart) las man an den Litfaßsäulen knallig-kitschige Ankündigungen von „Mammut-Jam-Sessions" mit „Saxophon-Duellen" und „garantiert 10 Minuten langen Schlagzeugsoli", ausgeführt von „großen Jazzsolisten" wie dem „Fetzer", dem „Tiger", dem „irren Willi" (!) und anderen „Helden". Etliche dieser „Jazz-Großveranstaltungen" fanden bezeichnenderweise in Catcher-Zelten statt. Das entsprechende Publikum fand sich stets prompt dazu ein. Kein Wunder, daß dem unbeteiligten Bürger beim Anblick der entfesselten „Jazz"-Horden (das gilt für „Musiker" und „Fans") ein Schauer über den Rücken lief und er die Nazithesen vom „Urwaldklamauk" als durchaus berechtigt empfand. Dies um so mehr, wenn die Polizei einschreiten mußte, wie in so vielen Fällen. Hier war die Kehrseite der Medaille: hier wurde der Name des Jazz diffamiert und zugleich ein Anlaß geboten, das psychologische Problem der „Halbstarken" mit dem „Jazz" in einen Topf zu werfen. Besonders albern wirkte es dann, wenn die Ansager oder Veranstalter, die den Geist, den sie beschworen hatten, nicht mehr bannen konnten, das Publikum als unerzogen beschimpften und sich verzweifelt bemühten, dem „Jazz-Ereignis" einen seriösen Anstrich zu geben, nur um sich vor den kopfschüttelnden Behörden und vor der Presse zu rechtfertigen.

Es gab keine Handhabe, derartige Veranstaltungen zu unterbinden oder sogar zu verbieten; es gab auch keinen Schutz gegen den Mißbrauch des Begriffs „Jazz". So sahen sich die verschiedenen echten Jazzvereinigungen gezwungen, das schlechte Beispiel durch gute Veranstaltungen und Vorträge einzudämmen und lächerlich zu machen. Diese Arbeit, die später von der DJF *(Deutsche Jazz-Föderation)* fortgeführt wurde, hatte wenigstens den Erfolg, daß man nach einigen Jahren in weitesten Kreisen — auch bei den Nicht-Jazzfreunden — einen Unterschied zwischen Jazz und „Jazz"-Klamauk machte: ein Fortschritt, der ohne die Arbeit der Hot-Clubs wohl nie innerhalb von zehn Jahren erreicht worden wäre.

Im Jahre 1950 schlossen sich zunächst die Hot-Clubs von Berlin, Stuttgart und Frankfurt/Main (Hans Blüthner, Dieter Zimmerle und Olaf Hudtwalker) zu einer *Deutschen Jazz-Föderation* zusammen. Bald bewarben sich fast alle westdeutschen Jazzvereinigungen um die Mitgliedschaft in der DJF, und weitere Clubs wurden aufgenommen. Alle wurden vorher geprüft und unseriöse Bewerber abgewiesen. Auf diese Weise traf man eine Art Auslese unter den Jazzfreunden Westdeutschlands, und innerhalb weniger Jahre wurde die DJF zur Dachorganisation für zeitweise mehr als vierzig Jazzvereinigungen. Die Jazzclubs der DJF veranstalteten nicht nur die üblichen Schallplattenvorträge, sondern auch Konzerte. Sie führten Tourneen mit ihren diversen Club-Combos durch, gewannen Einfluß auf die lokalen Rundfunkstationen und arbeiteten am Jazzschrifttum in der Presse mit. Sie warben für den Jazz im besten Sinne des Wortes.

Auf Grund der relativ abgeschnittenen Lage Berlins hatte sich dort ebenfalls im Jahre 1950 eine größere Jazzvereinigung gebildet, die sich *German Jazz Collectors* (GJC) nannte. Die GJC setzte sich vor allem für die Herausgabe guter alter Jazzschallplatten, sogenannter „Jazzclassics" ein, was ihr zwischen 1951 und 1953 mit Erfolg gelang. Dank der GJC kamen (damals) nie erwartete Schätze wieder zutage — u. a. von King Oliver, Jelly-Roll Morton, der *Original Dixieland Jazz Band*, Red McKenzie, Johnny Dodds, Louis Armstrong, den *Rhythm Kings*, Fats Waller und den *Dixieland Jug Blowers*, darunter die einzige in der Welt veröffentlichte King-Oliver-Aufnahme von *Stealing Love*. In ähnlicher Weise wirkte auch die DJF, und sie konnte ebenfalls einige Platten mit ihrer Empfehlung herausbringen lassen. Aber als reine Sammler- und Spezialistenvereinigung war die GJC darin aktiver und erfolgreicher.

Die GJC brachte auch die erste relativ konstante Jazz-Zeitschrift, die *Jazz Revue*, heraus, die sich immerhin fünf Jahre halten konnte und über diesen Zeitraum ihr Niveau beibehielt. Die Gründer und Initiatoren der GJC waren Gerhard Görsch und vor allem Franz Heinrich, der schon um 1935/1936 einen *Swingclub* in Berlin-Weißensee geleitet hatte. Das Echo der neuen Jazzvereinigung und Plattensammler-Oase GJC war so groß, daß sich sogar etliche westdeutsche GJC-Gruppen bildeten, die der Berliner Zentrale laufend Berichte über ihre Tätigkeit lieferten. Schon 1954 hatte die GJC ihre Mission voll erfüllt: sie hatte eine große Anzahl junger Menschen an den Jazz herangeführt, und aus den Mitgliedern der GJC, die alle Jazzstile gleichwertig behandelte, hatten sich etliche kleinere Interessengemeinschaften gebildet, die sich je nach Geschmack dem „Oldtime", dem „Swing" oder dem „Modern-Jazz" widmeten. Im selben Jahr vereinigte sich die GJC mit der DJF und ging praktisch in ihr auf.

Die *Deutsche Jazz-Föderation* begann nach einiger Vorbereitung, ihre Aufgaben in großem Stil zu lösen. Sie veranstaltete Vorträge und Vortragsreisen (teilweise in Verbindung mit den örtlichen Amerika-Häusern), förderte vor allem diverse Amateurtalente, Nachwuchsjazzer und Berufsmusiker mit Jazzambitionen und bereitete Konzerte mit internationalen Jazzgrößen vor. Die DJF führte auch das alljährliche „Deutsche Jazz-Festival" ein, das seit 1954 zu einer festen Institution im deutschen Jazzleben geworden ist. Lobend muß hier der Name des DJF-Konzertreferenten, Horst Lippmann, erwähnt werden, der genug Mut und Organisationstalent besaß, um Veranstaltungen aller Art meist auf eigenes Risiko durchzuführen oder anzubahnen. Ihm vor allem waren die ersten großen Tourneen mit amerikanischen und anderen ausländischen Jazzmusikern zu verdanken — Persönlichkeiten, die man in Deutschland bisher allenfalls von Schallplatten und Bildern her kannte. Die DJF war sehr gut organisiert und hatte Referate für alle möglichen Gebiete eingerichtet, um den Jazz in Deutschland zu fördern. Fast bei allen westdeutschen Rundfunksendern waren prominente DJF-Mitglieder als Jazzreferenten vertreten, und etliche Ausstellungen (Jazz-Foto-Ausstellungen usw.) wurden in Verbindung mit der DJF durchgeführt. Um dem Nachwuchs und den Amateuren eine größere Chance zu geben und Talente zu fördern, wurde vom *DJF-Hot-Club Düsseldorf* das alljährliche „Amateurjazz-Festival" ins Leben gerufen und ebenfalls zu einer jährlichen Institution gemacht.

Nach 1954 wirkte der *New Jazz Circle Berlin* (NJCB), der ebenfalls zur DJF gehörte, in ähnlicher Weise für Berlin. Der NJCB veranstaltete Konzerte, Vorträge und zwei „Deutsche Jazz-Salons", 1959 und 1961. Die „Jazz-Salons" sollten als Brücke zwischen den west- und ostdeutschen Jazzfreunden dienen. Sie waren organisatorisch die größten Unternehmungen, die ein Berliner Jazzclub (vielleicht sogar ein deutscher) gestartet hatte — dank des Managertalents von Wolfgang Jänicke, dem gleichzeitigen Präsidenten des NJCB. Die Vereinigung wurde 1962 aufgelöst, und weitere „Jazz-Salons" fanden nicht mehr statt, da sie durch die Errichtung der Mauer, die radikale Trennung zwischen West und Ost, illusorisch geworden waren.

Die Arbeit der deutschen Jazzclubs ging im wesentlichen fast ausschließlich ohne fremde Hilfe vor sich. Besonders in den Jahren von 1945 bis 1950, als die verschiedenen Vereinigungen noch in einem gewissen Anfangsstadium steckten und angesichts des Mangels an guten Jazzplatten jede einzelne fast ein Wertgegenstand war, wartete man vergeblich auf die Hilfe der Amerikaner und das brüderliche Interesse ausländischer Jazzclubs, vor allem der USA und Englands, die in der Lage gewesen wären, die deutschen Clubs nicht nur zu fördern, sondern auch mit Schallplatten und Literatur zu unterstützen. Auch von seiten staatlicher oder lokaler Behörden erfolgte keine Unterstützung. Nichts geschah, abgesehen davon, daß vielleicht einzelne G.I.'s Interesse zeigten und die Amerika-Häuser einen Raum für Vorträge zur Verfügung stellten. Eine Ausnahme machte der BFN-Hamburg *(British Forces Network),* dessen Jazzspezialist Derek Johnson den Hamburger *Rhythm Club No. 1* (etwa um 1950-1953) unterstützte, ja sogar ein monatliches Mitteilungsblatt herausbrachte.

Die deutschen Jazzvereinigungen entstanden aus eigener Kraft und brauchten daher niemandem anders verpflichtet zu sein als ihren Mitgliedern und Freunden. Jahre später unternahmen sie dann das, was ihnen gegenüber versäumt worden war: sie spendeten Jazzplatten und -Literatur für Jazzfreunde in der DDR, in Polen, der CSR und der Sowjetunion. Die Amerikaner, die als breite Masse ebensowenig mit Jazzwissen belastet sind wie die Deutschen oder irgendein anderes Volk, scheinen bei Kriegsende nicht erfaßt zu haben, welch werbende Kraft und Macht im Jazz steckt, und wie groß der Einfluß dieser, ihrer eigenen Musik auf die Jugend sein kann. Erst viel später begann es bei ihnen zu dämmern, und der Jazz wurde dann in die Amerika-Werbung eingespannt.

Mehr als die amerikanischen Soldatensender, die diversen AFN-Stationen, taten die deutschen Rundfunksender für den Jazz. Wohl liefen einstmals im AFN täglich die neuesten Aufnahmen, wohl hatte es den Anschein, als würde der Jazzmusik viel Zeit eingeräumt, aber bei näherem Studium zeigte es sich, daß die Zahl der eigentlichen Jazzsendungen sehr gering war und die oft oberflächlichen oder dilettantischen Kommentare viel zu wünschen übrigließen. Zum Hauptrepertoire gehörte nach wie vor Schlagermusik aller Art, und nur Schlagerfreunde kamen wirklich auf ihre Kosten, da ihnen die US-Schlager der „Hit-Parade" meistens lieber waren als der zähe Sirup der deutschen Gegenwartsschlager, den die deutschen Sender ihren Hörern anboten. Beim AFN bestätigten Ausnahmen die Regel: es gab zweifellos ab und zu gute Jazzprogramme, die sogar teilweise von deutschen Mitarbeitern zusammengestellt wurden, so beispielsweise bei AFN-Frankfurt von Günter H. Boas. Der BFN brachte häufiger fachkundige Jazzprogramme als der AFN.

Bei aller Kritik darf man natürlich nicht übersehen, daß sowohl AFN als auch BFN Soldatensender waren und für die Unterhaltung von Soldaten und deren Angehörigen zu sorgen hatten, wobei dem Jazz natürlich eine untergeordnete Rolle zufiel. Viel hing auch von der persönlichen Initiative und Einstellung der jeweiligen AFN-Leiter ab. Im allgemeinen wurden aber fertige Programme aus den USA auf 40-cm-Transcription-Records übernommen. So einfach hatten es die deutschen Sender nach 1945 nicht.

Schon 1945/1946 begannen die deutschen Rundfunkstationen wieder mit Jazzsendungen, die damals noch fast ausschließlich von einigen wenigen alten Jazzfreunden und -experten gestaltet wurden. Diese mußten dabei oft auf ihre eigenen Schallplattensammlungen zurückgreifen, da die Sender so gut wie keine Bestände an Jazzplatten besaßen und ebenfalls ohne Unterstützung aus den USA zurechtkommen mußten. Die Pioniere des Jazz im Nachkriegsdeutschland eroberten den Rundfunk so weit für ihre Sache, daß es nach einigen Jahren keinen Sender mehr gab, der nicht wenigstens ein Jazzprogramm pro Woche brachte. Wenn auch viele dieser Sendungen zu nachtschlafender Zeit liefen (und laufen), stand Deutschland bald, was ihre Anzahl anbelangt, in Europa an der Spitze. Bei manchen Sendern verdoppelte sich die Anzahl der Programme im Laufe einer Dekade. Die meisten Sender gaben ihren Programmgestaltern relativ viel Freiheit, einige zwangen ihre Jazzreferenten jedoch, Sendungen mit Schlagerniveau zusammenzustellen, die der Mentalität der Hörer angeblich besser entsprechen. Aber zumeist lag der Jazz im deutschen Funk in der Hand namhafter Jazzfreunde oder -experten, die praktisch Schlüsselstellungen bekleideten, so vor allem Dr. Schulz-Köhn, bekannt als „Dr. Jazz", Dieter Zimmerle, Olaf Hudtwalker, Wolfgang Jänicke und Joachim Ernst Berendt. Sie und etliche andere trugen dazu bei, daß der Jazz in Deutschland immer mehr Anerkennung und Freunde fand. Auf ihnen lastete jedoch auch ein Teil der Meinungsbildung im Jazz, die nicht immer korrekt oder glücklich gewesen ist. Man schwelgte zu sehr in der Dekadenz des „Modern Jazz", schuf durch bedingungslose Anbetung einiger Jazzmusiker einen Heroenkult und vernachlässigte den authentischen, historischen Jazz oder ließ es an historischer Akkuratesse fehlen. Man versuchte, aus dem Jazz mehr zu machen, als er war, und vergaß oft, daß die eigene Begeisterung nicht ohne weiteres auf andere Menschen zu übertragen ist. Aber im großen und ganzen ist die hohe Anzahl der Jazzprogramme in den deutschen Rundfunksendern als ein Zeichen der Gleichberechtigung des Jazz gegenüber anderen Musikformen zu werten.

Neben den Rundfunk trat Mitte der fünfziger Jahre das Fernsehen, das jedoch, von optischen Wirkungen abgesehen, mit wenigen Ausnahmen keine nennenswerten Jazzbeiträge bot. Das, was gebracht wurde, war entweder langweilig oder mutete wie Jugendstunden an. Auf die Idee, die vielen Hundert Filmaufnahmen historischer US-Jazz- und Swingorchester der Jahre 1929 bis 1939 für interessante Fernseh-Jazzfilme zu verwerten, ist anscheinend niemand gekommen. Da bot und bietet der Rundfunk musikalisch immer noch mehr.

Schon lange, bevor es einigermaßen akzeptable Jazzpublikationen in Deutschland gab, hatte der Rundfunk den Jazz an ein breiteres Publikum herangeführt und aufklärend gewirkt. Das Thema „Jazz" wurde sogar in den Schul- und Jugendfunk eingebaut — ein Beweis für das Verständnis vieler Sendeleiter für Probleme der Gegenwart. Die Arbeit der Jazzkommentatoren der Jahre 1945 bis 1950 ersetzte daher halbwegs den Mangel an richtigen Jazzbüchern und -zeitschriften, wenn man von verschiedenen primitiv gedruckten Club-Zeitungen und -Mitteilungsblättern absieht, die in dieser Zeit erschienen, zumeist aber nur eine kurze Lebensdauer hatten. Dennoch begann mit ihnen — schon 1945 — das deutsche Jazz-schrifttum nach dem Kriege.

Neben den schon kurz erwähnten Club-Mitteilungen (zumeist Schreibmaschinenvervielfältigungen) erschien ab Mitte 1946 die erste richtige Musikzeitschrift, die sich vorwiegend mit der leichten Musik befaßte und als erste reguläre und öffentliche Publikation in Deutschland seit zwölf Jahren (seit dem *Musik-Echo*) dem Thema „Jazz" wieder größeren Raum gab. Es war die *Melodie,* die von Juni 1946 bis Juni 1949 existierte. Der Inhalt der ersten Hefte, zwischen 1946 und 1947, war bezeichnend für die Situation des Jazz im Nachkriegsdeutschland. Man schrieb viel über den Jazz, aber nur selten etwas Brauchbares, von wenigen guten Artikeln abgesehen, die zumeist von dem damaligen Berliner Hot-Club-Präsidenten Hans Blüthner verfaßt waren. Es gab da die sogenannte „Jazzdiskussion", Streitgespräche für oder wider den Jazz, die mit deutscher Gründlichkeit geführt wurden, aber voller Unrichtigkeiten und falscher Vorstellungen waren, was angesichts des Mangels an konkretem Wissen kaum verwundern konnte. Es gab da sowohl die tiefsinnigsten Betrachtungen über den Jazz als auch die heftigsten Angriffe gegen ihn mit den immer noch haftenden Thesen der Nazijahre. Dieses „Für und Wider" war noch jahrelang auch in der deutschen Tagespresse zu verfolgen, es brauchte nur einmal am Thema „Jazz" gerührt worden zu sein. In der DDR dauerten solche, stets fruchtlosen Diskussionen noch über Jahre hinaus an. Die Bekehrungsversuche der Jazzfreunde waren fast immer nutzlos, da sie zumeist auf Grund falscher psychologischer Voraussetzungen geführt wurden; umgekehrt ist es überzeugten Jazzgegnern nie gelungen, einen Jazzfan auf ihre Seite hinüberzuziehen. Gegenseitige „Verachtung" war die Folge. Man schüttete das Kind mit dem Bade aus und verzichtete auf das großzügige „Laisser-faire".

1947 erschien ein weiteres, der *Melodie* ähnliches Magazin: *Vier/Viertel*. Auch dieses Blatt — es bestand von November 1947 bis März 1956 — widmete dem Jazz immer mehr Raum. Ab 1955 übernahm die Zeitschrift die bisherige *Jazz-Revue* der GJC und brachte seitdem im Mittelteil jedes Heftes eine eigene kleine Jazz-Zeitung, während die eigentliche Zeitschrift sich jetzt fast ausschließlich mit der Schlagermusik und dem Film beschäftigte.

Interessant ist übrigens, daß trotz des nach dem Kriege scheinbar allgemeinen Jazzinteresses eine Zeitschrift wie die *Melodie* sich schon 1949 nicht mehr halten konnte, und zwar deswegen, weil sie ab Mitte 1948 fast nur noch Jazzartikel brachte, anstatt sich ausführlich mit Schlager- und Filmmusik auseinanderzusetzen. Die Jazzgemeinde war eben doch nicht groß genug, um einer reinen Jazz-Fachzeitschrift die Existenz zu sichern. An diesem Problem sind 1949 und 1951 noch zwei weitere Jazz-Magazine, *Jazz* und *Jazz Tempo*, gescheitert, die nicht einmal über eine bzw. zwei Nummern hinauskamen. Selbst die vielen Matrizen-Abzüge der diversen Hot-Clubs waren nur relativ kurzlebig und zeigten, wie klein der Kreis der wirklich interessierten Jazzfreunde tatsächlich war, denn diese sammelten jeden Fetzen Papier, der auch nur etwas über den Jazz enthielt.

Die Zeitschriften der einzelnen Clubs erschienen meist in geringen Auflagen. Zu den inhaltlich besten gehörten zwischen 1945 und 1949 das *Hot Club Journal* und die *Jazz Club News* (Stuttgart/Frankfurt), *Die Syncope* (Hannover),

Jazz Home (Frankfurt), vielleicht auch noch das *Rhythm-Club-No.-1-*Mitteilungsblatt des BFN (Hamburg) und die originellen *Leipziger Briefe*, die vom „Hot-Geyer" und seinen Freunden herausgegeben und nur an Jazzfreunde versandt wurden. Außerdem gab es eine Unzahl kleinerer Mitteilungsblätter, zumeist einzelne Seiten, auf denen neben den Plattenprogrammen des Clubs das Neueste vom Jazz, Kommentare und Kritiken vermerkt waren. Bei der 1950 gegründeten *Jazz Revue* der GJC *(German Jazz Collectors)* wurde die Mitgliedschaft in der Vereinigung vom Bezug der Zeitschrift abhängig gemacht und damit deren Finanzierungsproblem erfolgreich gelöst.

Die *Jazz Revue* konnte sich immerhin fünf Jahre lang, bis zur Auflösung der GJC, halten. Obwohl im Matrizendruck hergestellt, stand sie regulären Druckerzeugnissen nicht nach und brachte sogar Fotos. Später, als Beilage von *Vier/Viertel,* wurde sie richtig gedruckt. Entscheidend war, daß sich die *Jazz Revue* nur mit dem Jazz beschäftigte, fruchtlose Diskussionen möglichst vermied, die Größen des Jazz biographisch vorstellte, eine übersichtliche Jazzgeschichte brachte (Fortsetzungsreihe) und bei ihren Plattenbesprechungen discographische Angaben machte. Im gleichen Druckverfahren wie die frühen *Jazz-Revue*-Nummern wurde 1951 von der GJC die erste Discographie Deutschlands herausgegeben, die sogenannte *GJC-Disco,* die ein Versuch war, alle nach dem Kriege unter deutschen Marken (1946-1951) erschienenen amerikanischen Jazzaufnahmen zu erfassen. Damit erhielten die deutschen Jazzsammler zum erstenmal eine Übersicht über die Besetzungen und die Aufnahmedaten aller bis dahin in Deutschland veröffentlichten US-Jazzplatten.

Ab 1952 erschien das *Jazz Podium,* und zwar zunächst als Beilage des *Internationalen Podiums,* einer Wiener Zeitschrift, dann aber, seit 1953, als Mitteilungsblatt der DJF und reines Jazzmagazin. Das *Jazz Podium* setzte sich nach anfänglichen Schwierigkeiten durch und wurde Deutschlands Jazz-Zeitschrift Nr. 1, nachdem es 1953/1954 unabhängig geworden war und sein langjähriger Chefredakteur, Dieter Zimmerle, den Versuch verhindert hatte, ein reines DJF-Organ aus dem *Jazz Podium* zu machen. Im November 1963 konnte das Blatt auf ein zehnjähriges Bestehen zurückblicken. Das *Jazz Podium* ist die einzige deutsche Jazz-Zeitschrift, die überlebt hat, und hält den Rekord an Erscheinungsjahren, wenn man von der Jazz-Beilage des *Gondel-*Magazins, einer Unterhaltungsschrift, absieht, die seit 1950 existierte und sich *Jazz Echo* nannte, aber kaum größere Resonanz fand, trotz neuester Nachrichten und guter Fotos. Das *Jazz Echo,* das zwischen 1954 und 1958 sowohl hinsichtlich seines Umfanges als auch inhaltlich seinen Höhepunkt erreichte, konnte nur im Verein mit dem *Gondel-*Magazin überleben. Alle anderen Jazz-Zeitschriften in Deutschland scheiterten nach mehr oder weniger kurzer Zeit.

Neben den erwähnten Schriften war das unzweifelhaft erfolgreichste Jazzmagazin das *Schlagzeug*, das als Zeitschrift von April 1958 bis Februar 1960 existierte, nachdem ihm 1956/1957 acht Mitteilungsblätter gleichen Namens vorausgegangen waren. Das *Schlagzeug*, im Hinblick auf Gestaltung, Druck und Inhalt das beste deutsche Jazz-Publikationsorgan, war auf dem besten Wege, Deutschlands einzige sich selbst erhaltende, führende Jazz-Zeitschrift zu werden, als der Verlag aufgelöst wurde und mit ihm das *Schlagzeug*. Der Versuch, ihm in *Jazz International* einen Nachfolger zu geben, scheiterte nach der ersten Nummer. Das gleiche gilt für die Hamburger Zeitschrift *Jazz Musik* (1958). Neben den bisher genannten Blättern erschien 1958/1959 noch das *Fongi*, eine Art Jazzhumor-Zeitschrift, die jedoch nur einen Kreis jugendlicher Fans ansprach und kaum als reguläre Jazz-Zeitschrift zu werten war. Von März 1960 bis Juli 1962 konnte sich eine weitere Publikation halten, der *Jazzer*, der teils als Magazin, teils als Jazz-Zeitung herauskam. Das Blatt widmete sich vorwiegend dem traditionellen Jazz aus der Sicht der „Revivalisten", brachte vieles für und über die diversen Amateurbands und wandte sich im großen und ganzen vorwiegend an jugendliche Jazzfans. Übrig blieb nur das alle Richtungen behandelnde, alle Jazzfreunde ansprechende *Jazz Podium*, das sich auf einen unentgeltlich arbeitenden Mitarbeiterkreis stützen konnte.

Die Erfahrungen haben gelehrt, daß die Existenz einer einzigen deutschen Jazzschrift von Format vielleicht gerade noch tragbar ist, weitere Unternehmungen in dieser Richtung aber unweigerlich zum Scheitern verurteilt sind und wohl bleiben werden. Der deutsche Fan ist im allgemeinen eher geneigt, sein Geld in Schallplatten anzulegen oder sogar in Jazzplakaten, mit denen er sein Zimmer oder seinen „Jazz"-Keller tapezieren kann, als sich durch den Bezug und die Lektüre einer Zeitschrift eingehend über den Jazz zu informieren und sich theoretisches Wissen anzueignen. Viele Fans zogen es aber auch vor, sich anstelle der Jazzmagazine lieber Bücher über ihr spezielles Interessengebiet zu kaufen. Zusammenfassend kann man sagen, daß die publizistischen Arbeiten über den Jazz in deutschen Zeitschriften, Zeitungen usw. seit 1946 eine erfreuliche Entwicklung genommen haben und das Bemühen deutlich machen, auf Grund sachlicher und fachmännischer Beschäftigung mit der Materie wirkliche Kenntnisse und Informationen zu vermitteln. In dieser Hinsicht hat man in Deutschland das Niveau ausländischer Jazzpublikationen erreicht. Reine Jazz-Fachzeitschriften mit größeren historisch-biographischen Abhandlungen und discographischen Forschungen und Details können sich in Deutschland nicht durchsetzen, da es für sie (anders als in den USA und England) zu wenig Interessenten gibt. Der deutsche Durchschnitts-Fan schätzt die Club-Nachrichten und die letzten „Jazz-News", er beschäftigt sich mit Plattenkritiken, Abhandlungen über den neuesten Stand des Jazz und besonders gern mit tiefsinnigen, psychologischen Betrachtungen und Streitgesprächen. Gewisse „Jazzintellektuelle" gefallen sich dabei oft darin, Zusammenhänge zwischen Jazz, moderner Kunst, moderner Literatur, modernem Bauen und sogar Tendenzen der Mode herzustellen und diese geistigen Konstruktionen dann „von allen Seiten zu beleuchten". Man legt mehr in die Jazzmusik hinein, als sie in Wahrheit enthält. Daher hat die These vom sogenannten „Protest im Jazz" gerade in Deutschland dankbare Gläubige gefunden. Konkrete Jazzwissenschaft und ins einzelne gehende Forschungsarbeit war und ist den meisten deutschen Jazzfreunden zu trocken und langweilig, ihnen fehlt die trockene Sammel- und Forschungsleidenschaft für den Jazz, die vor allem die Angelsachsen haben. So war es beinahe selbstverständlich, daß das erste Jazzbuch von einem deutschen Autor, das nach dem Kriege, also nach 1945 und seit 1929, erschien, nicht etwa eine jazzgeschichtliche Abhandlung, sondern eine „zeitkritische Studie" war.

Joachim Ernst Berendts Buch *Jazz — Eine zeitkritische Studie* erschien 1950 in Stuttgart und enthielt eine gedankenreiche Betrachtung des Phänomens „Jazz", befaßte sich aber kaum mit der eigentlichen Materie dieser Musik. Berendt beschränkte sich jedoch nicht auf diese den meisten Jazzfans unverständliche psychologische Arbeit. Zunächst kam 1953 *Das Jazzbuch* auf den Markt, die erste deutsche Publikation, die in großen Zügen eine Gesamtübersicht über die Geschichte des Jazz gab. Das Buch wurde für viele junge Leute zur Grundlage ihres Jazzwissens. Durch weitere Bücher und durch seine Mitarbeit an verschiedenen Zeitschriften, beim Rundfunk und beim Fernsehen wurde Berendt der erfolgreichste Jazzautor Deutschlands. Zu seinen bedeutendsten Arbeiten gehören folgende Bücher: *Jazz optisch,* ein Bildwerk mit Text (1954), *Variationen über Jazz und Blues* (1957) und *Jazz Life,* ein Prachtband mit vielen Fotos (1961). 1958 erschien ferner eine Neuausgabe seines *Jazzbuches* von 1953. Berendt war auch der „Erfinder" des sehr beliebten *Jazz-Kalenders,* der seit 1956 jährlich erschien und der Mentalität vieler Jazzfans genau entsprach. Das größte Verdienst Berendts, eines rastlosen Arbeiters auf dem Gebiet des Jazz, war die Herausgabe des *Jazzbuches,* das viel zum besseren Verständnis des Jazz beigetragen hat. Sachlich gesehen, enthält es viele Lücken und Unrichtigkeiten, die dem Autor jedoch nicht vorzuwerfen sind, da er fast ausschließlich „modern" ausgerichtet ist und nur ein sehr loses, zwangsläufig notwendiges Verhältnis zum alten Jazz hat.

Schon vor Berendts *Jazzbuch,* 1951, war eine kleine Broschüre von Dietrich Schulz-Köhn mit dem Titel *Wesen und Gestalten der Jazz-Musik* erschienen, die eine kurzgefaßte Jazzgeschichte enthielt, mit dem *Jazzbuch* wegen des beschränkten Platzes jedoch nicht zu vergleichen war und auch nur wenig bekannt wurde. Fast zur gleichen Zeit wie das *Jazzbuch* erschien 1953 das erste deutsche *Jazz-Lexikon* von Wolfgang Laade, Werner Ziefle und Dieter Zimmerle, das eine weitere Lücke in der deutschen Jazzliteratur füllte und Berendts Buch wie auch die Schulz-Köhn-Broschüre ergänzte. Als das *Jazz-Lexikon* um 1957 vergriffen war, wurde es durch das weit umfangreichere *Knaurs Jazz-Lexikon* von Alfons Dauer und Stephen Longstreet ersetzt. Alle diese grundlegenden Bücher wurden noch durch einige musiktechnische Schriften, wie Alfred Baresels *Jazz-Harmonielehre* (1953) und Carlo Bohländers *Das Wesen der Jazzmusik* (Metrum, Rhythmus, Stil) (1955), ergänzt. Außerdem erschienen mehrere Werke von deutschen Autoren, die sich mit dem Jazz nur psychologisch oder zeitkritisch auseinandersetzten, seine eigentliche Materie aber kaum behandelten, so zum Beispiel Wilhelm Twittendorfs *Jugend und Jazz*. Nach 1960 kamen noch einige Bücher, die sich mit *Spirituals* und *Blues* befaßten, sowie weitere Jazzbücher, die jedoch trotz guter Aufmachung relativ unbedeutend waren. Selbst in der DDR erschien eine Art Jazzbuch: *Neger, Jazz und tiefer Süden* von Ernst Bartsch in Zusammenarbeit mit Reginald Rudorf. Obwohl sich dieses Buch vorwiegend mit dem Rassenproblem in den USA beschäftigt und die Geschichte der amerikanischen Negerbevölkerung nachzeichnet, enthält es eine dreißig Seiten lange Abhandlung über den Jazz der Farbigen in den USA. Für viele Sammler recht interessant waren die Musikerbiographien, die ab 1959 in der Pegasus Jazzbuch-Reihe und im Gerd Hatje Verlag erschienen mit Porträts bedeutender Jazzmusiker und Jazz- oder Bluessängerinnen wie Louis Armstrong, Sidney Bechet, Ella Fitzgerald, Dizzy Gillespie, Benny Goodman, Mahalia Jackson, Stan Kenton, Nick LaRocca, Red Nichols, King Oliver, Charlie Parker, Django Reinhardt, Bessie Smith und Lester Young.

Neben den Werken deutscher Autoren erschien eine Reihe von Jazzbüchern in deutscher Sprache bzw. von Übersetzungen aus dem Englischen und Französischen. Da war zunächst Jan Slawes *Einführung in die Jazzmusik* (Schweiz, 1948), eine Jazzbetrachtung auf wissenschaftlicher Basis, dann — ebenfalls 1948 — Jack Backs *Triumph des Jazz* (Wien). Trotz grober Unrichtigkeiten enthielt dieses Buch immerhin eine Fülle biographischen Materials, das in diesem Umfang nie wieder in späteren Werken erschien. Beide Bücher wurden in Deutschland jedoch weniger bekannt, weil sie damals hier kaum erhältlich waren. Bereits 1951 war das jazzgeschichtliche Werk des amerikanischen Autors Sidney Finkelstein in Deutschland unter dem Titel *Jazz* verlegt worden. Neben Berendts *Jazzbuch* war es für Jahre das wichtigste Jazzgeschichtsbuch für den deutschen Fan. Bald folgten weitere Übersetzungen, u. a. die Memoiren von Louis Armstrong, Milton Mezz Mezzrow, Billie Holiday, Eddie Condon und das interessante Jazzreportagebuch *Jazz* — —, *erzählt*. Ebenfalls in deutscher Sprache erschien Hughes Panassiés *Der wahre Jazz*, eine Art Jazz-Geschichte mit etwas einseitiger Betrachtungsweise. Mit Ausnahme der erwähnten Musikerbiographien brachten sämtliche hier genannten Bücher nur international seit langem bekannte Fakten oder Hypothesen der Weltjazzforschung. So erfüllten sie zumindest den Hauptzweck: dem Jazz in Deutschland eine Gasse zu bahnen und die wichtigsten historischen Vorgänge und Namen zur Kenntnis zu geben. 1955 und 1957 erschienen dann die ersten beiden deutschen Werke, die einen wichtigen Beitrag zur internationalen Jazzforschung bedeuteten: *Die Deutsche Jazz-Discographie* und Alfons M. Dauers *Der Jazz, seine Ursprünge und Entwicklung.*

Die *Deutsche Jazz-Discographie* (Bote & Bock, 1955) brachte nicht nur die discographische Erfassung fast aller Jazzaufnahmen, die zwischen 1900 und 1954 (inkl. Ragtime) in Deutschland unter deutschen Plattenmarken erschienen waren, sondern auch viel bisher unbekanntes, verlorengeglaubtes Material und kaum bekannte Details aller Art. Diese bis dahin umfassendste nationale Discographie der Welt löste ein ständig steigendes Interesse an alten Jazzplatten unter den deutschen Plattensammlern aus und brachte die deutschen Jazzmusiker und -Bands der Vergangenheit wieder in Erinnerung. 1961 wurde das Werk durch eine Discographie *Geschichte des Jazz in Deutschland* mit zusätzlichen deutschen discographischen Angaben aller Art ergänzt und erweitert. Beide Bücher waren grundlegend für die Abfassung dieser *Deutschen Jazz-Chronik.*

Alfons M. Dauers Buch *Der Jazz, seine Ursprünge und Entwicklung* (Erich Röth-Verlag, 1957) war das erste rein wissenschaftliche Werk, das ausländische Bücher dieser Art weit übertraf. Es war eine Fleißarbeit hohen Grades mit vielen musiktechnischen Erläuterungen und Notenbeispielen. Der Titel war jedoch irreführend und hätte besser „Die afrikanische Musik und ihr möglicher Einfluß auf den Jazz" o. ä. geheißen. Damit wäre das Thema des Buches kurz umrissen. Mit größter Sorgfalt und aufgrund eigener Erkenntnisse suchte Dauer den Zusammenhang zwischen rein afrikanischer Musik und amerikanischem Jazz nachzuweisen. Plausibel gelang dies nur im Zusammenhang mit der afro-amerikanischen Musik Süd- und Mittelamerikas, nicht mit dem eigentlichen Jazz, was ja auch völlig den Tatsachen entspricht. Gewisse negroide Eigenheiten in der Stimm- und/oder der Instrumentalbehandlung, die sowohl in Afrika als auch in den USA festzustellen sind, berechtigten nicht zu der Theorie, daß „der Jazz von den Negern oder aus Afrika kommt" — um eine der üblichen Redewendungen zu gebrauchen, die durchaus volkstümlich sind.

Dauers Untersuchungen der Zusammenhänge zwischen afrikanischer und afroamerikanischer Musik sind gut fundiert und sorgfältig angelegt; als Wissenschaftler ist dieser Autor (nicht nur für den Jazzfreund) durchaus kompetent, daher hob sich sein Werk von den Allgemeinheiten anderer Bücher angenehm ab.

Neben den beiden Discographien *Die Deutsche Jazz-Discographie* und *Geschichte des Jazz in Deutschland* erschienen einige weitere Spezial-Discographien, wie die *Fabulous Fives* und die *Stan Kenton-Discography* (beide in Englisch), in Deutschland.

Für den Plattensammler wurde ab 1959 ferner der *Bielefelder Jazz-Katalog*, eine Aufstellung aller in Deutschland erreichbarer und im Handel befindlichen Jazzplatten der laufenden Produktionen, herausgegeben. Ähnliche Teilkataloge stellten auch diverse Musikgeschäfte und Importfirmen zusammen. Auf jeden Fall bot der Stand der deutschen und deutschsprachigen Jazzliteratur Anfang der sechziger Jahre keine Entschuldigung mehr für mangelndes Wissen auf dem Gebiete der Jazzmusik; außerdem war die gesamte im Handel befindliche ausländische Jazzliteratur durch den Import auch in Deutschland erhältlich. Allerdings traf dies lediglich auf die Deutsche Bundesrepublik zu; in der DDR war der Jazz anderen Gesetzen unterworfen.

In der sowjetisch besetzten Zone traf der Jazz gleichzeitig auf Duldung und Ablehnung. Diese zweigleisige Haltung von „Oben" hatte vorwiegend politische Gründe. Zwischen 1945 und 1947/1948 stand die sowjetische Besatzungsmacht kulturellen Bestrebungen, ganz gleich ob westlichen oder östlichen Ursprungs, im allgemeinen tolerant gegenüber und trug teilweise sogar mehr als die Westmächte dazu bei, das Kulturleben wieder in Gang zu bringen. Auch der Jazz wurde von den Sowjets geduldet, und die Sender der DDR brachten laufend Jazzsendungen, vor allem *Radio Berlin* und *Radio Leipzig*. Die ostzonale Schallplattenfirma *Amiga* (Lied der Zeit) machte zwischen 1946 und 1948 mehr eigene Jazzaufnahmen als die damaligen westdeutschen Firmen zusammen. Erst als die politischen Spannungen zwischen Ost und West offen zutage traten und sich zur Zeit der Währungsreform und der Berlin-Blockade zum sogenannten „Kalten Krieg" zuspitzten, wurde der Jazz in der DDR unerwünscht, und zwar nur deswegen, weil er eben „westlich" war und aus den USA stammte. Die Rundfunksendungen hörten auf, und Jazzschallplatten wurden für lange Zeit nicht mehr in den Handel gebracht und nicht mehr aufgenommen. Auch als sich im Oktober 1949 die Deutsche Demokratische Republik konstituierte, änderte sich in bezug auf den Jazz zunächst nichts, denn der „heiße" Koreakrieg brachte eine besondere Krisenzeit des „Kalten Krieges" mit sich. Zu dieser Zeit wurde der Jazz generell in allen

„Volksdemokratien" als westlich dekadentes Erzeugnis abgelehnt, vor allem in der Sowjetunion. Grundlegend für die Ablehnung des Jazz in den kommunistischen Ländern war stets die Tatsache, daß der Jazz zufälligerweise aus den USA kam, einem „kapitalistischen" Land. Es ist aber nicht bekannt geworden, daß der Staat (in der UdSSR) den Jazz direkt verboten hätte. Ziemlich sicher ist auch, das gewisse Anti-Jazz-Kampagnen in den Volksdemokratien und auch in der DDR nur von einigen übereifrigen Parteifunktionären ins Leben gerufen wurden. Diese Funktionäre standen damals ideologisch und rein gefühlsmäßig dem Jazz feindlich gegenüber, einfach weil sie ihn nicht verstanden oder weil sie unmusikalisch waren. Vielfach lagen ihrer Gegnerschaft auch Unsicherheit angesichts der schwankenden Parteilinie und die Überzeugung zugrunde, mit der Ablehnung dieses „Westerzeugnisses" nie ganz „falsch liegen" zu können, wobei sie den werbenden Einfluß des Jazz durchaus richtig einschätzten. Kraft ihres Amtes konnten sie ihre Antipathie gegen den Jazz ganzen Gebieten mehr oder weniger aufzwingen.

Als mit dem Tode Stalins das Zeitalter der allzu starren Dogmatik zunächst ein Ende fand, erkannten maßgebende Stellen in der DDR, daß man den Jazz als musikalische Realität nicht einfach ablehnen konnte, nur weil er westlichen Ursprungs war. Der Widersinn von Jazzverboten in einem als „Demokratie" bezeichneten Staat wurde vielen Funktionären in der DDR bewußt, und außerdem begann man sich auf gewisse proletarische Quellen der Jazzmusik zu besinnen. Man schien auch zu erkennen, daß die untolerante Haltung mancher Kulturfunktionäre den Künstlern die Arbeit verleidet und sie veranlaßt hatte, der DDR den Rücken zu kehren, so u. a. die Orchester von Heinz Kretzschmar und Karl Walter, die geschlossen in den Westen gegangen waren. Viele weitere einzelne Qualitätssolisten der Tanzmusik hatten sich in ihrer künstlerischen Freiheit behindert gefühlt und die Zone ebenfalls verlassen, vor allem, als man ihnen teilweise eine Musik „neuer Prägung" zumuten wollte, die nur zu sehr an die „Deutsche Tanzmusik" der Nazijahre erinnerte und völlig unrealistisch und undurchführbar war. Von ihrer Ablehnung bei der Jugend ganz abgesehen.

Alles dies begann man nun zu erkennen, und als der Jazz selbst in der Sowjetunion auf Sympathie und Verstehen traf, und der Begriff Jazz in der UdSSR durchaus gebräuchlich wurde, legte man auch in der DDR dem Jazz keine großen Hindernisse mehr in den Weg. Wenigstens für einige Jahre. Er wurde sogar teilweise staatlich unterstützt und erhielt als „Produkt der Auflehnung einer von den Kapitalisten unterdrückten Rasse" spezielle Förderung.

Diese Entwicklung in der DDR bahnte sich seit 1953 an und wurde zunächst mit Eifer betrieben. In den Jugendgruppen der FDJ (Freien Deutschen Jugend) wurden „Jazz-Arbeitsgemeinschaften" gebildet, die Presse befaßte sich mit der Jazzmusik, brachte jazzgeschichtliche Artikel und ließ die Leser über den Jazz diskutieren; das schon erwähnte Buch *Neger, Jazz und tiefer Süden* konnte erscheinen, und die diversen Rundfunkstationen brachten wieder reguläre Jazzprogramme zu Gehör. Dabei kam in wenigen Wochen mehr alter, authentischer Jazz über den Äther als in Westdeutschland während eines ganzen Jahres, da man dort vorwiegend modernen Jazz bot. *Amiga* brachte wieder jazzmäßige Eigenaufnahmen auf Schallplatten heraus, gespielt von Orchestern aus der DDR und West-Berlin. Außerdem wurden einige Aufnahmen mit schwedischen und tschechischen Jazzmusikern veröffentlicht, ferner Jazzaufnahmen der CSR-Firma *Supraphon* importiert, darunter die in Prag entstandenen hervorragenden Greame-Bell-Aufnahmen. Hohe Staats- und Parteifunktionäre nahmen an „Jazz-Diskussionen" teil und bekundeten ihre Meinung zum Thema „Jazz" oder „Problem Jazz". In einigen Städten wurden sogar sogenannte „Jazz-Keller" erlaubt, Treffpunkte für die Jugend, die „echte Jazzatmosphäre" ausstrahlen sollten. Da man nun endgültig erkannt hatte, daß die moderne Jugend sich mehr oder weniger zum Jazz hingezogen fühlte, begann man sich zu bemühen, der Jugend auch den geschichtlichen Hintergrund der Jazzmusik, natürlich mit entsprechend politischer Färbung, zu zeigen, wobei man erfreulicherweise auch auf den krassen Unterschied zwischen echten Jazzfreunden und klamauksüchtigen Halbwüchsigen hinwies. Man veranstaltete nicht nur Jazzkonzerte, die von diversen „Arbeitsgruppen", zum Teil mit Hilfe westlicher Amateur-Jazzkapellen, mit Erfolg durchgeführt wurden, man drehte auch einen „Jazzfilm". In den Kulturhäusern wurden Jazzvorträge abgehalten, und es bildeten sich sogar eigene Amateurkapellen nach westlichem Vorbild.

Alle diese Bestrebungen, den Jazz in der DDR zu einer geachteten und allgemein anerkannten Kulturinstitution zu machen, waren nicht nur etlichen gründlichen Jazzfreunden in der DDR zu verdanken, sondern auch diversen Jazzexperten aus dem Westen bzw. aus West-Berlin und sogar auch der verständnisvollen Haltung aufgeschlossener Regierungs- und Parteikreise. Allerdings zeigte es sich bald, daß in der DDR einige „Jazzexperten" von eigenen Gnaden den Ton angeben wollten, die dem Jazz durch ihre Unwissenheit oder auch ihren Übereifer mehr Schaden als Anerkennung brachten. Ihre jugendliche Unreife riß sie zu unüberlegten Schritten hin, in dem Bestreben, den Jazz auf Biegen und Brechen durchsetzen zu müssen. Sie glaubten sich stark und überlegen genug, um diverse Parteifunktionäre anzugreifen, die dem Jazz aus

Prinzip ablehnend gegenüberstanden. Diese ließen sich jedoch nicht von den jungen Jazzeiferern „belehren", und der Jazz wurde unverschuldet wieder in die Politik hineingezogen, in gewissen Kreisen wieder unbeliebt und als ideologische Gefahr angesehen. Nach einigen (teilweise provozierten) Zwischenfällen, bei denen einige der „Experten" von parteitreuen „Jungarbeitern" verprügelt wurden, begann man die Jazz-Zügel wieder fester anzuziehen. Der Jazz wurde nach 1957 nicht mehr sonderlich gefördert, aber auch nicht unterdrückt oder verboten. Es schien in der DDR von den örtlichen Behörden abzuhängen, ob man die Jazzmusik in gewissen Städten oder Gegenden duldete oder gegen ihn anging.

So schwankte der Jazz in der DDR ständig zwischen Anerkennung und Ablehnung, zwischen Sympathie und Antipathie. Es war aber immer zu hoffen, daß der Jazz, zumindest der echte, alte authentische Jazz, weder als „zersetzend" und „dekadent" noch als ideologisch gefährlich angesehen würde, wie man es ja bereits in einigen „Volksdemokratien" erkannt hatte. Aber noch blieb das Mißtrauen gegen eine „westliche" Musikform und gab dem Westen den Eindruck, daß der Jazz in der DDR nicht gerade erwünscht war, wenn man ihn auch nicht verbot. Hinzu kam die relative Abgeschnittenheit der mitteldeutschen Jazzmusiker und Jazzfreunde im Gegensatz zu ihren westdeutschen Landsleuten. Diese wurden innerhalb der letzten zehn Jahre mit der persönlichen Bekanntschaft vieler ihrer Jazzidole geradezu verwöhnt. Sie konnten einen großen Teil der berühmtesten Jazzmusiker unserer Zeit in Konzerten erleben.

Westdeutschland und West-Berlin sind allein in den zehn Jahren zwischen 1948 und 1958 von einer so großen Anzahl ausländischer Jazzorchester und Solisten besucht worden wie nie zuvor in der Vergangenheit. Die Gastspiele ausländischer, vor allem amerikanischer Jazzmusiker begannen im Juli 1948 mit der schon kurz erwähnten Rex-Stewart-Tournee. Dieser ehemalige Duke-Ellington-Spitzensolist feierte mit seiner farbigen britischen Jazzband wahre Triumphe bei den damals noch jazzhungrigen Fans in Deutschland. Im Januar 1949 folgten dann Don Byas, ein farbiger Meister des Tenorsaxophons, und die Neger-Vokalistin Inez Cavanaugh, die jedoch beide nur in Westdeutschland gastierten und West-Berlin nicht bereisten. 1950 kam das erste große amerikanische Jazzorchester nach Westdeutschland und spielte im Mai 1950 in Hamburg und einigen anderen Städten: es war das damals als „beste Jazzbigband der Welt" bezeichnete Orchester von Duke Ellington, dessen Tournee für alle Jazzfans in Deutschland eine wahre Sensation war. Etwa zur gleichen Zeit kamen als Solisten Ernest „Bass" Hill und Frank „Big Boy" Goudie nach West-Berlin, um dort in der *Neger-Bar* bei Willie Mac Allen's *Harlem Kiddies* mitzuspielen, einer rein farbigen Band, bei der noch weitere recht gute, aber weniger bekannte Musiker mitwirkten. Während „Bass" Hill nur kürzere Zeit blieb, spielte Goudie von 1950 bis Mitte 1953 fast ununterbrochen in Berlin und vermittelte den älteren Jazzfreunden eine Reminiszenz an die zwanziger Jahre, als man in Berlin ständig Negerkapellen aller Art hatte finden können. Im September 1952 und im April 1953 nahm Goudie mit einer gemischten Studioband, den *GJC All Stars,* einige Titel für *Columbia* auf. Diese Aufnahmen setzten eine Tradition fort, die in den zwanziger Jahren mit den Aufnahmen von Sam Wooding, den *Jazz Kings,* den *New Yorkers,* Alex Hyde, Arthur Briggs und Lud Gluskin begonnen hatte und nach dem Kriege, 1948, mit den Rex-Stewart/*Hot-Club-Berlin*-Aufnahmen fortgeführt worden war. Ab 1951 und 1952 folgten dann die Besuche amerikanischer und anderer ausländischer Jazzkapellen und Jazzmusiker in immer kürzeren Abständen. Der Erinnerung halber sollen hier die wichtigsten Jazzereignisse dieser Art, die allein zwischen 1950 und 1958 stattfanden, nochmals aufgezählt werden.

Es kamen nach Westdeutschland und teilweise auch nach West-Berlin: die Orchester Cab Kaye (Mai 1951), Ted Heath (August 1951) und Greame Bell (Februar 1952), Bill Coleman (März 1952 und August 1953), Louis Armstrong und seine *All Stars* (Oktober 1952 und Oktober 1955), Cab Calloway mit dem *Porgy-and-Bess*-Ensemble (September 1952), Lil Hardin-Armstrong (September 1953 und April 1956), das *Jazz-At-The-Philharmonic-(JATP-)*Ensemble mit Ella Fitzgerald, Roy Eldridge, Oscar Peterson, Gene Krupa, Willie Smith, Flip Phillips, Charlie Shavers, Benny Carter, Ralph Burns, Dizzy Gillespie und vielen anderen (März 1953, Februar 1954, Februar 1955, Mai 1957), die *Dizzy Gillespie Combo* (März 1953), Nelson Williams (1952 und 1953), das Stan-Kenton-Orchester (September 1953 und April 1956), Leonard Feather's *Jazz Club USA* mit Red Norvo, Buddy de Franco, Billie Holiday, Beryl Booker u. a. (Januar 1954), die Orchester Woody Herman (April 1954), Count Basie (März 1954 und September 1956) und Lionel Hampton (Oktober 1953, Oktober-November 1954, Februar 1956, Dezember 1956 und Dezember 1957 bis Januar 1958); Harold Davisons *Jazz-Parade* mit Coleman Hawkins, Illinois Jacquet, Sarah Vaughan, u.a. (Oktober 1954), Bill Russo (August 1955), Albert Nicholas (Mai-Juni 1956), Chet Baker (April 1956) und Sidney Bechet (Dezember 1956); das *Modern Jazz-Quartet* (1956, 1957 und 1958), *Kid Ory's Jazz Band* (Oktober 1956), Tony Scott (Anfang 1957), Milton Mezz Mezzrow (März 1957), Ray Anthony (September 1957), Wild Bill Davison (September-Oktober 1957 und November 1958) und Jay Jay Johnson (September 1957); die Orchester Jack Teagarden mit Earl Hines (Oktober 1957) und Harry James mit Buddy Rich (Oktober 1957); Miles Davis (Dezember 1957) und das Orchester Ray McKinley (Februar 1958).

Dies waren nur die wichtigsten Orchester und Solisten, bei weitem nicht alle ausländischen Jazzkapellen und -musiker, die in dieser Zeit in Deutschland spielten oder sich hier aufhielten. Einige von ihnen spielten nur für die Besatzungstruppen im Rahmen der Truppenbetreuung, darunter das Orchester Les Brown und 1957 die Harry-Reser-Combo. Von Jazzinteresse waren auch die diversen Gastspiele von Svend Asmussen, Hazy Osterwald und der farbigen George-Maycock-Band, die in Deutschland blieb und seit Mitte der fünfziger Jahre zur deutschen Jazzszene gehörte. Hinzu kamen all die englischen, französischen und dänischen Jazzamateur- und Halbamateurgruppen.

Nach 1959 kamen weitere Jazzgrößen nach Deutschland, u.a. Nat Gonella, Humphrey Lyttelton, die *Dutch Swing College Band*, Quincy Jones, Nat King Cole, Muggsy Spanier und wiederum Louis Armstrong und Duke Ellington; ferner eine Reihe von Bluessängern, darunter einige der besten ihrer Sparte, nachdem schon im April 1956 der große „Big Bill" Broonzy einen Anfang gemacht hatte. In derselben vorhin erwähnten Zeitspanne (1948 bis 1958) war in der DDR nur das Gastspiel der tschechischen Gustav-Brom-Bigband (Anfang 1957) als größeres Jazzereignis zu verzeichnen, wenn man von gelegentlichen Besuchen westdeutscher und West-Berliner Jazzgruppen, u. a. den *Spree City Stompers*, absah. Von all den genannten Orchestern und einzelnen Künstlern, die in Deutschland spielten oder gastierten (außer Rex Stewart und Frank „Big Boy" Goudie), haben nur folgende Bands oder Solisten Aufnahmen für deutsche Schallplattenfirmen gemacht: Cab Kaye (auf *Austroton/Astraschall*), Svend Asmussen *(Decca* und *Philips)*, Hazy Osterwald *(Austroton* und *Polydor/Heliodor)*, Chet Baker *(Brunswick)*, Bill Russo *(Brunswick)*, George Maycock *(Philips)*, Lionel Hampton *(Bertelsmann/Ariola)*. Gustav Brom *(Amiga)*, Wild Bill Davison *(Bertelsmann/Ariola* und *Brunswick)*. Oscar Pettiford *(Deutscher Schallplatten Club)*, Benny Waters *(Deutscher Schallplatten Club)* und Louis Armstrong *(Philips)*. Das war im Verhältnis zu der großen Anzahl der genannten Tourneen nicht viel, aber doch verständlich, da die deutschen Plattenfirmen jede beliebige Menge von Matrizen aus dem Ausland beziehen konnten — mit den besten und berühmtesten Jazzaufnahmen der Welt. Das war billiger und ersparte Eigenkosten größeren Umfangs. Damit kommen wir zur Nachkriegssituation der deutschen Schallplattenindustrie, deren Entwicklung in kurzen Zügen geschildert werden soll.

Die ersten großen deutschen Schallplattenfirmen, die sich nach 1945 wieder zu regen begannen, waren im Jahre 1946 die *Tempo (Special Record)*, die *Lindström* und die *Deutsche Grammophon*. *Tempo* brachte praktisch die ersten

Schallplatten nach dem Kriege heraus, wobei es sich um alte Matrizen der Vorkriegs- und Kriegszeit handelte, die nun neu gepreßt wurden, u. a. die schon an anderer Stelle des Buches erwähnten, bis dahin unveröffentlichten Kurt-Widmann-Aufnahmen aus dem Jahre 1939 (mit den Pseudonymen „John Webb", „John Wepp" und „John Weepster"). Die Tempo-Werke lagen im russisch besetzten Berlin-Babelsberg und waren so gut wie unbeschädigt geblieben — ein Umstand, der die Wiederaufnahme der Produktion schnell ermöglichte. Während die eigentliche Special-Record-Gesellschaft *(Tempo)* später nach München übersiedelte und dort die übliche Kaufhausplatten-Produktion wieder aufnahm, wurden die Berliner Werke enteignet und von der 1946 gegründeten VEB-Schallplatten-Gesellschaft *Lied der Zeit* (mit den Marken *Amiga* und *Eterna*) übernommen. Diese neue Firma brachte zunächst einige alte Tempo-Matrizen unter dem Namen *Amiga* heraus, begann aber im Winter 1946/1947 mit Eigenaufnahmen (u. a. mit dem RBT-Orchester, Walter Dobschinski, usw.) und produzierte bis 1948 eine Reihe jazzinteressanter Platten, auf denen nicht nur schon bekannte Künstler zu hören waren, sondern auch junge, noch unbekannte Talente, die später im deutschen Jazzleben eine große Rolle spielen sollten. Mit den Rex-Stewart-Aufnahmen erreichte *Amiga* Mitte 1948 einen gewissen Höhepunkt in bezug auf Jazzplatten. Bis in die sechziger Jahre hinein betrieb *Amiga* den Austausch von Matrizen nur in geringem Maß: lediglich einige *Amiga*-Aufnahmen erschienen in Westdeutschland unter den Marken *Regina* und *Telefunken*. Die in München gelegenen Tempo-Werke *(Special Record)* brachten in all den Jahren kaum noch Jazzplatten auf den Markt, abgesehen von einigen Neupressungen alter Horst-Winter-, Kurt-Widmann- und Harry-van-Dyk-Matrizen der Kriegsjahre *(Special Record, Union Record* und *Tempo)* und vier Titeln von Robert de Kers' Jazzband (1951), deren Matrizen von der belgischen Firma *Sphinx* stammten. Die Robert-de-Kers-Platten waren praktisch die letzten echten Jazzplatten, die noch bei *Tempo* erschienen.

Mitte 1946 begann auch die *Deutsche Lindström AG* voll zu arbeiten, nachdem die Bestände des Werkes mühevoll wieder geordnet worden waren. Die *Lindström* AG hatte ihren einzigartigen Matrizenstock über den Krieg retten können und wäre durchaus in der Lage gewesen, den gesamten deutschen Schallplattenmarkt zu beherrschen, wenn die wirtschaftlichen und organisatorischen Voraussetzungen dazu in dieser Zeit schon bestanden hätten. Vor allem im Jazz wäre sie führend gewesen, weil sie als einzige Firma Deutschlands in größerem Maße original amerikanische und englische Jazzaufnahmen hätte produzieren können. Aber sie brachte zwischen 1946 und 1949 nur ein paar Dutzend Jazzplatten aller Art heraus, darunter einige Nat-Gonella-Aufnahmen und dänischen Jazz und Swing. Erst einige Zeit nach der Währungsreform, in den Jahren 1949 und 1950, begann sie, unter der Marke *Odeon* wieder laufend Jazzaufnahmen herauszubringen, darunter auch neuere, die durch den wieder in Gang gebrachten Matrizenaustausch mit der englischen Mutterfirma zur Verfügung standen.

Seit November 1946 machte die Lindström-Gesellschaft wieder eigene Aufnahmen; zu den ersten gehörten Einspielungen des Kurt-Widmann-Orchesters. Gleichzeitig wurden auch für die wiedererweckte Marke *Imperial*, die seit Mitte der dreißiger Jahre zum Lindström-Konzern gehörte, Titel aufgenommen. Die Imperial/Kristall-Werke hatten zwar zahlreiche Matrizen und alle Aufnahmeunterlagen (Papiere) durch Kriegseinwirkung verloren, glücklicherweise jedoch den größten Teil der Matrizen retten können, da diese bei den nur teilbeschädigten Lindström-Werken in Berlin am Schlesischen Tor eingelagert worden waren. Unter der Marke *Imperial* kamen um 1950 lediglich einige alte Jazzaufnahmen der ehemaligen Imperial-Swing-Serie der Jahre 1936 bis 1939 heraus sowie etliche Max-Rumpf-Eigenaufnahmen der Vorkriegszeit, ferner fast die gesamte Kriegsproduktion mit all den Willy-Berking- und Kurt-Widmann-Aufnahmen; im übrigen blieb das Imperial-Etikett hinsichtlich des Jazz kaum von Interesse.

Ebenfalls zum Lindström-Konzern gehörte die *Electrola GmbH*, die 1947 wieder aktiv wurde und Mitte des Jahres ebenfalls mit Eigenaufnahmen begann, u. a. mit dem Lubo-D'Orio-Orchester. Der Lindström-Konzern wurde praktisch der Electrola-Gesellschaft unterstellt, die in der Folgezeit als *Electrola-Gesellschaft m. b. H.* alle Lindström- und Electrola-Marken (die vor dem Kriege noch getrennt erschienen waren), wie *Odeon, Imperial, Electrola, Columbia* und für kurze Zeit *Pathé*, vereinigte. Gleichfalls 1947 erschienen wieder Platten mit dem Columbia-Etikett, teilweise neue Eigenaufnahmen (u. a. vom Willi-Stanke-Orchester). Ab 1950 übernahm die *Electrola* wieder Matrizen der EMI-Werke in Hayes (*His Master's Voice, Columbia, Parlophone* — zu diesem Zeitpunkt) und damit auch wieder solche der amerikanischen Victor- und Columbia-Werke. Vor allem zwischen 1952 und 1953 erschien eine Anzahl hervorragender Jazzclassics unter den Marken *Electrola* und *Columbia;* weitere gute Jazz- und Swingaufnahmen unter *Odeon.* 1951 fügte der Electrola-Konzern seinen bisherigen Marken noch die *Pathé* hinzu und 1953 die *MGM* (Metro-Goldwyn-Mayer).

Ab 1953/1954 lief die LP- und EP-Produktion in größerem Maße an und brachte automatisch auch fast alle ausländischen Jazzveröffentlichungen des EMI-Konzerns auf den deutschen Markt. Seit Januar 1957 konnte auf Grund internationaler Abmachungen mit dem englischen Mutterkonzern EMI in

Hayes, Middlesex, England, die große US-Marke *Capitol Records* ebenfalls beim Electrola/Lindström-Konzern in Deutschland erscheinen, mit moderneren Jazz- und Swingaufnahmen aller Arten und Stile. Von 1949 bis 1956 hatte das Capitol-Etikett dem Teldec-Konzern gehört, der dafür jetzt von *Electrola* das RCA-Victor-Repertoire übernahm. Mit der *RCA Victor* verlor *Electrola* das größte, beste und historisch älteste Schallplattenrepertoire der Welt und eine Fundgrube des Jazz. Zumindest was den Jazzsektor anbelangt, wurde die darin liegende Chance von der *Teldec* mangels fachmännischer Beratung nicht voll genutzt. Man brachte die üblichen, eingelaufenen Jazzaufnahmen oder das Modernste vom Modernen heraus. Umgekehrt war die *Electrola* in der Herausgabe guter Capitol-Jazzplatten anfänglich weit sparsamer als die Teldec.

Ab Mitte der fünfziger Jahre übernahm die Electrola GmbH neben ihren Hauptmarken noch einen Rattenschwanz an kleineren US-Firmen, bei denen ab und zu gute Jazzaufnahmen erschienen. Zu den Wichtigsten gehörten *King Records* und die Norman-Granz-Marken *Clef, Verve* und *Norgran,* ferner *Mercury,* die sich aber Anfang der sechziger Jahre wieder von der *Electrola* lösten, zu einer Zeit, als durch ständige Verschiebungen und Markenänderungen auf dem Plattenmarkt ein ziemlicher Wirrwarr herrschte, dank zahlloser kleiner amerikanischer Marken, die in das deutsche Geschäft einsteigen wollten.

Die Electrola GmbH begann als erste deutsche Schallplattenfirma nach dem Kriege mit größeren Schallplatten-Importen. Clevere Jazzfreunde konnten sich die besten in aller Welt im Handel befindlichen Jazzplatten besorgen lassen, und zwar schon ab 1950. Nachdem die Auslandsplatten in immer steigendem Maße vom Odeon-Musikhaus (Berlin), dem Electrola-Hauptgeschäft, eingeführt worden waren, bildete man 1951 den OMH-Platten-Import, der dann später, Mitte der fünfziger Jahre, zum ASD (Auslands-Sonderdienst) erweitert wurde. Hier konnte der Jazzfan so gut wie alles erwerben, was sein Herz begehrte. Auch hatte der Electrola-Konzern nach dem Kriege die ersten deutschen Jazzschallplatten-Kataloge mit erklärendem Text und discographischen Angaben herausgebracht, die für Sammler eine gute Hilfe waren.

Die schon kurz erwähnte Marke *Telefunken* begann sich 1947 zunächst wieder als Telefunkenplatte G.m.b.H. aus den Trümmern zu erheben. Auch sie konnte auf einen alten, noch halbwegs erhaltenen Matrizenstock zurückgreifen und veröffentlichte zwischen 1947 und 1950 etliche ihrer guten alten Swingaufnahmen von Fud Candrix, Teddy Stauffer, Jean Omer, Eddie Tower u. a. Ab Mitte 1949 brachte die *Telefunken* das amerikanische Capitol-Etikett (als *Telefunken-Capitol*) auf den Markt und somit als erste deutsche Firma neue amerikanische Aufnahmen nach dem Kriege (noch vor der *Electrola* und der *Deut-*

schen Grammophon). Als besondere Sensation galten damals Stan Kenton und sein Orchester.

1951/1952 folgten Aufnahmen der englischen Decca-(und London-) Gesellschaft, und die Telefunkenplatte G.m.b.H. wurde in *Teldec*-(Telefunken-Decca) Gesellschaft m. b. H. umbenannt. Neben der *Electrola* und der *Deutschen Grammophon* wurde die *Teldec* eine der mächtigsten Schallplattenfirmen Deutschlands. Wie schon erwähnt, übernahm sie ab 1957 das amerikanische RCA-Victor-Repertoire und mußte die *Capitol* an die *Electrola* abgeben. Dem Jazzfreund leistete die *Teldec* zwischen 1954 und 1958 einen besonders wertvollen Dienst durch die Herausgabe bzw. Übernahme der feinen *London Jazz Archives Serie* (auch „*Origins Of Jazz-Series*"). Dies war neben der alten Vorkriegsserie der Lindström, der *Odeon Swing-Music-Serie,* die beste geschlossene Jazzauswahl, die bis Anfang der sechziger Jahre in Deutschland erschien.

Wie die Lindström AG begann auch bereits Mitte 1946 die *Deutsche Grammophon*-Gesellschaft wieder ihre Produktion und sogar mit Eigenaufnahmen. Der größte Teil des alten Matrizenstocks war (in Hannover) noch vorhanden, und so konnte man innerhalb von zwei Jahren (1946 bis 1948) wieder ein ansehnliches Repertoire aufbauen und auch die alte „Swingmarke" *Brunswick* wiederbeleben, zunächst mit Eigenneuaufnahmen von Freddie Brocksieper, Helmut Zacharias und Joe Wick — was den Jazz anbelangte. Zwischen 1946 und 1948 wurden außerdem in größerem Maße Brunswick-Platten der Vorkriegsserien von amerikanischen und englischen Decca-Matrizen gepreßt, jedoch nur für die britische Besatzungsmacht. Erst nach 1948 wurden Restbestände dieser amerikanischen und englischen Jazz-, Swing- und Tanzplatten für den offiziellen Verkauf in Deutschland freigegeben, u. a. Aufnahmen von Chick Webb, Jimmie Lunceford, Bob Crosby, Bert Ambrose, Louis Armstrong, Jimmy Dorsey, Duke Ellington, den *Mills Brothers,* Connie Boswell, Bing Crosby u. a. Davor, in den Jahren 1947 und 1948, gab es zunächst nur Brunswick-Platten der Kriegsjahre in neuer Auflage mit belgischen, dänischen und schwedischen Orchestern usw., nebst den schon erwähnten Nachkriegsneuaufnahmen von Brocksieper, Zacharias und Wick. 1951 lief dann endlich die reguläre Brunswick-Produktion in alter Tradition wieder an, vorwiegend unter Verwendung amerikanischer Decca-Matrizen neueren Datums. Gleichzeitig erschienen wieder die vorbildlichen Nachträge (Monatskataloge) speziell für das Brunswick-Etikett, mit Begleittexten und discographischen Angaben. Ab Anfang 1954 wurde von der Deutschen Grammophon-Gesellschaft noch das amerikanische *Coral*-Etikett (ebenfalls liiert mit US-Decca) übernommen. Wenig später kam noch *MGM* hinzu, die von der *Electrola* zur *Grammophon* überwechselte, und in den sechziger Jahren noch die US-Firma United Artists u. a., die jedoch kaum Meilensteine des Jazz aufzuweisen hatten. Die Brunswick/Coral-Etiketten der *Deutschen Grammophon* wurden ein fester Begriff als die „Jazzmarken" der Firma, die unter ihrer Hauptmarke *Polydor* so gut wie keine Jazzaufnahmen veröffentlichte und nebenbei die reine Schlagermarke *Heliodor* einführte bzw. als Nebenprodukt der *Polydor* gründete. Auf Brunswick- und Coral-Platten erschienen ab Anfang der sechziger Jahre wieder bemerkenswerte Jazzserien mit klassischen Jazzaufnahmen aller Stile und Richtungen.

Die Vierte im Bunde der mächtigen Plattenfirmen Deutschlands wurde eine reine Nachkriegsgründung, die *Deutsche Philips GmbH.*, die von der holländischen Mutterfirma 1950 gebildet wurde. Zu den ersten bemerkenswerten jazzmäßigen Eigenaufnahmen der *Deutschen Philips* gehörten Aufnahmen des Kurt-Edelhagen-Orchesters, während aus Holland Jazzeinspielungen der bekannten *Dutch Swing College Jazzband,* der *Ramblers* und *Peters Sisters* übernommen wurden. Für den Jazzfan interessanter wurde die *Philips* aber erst, als sie Aufnahmen der amerikanischen *Columbia Records Inc.* herausbrachte und damit die zweitgrößte Plattenfirma der Welt an der Hand und deren Matrizenstock zur Verfügung hatte. Die amerikanische Columbia-Marke war übrigens nicht identisch mit dem deutschen Columbia-Etikett der Electrola-Gesellschaft, obwohl bis 1952 für diese Electrola-Marke (EMI) ebenfalls US-Columbia-Matrizen verwendet wurden; durch den Vertrag zwischen *Columbia* und *Philips* fand das dann ein Ende. Zu den ersten Philips-Veröffentlichungen von Columbia-Aufnahmen gehörte das berühmte *Carnegie-Hall-Concert* von Benny Goodman.

Die Deutsche (und Internationale) Philips-Gesellschaft brachte zwischen 1953 und 1962 eine Unzahl wertvollster Jazzaufnahmen aller Perioden heraus, denn bei der amerikanischen *Columbia* konnte sie auf das vielleicht gewaltigste Matrizen- bzw. Aufnahmematerial der Jazzgeschichte zurückgreifen, da die Columbia in den letzten 35 Jahren zahlreiche andere amerikanische Schallplattenfirmen „geschluckt" hatte, darunter auch die berühmte Marke *OKeh* mit ihrer Fülle an historischen Jazzaufnahmen. Als die *Columbia* sich 1962 von *Philips* trennte, bedeutete dies einen qualitativen Verlust, vor allem auf dem Gebiet des Jazz, der durch die Übernahme einiger anderer US-Marken nicht aufgeholt werden konnte. Denn *Riverside, Storyville* und *Mercury* konnten sich trotz einzelner guter Jazzaufnahmen nicht annähernd mit dem Repertoire der *Columbia* messen. Bei *Riverside* lag lediglich die Chance, eine erweiterte Neuausgabe der *Origins of Jazz* Serie, die einst auf London im Teldec-Vertrieb (von Riverside-Matrizen!) erschienen war, herauszubringen. Es wurden aber fast ausschließlich moderne Aufnahmen veröffentlicht.

Neben der Deutschen Philips erschien Anfang 1949 eine weitere, damals neue Marke in Deutschland, die *Austroton* der *Deutschen Austrophon GmbH*, die mit der österreichischen und schweizerischen *Elite Spezial* eng liiert ist. Die *Austrophon* startete im großen Stil und machte auch etliche Eigenaufnahmen von Jazzinteresse, darunter die ersten deutschen Kurt-Edelhagen-Aufnahmen. Eine Verbindung bestand auch zu den kurzlebigen Marken *Astraschall* (1951) und *Regina* (1950/1951), deren beste Aufnahmen später wieder auf *Austroton* herauskamen, so z. B. die Titel von Brocksieper, Cab Kaye und Heinz Kretzschmar. Ferner veröffentlichte die *Austroton* Aufnahmen schwedischer Herkunft (u. a. von *Metronome*) und ab 1953 solche der amerikanischen *Mercury Record Corporation*. Ab 1956/1957 begann die Austroton- bzw. Austrophon-Gesellschaft, Originalplatten der *Mercury* (LP's und EP's) einzuführen, womit sie die Eigenproduktion von Jazzaufnahmen praktisch einstellte.
Die Firma Mercury war übrigens schon 1951 kurz in Deutschland aufgetaucht, als die Regina unter ihrer Spezialmarke *Regina-Mercury* etliche Pressungen von Mercury-Matrizen auf den Markt brachte, darunter Aufnahmen von Charlie Parker, Albert Ammons, Erroll Garner und Coleman Hawkins. Außer diesen Aufnahmen veröffentlichte die Regina weitere jazzinteressante Aufnahmen von Matrizen der schwedischen Firmen *Cupol, Sonora* und *Metronome*, außerdem einige Aufnahmen der ostdeutschen *Amiga*, deren Matrizen der ehemalige Aufnahmeleiter der Amiga, Constantin Metaxas, nach Westdeutschland mitgebracht hatte. Unabhängig von der Austrophon-Gesellschaft war zwischen 1949 und 1953 bei der Electrola-Gesellschaft die *Elite-Record*-Marke erschienen, unter der fast ausschließlich Aufnahmen der Schweizer *Elite-Spezial-Record (Turicaphon AG.)* veröffentlicht wurden, darunter etliche von Eddie Brunner, Hazy Osterwald, Ernst Höllerhagen, Teddy Stauffer und Ralph Sutton. 1953 verschwand das Elite-Etikett der Electrola wieder vom Markt.
Einige kleine Firmen, die zwischen 1947 und 1953 prominent, im Hinblick auf den Jazz jedoch nur von geringem Interesse gewesen sind, waren die *Pallas* und die *Metrophon-Gesellschaft*. Die Pallas bestand nach dieser Zeit zwar nicht mehr als Plattenfirma weiter, stellte aber ihr großes Presswerk in Diepholz für etliche andere deutsche Firmen zur Verfügung. Nach dem Kriege waren unter der Pallas-Marke für kurze Zeit Aufnahmen von *Elite* und *Austrophon* sowie Eigenaufnahmen erschienen, u. a. von Willie Lewis, Fred Adison, der *Standard Jazz Band*, Meg Tevelian und den *New Hot Players*. Interessant für den Jazzfan und Plattensammler waren auch noch die Firmen *Climax, Concert Hall/Jazztone* und die *Deutsche Metronome*. Die Climax war eine Marke der Firma Hocheder (Exelsior) K.G. Sie brachte Aufnahmen der amerikanischen

Jazzmarke *Blue Note* und der amerikanischen Marken *Melodisc* (Asch-Records) und *Royale Records* heraus. Seit 1953 kam die *Concert Hall/Jazztone*-Gesellschaft auf den deutschen Markt und veröffentlichte eine stattliche Reihe guter Jazzaufnahmen aus den USA. Diese besonders preiswerte Firma hatte einen festen Abnehmerstamm auf Subskriptionsbasis und bot guten Jazz von diversen kleineren Marken, von denen sie Matrizenpreßrechte erworben hatte, so daß man viele berühmte Jazznamen der dreißiger und vierziger, aber auch der fünfziger Jahre unter der Jazztone-Marke finden konnte.

Die *Metronome,* deren Aufnahmen schon kurze Zeit mit dem Regina-Etikett in Deutschland erschienen waren (1950/1951), kam Ende 1954 unter eigenem Namen, als *Deutsche Metronome-Gesellschaft* bzw. *Deutsche Metronome-Schallplatten* G. m. b. H. nach Deutschland und brachte innerhalb weniger Jahre relativ viele Jazzplatten heraus; vor allem Aufnahmen dänischer und schwedischer Herkunft sowie verschiedene amerikanische Platten, so vor allem Aufnahmen der US-Firma *Prestige.* Außerdem begann die Metronome-Gesellschaft Schallplatten aus den USA zu importieren, und zwar zunächst die Marken *Atlantic, EmArcy, Prestige* und *Mercury* sowie Platten des englischen *Pye-Nixa-Konzerns.* Relativ kurzlebig waren die billigen, biegsamen Kaufhausplatten der zusammenhängenden Marken *Viaphon, Delta* und *Tip Top* (zwischen 1957 und 1959); auf ihnen erschienen jedoch interessante Jazzaufnahmen von Jack Teagarden, Eggy Ley, Kid Orbis (Wolf Gabbe) und den Feetwarmers.

1954 hatte ein junger, begeisterter Jazzfreund eine „Jazzfirma" gegründet und mit großen Hoffnungen eine eigene Produktion gestartet. Dies war die Firma *Mod/Old Records* von Gigi Campi, die jedoch, schon rein wirtschaftlich gesehen, keine Zukunft hatte, denn nur deutsche Jazzaufnahmen konnten keine Plattenfirma am Leben erhalten. Aber mit Zähigkeit und Optimismus konnten sich *Mod* und *Old,* wie sich die Marken der kleinen Firma je nach Stilrichtung nannten, immerhin etwa achtzehn Monate behaupten und im Laufe dieser Zeit eine stattliche Anzahl Platten bzw. Aufnahmen herausbringen. Zumeist handelte es sich um qualitativ gute „Modern Jazz"-Aufnahmen von Hans Koller, Jutta Hipp, Attila Zoller, Roland Kovac und Fatty George. Von Fatty George erschienen gleichzeitig einige Aufnahmen im alten Jazzstil unter der Marke *Old.* Alle diese Aufnahmen hatten später sogar einen relativ hohen Seltenheitswert haben. Das Beispiel dieser kleinen „Jazzfirma" hatte jedoch bewiesen, daß sich in Deutschland eine „Nur-Jazz-Firma", selbst auf idealistischer Grundlage, auf dem Plattenmarkt nicht halten kann.

Ab Mitte der fünfziger Jahre traten immer mehr „Schallplattenringe" oder „Schallplatten-Sammlergemeinschaften", nach Art der Buchgemeinschaften, in

Erscheinung und brachten in ständig steigendem Maße Jazzaufnahmen heraus oder zum Angebot, da einige große Firmen gewisse Bestände an diese Schallplattenringe abgaben. Diese Subskriptionsfirmen hatten schon fast dreißig Jahre früher in dem sogenannten *Schallplatten-Volksverband (Clangor GmbH)* und *dem Volksverband der Musikfreunde* Vorgänger gehabt. Zu den bedeutendsten modernen Schallplattenringen gehörten die *Schallplattengemeinschaft im Deutschen Bücherbund*, der *Deutsche Schallplatten-Club*, der *Europäische Phono-Club (Opera)*, der *Ring der Musikfreunde (Orbis)* und der *Bertelsmann-Schallplattenring*. Von ihnen hat der *Bertelsmann-Schallplattenring* die meisten Eigenaufnahmen mit Jazzmusik in Deutschland produziert (u. a. mit Wild Bill Davison, Lionel Hampton, Rediske-Quintett, Freddie Brocksieper, Horst Jankowski u. a.) und damit einen besonderen Beitrag zur Nachkriegsgeschichte des Jazz in Deutschland geleistet. Aber auch die anderen Firmen brachten einige eigene Aufnahmen von Jazzinteresse heraus, übernahmen zum Teil jedoch auch Aufnahmen aus den USA und Frankreich. Zu Beginn der sechziger Jahre wurde der Schallplattenring des *Reader's Digest-Magazins (Das Beste)* in Deutschland begründet, der in Verbindung mit der *RCA*, über die *Teldec*, ein qualitativ hochstehendes Repertoire bieten konnte, so auch hervorragende Jazz- und Swingaufnahmen von Louis Armstrong, Sidney Bechet, Benny Goodman, Glenn Miller u. a. Mit den genannten Firmen ist die Masse der Marken und „Märkchen" auf dem Plattenmarkt noch lange nicht erschöpft, so vor allem die diversen billigen Kaufhausmarken, die ab und zu auch Jazzaufnahmen aller Art boten.

Diese Abhandlung über die deutschen Schallplattenmarken, die für den Jazzfreund von Interesse waren und sind, zeigt in groben Zügen die Entwicklung von 1946 bis 1960 auf. In den sechziger Jahren gab es weitere Verschiebungen und Änderungen auf dem Plattenmarkt, dessen immer größere Unübersichtlichkeit selbst dem Fachmann Probleme stellt. Das Angebot auch an Jazzschallplatten ist derart groß und verwirrend, daß es rätselhaft erscheint, wie alles das abgesetzt werden soll, um so mehr, als dem deutschen Jazzsammler auch ein Riesenangebot an Importplatten zur Verfügung steht. Da jedoch höchstens zehn Prozent aller Aufnahmen, die unter der Bezeichnung „Jazz" laufen, wirklichen, guten Jazz und musikalisch hochstehende Einspielungen bieten, ist es wohl kein Wunder, daß der Jazzplattenabsatz im Vergleich zu den anderen Musiksparten relativ klein ist.

Alles in allem ist festzustellen, daß es zu keiner Zeit so zahlreiche Jazzveröffentlichungen in Deutschland gegeben hat wie in den Jahren nach 1953. Der deutsche Jazzfreund hatte wirklich keinen Grund mehr, sich zu beklagen: ihm standen nicht nur unzählige Platten aller Richtungen des Jazz, sondern auch die schon recht umfangreiche deutschsprachige Jazzliteratur zur Verfügung, von den Platten- und Buchimporten ganz abgesehen. Dem deutschen Jazzfan (zumindest dem westdeutschen) sind heute, abgesehen von den finanziellen, keine Grenzen hinsichtlich seiner Musik gesetzt: er kann Jazz hören, soviel er will; er kann Platten kaufen, ohne ein Ende zu finden; er sieht seine Musik von den „Seriösen" halbwegs anerkannt und nimmt mit Belustigung wahr, daß man den Jazz gern einspannt, wenn man die Gunst der Jugendlichen erringen will. Sei es durch den sogenannten „Jazz in der Kirche", sei es durch Jazzdarbietungen im Rahmen politischer Veranstaltungen der Parteien.

Der deutsche Jazzfreund der Gegenwart ist verwöhnt und weiß Werte kaum noch richtig einzuschätzen, denn alles scheint selbstverständlich. Vergessen sind die Zeiten, als jede neuerworbene, oft unter großen Mühen ergatterte Jazzschallplatte ein kostbares Kleinod war, als man um gewisse Aufnahmen heiße Diskussionen führte, weil sie es wirklich wert waren; vergessen die Jahre, als man sich mühsam geschichtliche Details, Artikel und Notizen über den Jazz zusammensuchte. Heute ist alles da, alles selbstverständlich und im Überfluß vorhanden. Kaum einer bemüht sich noch um seine Musik, kaum einer versucht noch, in die interneren Dinge des Jazz einzudringen. Alles wird so hingenommen, wie es ist.

Darüber hinaus wurde der Jazz nicht nur zum Tummelplatz geschäftstüchtiger „Mäzene", sondern auch zu einer Institution zur Erhaltung einiger Interessenten. Diese machten aus dem unschuldigen Jazz, der besonderen Art von Tanzmusik, im Laufe der Jahre eine „Kunstmusik", die durch den „Modern Jazz" sogar eine Bestätigung und Daseinsberechtigung fand. Der Jazz wurde zum Zwitter zwischen Tanz- und Kunstmusik. So unnatürlich und dekadent der „Jazz" im Laufe der Jahre wurde, so weit er sich vom vitalen und unkomplizierten Original entfernte — so eingebildet und von sich selbst überzeugt gebärdeten sich einige der „hundertprozentigen" Jazzmusiker, in ihrem Verhalten von den Kritikern und Experten bestärkt, die diese Musik im Laufe der letzten zwei Jahrzehnte eigentlich „gemacht" haben.

Diese Entwicklung begann in den USA bereits Ende der dreißiger Jahre und fand ein Jahrzehnt später in Europa dankbare Kopisten. Im Zusammenhang damit kam es im Laufe der Jahre zu einer gewaltigen Überschätzung des Jazz von seiten der Kritiker, der Experten und auch der meisten Jazzfans. Verglichen mit anderen Kunstäußerungen war und ist der Jazz nur von geringer Bedeutung geblieben, auch wenn er ab und zu in aller Munde war. Die Masse der Jazzfreunde ist letztlich winzig klein, im Vergleich zu der breiten Schicht, die den Jazz emotional ablehnt. Nüchterne Zahlen, wie die Verkaufserfolge von Jazzplatten und der Anteil der Hörer von Jazzsendungen im Rundfunk und

Fernsehen an der Gesamthörerschaft, zeigen deutlich, wie gering das Interesse am Jazz verbreitet ist. Manche Jazzfreunde wollten dies nicht wahrhaben und gaukelten sich selbst eine „große Jazzwelt" vor, indem sie nach der Masse der Plattenveröffentlichungen urteilten; andere wiederum fühlten sich als sachverständige Elite dem nichtjazzliebenden „Spießer" überlegen und fanden es ganz in der Ordnung, daß die Jazzfreunde eine kleine Minderheit im Heer der Verständnislosen bilden.

Da der Jazz, der eigentliche Jazz, durch immer neue Musikformen, Experimente und Soundkomplexe verfremdet wurde, erwies es sich als irnmer schwieriger, dem Laien und auch dem halbwegs Interessierten ein klares Bild dieser Musik zu vermitteln. Jazz war gleichzeitig die gepflegte Langeweile eines „Modern Jazz Quartet"-Konzerts in irgendeiner Musikhochschule und die ekstatische Lärmschau eines Lionel Hampton in einem Sportpalast oder Bierzelt, aber auch die lässige Dixielandmusik in einem „guten" Tanzlokal. Jazz war auch das weltverlorene Gefiepse eines Jimmy Giuffre oder der halbgare „Amateurjazz" in den Jazzkellern der Jugend. Das alte, das, was früher war, die Musik der zwanziger und dreißiger Jahre, in der noch nichts forciert und gewollt war, galt als „zickig" und „kommerziell". Es war und ist für heutige Ohren zu einfach, zu natürlich, zu unkompliziert. Viele deutsche Jazzfans glauben daher an eine ständige „Weiterentwicklung im Jazz" und an eine mystische Perfektion, die einmal erreicht werden soll. Weniger als der Jazzfreund in anderen Ländern ist der deutsche im Hinblick auf den Jazz traditionsbewußt und an Dingen interessiert, die mehr als fünfzehn bis zwanzig Jahre zurückliegen; er will stets aktuell und modern sein, von den Ausnahmen abgesehen, die die Regel bestätigen.

Nichtsdestoweniger war und ist der deutsche Jazzfan ein eifriger Fürsprecher und Verteidiger seiner Musik; er tut alles, um „seinem" Jazz allgemeine Anerkennung und die Gleichberechtigung zu erkämpfen. Man muß anerkennen, daß innerhalb von ungefähr zehn Jahren in dieser Hinsicht Erhebliches geleistet wurde. Zumindest hat der Jazz als Begriff seit den fünfziger Jahren einen festen Platz im deutschen Kulturleben. Ganz offiziell spricht man vom „ernsten" Jazz und seinen seriösen Anhängern und vom Talmi-Jazz der jugendlichen Radaubrüder. Funk und Fernsehen räumen dem Jazz mehr Raum ein, als die geringe Anzahl der eigentlichen Fans vermuten ließe, und tragen ihn an breite Kreise heran. Die deutschen Schallplattenfirmen machen in ihrem Repertoire strenge Unterschiede zwischen Jazz- und Tanzmusik bzw. Schlagermusik und lassen sich von Experten beraten.

Zugleich hat sich aber auch in der professionellen Tanzmusik eine Art Pseudojazzmusik gebildet, zu deren typischen Erscheinungen der stumpfsinnige

Rock'n Roll, der Pseudo-Dixielandstil mit Hühnerhoflärm und ein schreiender, stereotyper Bigbandswing von gähnender Leere gehören. Die deutsche Schlagerindustrie, deren Niveau besonders anspruchslos ist, hat sich gewisser Jazzelemente dankbar angenommen und braut die absonderlichsten Dixieland-, Boogie-, Swing-, Rock'n'Roll- oder Twistarrangements zusammen, mit Melodien und Texten, über die man oft besser den Schleier der Barmherzigkeit decken sollte. Mit Anleihen bei der Jazzmusik holt sich die Schlagermusik ihre Erfolge, und gewisse Musiker können ihre Jazzambitionen halbwegs befriedigen, da ja keine Band aus Berufsmusikern in Deutschland bestehen kann, die ausschließlich Jazz spielt, ohne laufend Konzessionen an die Schlagermusik zu machen. Schlagermusik war und ist das größte Geschäft in der Musik.

Es ist erstaunlich, daß trotz der nivellierenden und musikalisch negativen „Beatmusic" der letzten Jahre, die die Jugend leider sehr beeinflußt, immer wieder junge Menschen zum eigentlichen Jazz finden, sei es als Jazzfreunde oder als Jazzmusiker.

Der reine Jazz blieb in erster Linie den Amateuren überlassen, über deren Schaffen hier schon berichtet worden ist. Die Anzahl dieser Laienmusiker ist in der Tat so groß, daß man häufig davon spricht, mit ihnen sei der Brauch der Hausmusik wieder aufgelebt — wenn auch in anderer Form. Alle diese Amateure sind mit Begeisterung beim Musizieren, und aus ihren Reihen sind bereits etliche große Begabungen hervorgegangen, die sich zumindest in der Musik, die man heute als Jazz betrachtet (vor allem im „Modern Jazz"), einmal einen Namen machen werden. Die Jazzamateure vertreten in Deutschland den Teil der Jugend, der dem Jazz früher oder später die endgültige Gleichberechtigung im deutschen Kulturleben geben kann, und sie zeigen zudem, daß auch in unserer Zeit der Massengesellschaft der Wille zur Eigenschöpfung und der dazu nötige Individualismus vorhanden sind.

Alle diese Bestrebungen werden von etlichen Jazzexperten, Jazzkritikern und Jazzvereinigungen (DJF) im besten Sinne unterstützt. In ihrer und der Arbeit der Jazzamateure liegen ein Lichtblick für die Zukunft der Jazzmusik in Deutschland und die Hoffnung, daß nicht nur das Erreichte allen Interessierten einen weiteren Ansporn gibt, sondern daß die Jazzmusik auch einmal den ihr in der Musikgeschichte zukommenden Platz erhält. Nach rund achtzig, ja sogar hundert Jahren Jazzgeschichte, wenn man den Ragtime mit einbezieht, kann der deutsche Jazzfreund mit einem gewissen Stolz auf die eigene, deutsche Jazzhistorie zurückblicken, auch wenn sie, vor allem was die Zeit vor 1945 anbelangt, so gut wie vergessen gewesen war.

Deutsche Jazz-Literatur (bis 1966)

DEUTSCHE JAZZ-ZEITSCHRIFTEN 1930 -1965
Inklusive Musikzeitschriften mit maßgeblichem Jazzteil. Nicht erwähnt sind Dutzende vor Clubzeitungen und Werbedrucke von lokaler Bedeutung. Stand Mai 1965

Berlin Jazz (Oktober 1955-April/Mai 1958)
Der Drummer (Trixon-Werbeschrift) (1953-1959) (18 Ausgaben)
Der Jazzer (März 1960-April 1962)
Fongi (März 1958-Mitte 1959)
Hot Club Journal (Januar 1949-August 1949)
Jazz (Dezember 1949)
Jazz Club News (August 1945-Februar 1948)
Jazz Echo (Beilage des *Gondel-Magazin*)(ab 1950)
Jazz Home (Mai 1949-August 1949)
Jazz International (Februar 1960)
Jazzmusik (Dezember 1958)
Jazz Podium (ab September 1952. *Noch im Handel*)
Jazz Revue (Juli 1950-Dezember 1953)
Jazz Tempo (April 1951-Mai 1951)
Melodie (Juni 1946-Juni 1949)
Mitteilungen (für Jazz-Interessenten) (3 Ausgaben 1943)
Musik-Echo (Juni/Juli 1930-Februar/März 1934)
Musik für Dich (Juli 1948-August 1948)
Newssheet des No. 1 Rhythm Club Hamburg (1950-1953)
Route 56/57/58 (1956-1958)
Schlagzeug* (Juli 1956-Februar 1960)
Syncope (März 1948-Dezember 1948)
Vier/Viertel** (November 1947-März 1956)

---

* Nr. 1-7 waren kostenlose Mitteilungsblätter (1956-1958)
** Inklusive Jazz Revue und Jazz Courier ab Januar 1954

DEUTSCHE UND DEUTSCHSPRACHIGE JAZZ-BÜCHER 1921-1965
Inklusive der Bücher über negroide Volksmusik wie Blues, Spirituals und Gospelsongs, ferner humoristische Jazzbücher, Bildbände und Jazzkalender.

Ambor, Rolf
    Ella — Ein Bildband, Müller, Hamburg 1961
Améry, Jean
    Im Banne des Jazz, Müller, Zürich 1961
Armstrong, Louis
    Mein Leben — Mein New Orleans, Rowohlt, Hamburg 1953, 1962
Back, Jack
    Triumph des Jazz, Alfa, Wien 1948
Baresel, Alfred
    Das Jazzbuch, Zimmermann, Leipzig 1926
    Das neue Jazzbuch, Zimmermann, Leipzig 1929
    Jazz-Harmonielehre, Hohner, Trossingen 1953
    Der Rhythmus in der Jazz- und Tanzmusik, Hohner, Trossingen 1955
    Jazz in der Krise — Jazz im Umbruch, Hohner, Trossingen 1959
Bartsch, Ernst
    Neger, Jazz und tiefer Süden, Brockhaus, Leipzig 1956
Bechet, Sidney
    Alle Kinder Gottes tragen eine Krone, Sanssouci, Zürich 1956
Berendt, Joachim Ernst
    Der Jazz — Eine zeitkritische Studie, Deutsche Verlagsanstalt, Stuttgart 1951
    Das Jazzbuch, Fischer, Frankfurt/M. 1953
    Jazz — Optisch, Nymphenburger, München 1954
    Blues, Nymphenburger, München 1957, 1960
    Spirituals, Nymphenburger, München 1955, 1958, 1961, 1962, 1963
    Foto-Jazz (Siehe unter *Elsken*)
    Schwarzer Gesang, Nymphenburger, München 1962
Berendt, Joachim Ernst & William Claxton
    Jazz Life, Burda, Offenburg 1961
Berendt, Joachim Ernst & Werner Götze
    Jazz Kalender, Schachtl/Nymphenburger, München, jährlich seit 1956

Bernhard, Paul
    Jazz, eine musikalische Zeitfrage, Delphin, München 1927
Bielefelder Verlagsanstalt (Herausgeber)
    Bielefelder Jazz Katalog, Bielefelder Verlagsanstalt, Bielefeld, jährlich seit 1959
Blüthner, Hans (ungenannt)
    Jazz aus aller Welt, Electrola, Berlin 1951, 1952
    Jazz aus aller Welt 2, Electrola, Berlin 1952
Bohländer, Carlo
    Jazz-Harmonielehre, Selbstverlag, Frankfurt/M. 1949
    Das Wesen der Jazzmusik, Grahl & Nicklas, Frankfurt/M. 1954
    Funktionelle Jazz Harmonielehre, Grahl & Nicklas, Frankfurt/M. 1956
    Jazz Studio — Geschichte und Rhythmus, Schott. Mainz 1960
    Harmonielehre, Schott, Mainz 1961
    Songs and Spirituals, Schott, Mainz 1962
Borris, Siegfried
    Modern Jazz, Rembrandt, Berlin 1962
Burkhardt, Werner/Gerth, Joachim
    Lester Young — Ein Porträt, Pegasus, Wetzlar 1959
Chargesheimer
    Louis Armstrong — Ella Fitzgerald, Dumont, Köln 1962
Charters, Samuel
    Die Story vom Jazz, Nymphenburger, München 1962
Chase, Gilbert
    Die Musik Amerikas, Hesse, Berlin/Wunsiedel 1958
Condon, Eddie
    Jazz — Wir nannten's Musik, Nymphenburger, München 1960
Därr, Fritz
    Deutsches Jazz Adreßbuch 1954, Selbstverlag, Würzburg 1953
    Jazz Adreßbuch 1955-1956, Selbstverlag, Würzburg 1955
Dauer, Alfons M.
    Der Jazz — Seine Ursprünge und Entwicklung, Röth, Kassel 1958
    Jazz — Die magische Musik, Schünemann, Bremen 1961
    Knaurs Jazz Lexikon (Siehe unter *Longstreet*)
Egg, Bernhard
    Jazz-Fremdwörterbuch, Ehrler, Leipzig 1927
Elmenhorst, Gernot W./Bebenburg, Walter von
    Die Jazz-Discothek, Rowohlt, Hamburg 1961

Elsken, Ed von der/Behrendt, Joachim Ernst
    Foto Jazz, Nymphenburger, München 1959
Evans, George
    Be-Bop — Wie er geschrieben und gespielt wird, Bens, Brüssel 1947
Fehring, Johannes/Heidrich, Walter
    Der neue Jazz-Stil, Weltmusik, Wien 1948
Ferstl, Erich
    Die Schule des Jazz, Nymphenburger, München 1963
Finkelstein, Sidney
    Jazz, Hatje, Stuttgart 1951
Friedrich, Heinz
    Jazz Importplatten (Discographie-Katalog), OMH-Haus, Berlin 1958
Gammond, Peter
    Duke Ellington — Sein Leben und seine Musik, Nymphenburger, München 1961
Geldmacher, Horst/Grass, Günther/Wilson, Hermann
    O Susanna — Ein Jazz Bilderbuch, Kiepenheuer & Witsch, Köln 1959
Götze, Werner
    Dizzy Gillespie — Ein Porträt, Pegasus, Wetzlar 1960
Goodman, Benny
    Mein Weg zum Jazz, Sanssouci, Zürich 1961
Graves, James
    Damals in New Orleans, Sanssouci, Zürich 1960
    Könige des Blues, Sanssouci, Zürich 1961
Greene, Robert
    Duke Ellington — Eine Bildchronik, Sanssouci, Zürich 1961
Hansen, Kurt Heinrich
    Go Down Moses — 100 Spirituals und Gospelsongs, Furche, Hamburg 1963
Hartz, Jacques
    Jazzbild-Mappe, Hoeppner, Trittau 1960
Heidrich, Walter
    Elementarlehre des Jazz, Weltmusik, Wien 1951 (7)
Herder, Hans/de Haem, Hans
    I Like Jazz (Ein Schmunzelbuch), Bärmeister & Nikel, Freiburg/Br. 1960
Holiday, Billie/Dufty, William
    Schwarze Lady, sings the blues, Hoffmann & Campe, Hamburg 1957

Hughes, Langston
    Das Buch vom Jazz, Buchheim, Feldafing 1955
Jahn, Janheinz
    Negro Spirituals, S. Fischer, Frankfurt/M. 1962
    Blues und Worksongs, S. Fischer, Frankfurt/M. 1964
James, Michael
    Dizzy Gillespie, Hatje, Stuttgart 1962
Jepsen, Jörgen Grunnet
    Sidney Bechet Discography, Uhle & Kleimann, Lübbecke 1962
Jungermann, Jimmy
    Ella Fitzgerald — Ein Porträt, Pegasus, Wetzlar 1960
Kayser, Erhard
    Mahalia Jackson — Ein Porträt, Pegasus, Wetzlar 1962
Keepnews, Orrin/Grauer, Bill
    Jazz — Die Geburt des Jazz in Bildern, Sanssouci, Zürich 1958
    Bildgeschichte des Jazz, Sanssouci, Zürich 1961
Keller, Wilhelm
    Spirituals, Fidula, Boppard 1960
Knesebeck, Paridam von dem
    Schwarzer Gesang, Nymphenburger, München 1962
Knobel, Bruno
    Jazz Fibel, Christophorus, Freiburg/Br. 1960
Koebner, Franz Wolfgang
    Jazz und Shimmy, Eysler, Berlin 1921
Kunst, Peter
    Sidney Bechet — Ein Porträt, Pegasus, Wetzlar 1959
Laade, Wolfgang/Ziefle, Werner/Zimmerle, Dieter
    Jazz-Lexikon, Hatje, Stuttgart 1953
Lange, Horst H.
    Die GJC-Disco (3 Bände), GJC-Druck, Berlin 1951, 1952-53
    35 Jahre Jazz auf Electrola-Columbia, Electrola, Berlin 1952
    Die deutsche Jazz-Discographie, Bote & Bock, Berlin/Wiesbaden 1955
    The Fabulous Fives, Uhle & Kleimann, Lübbecke 1959
    The Stan Kenton-Discography, NJCB, Berlin 1959
    Red Nichols — Ein Porträt, Pegasus, Wetzlar 1960
    Nick LaRocca — Ein Porträt, Pegasus, Wetzlar 1960
    Die Geschichte des Jazz in Deutschland — Discographie, Uhle & Kleimann, Lübbecke 1961

Jazz in Deutschland, Colloquium, Berlin 1966
Die Deutsche "78er". Discographie der Hot-Dance und Jazz-Musik 1903-1958, Colloquium, Berlin 1966

Lehmann, Theo
Nobody Knows ... — Negro Spirituals, Koehler & Amelang, Leipzig 1961

Lilje, Hans/Hansen, Kurt Heinrich/Schmidt-Joos, Siegfried
Das Buch der Spirituals und Gospelsongs, Furche, Hamburg 1961

Lößner, Albin
Harfe und Banjo, Paulus, Recklinghausen 1961

Longstreet, Stephen/Dauer, Alfons M.
Knaurs Jazz-Lexikon, Knaur, München 1957

Malson, Lucien
Die Meister des Jazz, Hoeppner, Hamburg 1960

McCarthy, Albert J.
Louis Armstrong, Hatje, Stuttgart 1960

Mecklenburg-Herzog zu/Scheck, Carl Gregor und Waldemar
Die Theorie des Blues im Modern Jazz, Heitz, Baden-Baden 1963

Mezzrow, Milton „Mezz"/Wolfe, Bernard
Jazz-Fieber (Really The Blues), Arche, Zürich 1956

Morton, Jelly Roll/Lomax, Alan
Doctor Jazz (Mister Jelly Rolls Moritat vom Jazz), Sanssouci, Zürich 1960

Muth, Wolfgang
Ernst Höllerhagen, Jazz im Club, Magdeburg 1964

O'Brien, Ralph
Armstrong, Sanssouci, Zürich 1960

Oliver, Paul
Bessie Smith, Hatje, Stuttgart 1959

Panassié, Hugues
Die Geschichte des echten Jazz, Signum, Gütersloh 1962

Pollack, Heinz
Die Revolution des Gesellschaftstanzes, Sibyllen, Dresden 1922

Ranke, Hermann
Musikerziehung durch Jazz, Möseler, Wolfenbüttel/Zürich 1962

Rudorf, Reginald
Jazz in der Zone, Kiepenheuer & Witsch, Köln 1964

Schimmel, Johannes C.
Jazz, Burckhardhaus, Gelnhausen/Berlin 1962

Schmidt-Joos, Siegfried
    Charlie Parker — Ein Porträt, Pegasus, Wetzlar 1959
    Jazz, Gesicht einer Musik, Kossodo, Genf/Hamburg 1961
Schreiber, Hermann
    Jazz-Geschichten, Mohn, Gütersloh 1963
Schulz-Köhn, Dietrich
    Wir stellen vor (Brunswick-Broschüre), Deutsche Grammophon, Hannover 1936
    Wesen und Gestalten der Jazz-Musik, Butzon & Bercker, Kevelaer 1951
    Django Reinhardt — Ein Porträt, Pegasus, Wetzlar 1960
    Stan Kenton — Ein Porträt, Pegasus, Wetzlar 1961
    Kleine Geschichte des Jazz, Bertelsmann, Gütersloh 1963
Schulz-Köhn, Dietrich/Gieseler, Walter
    Jazz in der Schule, Möseler, Wolfenbüttel/Zürich 1959
Schulfunk, Nordwestdeutscher (Musik II — Verfasser ungenannt)
    Musik II (inkl. Der Jazz), NWDR, Hamburg 1949
Shapiro, Nat
    Musik — Jazz genannt, Jazztone Society 1955
Shapiro, Nat/Hentoff, Nat
    Jazz — Erzählt, Nymphenburger, München 1959
Slawe, Jan
    Einführung in die Jazzmusik, National-Zeitung, Basel 1948
    Louis Armstrong — Zehn monographische Studien, Papillons, Basel 1953
    Kleines Wörterbuch der Jazzmusik, Sanssouci, Zürich 1953
Sonner, Rudolf
    Musik und Tanz — Vom Kulttanz zum Jazz, Quelle & Meyer, Leipzig 1930
Stearns, Marshall W.
    Die Story vom Jazz, Süddeutscher Verlag, München 1959
Stock, Dennis/Hentoff, Nat
    Jazzwelt, Hatje, Stuttgart 1959
Twittenhoff, Wilhelm
    Jugend und Jazz, Schott, Mainz 1953
Ulanov, Barry
    Jazz in Amerika, Hesses, Berlin/Wunsiedel 1958
Usinger, Fritz
    Kleine Biographie des Jazz, Kumm, Offenbach 1953

Van Assenderp, Hans
   Jazz (Was ist Jazz?), Philips Phonographische Industrie 1956
Viera, Joe
   Elemente des Jazz, Selbstverlag, München 1965
   Jazz in Europa, Selbstverlag, München 1965
Wachler, Ingolf
   Benny Goodman — Ein Porträt, Pegasus, Wetzlar 1961
Wiedamann jr., Richard
   Der Jazz — Der Schlager (Sonderdruck), Herder, Freiburg 1962
Williams, Martin
   King Oliver, Hatje, Stuttgart 1960
Williamson, Ken/Schulz-Köhn, Dietrich u. a.
   Das ist Jazz, Engelbert, Balve 1960
Winkler, Hans-Jürgen
   Jazz für jedermann, Süd-West, München 1961
   Louis Armstrong — Ein Porträt, Pegasus, Wetzlar 1962
Zenetti, Lothar
   Peitsche und Psalm, Pfeiffer, München 1963
Baresel/Berendt/Dauer/Klösel/Kubi/Straube/Twittenhoff
   Der Jazz — Wesen und Wirkung, Diesterweg, Berlin/Bonn/Frankfurt 1961

IN ENGLISCHER SPRACHE IN DEUTSCHLAND GEDRUCKT (FÜR USA):
   American Folk Music Occesional No. 1, Uhle & Kleimann, Lübbecke 1964

DEUTSCHE BÜCHER,
DIE FÜR JAZZFREUNDE UND SAMMLER VON INTERESSE SIND:

Bennwitz, Hanspeter
   Kleines Musik Lexikon, Francke, Bern/München 1963
   Interpreten Lexikon, Francke, Bern/München 1964
Facius, Walter
   Das Schallplattenbuch, Babel, Düsseldorf 1956
Haas, Walter/Klever, Ulrich
   Schallplatten-Brevier, Ullstein, Berlin 1958

Die Stimme seines Herrn, Ullstein, Berlin 1959
Jungermann, Jimmy
    Schallplatten — Mein Hobby, Mercator, München 1958
Longolius, Christian
    George Gershwin, Hesses, Berlin/Wunsiedel 1959

Discographie (Stand 1965 !)

Eine Aufstellung jazzgeschichtlich wichtiger und typischer Schallplattenbeispiele der deutschen Jazzhistorie, die entweder in Deutschland aufgenommen und von deutschen Firmen hergestellt wurden oder im deutschen Jazz eine Rolle spielten. Bis 1945 sind nur die Schellack-Original-Bestellnummern genannt.

1 · RAGTIME 1900-1919

Ossmann, Vess, Banjosolo	*Hiawatha (Rag)*	Grammophon & Typewriter G.C. 6387	1903
Oakley, Olly, Banjosolo	*The Gay Gossoon*	Grammophon & Typewriter G.C. 6470	1904
Pidoux, John, Banjosolo	*Coonland Memories*	Dacapo 237	1910
	Mysterious Rag	Platte 6152498	1911
Berliner Elite-Orchester	*Campmeeting-Marsch*	Alpha 1026 (f)	1913
Militär-Orchester	*Hiawatha (Rag)*	Tip-Top No. 572	1913
Palais de Danse Orchester	*Alexander's Ragtime Band*	Gr 12379	1913
Odeon Tanzorchester	*Mysterious Rag*	Odeon A. 41062	1913
Ballhaus Orchester	*Temptation Rag*	Odeon 308274	1914
Palais de Danse Orchester	*Black And White Rag*	Parlophon P. 418	1919
Weber, Marek, Orchester	*Erry Merry Rag*	Parlophon P. 1064	1919

2 · JAZZANFÄNGE IN DEUTSCHLAND 1919-1922 Übergang vom Ragtime zum Jazz

Original Excentric Band	*Tiger Rag*	Homokord 15984	1919
	O You Drummer	Homokord 15994	1919
Eric Borchard Jazz Band	*Slow And Easy*	Polyphon 30464	1920
Original Piccadilly Four	*Shimmy Here*	Homokord 16205, Anker H. 2034	1921
Boheme Orchester	*Jazzband*	Beka B. 3224	1922
Diamond King's Jazz Band	*Kentucky Blues*	Parlophon P. 1412	1922
Fred Ross Jazz Band	*Ja-Da*	Beka B. 3206	1922

3 · JAZZ (DAS „GOLDEN AGE" DES JAZZ IN DEUTSCHLAND) 1924 - 1932[*]

Abriani, John	*The Cat*	Homokord 4-2324	1927
	Just Once Again	Homokord 4-2512	1928
		Homokord 4-2613	
Bartholomew, Billy	*The Bay State Stomp*	Grammophon 21597	1928
	Speedy Boy	Grammophon 21597	1928
	My Baby Just Cares For Me	Tri-Ergon TE. 6155	1930
	Choo Choo	Tri-Ergon TE. 6199	1930
Barton, Billy	*Piccolo Pete*	Ultraphon A. 411	1930
	Get Happy	Ultraphon A. 838	1931
	Kickin' A Hole In The Sky	Ultraphon A. 857	1931
		Ultraphon A. 860	
Baskini, Sam	*Varsity Drag*	Kalliope K. 1349	1929
Béla, Dajos siehe unter Dajos, Béla			
Berlin, Ben	*Varsity Drag*	Grammophon 21824	1928
	Button Up Your Overcoat	Grammophon 22619	1929
Bird, Fred	*Stampede*	Homocord 4-2281	1926
		Homocord 4-2283	
	Ain't She Sweet?	Homocord 4-2389	1927
	Is She My Girl Friend	Homocord 4-2812	1928
Borchard, Eric	*Old King Tut*	Grammophon 14813	1924
	Aggravatin Papa	Grammophon 20116	1924
	Unfortunate Blues	Grammophon 20120	1924
	Somebody's Wrong	Grammophon 20124	1924
	The Meanest Kind Of Blues	Grammophon 20208	1925
Bowlly, Al	*Say Mister!*	Homocord 4-2386	1927
Briggs, Arthur	*Black Bottom*	Clausophon 364	1927
	Bugie Call Rag	Vox 8470	1928
	Miss Annabelle Lee	Grammophon 21034	1927
	Mean Dog Blues	Grammophon 21126	1927
Candrix, Fud oder Jeff	*Dreaming Saxophon*	Vox 6312	1928
Caplan, Dave	*Oh, Miss Hannah*	Grammophon 20716	1926
	I'm Sitting On Top Of The World	Grammophon 20717	1926
Dajos, Béla	*Black Bottom*	Odeon O-2098	1927
	Deep Henderson	Odeon O-2123	1927
	Heebie Jeebies	Odeon O-2239	1927
	Do The Black Bottom With Me	Odeon O-2238	1927
Danzi, Mike	*Take Your Pick*	Homocord 4-1988	1926

[*]Alle Aufnahmen der Epoche 1919 bis 1932, die hier genannt werden, sind in Berlin aufgenommen worden. Die Veröffentlichungen auf Grammophon erschienen unter den gleichen Bestellnummern auch auf Polydor, zumeist für den Export.

	Lolly Pops	Homocord 4-1988	1926
Dobrindt, Otto, Dobbri	*Collegiate*	Beka B. 5407	1926
	Micky Maus	Beka B. 6983	1930
Dumont, René	*Swan Blues*	Grammophon 21242	1928
Egen, Austin	*Monday Morning Blues*	Acme 2059	1924
Elki, Mario	*Sorry*	Tri-Ergon TE. 5270	1928
	Hot Bricks	Tri-Ergon TE. 5271	1928
	Variety Stomp	Tri-Ergon TE. 5377	1928
Etté, Bernard	*Choo Choo Blues*	Vox 01708	1924
	Copenhagen	Vox 01978 (30-cm-Version)	1925
	Copenhagen	Vox 1980	1925
	Go South	Vox 8257	1926
	Heebie Jeebies	Vox 8503	1927
	Maple Leaf Rag*	Tri-Ergon TE. 5064	1927
	Original Dixieland One-Step	Kristall 3042	1930
The Excellos Five	*Blue Evening Blues*	Grammophon 20371	1925
	Charleston	Grammophon 20410	1926
Evans, Kapelle	*Runnin' Wild*	Homocord B. 8436	1924
Faconi, Norbert	*Heut' War Ich Bei Der Frieda*	Clausophon 927	1927
The Famous Six	*O Dorothee ———*	Tri-Ergon TE. 6174	1930
Fesca, Jenö	*Wolverine Blues*	Homocord B. 8634	1924
Fisbach, Roger	*Yes Sir, That's My Baby*	Vox 8097	1925
Formiggini, Gabriel	*Static Strut*	Vox 8443	1927
	Black Bottom	Vox 8443	1927
Fuhs, Julian	*Copenhagen*	Homocord B. 1877	1925
	Look Who's Here	Homocord B. 1887	1925
	San	Homocord B. 1905	1925
	I Love My Baby	Electrola EG. 259	1926
	Deep Henderson	Electrola EG. 424	1927
	Black Bottom Stomp	Electrola EG. 432	1927
	The Varsity Drag	Beka B. 6364	1928
	There's A Rainbow' Round My Shoulder	Ultraphon A. 107	1929
	Puttin' On The Ritz	Ultraphon A. 508	1930
Garland's Negro Quintett	*Darkies Jubilee*	Vox 4166	1925
Geiger, Ernö	*Come On Red*	Homocord B. 1765	1925
Glad, Herbert	*Black Bottom Stomp*	Tri-Ergon TE. 5008	1927
	Alabama Stomp	Tri-Ergon TE. 5010	1927
	Pamplona Stomp	Tri-Ergon TE. 5011	1927
	I Roll The Dot (Black Stomp)	Tri-Ergon TE. 5014	1927
Gluskin, Lud	*Clarinet Marmelade*	Tri-Ergon TE. 5493	1928
	Tiger Rag	Tri-Ergon TE. 5463	1928
	Milenberg Joys	Tri-Ergon TE. 5543	1929
	Crazy Rhythm	Grammophon 22041	1929
	I Can't Give You Anything But	Artiphon D. 03512	1929

* Als „The Jazz Kings"

	Love Singing In The Rain	Ultraphon A. 300, A 301	1929
	Three Little Words	Homocord H. 3949	1930
Godwin, Paul	Sweet Sue-Just You	Grammophon 22412	1929
Hoffmann, Jan & Patrick	Pat-Trick	Grammophon 23985	1931
Humphrey, Jack	Sugar Foot Stomp	Vox 8026	1925
Hyde, Alex	Mama Loves Papa, Papa Loves Mama	Vox 01622	1924
	Shine	Grammophon 20218	1925
	San	Grammophon 20219	1925
	Copenhagen	Grammophon 20250	1925
Hylton, Jack	Wenn Der Weiße Flieder Wieder Blüht	Electrola EH. 240 Electrola EH. 1114	1928
Jackson, Harry	I Can't Make Her Happy	Grammophon 21999	1928
	There's A Rainbow Round My Shoulder	Grammophon 22012	1929
	Every Now And Then	Tri-Ergon TE. 5891	1930
The Jazz Kings, siehe Etté, Bernard			
Joost, Oscar	Oh! Mo'nah! (ohne Vokal)	Kristall 3274	1932
	Ein Lied, Ein Kuß, Ein Mädel	Kristall 3280	1932
Kline, Teddy	Diga Diga Doo	Homocord 4-3355	1929
Kristall-Orchester	Happy Days Are Here Again	Kristall 3125	1929
Lewitsch, Arno	I've Got A Cross-Eyed Papa	Parlophon P. 1726	1924
London, Joe	Oh! Mo-nah	Brillant 44	1930
London Sonora Band	Oh! Baby	Favorite, Parlophon P. 2120	1925
Mackeben, Theo	Broadway Stomp*	Orchestrola 2159	1929
	Fünf Von Der Jazzband	Grammophon 833.B	1932
	Micky Maus**	Adler/Eltag 5570	1930
	Sweet Sue - Just You**	Clausophon 5274	1929
Farlane, Mac als Mac's Orchestra	Crazy Quilt	Odeon O-2077	1927
	Stampede	Odeon O-2078	1927
Melzac, José	Stampede	Beka B. 6100, 7311	1926
Muzzi, John	Hot Bricks	Odeon O-2598	1928
Neger Jazz Orchester	Runnin' Wild	Vox 01637	1924
New Yorkers	Sunny Disposish	Homocord 4-2420	1927
	Ostrich Walk	Tri-Ergon TE. 5134	1928
	Clarinet Marmelade	Tri-Ergon TE. 5136	1928
Nikisch, Mitja	Alabama Stomp	Parlophon P. 9178	1927
	Henderson Stomp	Parlophon P. 9187	1927
	Ain't She Sweet	Parlophon P. 9209	1928
	Should I?	Electrola EG. 2228	1931
Original Orpheans Band	Magnolia	Homocord 4-2556	1928
Rapée, Ernö	The Throw Down Blues	Vox 8176	1926
Riverians Orchestra	Tiger Rag	Vox 1737	1924

* Als Vocalion Band
** Als John Morris

Romby, Paul	*Are You Happy?*	Grammophon 21234	1928
Roy, Syd	*Button Up Your Overcoat*	Ultraphon A. 340	1930
Schachmeister, Efim	*St. Louis Blues*	Grammophon 21304	1927
Steamer, Fred (Fritz Stahmer)	*Rufenreddy*	Acme 2061	1924
Varosz, Arpad	*Wolverine Blues*	Homocord B. 1862	1925
von Eichwald, Hakon	*Baby Lou*	Tri-Ergon TE. 6156	1930
	My Bluebird's Back Again	Ultraphon & Telefunken A. 1103	1932
von Geczy, Barnabas	*The Sensational Black Bottom*	Homocord 4-2303	1927
Weber, Marek	*Crazy Words*	Electrola EG. 639, EG 641	1927
	Heebie Jeebies	Electrola EG. 650	1927
	Easy Goin'	Electrola EG. 1131	1929
Weintraubs Syncopators	*Up And At' Em*	Odeon 0-2353	1928
	Jackas Blues	Odeon 0-2353	
	Sweet Sue-Just You	Electrola EG. 1472	1929
	Am Sonntag Will Mein Süßer Mit Mir Segeln Geh'n	Kristall 3030	1930
Wenskat Orchester	*Sweet Georgia Brown*	Grammophon 20469	1926
	Jig Walk	Grammophon 20502	1926
Wooding, Sam	*Shanghai Shuffle*	Vox 1883, 1890	1925
	Alabamy Bound	Vox 1890, 1891	1925
	Milenberg Joys	Grammophon 20691	1926
	Black Bottom	Grammophon 20689	1926

4 · SWING IN DEUTSCHLAND 1933-1943 (1945)[*]

Abraham, Kurt	*Wir Machen Musik*	Imperial 17385	1942
Abriani, John	*Stompin' At The Savoy*	Gloria GO. 41092	1937
	Schwingende Rhythmen	Gloria GO. 41271	1939
Angeli, Primo	*Wir Machen Musik*	Imperial 17386	1942
	Barcarole	Telefunken A. 10519	1943
Bartholomew, Billy	*The Goose Hangs High*	Imperial 17148	1937
Bar-Trio	*Tiger Rag*	Grammophon 47207	1938
	St. Louis Blues	Grammophon 47241	1938
Bauschke, Erhard	*Nachtexpreß Nach Warschau*	Grammophon 10704	1937
	Jeepers Creepers	Grammophon 11118	1939
	Amazonas	Grammophon 11942	1942
Berking, Willy	*Ja Der Peter*	Imperial 17254	1939
	Syncope	Imperial 17314	1940
	Fermate	Imperial 17323	1940
	Staccato	Imperial 17333	1940
	Rhythmus	Imperial 17375	1942
	Tip-Top	Imperial 17434	1941
	Kein Problem	Imperial 17440	1943
Bonen, Pat	*Frasquita*	Odeon 0-31386	1938
Brocksieper, Fred	*Die Trommel Und Ihr Rhythmus*	Brunswick 82238	1942
	Mir Ist's So Leicht	Brunswick 82249	1942
	Improvisation	Brunswick 82275	1942
	Ich Sing Mir Eins	Brunswick 82284	1943
	Cymbal Promenade	Brunswick 82314	1943
		Brunswick 82355	
	Kein Problem	Brunswick 82343	1943
Bruyns, Henk	*Fliegender Hamburger*	Telefunken E. 3164	1941
	Studie In Moll	Telefunken E. 3164	1941
Bund, Hans	*Get Hot Foot*	Telefunken A. 1654	1934
Burzynski, Heinz	*Vielleicht Ein Andermal!*	Tempo E. 4007	1942
Candrix, Fud	*Musik Für Erika*	Telefunken A. 10447	1942
	Die Stimme Der Welt	Telefunken A. 10477	1942
	U-Bahn Fox (Metro Stomp)	Telefunken A. 10477	1942
	Studio Nr. 1	Telefunken A. 10708	1942
Charlie and his Orchestra	*St. Louis Blues*	Propagandaplatte 0105	1941
	Dinah	Propagandaplatte 0115	1941
	Alexander's Ragtime Band	Propagandaplatte 0139	1942
	Miss Annabelle Lee	Propagandaplatte 0208	1942
Comedian Harmonists	*Creole Love Call*	Electrola EG. 2929	1933
Dal Dello, Nanni	*Le Suzie-Kiou*	Odeon 0-31322	1938

---

[*] Mit Ausnahme einer Aufnahme von Jean Omer (Brüssel) und Fred Raven (Hamburg) wurden alle Titel in Berlin aufgenommen. Viele Grammophon-Titel erschienen unter der gleichen Bestellnummer auch auf Polydor.

de Boeck, Jeff	*Es Geht Ein Zauber Von Dir Aus*	Odeon 0-26534	1942
de Weille, Benny	*Ich Hab' Eine Schwäche Für Blonde Frau'n*	Odeon 0-31634 Odeon 0-83347	1940
	Denn Ich Bin Zum Tanzen Geboren	Odeon 0-31966	1940
	Hallo Benny	Odeon 0-31655	1940
	Heute Nacht Kam Heimlich Das Glück Zu Mir	Odeon 0-31670	1941
	Tanz Der Pinguine	Odeon 0-31631	1942
Engel, Kurt	*Look Out Little Ruth*	Kristall 5109	1933
	Ein Bißchen Modern	Telefunken A. 10439	1941
Etté, Bernhard	*Push-Out*	Telefunken A. 10074	1940
Gaden, Robert	*Orientexpreß*	Electrola EG. 2859	1933
Galli, Cesare	*Denn Ich Bin Zum Tanzen Gebor'n*	Telefunken A. 10436	1942
Glahé, Will	*Some Of These Days*	Electrola EG. 3652	1938
Die Goldene Sieben	*The Sheik*	Electrola EG. 3506	1935
	St. Louis Blues	Electrola EG. 6132	1937
	Quartier Latin	Electrola EG. 6186	1937
	Crazy Jacob	Electrola EG. 6186	1937
Hecker, Alfred	*Sensation*	Imperial 17221	1938
Herzog, Günther	*Flick-Flack*	Grammophon 47333	1938
	Limehouse Blues	Grammophon 47333	1938
Hohenberger, Kurt	*You're Driving Me Crazy*	Telefunken A. 2338	1937
	Jammin	Telefunken A. 2416	1937
	You Can't Stop Me From Dreaming	Telefunken A. 2509	1938
	Amorcito Mio	Telefunken A. 10268	1941
	Improvisation	Telefunken A. 10410	1941
	Rhythmus	Telefunken A. 10523	1943
Hülphers, Arne	*Im Nordexpreß*	Odeon 0-31451	1938
Igelhoff, Peter	*Mir Geht's Gut*	Electrola EG. 7086	1940
	Wir Machen Musik	Electrola EG. 7255	1941
Jahn, Eugen	*Hallo Benny*	Phonoton 1027	1941
Jary, Michael	*Etwas Verrückt*	Odeon 0-31627	1940
	Warum Ist Die Banane Gelb?	Odeon 0-26440	1940
Joost, Oscar	*The Music Goes Round And Around*	Grammophon 2281 C Grammophon 2296 C	1936
Juhl-Thomsen, Aage	*Showboat Shuffle*	Electrola EG. 3652	1936
	Squareface	Electrola EG. 3667	1936
Kleindin, Teddy	*Klarinettenzauber*	Telefunken A. 10340	1941
	Maria Mari	Telefunken A. 10435	1942
	Heute Abend Woll'n Wir Bummeln Geh'n	Telefunken A. 10479	1942
	Hokuspokus	Telefunken A. 10488	1943
Kley, Paul	*Goody Goody*	Brillant 463 Tempo 660, 4036	1936
Kok, James	*Tiger Rag*	Grammophon 47000	1935

	Jungle Jazz	Polydor 25533 Grammophon 47001	1935
	Harlem	Polydor 25542 Grammophon 47001	1935
	White Jazz	Polydor 25542 Grammophon 47003	1935
	Jazz No Crazy (Richtig: Jazznocracy)	Polydor 25609 Grammophon 47003 Grammophon 25609	1935
Kreuder, Peter	*It's De Lovely*	Telefunken A. 2205	1937
	Somebody's Thinking Of You Tonight	Telefunken A. 2837	1939
Leschetitzky, Walter	*Tanz Der Triolen*	Brunswick 82243	1942
Lutter, Adalbert	*Fifi*	Telefunken M. 6209 Telefunken A. 10716	1935
Mobiglia, Tullio	*Tullio's Rhythmen*	Brunswick 82237	1942
	Lieber Sonnenschein	Brunswick 82237 Brunswick 87520	1942
	Melodie In F	Brunswick 82280	1943
Musonius, Heinz	*Everybody Jam*	Kristall 5210	1938
	Oh Marie	Imperial 17364	1941
Omer, Jean	*Rendezvous In Lausanne*	Brunswick 82270	1942
	Mitternachts Musik	Brunswick 82273	1942
	Harlem Swing[*]	Brunswick 82370 Brunswick 87520	1943
Raven, Fred	*St. Louis Blues*	Telefunken A. 2335	1937
Rehmstedt, Hans	*Tonleiter*	Columbia DW. 4881	1940
	Gut	Columbia DW. 4898	1941
	Wenn Froh Ein Lied Erklingt	Columbia DW. 4910	1942
Reuter, Theo	*Klarifari*	Clangor 1824	1940
Rumpf, Max	*Two Dukes On A Pier*	Imperial 17208	1938
	Azure	Imperial 17224	1938
	Hick-Stomp	Imperial 17262	1939
Rüth, Ludwig	*Boo-Hoo (Buh-Huh)*	Electrola EG. 3980	1937
Sandberg, Heinz	*Grand Hotel*	Imperial 17430	1943
	Foxtrott-Studie	Imperial 17439	1943
Schmassmann, René	*It's The Natural Thing To Do*	Odeon O-31214	1937
Schütz, Hanz G.	*Dieses Lied Hat Keinen Text*	Grammophon 11590	1941
	Sieben Kleine Knüllerchen	Grammophon 11933	1943
	Schwarzer Panther	Grammophon 12025	1943
Schwarz, Werner	*Wenn Die Woche Keinen Sonntag Hätt'*	Odeon O-31728	1943
Stanke, Willi	*Schwarzer Panther*	Columbia DW. 4912	1942
	FD Hamburg-Berlin	Columbia DW. 4924	1942
	Grand Hotel	Columbia DW. 4928	1943
Stauffer, Teddy	*Christopher Columbus*	Telefunken A. 2058	1936

[*] Dieser Titel wurde von der Deutschen Grammophon Gesellschaft in Brüssel aufgenommen.

	Organ Grinder's Swing	Telefunken A. 2071	1936
	Shade Of Hades	Telefunken A. 2063	1936
	Jangled Nerves	Telefunken A. 2071	1936
	Swingtime In The Rockies	Telefunken A. 2070	1936
	Swingin' For The King	Telefunken A. 2209	1937
	St. Louis Blues	Telefunken A. 2806	1938
	So You Left Me For The Leader Of A Swingband	Telefunken A. 2671	1938
	Meditation	Telefunken A. 2806	1938
	F. D. R. Jones	Telefunken A. 2874	1939
		Telefunken TA. 842	
Stech, Willi	*Rugby*	Grammophon 47813	1942
	Wenn Wir Wieder Tanzen	Grammophon 47813	1943
Steimel, Adolf	*Moderato*	Odeon O-31640	1940
	Allegro Perpetuo	Odeon O-31650	1940
	Mich Hat Noch Nie Ein Mädel Angelacht	Odeon O-31691	1942
Steinbacher, Erwin	*Swing Patrol*	Electrola EG. 6521	1938
	Uppercut	Electrola EG. 6790	1939
Stenzel, Otto	*The Music Goes 'Round And Around*	Gloria GO. 41001	1936
Templin, Lutz	*Pampas*	Grammophon 47634	1942
	Immer Wieder Tanzen	Grammophon 47705	1942
	Rhythmus In Dosen	Grammophon 47705	1942
	Ping-Pong	Grammophon 47754	1943
Tevelian, Meg	*Schönes Wetter*	Televox E. 901	1941
		Pallas 1204	
	Rip-Tip-Tap	Televox E. 902	1941
		Pallas 1204	
		Pallas 1245	
	Flamingo	Pallas 1208	1941
Thon, Franz	*Golfstrom*	Imperial 17285	1939
van Dyk, Harry	*Tanz Der Pinguinen*	Tempo E. 4006	1942
		Special 2515	
	Harry Und Seine Trommel	Tempo E. 4005	1942
		Tempo 5128, 3562	
		Special 2589	
	Rugby	Tempo E. 5145	1942
		Tempo 3563	
		Special 2522	
van t'Hoff, Ernst	*Johnson Rag*	Polydor 47521	1941
	Pennsylvania 6-5000	Polydor 47521	1941
	In The Mood	Polydor 47522	1941
	Am Nächsten Tag	Grammophon 47530	1941
	Fünf-Uhr-Tee Bei Rütli	Grammophon 47656	1942
von Eichwald, Hakon	*Shades Of Hades*	Telefunken A. 5209	1939
Vossen, Albert	*Ernst Und Heiter*	Telefunken A. 10464	1942
Wasmuth, Robert	*Hobo On Park Avenue*	Telefunken A. 10421	1941

Weber, Fritz	Ich Tanz' Mit Fräulein Dolly Swing	Grammophon 2769 C	1939
Wehner, Heinz	White Jazz	Telefunken M. 6118	1935
	Bugle Call Rag	Telefunken A. 2007	1936
	Aunt Hagar's Blues	Telefunken A. 2755	1938
	Delphi-Fox	Telefunken A. 10276	1941
	Pampas	Telefunken A. 10462	1942
Wehner, Kurt und Gerhard	Meine Lieblingsmelodie	Televox E. 904	1941
Weiland, Ernst*	F. D. 79	Odeon 0-31675	1941
	Ach Fräulein Gretchen	Odeon 0-31709	1942
Widmann, Kurt**	Tiger Rag	Tempo R. 4282 E, 3563 Metrophone/Comet 4001	1939
	St. Louis Blues	Tempo R. 4284 Metrophone/Comet 4002	1941
	Heiße Tage	Kristall 3830 Imperial 17401	1941
	Das Ist Nun Mal Mein Rhythmus	Tempo E. 4004	1942
Winter, Horst	Sie Will Nicht Blumen Und Nicht Schokolade	Tempo 5099	1941
	Ti-Pi-Tin	Tempo 5163	1942
	Congo	Tempo E. 4010	1942
	Melodie In Moll	Tempo E. 4010	1942
	Studie In F	Tempo 5164 Special 2540	1942
	Ich Und Du	Tempo 5138	1942
Wolff, Eugen	Everybody Sing	Odeon 0-31341	1938
Zacharias, Helmut	Schönes Wetter	Odeon 0-31692	1941
	Gut Gelaunt	Odeon 0-31701	1942
	Er Heißt Waldemar	Odeon 0-31695	1942
	Zweihundert Sekunden Tanzmusik	Odeon 0-31729	1943

---

* Ernst Weiland, auch bekannt als „Bimbo" auf den Plattenetiketten
** Kurt Widmann, auf diversen Tempoplatten als „John Webb" und „John Weepster"

5 · NACHKRIEGS-JAZZ IN DEUTSCHLAND 1946-1951[*]

Abraham, Kurt	*Wer Mich Liebt, Lacht Doch*	Metrophon 6008	1948
Amiga Star Band[**]	*Honeysuckle Rose*	Amiga 1150	1948
		Regina 70081	
	Lady Be Good	Amiga 1179	1948
		Regina 70165	
Becker, Heinz	*Sweet Sue*	Amiga 1197	1949
		Regina 70034	
	Jeepers Creepers	Amiga 1196	1949
Brandt, Helmut	*Blues In The Night*	Metrophon 6004	1948
	Dixieland-Fantasie	Metrophon 6004	1948
Brocksieper, Fred	*Sing, Sing, Sing*	Brunswick 82334	1947
	C Jam Blues	Brunswick 82338	1947
	I Know That You Know	Brunswick 82339	1947
	Northwest Passage	Brunswick 82347	1948
	Hodge Podge	Brunswick 82351	1948
	St. Louis Blues	Brunswick 82388	1950
Buschhagen, Heinz	*Special Delivery Stomp*	Odeon O-31832	1949
D'Orio, Lubo	*Blues On Parade*	Electrola EG. 7331	1947
	Two O'Clock Jump	Electrola EG. 7332	1947
	In The Mood	Electrola EG. 7337	1947
	The Killer Diller	Electrola EG. 7335	1947
	Limehouse Blues	Electrola EG. 7357	1949
Dobschinski, Walter	*In The Mood*	Amiga 1111	1947
	Hallo Mr. Be-Bop	Amiga 1153	1948
	Harlem	Amiga 1156	1948
	Three O'Clock Jump	Amiga 1149	1948
		Regina 70006	
Drabek, Kurt	*Sing, Sing, Sing*	Imperial 17449	1946
	Apple Honey	Imperial 17476	1947
Drei Travellers	*Cement Mixer*	Odeon O-26634	1947
Edelhagen, Kurt	*Empire Bounce*	Empire 502 (USA)	1949
	Explosion	Empire 402 (USA)	1949
	Infection	Austroton 30019	1949
		Austroton LPV-52	
	Theme On Drums	Austroton 30019	1949
		Austroton LPV-52	
	Progressive Studie	Austroton 30029	1950
		Austroton LPV-52	
	Tiger Rag	Austroton 30021	1950
		Austroton LPV-52	
		Austroton LPV-4	
		Austroton 45-A-146	

[*] Alle Aufnahmen wurden in Deutschland aufgenommen, vorwiegend in Berlin.
[**] Auf Regina als „Berliner Star Band" auf Etiketten

Greger, Max	Harry Lime-Theme	Telefunken A. 10983	1950
	Honey-Dripper	Telefunken A. 10983	1950
Henkel, Eugen	Scharfe Kurven	Telefunken A. 10890	1950
	Leicht Erregt	Telefunken A. 10890	1950
Henkels, Kurt	Eager Beaver	Amiga 1161	1948
		Amiga 1259	
	Artie Shaw Stomp	Amiga 1160	1948
		Amiga 1259	
		Amiga 750003	
		Telefunken LA. 6177	
	Rolly's Be-Bop	Amiga 1169	1948
		Telefunken LA. 6177	
	Cherokee	Amiga 750003	1950
		Amiga 5500034	
		Regina 70124	
		Telefunken LA. 6177	
Hohenberger, Kurt	String Of Pearls	Amiga 1118	1947
	Take The A Train	Amiga 1136	1947
	Bugle Call Rag	Amiga 1141	1948
	Honolulu Blues	Polydor 48143	1949
Kleindin, Teddy	Choo Choo Ch'Boogie	Union Record 2565	1947
Klennert, Bruno	Linger Awhile	Amiga 992	1948
Kretzschmar, Heinz	Creole Love Call	Amiga 1290	1950
		Regina 70114	
	Crazy Rhythm	Amiga 1300	1950
		Regina 70142	
Lehn, Erwin	Dinah, Lady Be Good	Amiga 1127	1947
	Schwarzer Panther	Imperial 17472	1948
	Redskin Rhumba	Amiga 1194	1948
		Regina 70043	
	B. 47	Telefunken A. 10741	1948
	American Patrol	Metrophon 7008	1950
The Maskeraders	Fan It	Grammophon (Test)	1946
Müller, Werner	Opus 1	Telefunken A. 10877	1950
		Telefunken UX. 4532	
	Broadway Shuffle	Polydor 48430	1950
		Polydor 45029	
	Dinah	Polydor 48430	1950
		Polydor 45029	
	How High The Moon	Polydor 48557	1951
		Polydor 45508	
		Brunswick 86025	
RBT-Orchester	Du Bist Heut Schlecht Rasiert	Polydor 47960	1946
	Jimmie Lunceford	Amiga 1107	1947
	Harlem Swing	Amiga 1125	1947
		Regina 70043	
	Rhythmische Studie 14	Amiga 1121	1947
	Airmail Special	Amiga 1124	1947

235

Rediske Quintett	*Undecided*	Odeon O-28148	1951
	Don't Blame Me	Odeon O-28405	1951
Scharfenberger, Werner	*Bouncing In Bavaria*	Tempo 3607	1950
Schwarz, Werner	*Who*	Odeon O-31774	1947
Stanke, Willi	*Heiße Tage*	Columbia DW. 4940	1947
	Schwarzer Panther	Columbia DW. 4941	1947
	Nobody's Sweetheart	Columbia DW. 4946	1947
Stewart, Rex	*Blue Lou*	Amiga 1164	1948
		Regina 70128	
	Air Lift Stomp (Amiga Stomp)	Amiga 1163	1948
	Old Woman Blues	Amiga 1165	1948
		Regina 70129	
Swingtett	*Studie In F*	Polydor 48101	1948
Templin, Lutz	*Pavanne*	Polydor 48111	1947
	Nordsee-Alpen Expreß	Polydor 48183	1949
Thon, Franz	*Charleston*	Decca D. 17158	1951
Thunus, Vicky	*I've Found A New Baby*	Telefunken A. 10923	1949
Trio Harmonie	*St. Louis Blues*	Amiga 1186	1949
		Amiga 40/6	
		Regina 70045	
Unger, Eddie	*In The Mood*	Odeon O-31758	1946
Wernicke, Helmuth	*Wednesday Night Hop*	Amiga (Test) (AM 1038)	1948
	September In The Rain	Polydor 48185	1949
	Swing Parade	Electrola EG. 7520	1950
Wick, Joe	*The Sergeant Was Shy*	Brunswick 82340	1948
		Brunswick 87520	
	Song Of India	Brunswick 82342	1948
		Polydor 47988	
	Creole Love Call	Brunswick 82346	1948
	Torpedo Junction	Brunswick 82380	1949
	Tiger Rag	Brunswick 82375	1949
Widmann, Kurt	*That's My Rhythm*	Odeon O-31753	1946
	Hey-Ba-Ba-Re-Bop	Odeon O-31760	1946
	Was Eine Frau Im Frühling Träumt	Odeon O-31769	1947
	Johnson Rag	Odeon O-28000	1950
	Alexander's Ragtime Band	Odeon O-28066	1951
Zacharias, Helmut	*St. Louis Blues*	Amiga 1152	1948
	Be-Bop? (Be-Bop Nr. 1)	Amiga 1152	1948
	Swing 48	Brunswick 82360	1949
	What Is This Thing Called Love	Brunswick 82389	1950
Zürn, Ralph	*Young Man With The Horn*	Metrophon 6001	1948

6 · »TRADITIONAL JAZZ«, »MODERN JAZZ« UND SWING SEIT 1951/52* inklusive Amateur-Orchester

Mr. Adams Jazzopators	Do You Know What It Means To Miss New Orleans?	Melodisc EPM-113	1959
	Lullaby	Anitrola F. 106	1960
All Star Group	Trick 17	Manhattan	1959
Amateur Festival Band	Gruß An Den Mai	Metronome MLP. 1502	1958
Armstrong, Louis	Kisses In Der Nacht	Philips 430510	1959
Asmussen, Svend	Rhythm Is Our Business	Decca F. 43616	1953
Auer, Vera	Dot's Groovy	Brunswick EPB. 10062	1956
Barber, Chris	Chimes Blues	Columbia 33SX1189	1959
Bastert, Klaus	Sweet Georgia Brown	Doctor S-15	1961
Berking, Willy	Tiger Rag	Philips P. 44476	1953
		Philips P. 10222	
	Harlem Street	Philips P. 44812	1956
		Philips P. 10182	
		Philips 423184	
		Philips 344812	
	Blues For Drums	Telefunken U. 55022	1957
		Telefunken BLE. 14076	
		Telefunken LA-6212	
Berger, Karlheinz	Blues Concept	Jazz Da Camera JZ. 7001	1962
Bertlanders, The	Who's Sorry Now	Opera 4204	1958
	The Lady Is A Tramp	Metronome MLP. 15021	1958
Blue Washboard Five	Weary Blues	Metronome MLP. 15021	1958
Boas, Günter	Blues In G	Metronome MLP. 1737	1958
Böttcher, Martin	Swing Party	Columbia C. 40256	1956
	Leider Gut	Columbia DW. 5567	1956
		Columbia 45DW5567	
Brandenburg, Inge	All Of Me	Decca DX. 2145	1960
Brandt, Helmut	The Breeze And I	Brunswick EPB. 10022	1955
	Berlin Calling	Metronome MEP. 1039	1955
	Undecided	Amiga 150595	1957
	Manhattan	Metronome MEP. 1729	1957
	Tin Roof Blues	Opera 3218	1958
	Good Bye Blues	Manhattan EP. 66162 C	1959
Brauer, Jochen	Fritz In Heaven	Brunswick EPB. 10063	1956
	Tiger Rag	Delta 0508	1958
Brocksieper, Fred	Crazy Rhythm	Astraschall AW. 4002	1951
		Regina 70191	
		Austroton V. 5169	

---

* Mit einer Ausnahme sind alle Titel der Periode 1951 - 1964 in Deutschland aufgenommen worden, jedoch nicht mehr vorwiegend in Berlin, sondern auch in Dortmund, Düsseldorf, Frankfurt/Main, Hamburg, Hannover, Köln, München, Recklinghausen, Stuttgart usw.

		Austroton 45-A-147	
		Austroton LPV-58	
	Manhattan Mambo	Brunswick 82614	1952
	Die Ganze Welt Ist Himmelblau	Columbia C. 60129	1955
	Freddie's Boogie Blues	Columbia C. 60129	1955
	Swinging Mood	Manhattan EP. 66002 C	1957
		Bertelsmann EP. 7590	
	Caravan	Starlet 1672	1959
Brom, Gustav	*Cool And Crazy*	Amiga 550027	1957
Bruel, Max	*Stella By Starlight*	Metronome MEP. 1139	1957
The Bucktown Six	*Ice Cream*	Climax EP. 110	1958
	Everybody Loves My Baby	Metronome MEP. 1198	1958
Bunge, Fred	*Blues-Improvisationen*	Astraschall AW. 4000	1951
	Creole Love Call	Brunswick 86031	1954
		Polydor 45512	
	Easy Riff	Deutscher Schallplattenclub	
		C-78	1956
	Trumpet's Love Call	Starlet 1631	1959
		Starlet EP. 3002	
Buschmann, Glen	*Farewell Blues*	Brunswick EPB. 10021	1955
C-Jam All Stars	*Don't Mean A Thing*	Manhattan 61134	1958
Charleston Hot Peppers	*Doan' You Grieve*	Opera 4340	1961
	Charleston	Brunswick 87907	1961
		Brunswick 267907	
Christmann, Freddy	*Passé*	Brunswick EPB. 10024	1955
Cicero, Eugen	*Bachs Softly Sunrise*	Saba SB. 15003	1964
Colyer, Ken	*When The Saints Go Marching In*	Decca BLK. 16092	1958
Dauner, Wolfgang	*Cubana Chant*	Saba SB. 15027	1962
Darktown Stompers	*Apax Blues*	Brunswick LPBM. 87001	1956
Davison, Wild Bill siehe unter Feetwarmers und Spree City Stompers			
Deinert, Werner	*Hamp's Boogie Woogie*	Metrophon 7038	1951
	The Mess Is Here	Metrophon 7083	1951
	You Rascal You	Metrophon 7105	1952
D'Orio, Lubo	*The Mess Is Here*	Elite 112	1952
	Boogie In B	Amiga 150578	1956
	Boogie Blues	Opera 4139	1956
Dixie Maximators	*Muskrat Ramble*	Brunswick LPB. 86016	1953
		Polydor LPH. 45504	
Dobschinski, Walter	*Dob's Dixie*	Odeon O-28484	1952
		Odeon OBL. 1027	
	Dob's Riff	Columbia DW. 5323	1954
		Columbia SCMW. 515	
	Dixie Nr. 1 (That's A Plenty)	Amiga 150450	1954
Doldinger, Klaus	*Be-Bop*	Philips 840443	1962
		Philips 48024	
	Ack Värmeland Du Sköna	Philips P. 48067	1963
Drewo, Karl	*Zoot*	Brunswick EPB. 10065	1956

Artist	Title	Label/Number	Year
Edelhagen, Kurt	Clap Hands Here Comes Charly	Metronome MLP. 15141	1961
	Happy Days Are Here Again	Philips P. 44096	1951
	St. Louis Blues	Austroton 55139	1951
		Austroton LPV. 56	
		Austroton 45A140	
	Hawaiian War Chant	Brunswick 82768	1953
		Brunswick LPB. 86025	
		Polydor LPH. 45508	
	Non Stop Riff	Brunswick 82796	1953
		Brunswick LPB. 86025	
		Polydor LPH. 45508	
	Festival Jump	Brunswick LPB. 86030	1954
		Polydor LPH. 45510	
	Jimmy's Blues	Polydor LPH. 46052	1957
	Jumpin' At The Woodside	Polydor LPHM. 46323	1959
		Polydor 237523	
Essen Festival Stars mit Hawkins, Coleman	Stuffy	Philips 688600	1963
European All Stars	Haitian Fightsong	Telefunken BLE. 14206-P	1961
The Feetwarmers	Coal Cart Blues	Climax EP. 102	1955
		Delta 1528	
	Chattanooga Stomp	Brunswick LPBM. 87001	1957
	Hindustan	Brunswick EPB. 10803	1957
	Sweet Sue-Just You*	Brunswick LPBM. 87902	1959
Firestone-Dixieland Band	As Long As I Live	Metronome MLP. 15021	1958
	At A Georgia Camp Meeting	Manhattan 61161	1959
Fischer, Horst	Swing Ist Trumpf	Philips 423240	1958
Fleischer, Fips	Opus De Funk	Imavox 17-037	1959
		Caston 45T632	
	Night In Tunisia	Imavox 17-037	1959
		Caston 45T632	
Flierl, Rudi	Blue Groove	Manhattan 66001	1957
		Bertelsmann EP7589	
Frankfurter All Stars	Vier Temperamente	Brunswick EPB. 10059	1955
Freund, Joki	Hipp Noses	Jazztone J-721	1956
	Ack Värmeland Du Sköna	Philips P. 48067	1963
Fuhlisch, Günther	St. Pauli Blues	Austroton 8685	1952
		Austroton LPV. 56	
	Jam Boogie	Telefunken A. 11523	1953
		Telefunken UX. 4532	
	Sweet Georgia Brown	Telefunken A. 11912	1956
		Telefunken U. 45412	
		Telefunken UK. 4727	
George, Fatty	Sheik Of Araby	Columbia C. 60124	1954
		Columbia 501	

* Mit Wild Bill Davison

	Clarinet Marmelade	Columbia DW. 5356	1954
	Milenberg Joys	Telefunken LA. 6131	1955
		Telefunken UX. 4689	
	Red Top	Telefunken UX. 4790	1957
		Telefunken BLE. 14077	
Gerhard, Siggi	*Topsy*	Metronome MEP. 1197	1958
	A Date With Ray	Ariola 36288	1959
German All Stars	*Festival Riff*	Telefunken LA. 6043	1953
		Telefunken A. 11470	
	Perdido	Brunswick LPB. 86016	1953
		Polydor LPH. 45504	
Giertz, Werner	*Godchild*	Metronome MEP. 1135	1957
Gollasch, Günter	*Trompetismen*	Amiga 150551	1956
Gordon, Armand	*Some Of These Days*	Opera 4190, 3202	1958
	Dinah	Manhattan 66132	1959
Goudie, Frank	*Collector's Blues*	Columbia DW. 5185	1952
		Columbia DCW. 20	
	Sweet Georgia Brown	Culumbia DW. 5269	1953
Greger, Max	*St. Louis Boogie*	Telefunken A. 11326	1952
		Telefunken LA-6023	
	Leapin' With Max	Telefunken A. 11367	1952
		Telefunken UX. 4527	
	The Beat	Brunswick LPB. 86016	1954
		Polydor LPH. 45504	
	Off And On	Brunswick EPC. 10010	1954
	Max & Sax	Brunswick EPB. 10057	1956
	Sax Life	Brunswick LPB. 87918	1963
		Brunswick 267918	
Haensch, Delle	*Flamingo Special*	Brunswick 82862	1955
		Brunswick NB. 12052	
	Dinah	Philips 344924	1956
Hampel, Gunter[*]	*Our Chant*	Saba SB. 15026	1964
Hampton, Lionel	*Midnight Sun*	Philips B. 10157 L	1954
	The Mess Is Here	Bertelsmann LP. 7034	1958
		Manhattan 61017	
		Manhattan 65018	
		Manhattan 66771	
Hartschuh, Fritz	*Sat-Six*	Columbia 83425	1962
Havel City Ramblers	*Swing Low*	Columbia C. 41539	1962
Henkels, Kurt	*How High The Moon*	Amiga 50/93	1954
		Amiga 150093	
	St. Louis Blues	Amiga 50/96	1954
		Amiga 150096	
		Amiga 750003	
		Telefunken LA. 6177	
	Take The A Train	Amiga 150115	1955

---

[*] Bem: Nicht zu verwechseln mit Günter Hampel vom Werner-Müller-Orchester

Name	Title	Record	Year
		Amiga 550008	
	Saxophon Riff	Amiga 150123	1956
		Amiga 750002	
		Telefunken BLE. 14057	
		Telefunken LA. 6177	
	Blue Clarinet	Ariola 36301 C	1959
Hipp, Jutta	I Never Knew	Brunswick LPB. 86031	1954
		Polydor LPH. 45511	
	Frankfurt Special	Mod BMLP. 06015	1954
	Hipp-Noses	Brunswick EPB. 10022	1955
Hörig, Günter	Walking Shoes	Amiga 150518	1955
	Bugle Call Rag	Amiga 150581	1956
	Musik Für Rolf	Amiga 150652	1958
Hoffmann, Gerhard	Taps Miller	Metronome MLP. 15021	1958
Hoffmann, Ingfried	Ingfried's Boogie	Electrola EG. 8611	1956
		Electrola 7MW17-8611	
Hohenberger, Kurt	Little Brown Jug	Bertelsmann 7505	1953
		Bertelsmann 8600	
	Blue Flame	Amiga 50/350	1954
		Amiga 150350	
	Harlem Nocturne	Amiga 50/477	1955
		Amiga 150477	
Die Incognitos	Blue Skies	Orbis CX. 45020	1957
Jailhouse Jazzmen	Papa Dip*	Storyville SEB. 358	1958
Jankowski, Horst	Indian Summer	Brunswick EPB. 10801	1956
	Blue Moon	Manhattan 66019	1957
		Bertelsmann EP. 7608	
	Swingendes Sancoussi	Telefunken UX. 4795	1957
	No Moon At All	Opera 3226	1959
	Blue Mood	Metronome MLP. 15096	1961
The Jazz Ambassadors	Wee-Dot	Metronome MLP. 15021	1958
Jazz-Workshop-Concert	Training	Columbia 83342	1962
Jenson, Walter	Die Fahrt Ins Blaue	Amiga 50/421	1952
Johnson, Gunnar	Indian Country	Manhattan 61161	1959
Kasper, Macky	Drum Boogie	Columbia DW. 5264	1953
		Columbia C. 20305	
	Harlem Street	Opera 4137	1956
	Tiger Rag	Bertelsmann 7798	1957
		Ariola 35090	
Kaye, Cab	Saturday Night-Fish Fry	Astraschall AW. 4005	1951
		Austroton LPV. 58	
Kiesewetter, Knut	I Can't Get Started	Brunswick EPB. 10823	1962
Papa Ko Jazzband	Blues In The Air	Ariola 66164	1960
Koll, Alo	Moderne Harlekinade	Amiga 150608	1957
Koller, Hans	Stomping At The Savoy	Brunswick 82778	1953
	Sound Koller	Brunswick 82777	1952

* Dieser Titel wurde in Kopenhagen aufgenommen.

		Brunswick LPB. 86025	
		Polydor LPH. 45508	
	Feuerwehr	Mod BMLP. 06013	1954
	Ack Värmeland Du Sköna	Mod BMLP. 06014	1954
	Idaho	Columbia C. 60124	1954
		Columbia 501	
	Relaxin' At Marienburg	Mod BMEP. 06018	1955
	Short Cut	Jazztone J-1038	1956
	Goofing	Manhattan 66015	1958
		Bertelsmann EP. 7753	
	Together Again	Saba 15003	1962
Kovac, Roland	*Quintenzirkel*	Mod BML. 04042	1954
	The Nearness Of You	Manhattan 61161	1959
Kretzschmar, Heinz	*Boogie Cocktail*	Austroton 55162	1952
		Austroton LPV. 58	
		Austroton LPV. 56	
		Austroton 45-A-145	
	March Of The Bob Cats	Bertelsmann 8609	1955
	Singing The Blues	Orbis CX. 20120	1957
	St. Louis Blues	Orbis CX. 20560	1957
Kühn, Rolf	*Stomping At The Savoy*	Brunswick 82740	1953
	September Song	Brunswick LPB. 86031	1954
	Frankfurt Blues	Brunswick EPB. 10023	1955
	Studio 7	Brunswick EPB. 10064	1956
	But Not For Me	Columbia C. 41164	1959
		Columbia SEGW-7918	
	'S Wonderful	Opera 3226	1959
	Combo Swing	Brunswick LPB. 87911	1963
		Brunswick 267911	
Kuhn, Paul	*Paul's Festival Blues*	Brunswick LPB. 86031	1954
		Polydor LPH. 45511	
	Montana Blues	Columbia DW. 5347	1954
		Columbia SCMW-521	
	Topsy	Columbia C. 21076	1958
		Columbia 45-DW-5697	
Lauth, Wolfgang	*Cool March*	Brunswick EPB. 10021	1955
	Cool Cave	Telefunken LA. 6166	1956
	Date On Wax	Jazztone J-720	1956
	Johmologie	Telefunken UX. 6193	1957
	Concertino In F	Telefunken UX. 4868	1958
	Mein Herz Hat Heut' Premiere	Telefunken UX. 4901	1958
Lehn, Erwin	*Opus One*	Brunswick 82667	1952
		Brunswick LPB. 86009	
		Polydor LPH. 45503	
	Let' em Swing	Telefunken A. 11533	1953
		Telefunken UX. 4527	
	Cool Street	Brunswick EPB. 10025	1955
	Stratosphäre	Columbia C. 60131	1956

		Columbia C. 40254	
	On Stage	Columbia 83047	1959
		Columbia WSX-555	
Lewis, John	Queen's Fancy	RCA LPM. 1742-C	1958
Ley, Eggy	Blues From St. Pauli	Viaphon 4002	1957
		Delta 1520	
		Tip-Top 2101	
	Hiawatha Rag	Columbia C/STC. 41118	1959
		Columbia ESGW-7502	
		Columbia SEGW-7905	
Lidström, Jack	Snag It	Manhattan 66162	1959
Luczkowski, Adalbert	Schwarzer Panther	Electrola EG. 8035	1953
		Electrola 7 MW-534	
		Electrola WBLP-602	
Magnolia Jazz Band	Clarinet Marmelade	Metronome MEP-219	1956
	When You And I Were Young Maggie	Metronome MEP-1137	1957
Mangelsdorff, Albert	These Foolish Things	Brunswick EPB. 10023	1955
	Swing It Sam	Jazztone J-1246	1958
	Ball Of Dusco	Philips 423277	1958
	Nica's Dream	Manhattan 61161	1959
	Din-A-Bop	Neckermann 944/13	1959
	Tickle Toe	Opera 4341	1961
	Tension	CBS 62336	1963
		Amiga 850038	
Mangelsdorff, Emil	Avalon	Opera 4341	1961
Maycock, George	Walkin' Sam	Philips B. 47002	1956
		Philips B. 347002	
		Philips B. 423192	
Modern Jazz Group — Freiburg	My Old Flame	Christophorus C. V. 75019	1960
Modern Jazz Group — München	'Round Midnight	Columbia C/STC. 83425	1962
Müller, Werner	Trumpet Boogie	Brunswick 82613	1952
		Brunswick NB. 12008	
		Brunswick LPB. 86009	
		Polydor LPH. 45503	
		Brunswick 45094	
		Brunswick EPH. 20544	
	Music For Mizzi	Polydor 49121	1953
		Polydor NH. 22121	
		Polydor EPH. 20150	
	Rose Of Washington Square	Polydor LPHM. 46007	1955
		Polydor EPH. 20539	
	Mad About The Boy	Decca SLK. 16133-P	1959
		Decca BLK. 16133-P	
Naura, Michael	A Party With John	Metronome MEP-1040	1955
	A Smoothe One	Telefunken UX. 4815	1958

	Swingin' The Blues	Telefunken UX. 4880	1958
		Telefunken 14114-P	
	Dr. Jekyll	Brunswick LPB. 87912	1963
New Hot Potatoes	*Caravan*	Columbia C/STC. 83424	1962
New Jazz Group	*Night In Tunisia*	Brunswick EPB. 10032	1955
— Hannover			
mit Bill Russo			
ohne Bill Russo	*'S Wonderful*	Brunswick EPB. 10063	1956
mit Schulz-Reichel	*Rose Room*	Brunswick EPB. 10807	1957
New Orleans Wild Cats	*Used To Be The Duke*	Brunswick EPB. 10813	1958
Nilson, Alice Babs	*A Sailboat In The Moonlight*	Electrola E. 41206	1959
		Electrola 7 EGW-8623	
Oberland Street Paraders	*Oberland Street*	Manhattan 65123	1959
Occam Street Footwarmers	*The Mooche*	Columbia C/STC. 83424	1962
Oimel Jazz Youngsters	*Blues My Naughty Sweetie Gives To Me*	Metronome MEP-1134	1957
	Tishomingo Blues	Brunswick EPB. 10808	1957
Old Heidetown Ramblers	*Pass Out Lightly*	Metronome MLP. 15021	1958
Old Merry Tale Jazz Band	*Am Sonntag Will Mein Süßer Mit Mir Segeln Geh'n*	Brunswick EPB. 10817	1960
	Oh, Miss Hannah	Brunswick LPB. 87906	1960
	Yes Sir, That's My Baby	Brunswick LPB. 87908	1961
	Off To Buffalo	Brunswick EPB. 10820	1963
Oppenheimer, Günther	*Tea For Two*	Amiga 150555	1956
	Lady Be Good	Amiga 550070	1959
Orbis, Kid (Gabbe, Wolf)	*Jumpin' With Anthony Dvořák*	Delta 1527	
	Wild Cat Blues	Delta 0503	1958
		Delta Tip-Top 2105	
Osterwald, Hazy	*Broadway Boogie*	Austroton 5206	1953
	Tomahawk	Heliodor EP. 460032	1957
	Take The A Train	Heliodor LP. 330017	1958
	At The Jazz Band Ball	Polydor LPHM. 46329	1959
Die Panamas	*Some Of These Days*	Amiga 150565	1956
Pettiford, Oscar	*Oscar's Blues*	Deutscher Schallplattenclub C-24	1959
Rediske, Johannes	*Pick Yourself Up*	Odeon 0-28326	1952
	Caravan	Columbia DW. 5321	1954
	Re-Disc Bounce	Brunswick 82837	1954
	Thema In Moll	Ariola 65022	1957
		Ariola Bertelsmann 7829	
	Moonlight In Vermont	Amiga 550036	1957
	Basin Street Blues	Manhattan 66162	1959
Reimann, Mac	*Pre-Amp*	Metronome MLP. 15021	1958
Riverboat Seven	*New Orleans*	Metronome MLP. 15021	1958
Riverside Jazz Band	*Everybody Loves My Baby*	Telefunken UX. 4764	1957
	Black Bottom Stomp	Telefunken UX. 4860	1958

Artist	Title	Label	Year
Rivertown Dixieland Jazzband	*Charleston*	Metronome MEP-1165	1957
	Weary Blues	Metronome MEP-1732	1958
Sachs, Klaus	*Indian Summer*	Brunswick EPB. 10801	1956
Sadi & Combo	*Ridin' In*	Manhattan 66133	1959
Sauer, Wolfgang	*Basin Street Blues*	Columbia DW. 5374	1955
		Columbia SCMW-541	
Schachtner, Heinz	*C-Jam Blues*	Odeon 0-28501	1952
Scharfenberger, Werner	*Swing 2000*	Tempo 3731	1953
Schellerer, Heinz	*Applehoney*	Telefunken UX. 4915	1959
Schneider, Hans-Wolf	*Treffpunkt Eierschale*	Brunswick EPB. 10061	1956
Schönberger, Heinz	*Klagita*	Brunswick LPB. 86031	1954
		Polydor LPH. 45511	
	Embraceable You	Brunswick EPB. 10023	1955
Schulz-Reichel, Fritz	*More Than You Know*	Brunswick EPB. 10801	1956
Sehring, Rudi	*Long John*	Mod BMEP. 06021	1955
Six Sounds Jazzband	*There'll Be Some Changes Made*	Columbia C/STC. 83424	1962
Sound Cave Combo	*Cool Doodle*	Brunswick EPB. 10062	1956
Spiritual Quintett — Düsseldorf	*Joshua Fit De Battle Of Jericho*	Brunswick EPB. 10060	1956
Spree City Stompers	*Miss Annabelle Lee*	Columbia DW. 5349	1954
	St. James Infirmary	Brunswick EPB. 10020	1955
	Old Stack O'Lee Blues	Opera 4167, 3202	1957
	Pagan Love Song*	Manhattan 63013	1957
		Manhattan 66766	
		Bertelsmann 8064	
	Original Dixieland One-Step*	Manhattan 61162 K	1958
	Wolverine Blues	Brunswick LPBM. 87902	1958
	Peoria	Vogue V. 45939	1962
Strasser, Hugo	*Flamingo*	Brunswick LPB. 86030	1954
		Polydor LPH. 45510	
	Dancing Trumpets	Telefunken A. 11879	1956
		Telefunken U. 35879	
	Riverboat Bounce	Telefunken U. 55032	1957
Swing Group — Gelsenkirchen	*Rose Room*	Metronome MEP. 15021	1958
Teupen, Jonny	*September In The Rain*	Columbia DW. 5544	1956
		Columbia SCMW 27-5544	
Thompson, Lucky/Sels	*Cool Night*	Manhattan 66126	1959
Thon, Franz	*St. Pauli Blues*	Odeon 0-28451	1952
	Swing Im Studio	Philips P. 44394 H	1953
	Cox-Trott	Electrola EG. 8076	1954
	Trompetenparade	Polydor 50122 H	1955

* Mit Wild Bill Davison

Tremble Kids	*Savoy Blues*	Brunswick LPBM. 87001
Two Beat Stompers	*Jenny's Ball*	Brunswick LPB. 86030
		Polydor LPH. 45510
	Tin Roof Blues	Brunswick EPB.10012
		Brunswick LPB. 87901
		Polydor LPH. 20530
	The Music Goes 'Round And 'Round	Brunswick EPB.10020
	King Porter Stomp	Brunswick EPB.10802
		Brunswick LPBM. 87901
	Da-Da Strain	Neckermann 944/12
Valente, Caterina	*I'll Remember April*	Brunswick NB. 12063
mit Baker, Chet		
mit Edelhagen	*Side By Side*	Polydor LPHM. 46074
van Poll, Jack Three-Oh	*Brunswick Blues*	Brunswick EPB. 10821
	Oleo	Columbia C/STC. 83425
Viera, Joe/Ferstl, Theo	*Round about midnight*	London 60264
Walldorf, Benno,	*Revolutionary Blues*	Climax EP. 111
Blues Combo,	*Dupree Blues*	Brunswick EPB. 10810
mit Waters, Benny	*Jada*	Amulette A. 5002
Wallpaper Warehouse Dixieland Jazzband	*Eccentric*	Columbia C/STC. 83424
Waters, Benny	*I Found A New Baby*	Deutscher Schallplattenclub D. 06
Weglinski, Helmut	*Crazy Rhythm*	Brunswick EPB. 10024
	Esquire Bounce	Amiga 150579
	Topsy	Columbia C. 40271
		Columbia SEGW21-7845
Wellen, Klaus	*The Nearness Of You*	Columbia C/STC. 83425
Welsandt, Manfred	*Nardis*	Columbia C/STC. 83425
Wernicke, Helmuth	*I Got Rhythm / Ain' She Sweet*	Philips P. 08606 L
Wick, Joe	*Moonlight In Vermont*	Sonniclip 45A-1000
Widmann, Kurt	*Pretty Eyed Baby*	Odeon 0-28393, 0-20509,
		Odeon 45-0-29030
	The Mess Is Here	Odeon 0-28474
		Odeon OBL-1026
	Because Of You	Bertelsmann 7512
Williams, Nelson	*Nelson's Blues*	Manhattan 66129
Woodhouse Stompers	*That Da-Da Strain*	Climax EP-103
		Delta 1522
Wunderlich, Klaus	*Orgel Riff*	Telefunken U. 55079
Zacharias, Helmut	*C-Jam Blues*	Brunswick 82637
	Tiger Rag	Polydor 48746 H
	Carioca	Brunswick 82786
Zoller, Attila	*You Go To My Head*	Mod BMP. 06019
Zschockelt, Alfons	*I've Found A New Baby*	Amiga 150629
	That Da-Da Strain	Amiga 150629

Instrumenten-Abkürzungen

(ld)	Bandleader (Leiter, Dirigent)
(c)	Cornet (Kornett)
(tp)	Trumpet (Trompete)
(bass-tp)	Bass-Trumpet (Baß-Trompete) (Bass-Horn)
(tb)	Trombone (Posaune)
(v-tb)	Valve-Trombone (Ventil-Posaune)
(mel)	Mellophone
(fl-horn)	Fluegelhorn (Horn)
(fr-horn)	French-Horn (Waldhorn)
(oboe)	Oboe
(cl)	Clarinet (Klarinette)
(bass-cl)	Bass-Klarinette
(fl)	Flute (Flöte)
(s)	Saxophone / Saxes (Saxophone)
(ts)	Tenorsax
(as)	Altsax
(bars)	Baritonsax
(bass-s)	Bass-Sax
(v)	Violine (Geige)
(viola)	Viola (Bratsche)
(cello)	Cello (Violincello)
(strings)	Strings (Streicher)
(p)	Piano
(cel)	Celeste (Celesta)
(org)	Organ (Orgel)
(harpsichord)	Harpsichord (Cembalo)
(xyl)	Xylophone (Xylophon)
(vib)	Vibes (Vibraphon)
(acc)	Accordeon (Akkordeon)
(mo)	Mouthorgan (Mundharmonika)
(ha)	Harmonica (Mundharmonika)
(harp)	Harp (Harfe)
(bj)	Banjo
(g)	Guitar (Gitarre)
(b)	Stringbass (Schlagbaß)
(tuba)	Tuba (Blaßbaß)

(d)	Drums (Schlagzeug)
(percussion)	Percussion (Schlaginstrumente)
(bongos)	Bongoes (Bongos)
(blue-blowing)	Blue-blowing (Kammblasen)
(kazoo)	Kazoo (Kammblasen)
(squawker)	Squawker (Quackinstrument)
(voc)	Vocal (Gesang)
(instr.-voc)	Instrumental-Vocal (-Gesang)
(washboard)	Washboard (Waschbrett)
(arr)	Arranger (Arrangeur)
(concert-master)	Concert-master (Konzertmeister)

Namen- und Ensemble-Register der Musiker

Abraham, Kurt 105; 114; 138; 229; 234
Abrams, Irvin 39
Abriani, John 59; 101; 225; 229
Adams Syncopators, Mr. 169
Adeler, Edgar 59
Aderhold, Bubi 152; 155; 156; 157
Adison, Fred 209
Ahlers, Rudolf 85
Akiyoschi, Toshika 175
Alisch, Heinz 185
Allen, Henry 92; 109
Allen, Leslie 49
Allen (Allan), Rex 24; 25; 56
Allhoff, Heinz 179
All Star Group 237
Amateur Festival Band 237
Ambrose, Bert 94; 109; 117; 118; 121; 207
American Dance Orchestra 39
American Jazz-Orchestra 30
Amiga Star-Band 234
Ammons, Albert 209
Anderson, Marian 70
Andrews Sisters 118
Angeli, Primo 129; 130; 132; 135; 136; 229; 291
Ansermet, Ernest 65
Anthony, Ray 202
Arcadian Serenaders 30
Arcon, Lem 150; 292
Arlt, Kurt 56
Armstrong, Lil Hardin 202
Armstrong, Louis 32; 37; 45; 46; 77; 89; 94; 95; 108; 109; 117; 118; 127; 180; 188; 196; 197; 202; 203; 207; 211; 216; 217; 220; 221; 222; 237; 296
Arndt, Rudi 105
Arnold, Gerry 170
Aronovici, Paul 61
Ash, Paul 67
Asmussen, Svend 203; 237
Astor, Bob 50

Astor, Gloria 148
Auer, Pepsi 179
Auer, Vera 179; 237

Bach, Johann Sebastian 127
Bagarotti, E. 42
Baggiotti, Raphael 54
Bailey, Benny 161
Baker, Chet 202; 203; 246
Baker, Josephine 50; 60; 66
Ballhaus-Orchester 16, 224
Bandelli, Mario 138
Banks, Billy 68
Banter, Harald 180
Bar Harbor Society Orchestra 43
Bar-Trio 113; 129; 229
Barber, Chris 168; 237
Barnet, Charlie 150
Bartholomew, Billy 50; 62; 63; 73; 75; 104; 121; 225; 229; 279
Barton, Billy 32; 35; 52; 56; 57; 63; 68; 73; 74; 75; 83; 225
Basie, Count 109; 110; 117; 125; 202
Baskini, Sam 224
Basl, Kurt 113
Bastert, Klaus 237
Bätjer, Heinz 114
Bauduc, Ray 52
Baumgart, Werner 154; 157; 158
Bauschke, Erhard 83; 85; 114; 115; 146; 229
Bayersdorffer, Johnny 30
Bazell, Evelyn "Baz" 53
Bechet, Sidney 50; 64; 65; 66; 69; 71; 84; 118; 180; 196; 202; 211; 216; 219
Becker, Heinz 234
Bee, Dave 55; 112
Behounek, Kamil 106
Behrend, Manfred 173; 174; 293
Beiderbecke, Bix 45; 46; 47; 95; 108; 118; 180
Béla, Dajos siehe Dajos, Béla

Bell, Greame 200; 202
Belle, Hans 113
Berg, Ata 164
Berger, Karlheinz 237
Bergmann, Dieter 168
Berking, Willy 79; 93; 99; 101; 121; 129; 135; 136; 152; 159; 164; 205; 229; 237
Berlin, Ben 41; 42; 62; 225; 277
Berlin, Irving 117
Berlin Swingsters 173
Berliner Elite-Orchester 16; 224
Berliner Star-Band 185
Bernie, Ben 45; 46
Berries 98
Berry, Hans 10; 101; 112; 148; 161; 185
Bertinat, Buddy 96; 98
Bertlanders, The 237
Betz, Werner 160
Beylandt, Adi Mr. 138
Bick, Hermann 62
Billy... 35
Bird, Fred 10; 57; 58; 59; 68; 225; 273
Birdsong, Blanche 160
Biste, Paul 155
Björling, John 105; 125
Blake, Jerry 71
Blech, Leo 107
Blue Washboard Five 237
Blumenhoven, Bob 172
Boas, Günter 237
Bock, Hans-Jürgen 168
Bode, Hans 35
Boheme Orchester 224
Bohländer, Carlo 164; 184; 196; 217
Böhme, Erich 130; 150
Bohn, Rudi 151
Bonen, Pat (Otto) 137; 141; 229
Booker, Beryl 202
Borchard, Eric 20; 21; 22; 23; 24; 25; 26; 28; 29; 37; 54; 73; 224; 225; 269
Börschel, Erich 89; 90; 93
Bosmans, Robert 112
Boswell, Connie 207
Boswell Sisters 108

Both, Heinz 179
Böttcher, Martin 159; 237
Boutelje, Phil 117
Bowlly, Al 50; 53; 59; 225
Brand, Peter 35
Brandenburg, Inge 237
Brandt, Helmut 164; 165; 171; 178; 179; 234; 237
Bredl, Otto 160
Brendel, Gustav 161
Brenders, Stan 105; 125; 135; 141; 142
Breyre, Josse 132; 133; 135; 139; 140
Briggs, Arthur 48; 49; 50; 57; 59; 63; 65; 202; 225; 274; 275
Brocksieper, Freddie 114; 121; 129; 130; 134; 135; 136; 141; 146; 152; 153; 207; 209; 211; 229; 234; 237; 238; 289
Brom, Gustav 203; 238
Broonzy, Bill 203
Brown, Herb 117
Brown, Les 203
Bruel, Max 238
Bruinier, Ansco 61
Brunies, Merritt 30
Brunies Brothers 18; 46
Brunner, Eddie 97; 98; 99; 209
Bruyn, Kees 139; 140
Bruyn, Tinus 136; 139; 140
Bruyns, Henk 122; 229
Buchholtz, Jürgen 167
Bucktown Six, The 238
Buffalodians, The 43
Buhlan, Bully 139; 148
Buismann, Dick 65; 83; 84; 85
Bujka, Bertalan 96; 97
Bullenkamp, Hein 166
Bullock, Chick 68
Bund, Hans 93; 229
Bunge, Fred 152; 155; 171; 238
Burgess, George 101
Burns, Ralph 202
Burzynski, Heinz 114; 229
Buschhagen, Heinz 234
Buschmann, Glen 167; 171; 179; 238
Bushell, Garvin 33

Busse, Henry 40
Butterfield, Charles 28
Büttermann, Max 152; 158
Byas, Don 201

California Ramblers 29; 31; 39; 43; 48; 67
Calloway, Cab 68; 77; 202
Campbell, Bruce 101
Candrix, Fud 34; 74; 105; 106; 121; 125; 139; 140; 141; 142; 147; 206; 229; 289
Candrix, Jeff 35; 74; 105; 121; 125; 130; 139; 140; 141; 142; 206; 225; 229
Candrix-Brothers 105
Caplan, Dave 48; 225
Carhart, George 48; 53; 272
Carste, Hans 129
Carter, Benny 92; 202
Casa Loma Orchestra 77; 82; 91; 93; 97; 100; 108
Casti, Nick 35; 52
Cavaion, Cesare 131; 132; 135; 137
Cavanaugh, Inez 201
Cave, Tim 75
Charleston Hot Peppers 170; 171; 238
Charleston-Jazz-Band 50
Charlie and his Orchestra 128; 229
Charron, Emile 54
Chicagoans 118
Chocolate Dandies 108
Chocolate Kiddies 32; 42; 63
Choir Of Brass 135
Christian, Charlie 15; 173
Christian, Emile 24; 25; 54; 267
Christmann, Freddy 179; 238
Christmas, Arthur 48
Cicero, Eugen 238
Cicerone, Maurice 54
Clark, Gus 112
Clark, Spencer 54
Clausen, Henrik 26
Clay, Sonny 45
Clensh, Jim 58
Clevelanders, The 68
Clinton, Larry 109; 115; 117

Cole, Nat "King" 203
Coleman, Bill 202
Colignon, Coco 133
Collins, Jack 48
Collins, Roy 39
Colyer, Ken 167; 168; 238
Combe, Stuff 157
Comedian Harmonists 59; 229
Concerto, Eric (Borchard) 24
Condon, Eddie 91; 123; 136; 165; 181; 197; 217
Connecticut Collegians 69
Continental Dance Orchestra 39
Cook, Will Marion 65; 66
Cook's Dreamland Orchester 67
Cooper, Harry 71
Costa, Eddie 175
Cotton Pickers 91; 170
Cramer, Heinz 161; 175
Crazy Otto 84
Creath, Charlie 18
Crosby, Bing 59; 117
Crosby, Bob 52; 109; 117; 207
Curtis, Bart 54

Dajos, Béla 21; 25; 35; 38; 41; 42; 48; 55; 56; 58; 75; 225; 270; 278; 279
Dal Dello, Nanni 229
Dammin, Heinz 112
Daniels, Joe 94; 109; 117
Danzi, Michael "Mike" 32; 38; 49; 56; 58; 59; 63; 75; 105; 121; 136; 225
Darktown Stompers 167; 238
Dauner, Wolfgang 238
Davidson, Evert 28
Davis, Miles 178; 203
Davison, Harold 202
Davison, Wild Bill 165; 166; 167; 202; 203; 211; 238; 239; 245
Day, Laurie 49
De Boeck, Jeff 230
De Cock, Omer 97
De Franco, Buddy 202
De Haes, Louis 132; 133
De Kers, Robert 204
De Lange, Eddie 125

De Marbai, Bob 138
De Ridder, Marcel 62
De Vekey, André 101
De Vries, Jack 37; 48; 62; 74
De Vries, Louis 37; 48; 62
De Weille, Benny 10; 97; 121; 128; 129; 130; 131; 132; 133; 134; 136; 152; 160; 230; 290
De Witt, Willy 138
DeDroit, Johnny 18; 46
Deinert, Werner 238
Deloof, Gus 105
Delphians Jazz-Band 62
Deltour, Emile 125
Denu, Egon 179
Deschan, Heinz 161
Desmond, Johnny 144
Deuchar, Jimmy 156
Deutsch, Silo 159
Deutsches Tanz- und Unterhaltungsorchester 122; 135
Diamond, Mickey 29; 35
Diamond King's Jazz Band 26; 224
Diaz, Fernando 130
Dickerson, Carroll 91
Dickstein, Sascha 20; 23
Diernhammer, Carlos 153
Dies, Werner 164
Dietrich, Marlene 61; 68; 278
Dillmann, Klaus 151
Dixie Maximators 238
Dixieland Jug Blowers 188
Dixon, Johnny 35; 52; 74
Dobbri 38; 226
Dobrindt, Otto 38; 226
Dobschinski, Walter 10; 96; 97; 134; 135; 148; 175; 185; 204; 234; 238; 288; 289
Dodds, Johnny 163; 168; 180; 188
Doldinger, Klaus 167; 180; 238; 296
Dolly Sisters 22
Dömpke, Fred 85
Donizetti, Gaetano 70
D'Orio, Lubo 10; 114; 130; 131; 138; 139; 143; 146; 147; 149; 150; 151; 205; 234; 238; 292

Dorsey, Jimmy 133,; 207
Dorsey, Tommy 46; 56; 82; 92; 109; 117; 118; 125; 132; 175
Dorsey Brothers 69; 105; 108
Douglas, Louis 50; 65; 66
Drabek, Kurt 234
Drei Travellers 234
Drewo, Karl 238
Drexler, Werner 156; 160
Droz, Raymond 157
Duclos, Susanne 54
Dumont, René 35; 50; 73; 75; 102; 226
Dumont, Rudi 102
Dunkel, Sam 32
Dutch Swing College Band 172; 203; 208

Eberle, Heinz 158
Edelhagen, Kurt 152; 153; 154; 155; 156; 157; 158; 160; 171; 208; 209; 234; 239; 246; 294
Edwards, Leslie 71
Edwards, Maceo 33
Egen, Austin 31; 75; 226
Ehrling, Thore 105; 125
Eichenberg, Walter 154
Eisbrenner, Werner 147
Eldridge, Roy 202
Elki, Mario 44; 62; 226
Ellington, Duke 45; 46; 48; 51; 59; 77; 82; 89; 91; 92; 95; 97; 108; 109; 116; 117; 118; 125; 176; 201; 203; 207; 218
Ellis, Seger 135
Elskamp Brothers 148
Enderlein, Siegfried 159
Engel, Kurt 10; 61; 103; 129; 230
Eriksson, Gösta 125; 135
Ernst, Willi 152
Etté, Bernard (Bernhard) 21; 34; 35; 36; 52; 58; 68; 74; 75; 100; 105; 226; 227; 230; 279
European All Stars 239
European Jazz Quartet 178
Evans, Kapelle 226
Ewans, Kai 35; 74; 100
Excellos Five 25; 37; 226

Fabian's Jazz Syncopators 73
Faconi, Norbert 226
Famous Six, The 226
Farkas, Mihaly 153
Feetwarmers, The 167; 210; 238; 239; 294
Ferstl, Theo 176; 246
Fesca, Jenö 34; 226; 270
Fichelscher, Toby 167
FFB-Orchester 148
Fields, Ted 71; 105
Fijal-Lipinski, Franz 147; 148
Firestone-Dixieland Band 239
Fisbach, Roger 48; 226
Fischer, Horst 157; 158; 159; 239
Fisher, Fred 85; 86
Fitzgerald, Ella 196; 202; 217; 219
Five Berkeley's Band 27
Five Lyricals 66
Five Pennies 47; 82
Fleischer, Hans "Fips" 154; 162; 239
Fleischer, Walter 103
Flemming, Herb 32; 33; 63; 102; 271; 287
Flierl, Rudi 160; 239
Flor, Arno 161
Folken, Frank 156
Forke, Heinz 35
Formiggini, Gabriel 34; 36; 57; 58; 226
Förster, Wolfgang 160
Foster, Andy 53
Frankfurter All Stars 179; 239
Frazon, Raoul 152
Freed, Arthur 117
Freed, Pauly 54
Freichel, Louis 159; 164; 179
Frenz, Manfred 164
Freund, Joki 177; 179; 239
Friedrich, Helmuth 104; 147
Friis, Børge 93; 135
Frischer, Manny 62
Fröhlich, Herbert 57
Fröhlich, Otto 161
Fuhlisch, Günther 159; 160; 239
Fuhs, Julian 25; 28; 29; 31; 37; 40; 41; 42; 56; 68; 73; 226; 269

Fuller, Earl 18
Funk, E. 102
Funke, Walter 75

Gabbe, Wolf 210; 244
Gaden, Robert 230
Galli, Cesare 125; 230
Garland, Judy 117
Garland's Negro Quintett 226
Garner, Erroll 161; 162; 209
Geiger, Ernö 38; 226; 270
Geisler, Werner 165; 166
Gentschmann, E. 100
George, Fatty 171; 172; 210; 239
Georgia Five 18
Georgians (Guarente) 24; 63
Georgians (Gonella) 56; 94
Gerhard, Siggi 240
German All Stars 240
German Jazzmen 177
Gershwin, George 42; 51; 107; 223
Gertyn, Charly 83
Getz, Stan 176
Giertz, Werner 179; 240
Giese, Erich 20; 23
Giesler, Herbert 185
Gigaz, Maurice 97
Gillespie, Dizzy 47; 196; 202; 218; 219
Giuffre, Jimmy 213
GJC-All Stars 201
Glad, Herbert 44; 57; 226
Glahé, Will 230
Glantz, Nathan 39
Glaser, Joe 173; 174; 185; 293
Glusgal, Ilja 139; 147; 148; 185
Gluskin, Lud 25; 44; 48; 53; 54; 55; 63; 67; 68; 71; 98; 202; 226; 275; 276
Glyckson, Serge 54
Godwin, Paul 227; 279
Goering, Al 45
Gojkovic, Dusco 157
Gold, Lou 39; 68
Golden, Ernie 31; 68
Golden Gate Orchestra 31; 39
Goldene Sieben 98; 99; 100; 103; 118; 134: 230; 283

Goldkette, Jean 91
Gollasch, Günter 240
Golzmann, Leo 55
Gonella, Nat 46; 94; 95; 109; 117; 118; 120; 125; 203; 204; 296
Goodman, Benny 46; 68; 82; 92; 98; 106; 107; 109; 118; 125; 127; 129; 132; 133; 174; 175; 196; 208; 211; 218; 222
Goofus Five 30; 45; 46
Gordon, Armand 240
Görling, Miff 125; 135
Gottlieb, H. 17
Goudie, Frank "Big Boy" 106; 201; 202; 203; 240; 292
Gradis, Wolf 59
Graettinger, Bob 178
Graf, E. 85
Graff, Horst 60; 61
Grah, Bill 172
Grah, Heinz 172
Grammatikoff, Alexander 102; 103
Grappelly, Stephane 131
Grasso, Alfio 129; 130; 131; 137; 138
Greger, Max 158; 159; 235; 240
Grienbaum, Kurt 83; 86
Grossmann, Klaus 168
Grothe, Franz 121; 279
Groundzell, F. 20
Grünberg, Cziko 17
Grunwald, Günter 148; 161
Guarente, Frank 24; 63
Guggisberg, Polly 96
Gullin, Lars 176; 177
Gursch, Max 102
Gürsch, Günther 161
Gutesha, Mladen 158
Gütterer, Werner 159

Hackbarth, Joe 178
Haensch, Delle 152; 155; 159; 240
Haentzschel, Georg 10; 54; 57; 58; 74; 99; 104; 121; 135; 147; 185; 276
Haid, William "Bill" 28
Hall, Henry 101; 114; 115
Hall, Bill 35

Hamilton, Jack 74
Hammers, Gene 152
Hampel, Günter 161; 175; 240
Hampton, Lionel 158; 202; 203; 211; 213; 240
Handy, W. C. 18; 30
Harlem Kiddies 201
Harris, Joe 161
Hartl, Karl 152; 171
Hartmann, Paul 35; 59
Hartschuh, Fritz 178; 240
Hauck, Helmut 156; 157
Hausmann, Hermann 159; 160
Havel City Ramblers 240
Hawkins, Coleman 92; 98; 108; 125; 202; 209; 239
Hawkins, Erskine 125
Hayes, Edgar 139
Haymes, Joe 92
HCD-Ebony Blue Five 167
Heath, Ted 202
Hecker, Alfred 59; 230
Heliopolis Band 62
Helweg, Tonny 139
Henders, Bob 161
Henderson, Edmonia 45
Henderson, Fletcher 32; 43; 45; 47; 69; 77; 95; 170
Henke, Hans 92
Henkel, Eugen 97; 102; 105; 130; 135; 153; 175; 235; 287
Henkel, Paul 104
Henkels, Kurt 153; 154; 156; 157; 160; 174; 235; 240; 292
Henne, Helmut 154
Henze, Wolfgang 166
Herman, Woody 47; 150; 202
Herstoff, Charlie 26; 29; 31; 63
Herzog, Günther 113; 114; 146; 230; 290
Hildinger, Dave 158; 160
Hill, Ernest 201; 202
Himsel, Horst 167
Hind, Bobbie 31
Hines, Earl 91; 109; 125; 202

Hipp, Jutta 175; 176; 177; 210; 239; 241
Hirst, George 57
Höllerhagen, Ernst 97; 98; 99; 104; 209; 220; 287
Hoffmann, Heinz 170
Hoffmann Gerhard 241
Hoffmann, Jan u. Patrick 227
Hoffmann, Ingfried 241
Hoffmann, Peter 168
Hohenberger, Kurt 76; 95; 97; 98; 99; 100; 102; 103; 104; 105; 106; 114; 126; 133; 134; 136; 146; 147; 148; 151; 230; 235; 241; 283; 287; 288
Holdt, Hans 50
Holiday, Billie 197; 202; 218
Holländer, Friedrich 61; 65; 66; 278
Hollywood Dance Orchestra 39
Holman, Billie 158
Höpfner, Paul 112
Höpke, Heinz 152
Hopkins, Claude 50; 66
Hörig, Günter 241
Hot Five 118
Hot-Club Vienna -Ensemble 176
Howe, George 33
Hübner, Abbi 168
Hülphers, Arne 100; 101; 125; 230; 284
Hughes, Spike 70
Humble, Derek 157
Humphrey, Jack 34; 227
Hunk, Peter 168
Hutton, Ina Ray 32; 64
Hyde, Alex 31; 23; 35; 37; 38; 48; 56; 64; 202; 227; 272
Hylton, Jack 46; 75; 76; 77; 84; 98; 101; 114; 118; 227; 278

Igelhoff, Peter 99; 230
Ilsa (Ilse Weinberger) 144
Immig, Walter 138
Impallomeni, Nino 135
Imperial Dance Orchestra 39
Incognitos, Die 241

Jackson, Harry 186; 227

Jackson, Mahalia 196; 219
Jackson, Zaidee 70
Jacquemont, Georges 50
Jacquet, Illinois 202
Jahn, Eugen 230
Jailhouse Jazzmen 167; 168; 241
James, Harry 109; 127; 150; 202
Jankowski, Horst 158; 179; 211; 241
Jary, Michael 121; 129; 136; 147; 230
Jatowe, E. 35
Jazz Ambassadors, The 241
Jazz at the Philharmonic (JATP) 202
Jazz Kings, The 21; 35; 44; 48; 52; 65; 202; 226; 227
Jazz-Symphonisches Orchester 42
Jeanjean, Faustin 54
Jean's Orchester 91
Jenson, Walter 241
Jeschek Swing-Band 106
Jezek, Jaroslaw 106
Johnson, Bunk 163; 167; 168; 180; 181
Johnson, Freddie 71
Johnson, Gunnar 241
Johnson, Hal 117
Johnson, James P. 37
Johnson, Jay Jay 202
Johnson, Percy 50
Johnston, Jimmy 43
Jones, Quincy 203
Joost, Oscar (Oskar) 67; 68; 74; 85; 93; 103; 136; 227; 230; 279; 281
Jordan, Taft 92
Joszi, Sandor 38
Juhl-Thomsen, Aage 100; 230; 284
Junghans, Heinz 168
Juza, Ferri 147; 161

Kaiser, John 61
Kakerbeck, Franz 159
Kallander, Walter 32
Känne, Bo 170
Kapelle vom Palais de Danse 16
Karas, Sperrie 160
Kasper, Macky 130; 148; 150; 161; 175; 185; 241
Kay, Syd 66

Kaye, Cab 202; 203; 209; 241
Keck, Thomas 165
Keller, Greta 65; 68
Keller, Karl Maria 130
Kelly, James R. 54
Kennedy, Howard 54
Kenny, Kenneth 49
Kenton, Stan 47; 51; 155; 196; 198; 202; 207; 219; 221
Keppard, Freddy 18; 67
Kettel, Willi 102; 104; 287
Kiesewetter, Knut 167; 241
King, Edward 35
Kirchstein, Harold M. 50; 65; 98; 99; 136; 274; 283
Kirk, Andy 68; 92; 109
Klagemann, Hans 104
Klein, Oskar 172
Klein, Poldi 165
Kleindin, Teddy 97; 130; 132; 134; 135; 136; 153; 230; 235
Klennert, Bruno 235
Kley, Bruno 230
Klimm, Joe 176
Kline, Teddy 52; 63; 227
Klink, Heinz 147
Klopsch, Helmut 112
Kludas, Erich 83; 85
Ko (Papa Ko's Jazzin Babies) 169; 241
Kok, James 73; 82; 83; 84; 85; 102; 146; 230; 231; 280
Koll, Alo 241
Koller, Hans 160; 172; 175; 176; 177; 210; 241; 295
Kollis, Eddie 54; 67; 75
König, August 112; 148
Konitz, Lee 176
Kopperschläger, Heinz 154
Kordt Sisters 135
Korseck, Hans 99; 100; 104; 134; 136; 146; 288
Kovac, Roland 161; 210; 242
Krause, Erhard 99; 283
Krenek, Ernst 51
Kresse, Hans 177; 178
Kretzmer, Steve 32

Kretzschma, Kubi 113
Kretzschmar, Heinz 157; 162; 171; 199; 209; 235; 242
Kreuder, Peter 93; 116; 126, 231; 278
Kristall-Orchester 83; 227
Krueger, Bennie 45
Krüger, Claus 103
Krupa, Gene 108; 109; 134; 163; 202
Kuchta, Peter 170
Kudritzki, Horst 147; 148; 157
Kühn, Rolf 154; 161; 174; 175; 185; 242
Kuhn, Paul 242
Kunz, Charlie 127
Kunz, Uwe 179
Kurz, Wilbur 24; 25; 26; 29; 31; 49; 58; 63; 75
Kutzer, Karl 83; 147; 150
Kyle, Billy 104
Kysielka, Herbert 130; 148

Laade, Wolfgang 165; 196; 219
Ladnier, Tommy 32; 43; 49; 118
Lais, Detlev 104; 130; 134; 135; 148; 185; 287
Lakatos, Ferencz 158
Lamparter, Omar 105; 130; 147; 148; 150
Lamskus, Helmut 168
Landl, Ernst 176
Lang, Eddie 15; 108
Langford, Frances 117
Lanigiro's Hot Players 101
Lanin, Sam 30; 39; 68; 69
Lanin's Southern Serenaders 31
LaRocca, Nick 20; 196; 219; 267
Lasowsky, E. 42
Lauth, Wolfgang 175; 177; 178; 242
Leander, Zarah 101; 167
Leathertown Jazzmen 169
Lehmann, Felix 58; 59; 68; 220
Lehn, Erwin 147; 148; 153; 154; 156; 157; 158; 179; 235; 242; 296
Lemeau, Félix 58
Lenya, Lotte 69
Lenz, Teddy 150

Leschetitzky, Walter 105; 135; 147; 231
Lewis, George 163; 168; 181
Lewis, John 243
Lewis, Willie 32; 68; 71; 92; 105; 209
Lewitsch, Arno 29; 56; 59; 227
Ley, Eggy 210; 243
Lidström, Jack 243
Liebermann, Rolf 51
Lindemann, Walter 23
Lipczinski, Xaver 35
Lipman, Harry 67; 107
Lipman, Sydney 66
Lippmann, Horst 164; 184; 188
Liske, Hans 35
Liston, Virginia 45
Llossas, Juan 98; 138
Logan, Ella 110
Logist, Lou 132; 133
Lombard, Artur 83
Lombardo, Guy 46
London, Joe 227
London Sonora Band 31; 227
Lopez, Vincent 30; 60
Losick, Marian 138
Louisiana Five 18; 23
Lousley, Art 48
Luczkowski, Adalbert 99; 243; 283
Luczkowski, Waldi 99; 283
Lunceford, Jimmie 82; 84; 89; 92; 109; 110; 117; 125; 148; 207; 235
Lutter, Adalbert 93; 105; 231
Lyman, Abe 45
Lyttelton, Humphrey 203

Mac Allen, Willie 65; 201
Mac Farlane, Howard O. 35; 48; 56; 58; 59; 227
Mac Lane, Earl 35
Mac's Jazzband 48; 56
Machowiak, Alex 161; 175
Machwitz, Ernst 158
Mackeben, Theo 59; 68; 69; 74; 83; 227
Maestri, Baldo 147; 148; 150; 185
Magnolia Jazz Band 167; 168; 243
Majestic Dance Orchestra 16; 39
Major-Club-Orchestra 69

Malneck, Matty 76
Mangelsdorff, Albert 159; 176; 179; 243
Mangelsdorff, Emil 177; 179; 243
Mannheim Jazztett 180
Manone, Wingy 92
Mantovani, Annuncio 152
Markel, Mike 30; 39; 45
Martin, Bobby 33
Martin, Jack 177
Martin, Paul 156
Marzaroli, Alfredo 135; 138
Maskeraders, The 235
Masman, Theo Uden 64
Masnick, Henry 161
Matull, Serge 134
Maury, Gerhard 170
Maycock, George 203; 243
Mayer, Aloys 35
McDonough, Dick 15; 68; 92
McKenzie, Red 45; 188
McKinley, Ray 203
McKinney's Cotton Pickers 170
Medrow, Rudi 138
Meenk, Eddy 35
Meerwald, Willi 172
Meister-Sextett 59
Melody Serenaders 85; 86
Melzac, José 227
Memphis Five 46
Merrymakers, The 59
Merton, Kapelle 38
Meyer-Rogge, Jan 168
Meyer-Rogge, Klaus 168
Mezzrow, Milton "Mezz" 197; 202; 220
Michailow, E. 17
Michelsen, Kai 56
Miehm, Heinz 159
Milenz, E. 100
Militär-Orchester 224
Miller, Emmett 108
Miller, Glenn 109; 122; 125; 139; 144; 150; 211
Miller, Ray 45
Mills, Kerry 16
Mills Blue Rhythm Band 92
Mills Brothers 59; 207

Millward, Syd 101
Minari, Carlo 75
Missouri Jazz Band 39; 43
Missourians, The 69
Mitchell, John 33
Mitchell's Jazz Kings 18; 19; 21; 65
Mitchell's Seven Spades 18
Mitschele, Klaus 160
Mobiglia, Tullio 130; 135; 137; 138; 231
Modern Jazz Quartet 178; 183; 202; 213
Modern Jazz-Group Freiburg 180; 243
Mole, Miff 45; 108; 118
Monetti, E. 57
Moore, Dave 160
Moraweck, Lucien 54
Morelle, Molly 115
Morello, Tony 21; 35; 48; 52; 74
Morris, John 74; 75; 83; 227
Morrow, Freddy 28
Morton, Jelly-Roll 57; 118; 168; 180; 188; 220
Mosch, Ernst 158
Moten, Bennie 69; 170
Moulin Rouge Orchestra 39
Mück, Franz 105; 130; 132
Müller, Harald 165
Müller, Herbert 10; 93; 104; 105; 134; 150; 185
Müller, Johnny 171
Müller, Werner 148; 150; 153; 154; 161; 175; 235; 243
Mumssen, Rudgar 168
Munsonius, Heinz 151
Münster, Jost 168
Müssigbroth, Max 85
Mutschler, Hermann 158
Mutterer, Horst 167
Mützelburg, Bernhard 23
Muzzi, John 62; 227

Nagel, Lutz 169
Nathan, Henry 28
Naudin, Jean 50
Naumann, E. 85

Naura, Michael 179; 243
Neger-Jazz-Orchester 27; 227
Neiss, Fritz 185
Nemeth, Jani 131
Nettelmann, Georg 76; 104; 279
Neumann, Manfred 166
Neumann, Werner 100; 112
New Hot Players 209
New Hot Potatoes 244
New Jazz-Group Hannover 179; 244
New Orleans Band 165
New Orleans Feetwarmers 69
New Orleans Five 18
New Orleans Jazz Band 169
New Orleans Wild Cats 244
New Princes Toronto Band 48
New Yorkers, The 44; 48; 52; 53; 54; 64; 68; 202; 227; 277
Nicholas, Albert 202
Nichols, Loring "Red" 45; 46; 49; 50; 64; 67; 68; 69; 82; 92; 118; 125; 196; 219
Niemeyer, Heinz 174
Nierenz, Karl 35
Nigger-Jazz-Band 27
Nikisch, Arthur 42
Nikisch, Mitja 42; 227
Nilson, Alice Babs 244
Noak, Lothar 173; 174
Noakes, Alfie 48
Noble, Ray 59; 77
Norman, Eddie 35; 52; 53
Norvo, Red 109; 202
Novack, Hans 151
Nunez, Alcide "Yellow" 23

Oakley, Olly 15; 43; 224
Obendorfer, Chappy E. 50
Oberland Street Paraders 244
O'Brien, Jack 53; 54; 220
Occam Street Footwarmers 169; 244
Odeon Tanz-Orchester 16; 38; 224
Odeon-Five 48
ODJB siehe Original Dixieland Jazz Band
Oestling, Sune 125; 135
Ogermann, Klaus 159

Ohio Lido Venice Band 25; 27; 28; 29; 31; 41
Oimel Jazz Youngsters 167; 168; 244
Old Heidetown Ramblers 244
Old Merry Tale Jazz Band 166; 167; 168; 244
Olewsky, E. 61, 62
Oliver, King 18; 30; 45; 46; 91; 118; 163; 168; 188; 196; 220
Oltersdorf, Heinz 154
Oltersdorf, Horst 154
Omer, Jean 105; 112; 125; 130; 135; 137; 139; 140; 141; 142; 147; 206; 231; 290
Oppenheimer, Günther 154; 244
Orban, Jean 147; 148
Orbis, Kid 210; 244
Original Dixieland Jass (Jazz) Band 14; 18; 19; 20; 22; 23; 24; 30; 46; 52; 53; 54; 55; 66; 118; 188
Original Excentric Band 20; 224
Original Indiana Five 18; 52
Original Memphis Five 18; 24; 30
Original Orpheans Band 48; 227
Original Piccadilly Four 20; 26; 121; 224
Original Six 30
Original Teddies 96; 97; 98; 100; 102; 103; 114; 115; 118; 128; 132; 139
Ortuso, Michael "Mike" 26; 29
Ory, Kid 18; 168; 180; 202
Ossman, Vess L. 15; 224
Ostermann, Corny 104; 118
Osterwald, Hazy 98; 203; 209; 244
Ouwerx, Jean 135

Palais de Danse Orchester 16;17; 73; 224
Pallmann, Fritz 23; 24; 26
Panamas, Die 244
Paris, Teddy 152; 171
Parker, Charlie 47; 163; 196; 209; 221
Parvoni, Arthur 54
Passage, Henry 154
Paul, Rita 148
Pawlick, Charlie 112

Payne, Jack 68; 77
Peabody, Eddie 115
Peck, Nat 161
Pennsylvania Syncopators 31
Perry, Dan 101
Peters Sisters 208
Peterson, Oscar 202
Petruko, E. 138
Petruschka, Sigismund 66
Pettiford, Oscar 176; 203; 244
Petz, Fritz 153; 159
Phillips, Flip 202
Phillips, Harry 27
Piccadilly Four Jazzband 20; 21; 26; 224
Pickering, Ben 56; 57; 59; 63; 74
Pidoux, John 15; 224
Piron, Armand 18; 30; 46
Plasil, Victor 176
Plato, Hermann 105
Pohl, Harry 35; 37; 48; 74
Pöhlert, Werner 178
Polo, Danny 53; 54; 74
Polzer, Mike 29; 31
Pommerenke, Eberhard 179
Porter, Cole 117
Powell, Eleonore 117
Prendergast, Gene 54
Pressler, Franz 171; 172
Prima, Louis 91
Pronk, Bob 157
Pryor, Arthur 16
Puchert, Erich 130

Quintette du Hot Club de France 106; 131; 132

Rabsch, Gerhard 112
Radio Imps 43
Rajula, Matty 35; 74
Ramblers, Het 64; 73; 208
Rapée, Ernö 227
Rasmussen, Peter 35; 74
Raven, Fred 231
RBT-Orchester (Radio Berlin Tanzorchester) 147; 148; 149; 157; 204; 235
Rebhuhn, Paul 92

Rebhuhn, Peter 92; 148
Red Heads 32; 64; 71
Rediske, Johannes 150; 173; 174; 176; 211; 236; 244; 293
Redman, Don 47; 91; 92
Rehm, Werner 164
Rehmstedt, Hans 121; 136; 231
Reimann, Mac 244
Reinhardt, Django 106; 196; 221
Reininghaus, Charly 83
Reininghaus, Gert 83
Reipsch, Horst 154
Remue, Charles 35; 63; 74
Rena, Kid 163
Reschke, Victor 152
Reser, Harry F. 15; 30; 38; 43; 45; 67; 69; 203
Residenz-Orchester 16
Reuter, Theo 69; 104; 105; 231
Revelers, The 59; 67
Reynold, Jimmy 101
Rhythm Kings 188
RIAS-Combo 161; 175
RIAS-Tanzorchester 150; 161; 175
Rich, Buddy 203
Rich, Fred 39; 51; 52; 68
Rickers, Peter 170
Riedl, Franz 171
Ritten, Eddie 54
Riverboat Seven 244
Riverians Jazz Band 27
Riverside Jazz Band 167; 168; 227; 244
Rivertown Dixieland Jazzband 244
Robert, Arndt 99; 100
Robert, Jean 133; 135
Roberts, Tom 179
Roeder, Franz 176
Roggenbuck, Rolf 168
Rohrbeck, Hermann 114
Rohrmoser, E. 100
Rollini, Adrian 47; 54; 68; 97
Romanoni, Ernesto Erlando 131; 138
Romby, Paul 51; 228
Roncoroni, Piero 147; 148
Rose, Joe 28
Rosen, Max 32

Rosner, Adi "Jack" 61
Roß 85
Ross, Fred 20; 21; 26; 224; 268
Rounders, The 68
Roy, Harry 25; 67; 94; 95; 107; 109; 117; 118; 128
Roy, Sid 66; 68; 71; 228
Ruff, M. 105
Rumpf, Max 102; 103; 114; 115; 205; 231; 286
Russell, Barney 28
Russell, Luis 47; 92
Russo, Bill 176; 179; 202; 203; 244
Ruth, Lewis (L. Rüth) 69; 104; 231
Rüth, Ludwig siehe Ruth, Lewis

Sachs, Klaus 245
Sadi & Combo 245
Sagawe, Hans 20; 23
Saint-Saëns, C. C. 70
Salty Dogs 169
Samp, Harry 161
Samson(owitsch), Eli P. 83
Samson, Sam 83; 125; 135
Samuels, Joseph 30
Sandberg, Heinz 231
Sanner, Karl 176; 177; 179
Sanner, Willi 171
Sargent, Joe 65
Sasse, Willi 66
Sauer, Wolfgang 167; 245
Sauter, Eddie 160
Sauter-Finegan Orchester 160
Savitt, Jan 56
Savoy Orpheans 46; 63
Savoy-Plaza-Band 69
Savoy Syncops 49; 274
Scanavino, Mario 50; 274
Schachmeister, Efim 228; 279
Schachtner, Heinz 245
Schäffers, Pi 135
Scharfenberger, Werner 236; 245
Schattergan, Hans 114
Schellerer, Heinz 167; 245
Schemmler, Günter 161; 175
Schieke, Kurt 105

Schieting, Eugen 130
Schilling-Erich 167
Schittek, Gerhard 168
Schlüter, Wolfgang 179
Schmassmann, René 101; 231: 284
Schmid, Max 35
Schmidt, Bobby 155
Schmidt, Eckhard 165
Schmidt, Heinz 10; 35; 52
Schmitz (Schmidt-Steinberg), Christian 153
Schmücking, Hansi 166
Schneebiegl, Rolf 156; 160
Schneider, Hans-Wolf 165; 166; 245
Schoebel, Elmer 91
Schönberger, Heinz 159; 161; 175; 180; 245
Schröder, Friedrich 86; 99
Schröder, Heinz 35
Schröter, Fred 138; 150
Schubert, Franz 70
Schubert, Peter 168
Schüttrumpf, Gerd 164
Schütz, Hans Georg 130; 231
Schütze, Waldemar 152
Schult, Wolfgang 168
Schulvater, Baby 61
Schulz, Erich 10; 84; 85; 100
Schulz-Reichel, Fritz 83; 84; 102; 104; 134; 135; 147; 148; 185; 236; 244; 245; 287
Schumann, Coco 151; 185
Schuster, André 75
Schwarz, Werner 231; 236
Schwedler, Karl 128
Schweitzer, Freddie 73; 74; 76
Scott, Raymond 117
Scott, Tony 202
Scott-Wood, George 118
Sedric, Eugene "Gene" 32; 33; 272
Sehring, Rudi 245
Seiber, Matyas 79
Sekles, Bernhard 79
Selvin, Ben 45
Seminole Syncopators 30
Senter, Boyd 43; 45

Serrano, Rosita 134; 288
SFB-Tanzorchester 161
Shannon-Quartett 59
Shavers, Charlie 202
Shaw, Artie 46; 109; 110; 117; 118; 125; 132; 134; 139; 235
Shearing, George 174
Sherbini 102
Siegel, Al 43
Sill, Otto 85; 86
Simon, Dick 164
Sims, Zoot 176
Sinclair, Teddy 63
Singing Sophomores 59; 67
Sissel, Norman 69
Sissle, Noble 49; 50; 65
Six Black Diamonds 31
Six Sounds Jazzband 245
Skiffle Guys 169
Skjoldborg, Anker 35
Skokann, Fritz 159
Smit, André 136; 139
Smith, Bessie 196; 200
Smith, Harl 27; 28
Smith, Mamie 30
Smith, Willie 202
Somers, Debroy 77
Sound Cave Combo 245
Sousa, J. P. 16; 22
Southern Syncopated Orchestra 65
Spanier, Muggsy 203
Specht, Paul 27; 56
Spiritual Quintett-Düsseldorf 169; 245
Spoliansky, Mischa 41; 42
Spree City Stompers 165; 166; 168; 203; 238; 245; 294
Spychalski, Alex 173; 174
St. Cyr, Johnny 15
Stahmer (Stamer), Fritz 30; 228
Stampfl, Lucky 35
Standard Jazz Band 209
Stanke, Willi 129; 130; 133; 205; 231; 236
Stauff, Dick 74

Stauffer, Teddy 10; 95; 96; 97; 98; 103; 104; 105; 106; 114; 148; 206; 209; 231; 234; 282; 283
Steamer, Fred 30; 228
Stech, Willi 99; 121; 134; 141; 232; 283; 293
Steimel, Adolf 121; 129; 232
Steinbacher, Erwin 105; 232; 291
Stenzel, Otto 10; 103; 115; 232; 279; 286
Stewart, Rex 186; 201; 202; 203; 204; 236
Stoeckel, Heinz 150
Stone, Lewis 69
Straight, Charly 45; 151
Strasser, Hugo 158; 245
Strawinsky, Igor 65
Strohkorb, Peter 166
Südfunk-Tanzorchester 157
Südwestfunk-(SWF)-Orchester 156; 160; 176
Sutton, Ralph 209
Swain, Hal 48
Sweatman, Wilbur 18
Swing Group-Gelsenkirchen 245
Swingtett 236
Syd Roy's Lyricals 66; 67
Symphonic Jazz Band 58; 59
Szreter, Karol 42

Tabor, Charlie 130; 153; 158; 177
Tampa Blue Jazz Band 30
Tamper, Bill 152
Tanzorchester des Staatlichen Rundfunkkomitees 154
Tanzpalast-Orchester 16
Tarto, Joe 28
Tate, Erskine 46
Tauber, Max 17
Tauber, Richard 107
Teagarden, Jack 68; 202; 210
Templin, Lutz 100; 121; 128; 134; 135; 136; 140; 232; 236; 291
Teupen, Jonny 245
Tevelian, Meg 114; 129; 130; 131; 133; 136; 137; 140; 209; 232

Thal, Horst 75
Thiel, Paul 85
Thompson, Lucky/Sels 245
Thomsen, Rudi 79; 159
Thon, Franz 62; 99; 100; 102; 151; 152; 159; 160; 232; 236; 245; 287
Thunus, Vicky 236
Tischelaar, Tip 132; 133; 137; 139; 140
Tischendorf, Heinz 158
Tittmann, Otto 130; 135
Toffel, Billy 98
Toombs, Betty 97
Törner, Gösta 125
Toronto Jazz Band 48; 49
Tough, Dave 53; 54; 272
Tower, Eddie 105; 125; 206
Tremble Kids 245
Trio Harmonie 236
Tristano, Lennie 177
Trommer, Jack 98
Trumbauer, Frank 45; 46; 47; 76; 77; 108
Tschaikowski, Peter 70
Tucker, Sophie 117
Türksch, Otto 105
Twardy, Werner 171
Two Beat Stompers 164; 165; 246
Two-Sound Band 171; 172

UFA-Tanzorchester 152
Unger, Eddie 236

Valente, Caterina 161; 246
Vallée, Rudy 46
Van den Bossche, Henri 25; 37; 48
Van den Broek, Rimis 132; 135; 136; 139; 140
Van der Sys, Hans V. 135; 136
Van Dyk, Harry 129; 132; 133; 136; 137; 204; 232; 288
Van Gils, Gide 50; 274
Van Poll, Jack Three-Oh 246
Van t'Hoff, Ernst 121; 125; 130; 136; 137; 139; 140; 141; 142; 232; 290
Varosz, Arpad 34; 228
Vaughan, Sarah 202

Vees, E. 138
Venn, Tommy 67
Venuti, Joe 45; 46; 68; 77; 108
Verschoor, Kees 136; 139; 140
Vidal, Charlie 29
Viera, Joe 246
Vintilescu, Giorgi 17
Vlig, Hans (v. d. Sys) 135; 136; 139
Vohwinkel, Gerd 166; 168
Vollgraf, Béla 86; 112
Von der Meden, Tonio 168
Von Eichwald, Hakon 76;115; 228; 232
Von Geczy, Barnabas 93; 228
Von Klenck, Franz 156; 157
Von Morgen, Jörg 168
Von Wyski, Klaus 169
Von Wysocki, Gerd 180
Voorhees, Don 67
Vossen, Albert 232

Wabash Dance Orch. 69
Wachsmann, Franz 61; 62
Wagner, Christian 35
Wagner, Richard 40
Wagner, Wolfgang 178
Waldemar, Bert 113
Walldorf, Benno 246
Waller, Fats 46; 82; 89; 92; 99; 109; 127; 188
Wallpaper Warehouse Dixieland Jazzband 246
Walter, Karl 199
Warenburg, E. 86
Warren, John 33
Washboard Rhythm Kings 91
Wasmuth, Robert 232
Waters, Benny 203; 246
Webb, Chick 91; 109; 117; 207
Webb, John 134; 149; 204; 233
Weber, Fritz 138; 233
Weber, Marek 21; 41; 50; 56; 57; 58; 98; 224; 228; 268; 272
Weems, Ted 57
Weepster, John 134; 149; 204; 233
Weersma, Melle 98
Wege, Kurt 76; 83; 85; 99

Wegener, Rudi 99; 100; 104; 134
Weglinski, Helmut 179; 246
Wehner, Gerhard 114; 233
Wehner, Heinz 86; 92; 93; 95; 105; 106; 115; 126; 130; 146; 233; 281
Weichbrodt, Fritz 157; 158
Weiland, Ernst "Bimbo" 105; 233
Weill, Kurt 69
Weinberger, Ilse 144
Weinkopf, Gerald 158
Weintraub, Stefan 10; 60; 61; 62
Weintraubs, Die 42; 60; 61; 62; 63; 68; 73; 83; 228; 274; 275
Weiss, Heinz 153
Weiss, Leo 62; 73
Weiss, Walter 153
Weißen Raben, Die 114
Well, Erich 152; 155
Wellen, Klaus 246
Welsandt, Manfred 246
Wenskat, Reinhard 25; 48; 228
Wepp, John 134; 149; 204
Werner, Erich 161
Wernicke, Heinz 76
Wernicke, Helmuth 10; 75; 93; 104; 135; 151; 236; 246; 295
Whiteman, Paul 29; 40; 41; 42; 46; 51; 53; 54; 57; 58; 60; 62; 67; 75; 76; 77; 101; 271
Whittaker, John 49
Wick, Joe 152; 153; 154; 155; 171; 207; 236; 246
Widmann, Kurt 112; 114; 130; 132; 133; 134; 136; 143; 146; 147; 148; 149; 150; 161; 204; 205; 233; 236; 246; 289
Wilfert, Hanne 152; 155
Wilkens, E. 102
Williams, Bill 35
Williams, Clarence 45
Williams, Clive 55; 270
Williams, Mary Lou 68; 92
Williams, Nelson 202; 246
Williams, Spencer 50; 66
Wilson, Teddy 104; 109; 132
Wilton, Bert 67; 74

Windler, Werner 161
Windy City Five 68
Winkler, Willibald 73; 130; 135
Winkler's Jazz-Syncopators 73
Winner's Circle 175
Winter, Horst 129; 132; 133; 136; 204; 233; 290
Wise, Freddy 61
Witte, Peter 158
Wohlgemuth, Wolfgang 185
Wolff, Eugen "José" 93; 104; 233; 295
Wolverines, The 91
Woodhouse Stompers 246
Wooding, Sam 32; 33; 34; 41; 42; 43; 47; 48; 52; 60; 63; 66; 71; 98; 102; 202; 228; 271
Woog City Stompers 169
Wray, Ken 157

Wunderlich, Klaus 246
Wynn, Albert 71

Yankee Jazz Band 23; 24
Young, Lester 176; 196; 217

Zacharias, Helmut 130; 131; 132; 136; 138; 146; 151; 152; 156; 160; 175; 185; 207; 233; 236; 246; 289
Zaum, Reinhard 168
Zierer, Fred 54
Zillner, Robby 112
Zirn, Alfred 50
Zoller, Attila 210; 246
Zschockelt, Alfons 169; 246
Zurke, Bob 125
Zürn, Ralph 236

Abbildungen

So kam der Jazz nach Europa: Die „Original Dixieland Jazz Band" bei ihrem Europa-Besuch 1919-20 im Londoner „Rectors Club", Okt. 1919: Nick LaRocca, Emile Christian (später bei Eric Borchard), Larry Shields, Billy Jones und Tony Sbarboro - sämtlich Pioniere der ursprünglichen Jazzmusik der 20er Jahre in aller Welt. (Archiv Lange la Rocca)

Die „Original Picadilly Four Jazz Band". Die erste Pseudo-Jazz-Gruppe, die in Berlin 1920-1921 bemüht war, „Jazz" zu spielen. (Archiv Lange)

Fred Ross, Pianist und Bandleader, leitete eine der ersten Ragtime/Jazz-Bands in Berlin und produzierte einige frühe Schallplattenaufnahmen. (Archiv Lange)

Die erste „Jazz"-Platte, die in Deutschland im Januar 1920 veröffentlicht wurde; der „Tiger Rag" gespielt von der „Original Excentric Band" - allerdings noch im reinen Ragtimestil. (Archiv Lange)

Das Marek Weber-Orchester- eine vielseitige Band, die zwischen 1919 und 1933 auch ab und zu Ragtime und guten Jazz darbot. (Archiv Lange)

Das „Palais de Danse", wo bereits vor 1914 Ragtime und zwischen 1920-1931 Jazz zu Gehör kam (Archiv Lange)

Eric Borchard (Archiv Lange)

Julian Fuhs (Archiv Lange)

Jenö Fesca und sein Orchester, Berlin 1925 (Archiv Lange)

Ernö Geiger und sein Orchester, im Homocord-Studio, 1925 (Archiv Lange)

„Clive Williams Jazz-Band" (alias Dajos Béla), Berlin 1927 (Archiv Lange)

Sam Wooding (Archiv Lange)

Herb Flemming, Posaunist der Wooding-Band (Archiv Lange)

Sam Woodings Orchester im Berliner Ufa-Palast, 1928 (Archiv Lange)

Paul Whiteman und sein Orchester bei der Generalprobe im „Großen Schauspielhaus", Berlin, Juni 1926 (Archiv Lange)

Eugene „Gene" Sedric, Saxophonist der Wooding-Band (Archiv Lange)

Alexander „Alex" Hyde (Copyr. Ullstein)

Dave Tough, Drummer der „George Carharts New Yorkers" 1927 in Berlin (Archiv Lange)

Marek Weber (Archiv Lange)

Fred Birds Salon Symphonie Jazzband, Studioband, Berlin 1928 (Archiv Lange)

Kalliope American Record, seltene Plattenmarke der 20er Jahre (Archiv Lange)

Acme, ein weiteres begehrtes Sammleretikett der 20er Jahre (Archiv Lange)

ODEON

Original American-Jazz-Bands (Fortsetzung)

Preisklasse, Plattengröße, BestellNr.		Titel	Kapellen	Platten Nr.
O-3194	A 25	Mama's Got The Blues, Foxtrot (Clarence Williams, Sara Martin) My Pillow and me, Foxtrot (Tim Brymn, Chris. Smith, Clarence Williams)	Handy's Orchestra, New York	312 954 / 312 955
O-3195	A 25	Farewell Blues (Leon Rappolo, Paul Mares, Elmer, Schoebel) Gulf Coast Blues, Foxtrot (Clarence Williams)	Handy's Orchestra, New York	312 976 / 312 977
O-3196	A 25	You don't know my mind blues, Foxtrot (Clarence Williams, Virginia Liston, Sam Gray) West Indies blues, Foxtrot (Edgar Dowell, Spencer Williams, Clarence Williams)	Jamaica Jazzers New York	312 852 / 312 853
O-3197	A 25	Working Man Blues, Foxtrot (Joe Oliver) Riverside Blues, Foxtrot (Thos. Dorsey, Rich. M. Jones)	King Oliver's Jazz Band, New York	312 808 / 312 809
O-3198	A 25	Room Rent Blues, Foxtrot (Irving Newton) I Ain't Gonna Tell Nobody, Foxtrot (Richard M. Jones)	King Oliver's Jazz Band, New York	312 872 / 312 873
O-3199	A 25	Hymn to Sun (Hymne Al Sol), Foxtrot (from the opera „Le Coq d'Or") (Rimsky-Korsakow, Drobeck, Glynn) Sunshine of mine (Mi Rayo de Sol), Foxtrot (Jack Chapman, Harry Kelly, Art. Beiner)	Harold Leonhard and his Red Jackets The Yellow Jackets	312 806 / 312 807
O-3200	A 25	Limehouse, Blues-Foxtrot So 'ne Landpartie, Foxtrot (Harry Reser, Director, New York)	Harold Leonard and his Red Jackets Odeon Syncopators, New York	312 855 / 312 869
O-3201	A 25	En mi Tierra Azteca (In my Aztec Land) (Al. Hegbom, Billy Meek) Fox Del Silbido, Whistling Fox (Lauro D. Uranga)	Mexican Trio de Celebres Instrumentalistas „Cinta Azul"	312 940 / 312 941
O-3202	A 25	Christine, Foxtrot (Amy Loposer, C. E. Murphy) Sensation Rag, Foxtrot	Original Crescent City Jazzers, New York	312 861 / 312 862

Eine Seite aus dem Odeon-Katalog 1925 (Archiv Lange)

273

Arthur Briggs Savoy Syncops Band, hier mit Briggs am Sopransaxophon, ferner mit Kirchstein, Scanavino, Salnave, van Gils und unbekannt, etwa 1927 (Sammlung Robert Pernet / Archiv Lange)

Weintraubs Syncopators, 1931 (Foto: Ap)

274

Arthur Briggs (Archiv Lange)

Weintraubs Syncopators, um 1932 (Archiv Lange)

Lud Gluskin and his Ambassadeur-Orchestra, in Berlin 1928 (Archiv Lange)

Georg Haentzschel (Archiv Lange)

Das „Musik Echo", die erste deutsche „Jazz"-Zeitschrift, 1930-1934 (Archiv Lange)

Tanztee mit Lud Gluskin, Café Berlin-Dachgarten, 1930 (Archiv Lange)

Ben Berlin, alias Hermann Bick, 1929 (Archiv Lange)

Sidney Bechet and his New Yorkers im Palmengarten des Haus Vaterland, Berlin 1930 (Archiv Lange)

Sidney Bechet bei einer Privatparty im Hause Goldschmidt-Rothschild, Berlin Grunewald, 1930 (Copyright Ullstein)

Dajos Béla (Béla Dajos) mit seinem Orchester, Berlin 1929 (Archiv Lange)

Friedrich Holländer, Marlene Dietrich, Josef von Sternberg und Peter Kreuder, 1930 (Archiv Lange)

Das Alberti-Musikhaus mit Jack Robbins, Adalbert Schalin, Viktor Alberti, Artur Rebner, Robert Gilbert, Armin Robinson, Strengholt, Abeles, Jack Hylton, Besnyö, Mrs. Jack Hylton (Oktober 1930) (Archiv Lange)

Eine „Band" der Berliner Kapellmeister mit Billy Bartholomew, Franz Grothe, Bizony, Dajos Béla, Kramer, Efim Schachmeister, Bernard Etté, Ilja Livschakoff, Paul Godwin und Otto Stenzel (Mai 1931) (Archiv Lange)

Die Oscar-Joost-Jazzband auf dem Dachgarten des Eden-Hotels, 1931 (Archiv Lange)

Georg Nettelmann und sein Orchester, 1930 (Archiv Lange)

Moka-Efti (City), wo das Orchester James Kok spielte (Archiv Lange)

James Kok (Archiv Lange)

James Kok und seine Jazz-Virtuosen (Archiv Lange)

James Koks Band im Grammophon-Aufnahmestudio, Berlin 1935 (Archiv Lange)

Oscar Joost und sein Orchester, um 1937 (Archiv Lange)

Deutsche Grammophon-Aktiengesellschaft
BERLIN SW 19, JERUSALEMER STRASSE 65/66

Brunswick-Schallplatten-Abend

Swing-Musik

am Montag, dem 20. Januar 1936,

im Delphi-Palast

PROGRAMM

Vortrag des Herrn Dietrich Schulz

1.	Dorsey Brothers	Sentimental Over You	A 9332
2.	Chick Webb	Blues In My Heart	A 9842
3.	Fletcher Henderson	Happy As The Day Is Long	A 9818
4.	Duke Ellington	Happy As The Day Is Long	A 9458
5.	Duke Ellington	Solitude	A 9656
6.	Spike Hughes	Sirocco	A 9809
7.	Cab Calloway	Nagasaki	A 9809
8.	Jack Teagarden	Junk Man	A 9843
9.	Casa Loma-Orchestra	Nocturne	A 9671
10.	Teddy Wilson	What A Little Moonlight Can Do	A 9867
11.	Bert Ambrose	Stars Over Devon	A 9838
12.	Guy Lombardo	Annie Doesn't Live Here Any More	A 9489
13.	Casa Loma Orchestra	Smoke Rings	A 9249
14.	Bert Ambrose	The General's Fast Asleep	A 9837
15.	Bert Ambrose	Embassy Stomp	A 9724

Swing-Vortrag von Dietrich Schulz(-Köhn) im Januar 1936 im beliebten „Delphi-Palast". So etwas war zeitweilig noch möglich. (Archiv Lange)

Swing-Orchester Heinz Wehner im Europahaus (Spiegelsaal), 1935 (Archiv Lange)

Der „Delpi-Palast", Berliner Swingzentrum
der 30er und 40er Jahre (Archiv Lange)

Teddy Stauffer (Archiv Lange)

Stauffers Brass-Section während einer Schallplattenaufnahme, 1936 (Archiv Lange)

Teddy Stauffers „Original Teddies" (Archiv Lange)

Dob takes a solo (Archiv Lange)

„Die Goldene Sieben", Studioband mit Hohenberger, Krause, Thon, A. Luczkowski, Stech, Kirchstein, W. Luczkowski-Berlin 1935 (Archiv Lange)

Aage Juhl-Thomsen und sein Orchester in der „Femina", 1936 (Archiv Lange)

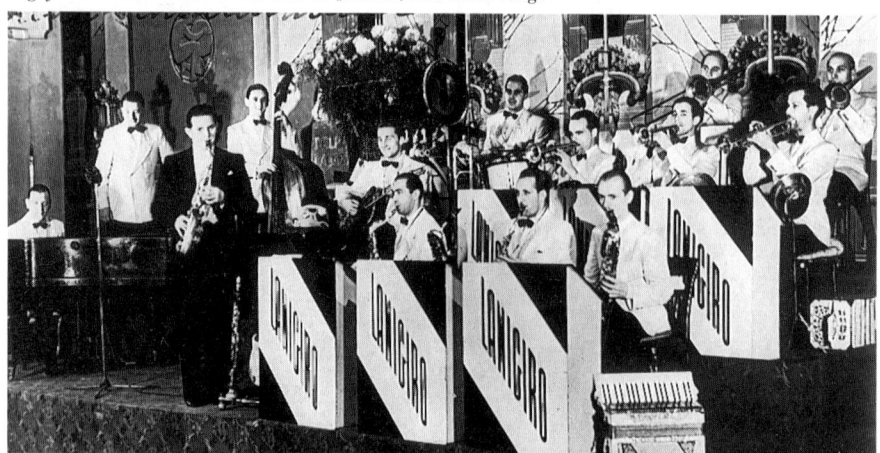

René Schmassmanns „Lanigiros", im Delphi-Palast, 1937 (Archiv Lange)

Arne Hülphers und sein Orchester, im Europahaus, 1937 (Archiv Lange)

Lindström American Record 1922-1929 (Archiv Lange)

Odeon-Swing-Music-Series - produziert in Berlin 1937-39, trotz „Jazzunerwünschtheit", im Export sogar bis 1944 erhältlich (Archiv Lange)

Alberti Special Record (Sonderkoppl.) 1930-1939 (A. Lange)

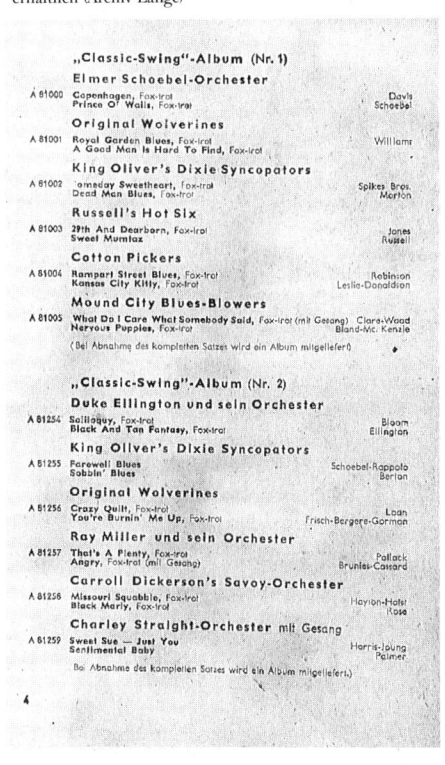

„Classic-Swing"-Album (Nr. 1)
Elmer Schoebel-Orchester
A 81000 Copenhagen, Fox-trot — Davis
Prince O' Wails, Fox-trot — Schoebel
Original Wolverines
A 81001 Royal Garden Blues, Fox-trot — Williams
A Good Man Is Hard To Find, Fox-trot
King Oliver's Dixie Syncopators
A 81002 Someday Sweetheart, Fox-trot — Spikes Bros.
Dead Man Blues, Fox-trot — Morton
Russell's Hot Six
A 81003 29th And Dearborn, Fox-trot — Jones
Sweet Mumtaz — Russell
Cotton Pickers
A 81004 Rampart Street Blues, Fox-trot — Robinson
Kansas City Kitty, Fox-trot — Leslie-Donaldson
Mound City Blues-Blowers
A 81005 What Do I Care What Somebody Said, Fox-trot (mit Gesang) — Clare-Wood
Nervous Puppies, Fox-trot — Bland-Mc. Kenzie
(Bei Abnahme des kompletten Satzes wird ein Album mitgeliefert.)

„Classic-Swing"-Album (Nr. 2)
Duke Ellington und sein Orchester
A 81254 Saliloquy, Fox-trot — Bloom
Black And Tan Fantasy, Fox-trot — Ellington
King Oliver's Dixie Syncopators
A 81255 Farewell Blues — Schoebel-Rappolo
Sobbin' Blues — Berton
Original Wolverines
A 81256 Crazy Quilt, Fox-trot — Loan
You're Burnin' Me Up, Fox-trot — Frisch-Bergere-Gorman
Ray Miller und sein Orchester
A 81257 That's A Plenty, Fox-trot — Pollack
Angry, Fox-trot (mit Gesang) — Brunies-Cassard
Carroll Dickerson's Savoy-Orchester
A 81258 Missouri Squabble, Fox-trot — Hayton-Hofsi
Black Maria, Fox-trot — Rose
Charley Straight-Orchester mit Gesang
A 81259 Sweet Sue — Just You — Harris-Young
Sentimental Baby — Palmer
(Bei Abnahme des kompletten Satzes wird ein Album mitgeliefert.)

Eine Seite aus dem Brunswick-Katalog 1939 (Deutsche Grammophon Gesellschaft), mit einer Auswahl klassischer Jazzaufnahmen (Archiv Lange)

Sonderplatte Televox 1939 (Archiv Lange)

Swing-Music Spezialverzeichnis der Electrola im Jahre 1936 (Archiv Lange)

Otto Stenzel mit seinem Scala-Orchester um 1938 (Archiv Lange)

Szene in der Musikabteilung der NS-Ausstellung „Entartete Kunst" und „Entartete Musik" - Der „Jazz" galt als 'artfremdes' und 'undeutsches' Machwerk der Neger und Juden (1935) (Archiv Lange)

Max Rumpf und sein Orchester, eine der führenden Swingbands im „Delphi-Palast", 1937 (Archiv Lange)

Jazzer im Sherbini-Club, Berlin, Januar 1936, mit Dietrich Schulz(-Köhn), Herb Flemming, Fidlin' Joe, Fritz Schulz(-Reichel), Kurt Michaelis (Hot-Geyer) und Zigaretten-Boy (sitzend) (Archiv Lange)

Fritz Schulz-Reichel (Archiv Lange)

Franz Thon (Archiv Lange)

Kurt Hohenberger und seine Solisten, mit Hohenberger, Höllerhagen, Lais, Schulz(-Reichel), Henkel, Kettel, 1938 (Archiv Lange)

Kurt Hohenberger und seine Solisten mit Rosita Serrano, Hohenberger, Dobschinski, Müller, Wanek, van Dyk, 1941 (Archiv Lange)

Hans Korseck, ein führender Gitarrist der 30er Jahre (Archiv Lange)

Kurt „Kutte" Widmann (Archiv Lange)

Freddie Brocksieper (Archiv Lange)

Helmut Zacharias (Archiv Lange)

Fud Candrix (Archiv Lange)

Walter Dobschinski (Archiv Lange)

Günther Herzog, „Berlins Nat Gonella" - einer der besten Swingtrompeter zwischen 1936 und 1942 (Archiv Lange)

Horst Winter (Archiv Lange)

Jean Omer (Archiv Lange)

Benny de Weille (Archiv Lange)

Ernst van t'Hoff und sein Orchester (Archiv Lange)

Primo Angeli - italienischer Pianist im Teddy-Wilson-Stil, zählte zwischen 1938 und 1945 zu den besten Berliner Studiomusikern (Archiv Lange)

Lutz Templin, ein führender Swingband-Leiter, im Berlin der 40er Jahre, so auch als Bandleader von „Charlie and his Orchestra" (Archiv Lange)

Erwin Steinbacher-Bigband - ein hervorragendes Swingorchester der Jahre 1938 und 1939. Der Multisolist Steinbacher zählt zu den frühen deutschen Jazzpionieren mit großer Jazzerfahrung (Archiv Lange)

Kurt Henkels, Leiter der führenden DDR-Bigband der 50er Jahre (Archiv Lange)

Lem Arcon (Hübner), Elite-Saxophonist und Arrangeur in Berliner Orchestern der End-40er und 50er Jahre (Archiv Lange)

Lubo D'Orio mit seiner Band (Archiv Lange)

Frank „Big Boy" Goudie spielte in den frühen 50er Jahren in Berlin (Archiv Lange)

Willi Stech und sein Orchester (dpa)

Johannes Rediske Quintett, mit Rediske, Noak Spychalski, Behrend und Glaser, Berlin 1952 (Archiv Lange)

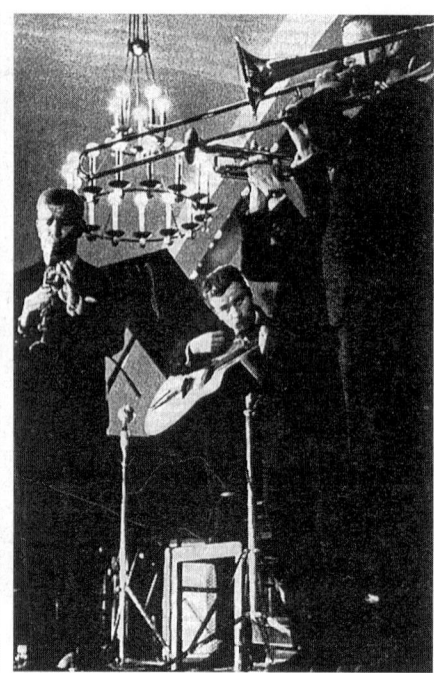

Die Spree City Stompers, Berlin 1954 (Archiv Lange)

Die Feetwarmers, Düsseldorf 1955 (dpa)

Kurt Edelhagen und sein Orchester, 1957 (Archiv Lange)

Hans Koller (Sager)

Eugen José Wolff (Archiv Lange)

Helmuth Wernicke und seine „Ambassadeurs" (Hot-Dance-Swingband) im „Hilton", 1958/59 (Archiv Lange)

Erwin Lehn (dpa)

Louis Armstrong und Nat Gonella - Zwei Jazzgiganten der USA und Europa, die Deutschland nach dem Kriege besuchten (Hulton Press Ltd./Archiv Lange und Gonalla)

Klaus Doldinger (Copyright Philips)